Karl-Dieter Bünting / Axel Bitterlich / Ulrike Pospiech

Schreiben im Studium

Karl-Dieter Bünting
Axel Bitterlich / Ulrike Pospiech

Schreiben im Studium

Ein Trainingsprogramm

Mit einem Beitrag
von Gabriela Ruhmann

Gedruckt auf chlorfrei gebleichtem Papier
ohne Dioxinbelastung der Gewässer.

Die Deutsche Bibliothek – CIP-Einheitsaufnahme

Bünting, Karl-Dieter:
Schreiben im Studium: ein Trainingsprogramm / Karl-Dieter Bünting;
Axel Bitterlich; Ulrike Pospiech. – Berlin: Cornelsen Scriptor, 1996
ISBN 3-589-20997-6

5.	4.	3.	2.	1.	Die letzten Ziffern bezeichnen
2000	99	98	97	96	Zahl und Jahr des Drucks.

Redaktion: Heike Friauf, Frankfurt am Main
Herstellerische Beratung: Hans Reichert, Frankfurt am Main
Umschlaggestaltung: Studio Lochmann, Frankfurt am Main, unter Verwendung
einer Zeichnung von Klaus Puth, 63165 Mühlheim
Zeichnungen bei den Kapitelanfängen: Klaus Puth
Zeichnungen auf den Seiten 155 bis 177: Klaus Becker,
Frankfurt am Main
Satz: Computersatz Bonn GmbH, Bonn
Druck und Bindung: Clausen & Bosse, Leck
Printed in Germany
ISBN 3-589-20997-6
Bestellnummer 209976

Inhaltsverzeichnis

Sehr geehrte Leserin, sehr geehrter Leser,
dieses Buch will eine zweckmäßige Auffassung vom Schreiben im Studium vermitteln. Deshalb geben wir keine Anweisungen, wie Sie arbeiten und schreiben *sollen*. Vielmehr versuchen wir, zu erklären und gegenüberzustellen, was möglich ist, um Ihnen *Entscheidungshilfen* an die Hand zu geben. An einigen Stellen finden Sie „Trainingseinheiten", für die es in der Regel mehrere Lösungswege gibt. Daher haben wir darauf verzichtet, Sie durch Musterlösungen zu beeinflussen. Wer gerade eine eigene Arbeit in der Mache hat, kann die Tips und Anregungen im Hinblick auf sein eigenes Anliegen anwenden – und das Buch nutzen wie der Handwerker seinen Werkzeugkasten. „Schreiben im Studium" ist nach dem Baukastenprinzip aufgebaut: Jedes Kapitel kann für sich allein stehen, das Buch muß nicht von vorne bis hinten gelesen werden, es eignet sich auch als Nachschlagewerk. Inhaltsverzeichnis und Register werden Ihnen helfen, auf Ihre konkreten Fragen Antworten zu finden.
Wir haben überlegt, wie wir das Anliegen vieler Frauen berücksichtigen, die sich durch undifferenzierte Sprachverwendung benachteiligt fühlen, deshalb weisen wir hier ausdrücklich darauf hin: Wenn in diesem Buch von Lesern, Kommilitonen, Schreibern die Rede ist, sind natürlich immer Leserinnen, Kommilitoninnen und Schreiberinnen mit gemeint (vgl. auch S. 166 f.).

1. Schreiben

Einer spricht, redet.   Ein anderer hört zu.
                                Mehrere andere hören zu.
Man redet miteinander, plaudert, diskutiert, argumentiert.
Einer schreibt.   Ein anderer liest es.
                                Mehrere andere lesen es.
Tagtäglich reden und schreiben, hören und lesen wir, ohne viel darüber nachzudenken.

Aber bei besonderen Anlässen und in besonderen Situationen denken wir darüber nach, weil wir den jeweiligen Anlaß für wichtig halten. Und mit dem Nachdenken verlieren wir unsere Unbefangenheit. Unsicherheit überkommt uns. Wir stottern – *ahem, ahem.* Wir kauen am Stift. Wir zerknüllen das Blatt Papier.

Die Unbefangenheit oder jedenfalls die Sicherheit kommen nicht von selbst wieder. Denn weder den besonderen Anlaß noch unser Schreibvorhaben, unsere Redeverpflichtung können wir vergessen.

Und da sitzen Sie nun vor einem weißen Blatt Papier oder vor einem fast leeren Bildschirm. Sie sollen ein Referat halten, eine Hausarbeit schreiben. Die Zwischenprüfungsarbeit, die Diplomarbeit, die Examensarbeit, die Magisterarbeit wollen geschrieben sein, Sie haben Termine, der Abgabetermin scheint noch so weit weg, doch Sie wissen: Das Blatt Papier und noch viele weitere müssen gefüllt werden, die Dateien im Bildschirm dürfen nicht leer bleiben.

Dieses Buch wird Ihnen helfen, die Anfangsschwierigkeiten zu überwinden, die Gedanken und den Stoff zu ordnen; es wird Ihnen Tips zum Formulieren geben, auf typische Grammatikfehler, Ausdrucksfehler, Rechtschreibfehler und nicht zuletzt Kommafehler hinweisen. Suchen wir am Anfang einmal et-

was Trost bei einem sehr sprachmächtigen und berühmten Mann der Feder.
Bei ihm waren es tatsächlich noch Gänsefedern. Ein Abschnitt aus Martin Luthers „Eine Predigt, daß man Kinder zur Schule halten sollte" von 1530:

Es meinen wohl etliche, das Schreiberamt sei ein leicht gering Amt, aber im
Harnisch sehr reiten, Hitze, Frost, Staub, Durst und andere Ungemach leiden, das sei eine Arbeit. [...] Leicht ist die Schreibfeder, das ist wahr, ist auch
kein Handzeug unter allen Handwerken besser zu erzeugen denn das der
Schreiberei, denn sie bedarf allein der Gänsefittiche, deren man sonst al-
lenthalben genug findet; aber es muß gleichwohl das beste Stück (als der
Kopff) und das edelste Glied (als die Zunge) und das höchste Werk (als die
Rede), so am menschlichen Leibe sind, hie herhalten und am meisten arbeiten, da sonst bei andern entweder die Faust, Fuß, Rücken oder dergleichen
Glieder allein arbeiten, und sie können daneben fröhlich singen und frei
scherzen, was ein Schreiber wohl lassen muß. Drei Finger tun's (sagt man
von Schreibern), aber ganz Leib und Seel arbeiten dran.

Zit. n. Hermann Lorenzen: Martin Luther. Pädagogische Schriften. Paderborn 1957, S. 104.

So ist es. Drei Finger tun's oder auch zwei oder auch alle zehn an der Schreibmaschine oder am Keyboard. Aber man muß sich wohl – wie Luther es ausdrückt – mit dem ganzen Leib und der ganzen Seele – wir würden heute eher sagen: mit unserer ganzen Intelligenz und unserer ganzen Konzentration – mit
den Dingen auseinandersetzen, die wir dann in Sprache so wiedergeben, daß
andere uns verstehen.
    Also sollten wir gezielt nachdenken:
–   über den Anlaß,
–   über den Leser, den Adressaten unseres Schreibens und über die Zuhörer,
–   über den Text, den wir für das Referat zu schreiben haben.
    Dabei will das Buch helfen. Mit Denkhilfen. Mit Beispielen und Formulie-
rungshilfen.

Ganz Leib und Seel...
Sie haben ein Thema gestellt bekommen oder es mit dem Dozenten oder der
Dozentin abgesprochen. Es geht Ihnen durch den Kopf. Sie beginnen, nach Literatur zu suchen. Sie machen sich Notizen. Sie schreiben erste Sätze, aber so
richtig flüssig schreiben Sie noch nicht. Vielleicht murmeln Sie manchmal etwas
vor sich hin. Vielleicht laufen Sie im Zimmer auf und ab. Wie sagte Luther?
„Ganz Leib und Seel arbeiten daran." Luther wußte noch nichts davon, wie
unser Gehirn funktioniert und daß es unterschiedliche Lerntypen gibt, aber er
hatte es schon richtig erfaßt. Sie sollten in dieser Phase *ganz Leib und Seel*, also
Körper und Gehirn, an der Arbeit beteiligen, das hilft Ihnen, sich den Stoff an-
zueignen und ihn zu durchdringen. Um den Prozeß des Schreibens zu verstehen, hilft es, sich einmal damit zu beschäftigen, wie unser Gehirn den Schreibprozeß steuert. Das macht Sie dann sicherer, wenn Sie schreiben. Insbesondere
können Sie dann besser mit der Vorphase umgehen, in der das Schreiben selbst
noch nicht so recht gelingen will.

Exkurs: Wie das Gehirn funktioniert

Unser Gehirn ist bei der Geburt so prädisponiert, daß sich in den beiden Hirn-hälften unterschiedliche Funktionen ausbilden werden, die sich ergänzen. Au-ßerdem bilden sich verschiedene Bereiche (Zentren) heraus, von denen aus un-terschiedliche Aufgaben wahrgenommen werden und die zusammenarbeiten. Je intensiver man sie benutzt, desto mehr werden die Abläufe automatisiert, de-sto breiter werden gewissermaßen die Verbindungswege, desto schneller kön-nen die Informationen verknüpft werden, desto mehr Teile des Gehirns sind am Erinnern und Denken beteiligt. Für die Sprache und den Sprachgebrauch wirken u.a. zusammen:

- ein Bereich des Lautverstehens und der Lautformung; er beginnt schon im Mutterleib zu arbeiten, denn das Kind hört bereits Geräusche und Töne;
- ein motorischer Bereich, in dem die Bewegungen und das Zusammenwir-ken der Sprechwerkzeuge und später der Schreibhand gesteuert werden; er beginnt seine Arbeit gleich nach der Geburt, wenn das Kind Laute hervor-bringt, und wird in der Lallphase weiter aktiviert, bis das Kind dann lernt, die Laute seiner Muttersprache zu artikulieren;
- ein Bereich des Sinnverstehens, in dem die Bedeutungen verarbeitet und ge-speichert werden; wenn das Kind lernt, mit seinen Lauten und denen, die es hört, Bedeutungen zu verbinden, wird dieses Zentrum ausgebaut;
- die Bereiche der anderen Sinneswahrnehmungen, des Zeitempfindens usw. sind ebenfalls mit den Sprachzentren verbunden, wie überhaupt im Gehirn und im ganzen Nervensystem ständig Informationen hin und her laufen, d.h. Reize verarbeitet werden, selbst im Schlaf und ganz besonders in den Traumphasen.

Wenn wir Sprache rezipierend verarbeiten oder produzieren, sind also viele Bereiche beteiligt. Je mehr Bereiche wir aktivieren, desto intensiver arbeiten „ganz Leib und Seel". Dabei soll und muß es Phasen geben, in denen man sich ganz auf diese Arbeit, also das Aneignen, Ordnen, Gliedern des Stoffes und schließlich das Formulieren konzentriert. Gerade während dieser Phase ist es kein Fehler, Teilformulierungen, Begriffsfolgen, Kernsätze vor sich hin zu murmeln. So wird nicht nur die Verbindung vom Sinnzentrum zum Lautzen-trum aktiviert, in dem die Gedanken zu Worten und Sätzen geformt werden, sondern diese innere Sprache wird durch die Artikulation nach außen getragen, das Hörzentrum kann mitarbeiten, indem es seinerseits die gemurmelten Sätze aufnimmt und das Gehirn gewissermaßen rückkoppelnd überprüfen läßt, ob das, was man da denkt, sprachlich einen Sinn ergibt.

Die Neurophysiologie und Hirnforschung haben für die Bereiche des Gehirns technische Namen wie Wernickezentrum (Sinnzentrum), Brocazentrum (Laute und Formen) usw., die nach Forschern benannt sind, welche diese Zentren entdeckt haben. Literatur: David Crystal: Die Cambridge Enzyklopädie der Sprache. Frankfurt/Main, New York 1993, S. 258-263. Wolfgang Eichler: Schreibenlernen. Schreiben – Rechtschreiben – Texte-Verfas-sen. Bochum 1992, S. 40-43. Gudula List: Sprachpsychologie. Stuttgart 1981. Lew Sem-jonowitsch Wygotski: Denken und Sprechen. Frankfurt/Main o.J., zur „inneren und äu-ßeren Sprache" (russ. Originalausgabe 1934, deutsche Fassung zuerst Berlin 1964).

Gedanken, Absichten, Gefühle entstehen also zunächst einmal in unserem Gehirn. Dabei verarbeitet unser Gehirn Erfahrungen und gesammeltes Wissen
ebenso wie soeben Gehörtes und Gelesenes. Es ist ein faszinierender, oft müh-
samer, aber oft auch blitzschneller Prozeß, wenn unsere vagen, unklaren Gedanken sich zu einem Konzept fügen, zu einem passenden Ganzen formen. Das
geschieht manchmal, wenn wir uns auf eine Sache konzentrieren, manchmal
aber auch, wenn wir uns damit gar nicht mehr so intensiv beschäftigen, etwa in
der Bahn, im Auto, im Halbschlaf.

Wenn wir unsere Gefühle, Absichten, Gedanken anderen mitteilen wollen,
müssen wir sie wahrnehmbar machen. Gefühle drückt man oft durch Mienenspiel und Gestik aus. Absichten und Gedanken drücken wir überwiegend durch
Sprache aus. Unser Sprechen ergänzen wir dabei durch Gestik und Mienenspiel, unser Schreiben können wir durch Bilder, Grafiken usw. ergänzen, und
gerade in fachlicher Kommunikation geschieht das häufig.

Gedanken in Sprache zu fassen ist aber nicht nur ein Prozeß, der diese Gedanken öffentlich macht, sondern Gedanken in Sprache zu fassen ist eine Tätigkeit, die dem Sprecher und erst recht dem Schreiber selbst dazu verhilft,
wirklich zu verstehen, was er da denkt. Sprechen und Schreiben unterscheiden
sich dabei durchaus in der Klarheit, mit der ein Gedanke vom Sprechenden
(eher weniger) und vom Schreibenden (eher mehr) durchdacht und damit bewußt gemacht, verstanden und für die Erinnerung angeeignet wird. Das merken Sie schon am einfachen Einkaufszettel: Auch wenn Sie ihn beim Einkauf
schließlich vergessen, erinnern Sie sich besser an das, was Sie einkaufen wollten, wenn Sie es vorher aufgeschrieben haben.

Sprechen
Die Gedanken werden in Worte gefaßt und artikuliert, während man noch
denkt. Das Sprechen und das Gesprochene enthalten einige charakteristische
Merkmale, die sie von Geschriebenem unterscheiden. Die Sprechplanung zeigt
sich deutlich
– an Pausen, oft durch *äh* und ähnliches überbrückt;
– an Änderungen in den Satzmustern und an Satzbrüchen (unvollständigen
  Sätzen);
– an Wortwiederholungen;
– an Füllwörtern wie *halt, eben, also* mit regionalen Varianten *ebend, gelle,
  woll, wa, oder, ha noi, ey*, welche einen laufenden Kommentar bilden.
Die Verständigung wird zudem unterstützt durch
– Betonungen – man hebt etwas hervor, murmelt anderes nur als Nebenbe-
  merkung;
– Mienenspiel und überhaupt Blickkontakt, durch welchen der Sprecher aus
  den Reaktionen der Zuhörer merkt, ob er verstanden wird; interessiertes,
  aufmerksames Zuhören der Gesprächspartner ist wichtig auch für den
  Sprechenden;
– Gestik und Körpersprache.
Gesprochene Sprache hat sprachliche Muster, die den geschriebenen Texten
nicht entsprechen. Der Gedanke gewinnt beim Sprechen auch für den Sprecher

an Klarheit, denn er wird nun in Worte gefaßt, und sei er noch so gestammelt. Mancher spricht leise vor sich hin, wenn er sich mit etwas beschäftigt. Das ist hilfreich bei der Umsetzung der „inneren Sprache" in die „äußere".

Schreiben
Die Gedanken werden gründlich ausformuliert; man hat Zeit, kann und wird mehrmals ansetzen, verbessern, umstellen, neu gliedern usw. Man schreibt sowohl für sich selbst als auch für die Leser. Die eigene Lesekontrolle bedeutet für den ungeübten Schreiber oft eine Hemmschwelle, aber wenn diese überwunden ist, bemerkt man, wie man sich durch den Schreibprozeß das Thema eigentlich erst wirklich aneignet.

Die Sprache geschriebener Texte unterscheidet sich deutlich von der Sprache gesprochener Texte:

– Die Sätze sind grammatisch durchformuliert, wobei die Kommas, Semikolons (man kann auch *Semikola* sagen), Doppelpunkte, Fragezeichen, Punkte usw. den laufenden Text **für den Leser** deutlich gliedern; dazu gehören auch Klammern und Anführungszeichen, und da gibt es in den verschiedenen Fächern häufig spezielle Konventionen.

– Man benutzt weitere Kennzeichnungen, Abkürzungen, Sonderzeichen, Formeln usw.

– Die Logik der Argumentation ist durch das Layout, also durch Absätze, Spiegelstriche, Kästen, Fußnoten usw. gerade in Fachtexten deutlich gemacht; am PC kann man zusätzlich durch Kursivschrift, Fettschrift und den Wechsel der Schriftgröße und der Schriftart optisch gliedern; diese Strukturierung des Textes ist für den Schreibenden selbst ein wichtiger Schritt der Aneignung und Durchdringung des Stoffes und der Problemstellung.

– Die Wörter sind sorgfältig gewählt; man kann Wörterbücher und Fachlexika zu Rate ziehen; zu Fachsprachen können Sie in Kapitel 6 Genaueres nachlesen, zu Fachbegriffen in Kapitel 7.2.

✍ Trainingseinheit
Wählen Sie ein Fachthema, zu dem Sie schon einiges wissen. Nehmen Sie einen Kassettenrekorder und sprechen Sie frei ein paar Minuten zum Thema. Setzen Sie sich anschließend an den Schreibtisch oder PC, und schreiben Sie denselben Inhalt sorgfältig nieder. Hören Sie nun Ihre Kassette noch einmal an, und lesen Sie nebenbei den geschriebenen Text. Versuchen Sie dabei, weniger auf den Inhalt und mehr auf die Sprache und logische Gliederungen zu achten.

Wenn Sie zu zweit arbeiten, lassen Sie den Partner/die Partnerin zunächst den gesprochenen Text hören und niederschreiben, was er/sie verstanden hat. Geben Sie ihm oder ihr sodann den geschriebenen Text.

Noch besser ist es, wenn Sie zu dritt sind. Dann kann der/die Zweite den gesprochenen und der/die Dritte den geschriebenen Text hören bzw. lesen und niederschreiben, was er/sie verstanden hat. Eine gemeinsame Auswertung wird zeigen, warum welcher der beiden Texte wie verstanden wurde.

1.1 Wissenschaftliches Schreiben

Anders als privates Schreiben unterliegt die wissenschaftliche Textproduktion festen Regeln. Können Sie in Ihren persönlichen Briefen sogar mit der Rechtschreibung relativ frei umgehen – solange Ihre Kreativität das Textverständnis nicht behindert –, so müssen Sie beim Verfassen wissenschaftlicher Texte darauf achten, daß Sie die Anforderungen Ihres Faches erfüllen. Diese lernen Sie im Verlauf des Studiums mehr oder minder genau kennen. Dennoch ist es nicht leicht, das Erlesene und Gelernte mit den Anforderungen einer bestimmten (Abschluß-)Arbeit abzugleichen. Allen wissenschaftlichen Texten ist gemein, daß sie im Hinblick auf ein bestimmtes Ziel (Erwerb eines Scheines oder eines akademischen Grades) und auf eine bestimmte Weise – eben wissenschaftlich – verfaßt werden. Und das bedeutet zweierlei: Sie beruhen auf Wissenschaft, d.h. verarbeiten wissenschaftliche Erkenntnisse anderer, indem sie diese wiedergeben, zueinander in Beziehung setzen, kommentieren und zur Grundlage eigener Erkenntnisse machen. Sie sind damit zugleich Teil der Wissenschaft, können ihrerseits zitiert und kommentiert werden.

1.1.1 Wissenschaftliches Schreiben – was ist das?

Wissenschaftlich bedeutet soviel wie „die Wissenschaft betreffend, zu ihr gehörend, auf ihr beruhend", wobei unter Wissenschaft ein „geordnetes, folgerichtig aufgebautes Gebiet von Erkenntnissen" zu verstehen ist (Wahrig 1986, 1441). Wissenschaftlich schreiben bedeutet also zunächst, verständlich, geordnet, folgerichtig und nachvollziehbar schreiben. Das betrifft sowohl den sprachlichen Ausdruck als auch die Anordnung und Absicherung von eigenen Thesen und fremden Positionen. Eine wissenschaftliche Arbeit trägt nicht die Kriterien der Wissenschaftlichkeit in sich, steht nicht isoliert im Raum, sondern ist Teil eines Gesamtkomplexes, der Wissenschaft, des jeweiligen Faches und hat den hier üblichen Konventionen zu folgen. Dennoch ist es möglich, allgemeine Richtlinien für wissenschaftliche Arbeiten zu formulieren. Natürlich unterscheiden sich die Techniken wissenschaftlichen Schreibens abhängig davon, in welchem Kontext geschrieben wird und welche Ergebnisse erreicht werden sollen. Die angemessene Behandlung eines Gegenstandes, die Organisation der notwendigen Arbeitsschritte einer wissenschaftlichen Arbeit müssen dem jeweiligen Interesse angepaßt werden. Das genau ist häufig ein Problem. Da wissenschaftliche Arbeiten je nach Textsorte sehr unterschiedlich aussehen (vgl. Kapitel 2) werden im folgenden grundlegende Charakteristika wissenschaftlichen Schreibens erörtert.

Jede schriftliche Studienarbeit ist eine wissenschaftliche Arbeit, auch eine Hausarbeit im Grundstudium sollte daher genau betrachtet die Kriterien der Wissenschaftlichkeit erfüllen; und sie tut dies auch – ihrem Verfasser mehr oder minder bewußt – in geringerem oder höherem Maße. Schauen wir uns das etwas genauer an:

Umberto Eco, nicht nur bekannter Romanautor, sondern auch nicht minder bekannter Professor für Semiotik an der Universität Bologna, nennt in seinem Buch „Wie man eine wissenschaftliche Abschlußarbeit schreibt" vier Anforderungen, die eine wissenschaftliche Untersuchung zu erfüllen habe (vgl. Eco 1993, 40 ff.):

1. Die Untersuchung behandelt einen erkennbaren Gegenstand, der so genau umrissen ist, daß er auch für Dritte erkennbar ist.
2. Die Untersuchung muß über diesen Gegenstand Dinge sagen, die noch nicht gesagt worden sind, oder sie muß Dinge, die schon gesagt worden sind, aus einem neuen Blickwinkel sehen.
3. Die Untersuchung muß für andere von Nutzen sein.
4. Die Untersuchung muß jene Angaben enthalten, die es ermöglichen nachzuprüfen, ob ihre Hypothesen falsch oder richtig sind, sie muß also Angaben enthalten, die es ermöglichen, die Auseinandersetzung in der wissenschaftlichen Diskussion fortzusetzen.

Jedes Schreiben hat einen Schreibanlaß, ein Schreibziel und **eine bestimmte Form**: Sie schreiben eine Einkaufsliste, weil Sie einkaufen gehen möchten (Anlaß) und weil Sie sichergehen möchten, daß Sie nichts Wichtiges vergessen (Ziel); Sie schreiben eine **Glückwunsch**karte, weil ein Freund Geburtstag hat (Anlaß) und weil Sie ihm gratulieren möchten (Ziel). Beim Schreiben im Studium ist das prinzipiell nicht anders, wenn auch vielschichtiger: Sie schreiben eine **Studienarbeit**, weil Sie ein Seminar zu einem bestimmten Thema besucht haben (Anlaß) und weil Sie einen Leistungsnachweis erwerben wollen (Ziel 1); Ihre Studienarbeit soll zeigen, daß Sie in der Lage sind, ein gestelltes oder gewähltes Thema zu bearbeiten (Ziel 2). Um das Ziel 2 (und damit Ziel 1) zu erreichen, brauchen Sie einen Gegenstand, der es Ihnen erlaubt, Ihr Wissen darzustellen und/oder in einen größeren Kontext einzuordnen und/oder auszubauen: Sie wählen also ein bestimmtes Thema aus.

Bevor Sie zu schreiben beginnen, bestimmen Sie das Thema, über das Sie schreiben wollen.

Häufig werden in Seminaren Hausarbeitsthemen vergeben, die so formuliert sind, daß sie auf das im Seminar vermittelte Wissen aufbauen. Vorformulierte Themen können zwar persönliche Interessen wecken, müssen diese aber nicht treffen – versuchen Sie daher, Ihr Thema selbst zu formulieren. Vergessen Sie allerdings nicht: Das Wort *interesse* bedeutet wörtlich ‚dabeisein, dazwischensein'; das Interesse an einer Sache wächst, wenn man sich erst einmal ernsthaft mit ihr beschäftigt. Wissenschaft hat auch etwas damit zu tun, sich Wissen zu verschaffen.

Lesen Sie, auch ohne daß Ihnen Titel und Seitenzahl vorgegeben sind; stöbern Sie in der Bibliothek – Sie haben einen völlig anderen Ansatzpunkt, wenn Sie sich selbst um ein für Sie geeignetes Thema bemühen.

Nachdem Sie sich über die Literatur zum Thema orientiert und einiges gelesen haben, werden Sie feststellen, daß Sie nicht alle Facetten dieses Themas auf dem Ihnen zur Verfügung stehenden Raum einer begrenzten Hausarbeit darstellen können. Sie müssen wiederum eine Auswahl treffen und Ihr Thema eingrenzen.

Formulieren Sie Ihr Thema möglichst konkret, aber erst dann, wenn Sie bereits etwas genauer wissen, wie Sie arbeiten und was Sie erreichen wollen.

Bearbeitungen globaler Themenstellungen bleiben oft oberflächlich, weil sie versuchen, ein zu großes Spektrum abzudecken. Wenn Sie Ihr Ziel eingeschränkt und benannt haben, ist es Ihnen möglich, in Ihrer Arbeit fundierte Aussagen zu treffen. Sie werden nicht in die Gefahr kommen, am Thema vorbeizuschreiben, und es ergibt sich von selbst, daß Sie mit Ihrer wissenschaftlichen Arbeit neue Erkenntnisse über Ihren streng definierten Gegenstand liefern. Neu sind Entdeckungen, die bisher noch nicht gemacht worden sind, aber auch Aussagen, die den Gegenstand aus einer eigenen Perspektive beschreiben – Erkenntnisse, die in irgendeiner Weise über das vorher Gesagte hinausgreifen.

Wissenschaftliche Texte sind immer auch durch die Person des Schreibenden, die durch ihn getroffene Auswahl und die Anordnung des Stoffes geprägt und insofern individuelle Texte. In jedem Fall sind es Ihre Gedanken, Kommentare, Gegenüberstellungen, die Ihren Text zu einem neuen machen. Sie sollten sich selbst also nicht allzusehr zurücknehmen. Auch wenn es die wissenschaftliche Objektivität erfordert, daß Sie Ihren Text nachvollziehbar machen: Daß Sie ihre Perspektive, Ihre Position und Ihre Argumentation nicht aus der Luft gegriffen haben, zeigt das Literaturverzeichnis, in dem Sie genau die Werke angeben, die Sie im Hinblick auf Ihr Thema gelesen und verarbeitet haben. Präzise Quellenangaben und Zitate belegen also nicht, daß Sie wenig kreativ gewesen sind, sondern zeugen von Belesenheit, die auch heute noch zur Basis des wissenschaftlichen Arbeitens gehört.

Im übrigen bedarf Kreativität in den Wissenschaften nicht allein der Phantasie, sondern vor allem des Stoffes, der in neuer Weise dargestellt wird. „Wir stehen alle auf den Schultern von Riesen", beschreibt der amerikanische Soziologe Robert K. Merton dieses Phänomen in seinem „Leitfaden durch das Labyrinth der Gelehrsamkeit" (vgl. Merton 1980).

Dadurch, daß Sie Ihre Denkschritte nachvollziehbar machen, wird Ihre wissenschaftliche Arbeit für andere nützlich. Sie ermöglicht anderen den Zugriff auf die in ihr formulierten Aussagen und kann ihrerseits zitiert werden. Dazu muß der Text so geschrieben sein, daß es möglich ist, Aussagen und Hypothesen zu überprüfen. Sie werden die Situation vielleicht kennen: Wochenlang haben Sie sich in ein Thema eingelesen, exzerpiert, Stichworte mitgeschrieben. Dann werden Sie durch widrige Umstände daran gehindert, Ihren Text auszuformulieren. Nach einer geraumen Zeit wollen Sie dies tun – und wissen die Einzelteilchen nicht mehr in einen Zusammenhang zu bringen. Das Kriterium der Nachvollziehbarkeit (Überprüfbarkeit) gilt also auch für den Verfasser eines Textes selbst. So gesehen ist Wissenschaftlichkeit kein Korsett, in das Sie Ihre Kreativität zwängen müssen, sondern eine Garantie für fundierte, nützliche Arbeit – weniger Last als Stütze.

Indem Sie Ihr Thema wählen, kennenlernen, begrenzen, bearbeiten, aus Ihrer Perspektive und – wo dienlich – der anderer beleuchten, Ihre Position schrittweise entwickeln, begründen und mit denen anderer vergleichen, zitierte Gedanken und Quellen belegen, arbeiten Sie wissenschaftlich.

Ihre auf dieser Grundlage verfaßte Arbeit ist damit ein Teil der Wissenschaft. Die allgemeinen Richtlinien wissenschaftlichen Schreibens werden immer dann erfüllt, wenn planvoll, folgerichtig und präzise vorgegangen wird, unabhängig davon, um welche Art von wissenschaftlicher Arbeit es sich handelt. Dennoch ist es wichtig, sich vor dem Schreiben klar zu machen, welche Funktion die wissenschaftliche Arbeit erfüllen soll.

1.1.2 Grundformen wissenschaftlichen Schreibens

Das Schreiben dient in den Wissenschaften unterschiedlichen Zwecken, ist Instrument der Dokumentation und der Strukturierung von Wissen – dient aber nicht zuletzt auch der Gewinnung von Erkenntnissen. Sie sollten daher, bevor Sie mit dem Schreiben beginnen, den Gegenstand der wissenschaftlichen Untersuchung und Ihre Aussageabsicht klar definieren. Damit machen Sie sich zugleich den Zweck, den Ihr Text erfüllen soll, klar. Wollen Sie eine Theorie untersuchen oder bewerten? Mehrere? Wollen Sie ein oder mehrere Modelle vergleichen oder die Wirklichkeit selbst beschreiben? Arbeiten Sie mit Interpretationen oder mit Originaltexten? Wollen Sie Quellen untersuchen, auswerten oder...?
Das Schreiben kann und wird den Erkenntnisprozeß vorantreiben, wenn die Schreibabsicht mit dem Gegenstand und der gewählten Textsorte vereinbar ist, doch nicht selten gibt es mehrere Möglichkeiten. Bei Diskrepanzen zwischen Erkenntnisweg und -ziel wird sich der Schreibende früher oder später gehemmt fühlen oder festschreiben. Daher ist es wichtig, sich vor dem Schreiben zu verdeutlichen, welches Ziel Sie mit Ihrem Text erreichen wollen. Wie oben dargestellt, gibt es allgemeine Kriterien der Wissenschaftlichkeit von Texten und Erkenntnissen. Da wissenschaftliche Erkenntnisse auf verschiedenen Wegen erreicht werden können, spiegeln die zugehörigen Texte die unterschiedlichen Ansatzpunkte, Ziele und Vorgehensweisen wissenschaftlichen Arbeitens wider. So entstehen abstrakte Texttypen, denen leicht die verschiedenen konkreten Textsorten wissenschaftlichen Schreibens zugeordnet werden können. Für Ihr Herangehen an Ihr Thema, den Untersuchungsgegenstand, bzw. für Ihre Behandlung der wissenschaftlichen Erkenntnisse anderer, gibt es zumeist mehr als eine Möglichkeit. Genaueres zu den für das Schreiben im Studium relevanten Textsorten können Sie in Kapitel 2 nachlesen. Im folgenden werden ver-

schiedene Möglichkeiten – jede steht für ein anderes Ziel wissenschaftlichen
Arbeitens – zu Gegensatzpaaren geordnet und erläutert:

Dokumentieren oder Analysieren
Geht es darum, einen Gegenstand (sei es ein Phänomen in der Welt, eine Theorie oder eine wissenschaftliche Position) darzustellen, so kann dieser dokumentiert (als Ganzes beschrieben) oder analysiert (in seinen Einzelbestandteilen untersucht) werden.
     Dokumentieren ist im Vergleich zum Analysieren die unmittelbarere Form
der Darstellung. Dennoch ist es auch für wissenschaftliches Dokumentieren erforderlich, sich die Subjektivität der Wahrnehmung bewußt zu machen. Wer
dokumentieren will, sollte den Beobachtungsbereich einschränken, indem er
vorher die zu beobachtenden Einheiten bestimmt. An den typischen dokumen-
tierenden Textsorten Unfallbericht, Protokoll und Exzerpt erkennen Sie die
Zweckgebundenheit der Fokussierung: Es geht um die möglichst realitätsge-
treue sprachliche Beschreibung – die Berücksichtigung persönlicher Empfin-
dungen oder Wertungen ist hier nicht dienlich. Da eine Dokumentation weder
kommentieren noch werten sollte, müssen dokumentarische Texte nicht nur
sprachlich sehr präzise sein.
     Für die Analyse eines Gegenstandes ist nicht nur das aufmerksame Beobach-
ten erforderlich, sondern auch das Abstrahieren, das verallgemeinernde Beschreiben. Der Gegenstand wird mit Hilfe allgemeiner Kriterien als Summe
von Teilen erfaßt, die zueinander in Beziehung gesetzt werden, um das Ganze
zu verstehen und zu erklären. Dazu ist es wichtig, eine Liste von Gesichtspunkten zu ermitteln oder zu entwickeln, die es erlauben, den Gegenstand adäquat
zu beschreiben. Eine häufig vorkommende Textsorte ist die der Textanalyse in
der Literaturwissenschaft: Sie erlaubt die Bestimmung von Eigenarten eines –
literarischen – Textes in bezug auf seine Form (Kapitel, Abschnitt, Strophe,
Vers, Rhythmus und Reim), seine Struktur (Aufbau, Motive) oder seinen Stil
(Satzbau, Wortwahl, Bildlichkeit) und bildet die Voraussetzung und Grundlage der Textinterpretation. Die gründliche Analyse von Fachbegriffen ist einer
der elementaren Bestandteile wissenschaftlichen Arbeitens überhaupt. Nicht
zufällig sind die Begriffe *Struktur* und *System* zentrale Ordnungsbegriffe aller
Wissenschaften.

Argumentieren oder Interpretieren
Geht es um die sachliche Auseinandersetzung mit Gründen oder Gegengründen, die für oder gegen ein Modell oder eine Theorie sprechen, so können Sie
argumentieren (abwägen), d.h. Argumente zielgerichtet in eine Folge bringen.
Wollen Sie einen oder mehrere Texte, eine oder mehrere Positionen oder Ideen
aufarbeiten, so können Sie diese interpretieren (deuten).
     Im Gegensatz zu Dokumentation und Analyse sind Argumentation und In-
terpretation deutlich durch die Wahrnehmung des Schreibenden geprägte
Texttypen. Die Argumentation setzt das Verständnis von Zusammenhängen,
aber auch deren Bewertung voraus. Ziel einer Argumentation ist es, durch die
Anordnung von Gründen und Gegengründen die Entscheidung für das eine

bzw. gegen das andere plausibel zu machen – die typisch argumentative Textsorte ist die Erörterung. Vorschläge zu grundlegenden Argumentationsformen finden Sie in Kapitel 7.3. Selbstverständlich unterliegt die Subjektivität der Interpretation den allgemeinen Kriterien der Wissenschaftlichkeit – die hier entwickelten Erklärungen, Gedankengänge und Auslegungen müssen für einen Außenstehenden nachvollziehbar formuliert werden. Anders als die ebenfalls durch die Person und ihre Aussageabsicht geprägte Argumentation ist eine Interpretation ein immer wieder auch sich selbst reflektierender Text, zugleich Prozeß und Ergebnis des Verstehens.

Systematisieren oder Evaluieren
Geht es darum, einen komplexen Sachverhalt oder Problembereich in seinen Bestandteilen, verschiedenen Positionen oder Aussagen zu beschreiben, so können diese systematisiert (geordnet) oder evaluiert (bewertet) werden.

Systematisierung und Evaluation sind verschiedene Ergebnisse derselben Vorgehensweise: Der Untersuchungsgegenstand wird in seine Komponenten zerlegt, analysiert und durch eine Ordnung dieser Komponenten in seiner Struktur erfaßt. Typische systematisierende Textsorten sind das Lehrbuch oder der Handbucharktikel: Ein Fachgebiet wird systematisch erschlossen, indem elementare Bestandteile klassifiziert und zueinander in Beziehung gesetzt werden. Die Evaluation schließt sich hier an und bewertet einen Sachverhalt mit Hilfe vorher definierter Kriterien, z.B. werden Gutachten so verfaßt. Die systematische Beschreibung eines klar definierten Bereichs ist jedoch nicht nur Grundlage einer Evaluation, auch Vergleiche können nur auf der Basis systematisch ermittelter Kriterien gezogen werden.

Kompilieren oder Kontrastieren
Geht es darum, mehrere Theorien oder Modelle, Daten oder Aussagen darzustellen, so können diese kompiliert (zusammengestellt) oder kontrastiert (miteinander verglichen) werden.

Kompilieren ist im Vergleich zum Kontrastieren die unmittelbarere Umgehensweise mit dem Gegenstand. Wichtige Voraussetzungen eines kompilierenden Textes sind systematische Recherche und Auswertung von Literatur – insofern setzt eine gelungene Kompilation die systematische Erfassung der Daten oder Aussagen beziehungsweise die Analyse der einzelnen Theorien oder Modelle voraus. Wichtig für eine kompilatorische Arbeit ist es, Theorien und Modelle nicht aus der eigenen Perspektive, sondern so weit wie möglich abbildend zu beschreiben. Wird dies konsequent berücksichtigt, wirft selbst eine sorgfältige kompilatorische Arbeit die Frage auf, inwieweit sie etwas Neues über den Untersuchungsgegenstand auszusagen vermag, inwieweit sie also überhaupt wissenschaftlich ist.

Eco unterscheidet kompilatorische Arbeiten, die immerhin dazu dienten, zu zeigen, daß der Student „kritisch vom Großteil der vorhandenen Literatur Kenntnis genommen hat (d.h. von den Veröffentlichungen über den Gegenstand) und daß er in der Lage ist, sie auf eine übersichtliche Weise darzustellen, dabei die verschiedenen Ansichten zueinander in Beziehung setzen und so einen guten Gesamtüberblick zu geben, der vielleicht auch einem Spezialisten zur Interpretation nützlich sein kann, der sich gerade mit diesem Detailproblem nie eingehender beschäftigt hatte" (Eco 1993, 8 f.), von Forschungsarbeiten, die höhere Anforderungen stellten. Insofern würden Diplom- und Magisterarbeiten als typisch kompilatorische Arbeiten gelten, die Dissertation hingegen sei eine typische Forschungsarbeit, die ihrerseits auf kompilatorischen Vorarbeiten beruhen könne.

Das Kontrastieren, das Gegenüberstellen von ähnlichen, vergleichbaren Gegenständen, wird dadurch vorgenommen, daß systematisch Eigenschaften ermittelt und Ähnlichkeiten oder Unterschiede der zu vergleichenden Objekte festgestellt werden. Damit setzt auch das Kontrastieren die Analyse und die Systematisierung voraus. Textvergleiche, Strukturvergleiche und Methodenvergleiche sind typische kontrastierende Texte – je nach dem Grad der Ähnlichkeit oder Verschiedenheit der zu vergleichenden Objekte werden Ähnlichkeiten oder Verschiedenheiten beschrieben.

Die Übergänge zwischen diesen Texttypen bzw. Erkenntniswegen sind fließend. In einigen Fällen kommt man auf verschiedenen Wegen ans Ziel, in anderen Fällen muß genau ein Weg eingeschlagen werden. Wichtig ist auch beim wissenschaftlichen Arbeiten, daß Sie sich Ihre Kraft einteilen und nicht den zweiten Schritt vor dem ersten tun. So sehr sich Erkenntniswege in den Wissenschaften auch unterscheiden – die Etappen ähneln sich.

1.2 Sieben Etappen der Entstehung einer wissenschaftlichen Arbeit

Selbst wenn Sie sich für eine Vorgehensweise entschieden haben, ist Ihre wissenschaftliche Arbeit noch lange nicht fertig. Bevor Sie dokumentieren, analysieren, kompilieren oder kontrastieren können, müssen Sie einige Vorarbeiten leisten. Insgesamt sind zahlreiche Arbeitsschritte nötig, bis aus einer ersten Idee ein wissenschaftlicher Text geworden ist. Im folgenden werden sieben Etappen der Entstehung einer wissenschaftlichen Arbeit entworfen. Gemeint sind sowohl die natürlichen Stadien wissenschaftlicher Texte als auch die erforderlichen Arbeitsschritte. (Es geht also nicht darum, in Ihrem Text in sieben aufeinander aufbauenden Schritten zu argumentieren.) Das für Gliederungen bekannteste Muster ist der sog. Fünfschritt* (vgl. dazu Kapitel 7.3.2).

*Dieses seit der Antike bekannte Gliederungsschema – aus unserer heutigen Sicht können wir Ablaufmuster oder Grundriß sagen – bildet bis heute die Basis für die meisten Modelle zum Redeaufbau. Im Fünfschritt der klassischen Rhetorik spiegeln sich die Erfahrungswerte wider, wie das Geschriebene oder Gesagte am sinnvollsten aufgebaut werden soll, um optimal verstanden zu werden und zu überzeugen. Sie finden eine ähnliche Abfolge in der Dramaturgie vieler Theaterstücke oder Filme. Aristoteles kultivierte den Fünfschritt, indem er ihn in seiner Poetik zu einem wesentlichen ästhetischen Prinzip für das antike Theater erhob.

Hier werden Ihnen Hinweise darauf gegeben, wie Sie Ihr Arbeiten sinnvoll organisieren können.

Etappe 1: Sich orientieren
Bevor Sie mit einer wissenschaftlichen Arbeit beginnen, werden und müssen Sie sich orientieren und ein geeignetes Thema ins Auge fassen. Sie sollten es dadurch auf seine Tauglichkeit überprüfen, daß Sie es genau definieren. Lesen Sie dazu Handbuchartikel und Zeitschriftenaufsätze. Bestimmen Sie ein konkretes Forschungsziel, und entwickeln Sie einen Arbeitsplan. Sie sollten das ruhig schriftlich, in Form eines Exposés (vgl. Kapitel 2.5), tun, selbst wenn Sie später von Ihrem Plan, insbesondere dem Zeitplan, abweichen. Also sind die folgenden Arbeitsschritte erforderlich:
– eine geeignete Themenstellung suchen
– Literatur sichten
– das Thema eingrenzen
– die Vorgehensweise festlegen
– einen Zeitplan aufstellen
– ein Exposé schreiben

Etappe 2: Recherchieren
Wenn Sie Ihr Thema umrissen haben, können Sie sich in die Tiefe arbeiten: Sie beginnen, systematisch nach Schlagwörtern, Stichwörtern, gängiger Literatur und Literaturhinweisen zu suchen. Dazu sollten Sie:
– bibliographieren
– lesen
– exzerpieren und paraphrasieren
– ggf. Daten sammeln
Genauere Hinweise zum Recherchieren finden Sie in Kapitel 4.1. Nachdem Sie im Anschluß an eine ausgiebige Lesephase alle Facetten Ihres Themas kennen, ist es wichtig, die Gedanken und Positionen zu ordnen.

Etappe 3: Strukturieren
Häufig gibt es verschiedene Möglichkeiten, das Erarbeitete zu strukturieren, Argumente in eine logische Folge zu bringen. Sie sollten das tun; selbst wenn Sie keine argumentatorische Arbeit verfassen wollen, ist es hilfreich, sich Argumente und Gegenargumente klar zu machen. Auf dieser Grundlage können Sie Ihr Material leichter ordnen. Folgende Arbeitsschritte sind dazu erforderlich:
– Material analysieren
– Begriffe klären
– logische Beziehungen herstellen
– differenzieren
In Kapitel 7.3 sind Argumentationstechniken erläutert. Problematisch ist in der Regel, daß komplexe logische Zusammenhänge im Text in einer linearen Folge angeordnet werden müssen. Daher besteht die nächste Etappe darin, nach einem für Ihr Anliegen, für Ihre Aussageabsicht geeigneten roten Faden zu suchen.

Etappe 4: Gliedern
Auch für die Gliederung Ihrer Arbeit stehen Ihnen verschiedene Möglichkeiten
offen. Sie können gliedern in:
- chronologischer Anordnung,
- hierarchischer Anordnung oder
- logischer Anordnung, die sich aus dem Thema ergibt.

Nähere Hinweise dazu finden Sie in Kapitel 5. Erst jetzt sollten Sie sich Gedanken über das Schreiben machen.

Etappe 5: Formulieren
Klären Sie die Begriffe, die Sie verwenden wollen (Hinweise dazu stehen in Kapitel 7), und vergleichen Sie Ihre Verwendungsweise mit der in Zitaten. Auf dieser Grundlage sollten Sie zunächst schreiben, ohne sich viele Gedanken über
den sprachlichen Ausdruck zu machen. Halten Sie sich an die grobe Richtlinie:
Wissenschaftlicher Stil ist vor allem präzise (Hinweise dazu finden Sie in Kapitel 6). Achten Sie darauf, deutlich zu argumentieren und auch kritisch zu beurteilen. Bringen Sie Überflüssiges möglichst gar nicht erst zu Papier.
- Begriffe definieren
- Formate festlegen (wenn Sie mit einem Computer arbeiten)
- schreiben
- pointieren
- kritisieren
- weglassen
- gegebenenfalls Gliederung ändern

Der nächste Schritt ist nicht unwesentlich: Trennen Sie sich von Ballast.

Etappe 6: Edieren
Prüfen Sie Ihren Text in bezug auf inhaltliche Geschlossenheit, machen Sie ihn
gut lesbar. Jetzt sollten Sie einige Techniken des Formulierens (vgl. Kapitel 8)
anwenden. Achten Sie darauf, daß Ihre Überlegungen und Begründungen
nachvollziehbar sind, daß Ihre Zitate richtig gekennzeichnet sind (Hinweise
zum Zitieren finden Sie in Kapitel 4). Jetzt ist die Gelegenheit, den sprachlichen
Ausdruck zu überprüfen und zu verbessern.
- Abfolge, Logik des Textes nachvollziehen
- Überflüssiges streichen
- Wiederholungen eliminieren
- Satzlänge und Wortwahl überprüfen
- Überleitungen und Zusammenfassungen einfügen
- Tabellen, Grafiken, Abbildungen durchnumerieren
- Zitate überprüfen
- Quellenangaben vereinheitlichen
- Literaturverzeichnis vervollständigen
- (Druck-)Formate überprüfen (wenn Sie mit einem Computer arbeiten)

Nun sind Sie fast fertig. Bevor Sie Ihrem Text den letzten Schliff geben, sollten Sie ihn einige Tage nicht gesehen haben: Solange Sie ihren Text allzugut kennen, sind Sie „textblind", sehen vor allem in bezug auf Rechtschreibung und Zeichensetzung das, was Sie schreiben wollten, und nicht das, was Sie tatsächlich geschrieben haben.

Etappe 7: Redigieren
Achten Sie in dieser Phase ausschließlich auf die Form, ändern Sie nichts mehr an Ausdruck oder Inhalt. Wenn Sie jemanden für das Korrekturlesen gewinnen können, ist das sehr hilfreich.
– Tippfehler korrigieren
– Layout gestalten
Hinweise dazu finden Sie in Kapitel 9.

Im Zeitalter der Neuen Medien stellt sich für den, der wissenschaftlich arbeitet, die Frage: Wissenschaftlich schreiben – von Anfang an mit dem Computer? Der frühe Einsatz des Computers beim Schreiben fördert gleichermaßen Tugenden und Untugenden. Wer seine wissenschaftliche Arbeit mit einem PC schreibt, hat meist eine Vielzahl von Informationen gespeichert, über die er verfügen kann, hat aber oft Probleme, die vielen Gedanken in eine vernünftige Reihenfolge zu bringen. Vor allem durch ein An-mehreren-Stellen-gleichzeitig-Schreiben und Verschiebetechniken geht beim Springen im Text der Überblick verloren. Näheres zum PC-Einsatz im Studium finden Sie in Kapitel 3.

2. Die Textsorten

Wissenschaftliche Texte sind nicht immer gleich: Eine Klausur, ein Referat und eine schriftliche Hausarbeit sehen auch bei ein und demselben Thema anders aus. Das liegt auch daran, daß unterschiedliche Anforderungen zu erfüllen sind: Wie Sie schreiben, ist nicht allein vom Thema abhängig, sondern auch davon, für wen Sie schreiben. Eine Klausur soll Ihrem Dozenten zeigen, daß Sie den Stoff beherrschen; ein Referat dient dazu, den Studierenden einen Einblick in das von Ihnen erarbeitete Themengebiet zu verschaffen; eine Hausarbeit ist in gewisser Weise eine Vorübung für Ihre wissenschaftliche Abschlußarbeit, in der Sie zeigen, daß Sie die Techniken wissenschaftlichen Arbeitens einsetzen können, um eine Fragestellung sachgerecht darzustellen und selbständig zu bearbeiten.

In diesem Kapitel geht es um die im Studium relevanten Textsorten Mitschrift, (Seminar-)Protokoll, Exzerpt, Referat, Thesenpapier, Exposé, schriftliche Hausarbeit und Abschlußarbeit. Es wird skizziert, was von Ihnen erwartet wird, erwartet werden kann und worauf Sie achten müssen. Sie finden Tips, wie Sie sich vorbereiten und wie Sie vorgehen können.

Schreiben im Studium ist nicht in jedem Fall dasselbe, denn es erfordert, daß je nach Anlaß und Absicht verschiedene Typen von Texten verfaßt werden. Wichtig sind hier vor allem die Mitschrift der Lehrveranstaltung, das Seminarprotokoll, das Exzerpt, das Referat mit Thesenpapier, die schriftliche Hausarbeit und die Abschlußarbeit (Examensarbeit, Magisterarbeit, Diplomarbeit) sowie die Klausur. Für alle diese Texttypen gilt, daß sie je eigene Intentionen verfolgen und in sehr unterschiedlichen Zusammenhängen stehen. Sie erfüllen sehr unterschiedliche Zwecke und erfordern daher auch unterschiedliche Arbeitstechniken.

Grundsätzlich kann das Schreiben für sich selbst vom Schreiben für andere unterschieden werden: Persönliche Notizen, die das eigene Mitdenken beim Zuhören stützen, sind anderer Art als beispielsweise ein Thesenpapier zum Referat, das für die Zuhörer Orientierung bieten soll. Ebenso gilt, daß die Seminarmitschrift als Stütze der eigenen Gedanken dient und nur das als wichtig Empfundene festhält, ein Seminarprotokoll hingegen alle behandelten Themen und Beiträge enthalten muß.

Nun zu den Texttypen im einzelnen.

2.1 Die Mitschrift

Zur Grundausrüstung des Studierenden gehören – auch im Zeitalter der Notebooks – Kuli und Schreibblock. Sie ermöglichen es, sich mit Hilfe einer Mitschrift das Gerüst einer Vorlesung oder eines Seminars zu verdeutlichen. Dementsprechend kann es nicht das Ziel der Mitschrift sein, alle Worte der Rede zu notieren. Nicht selten wird dies jedoch versucht, werden die Seiten Zeile für Zeile gefüllt, so daß das Zuhören leidet, weil wie bei einem Diktat geschrieben wird. Zuhören in der Vorlesung bedeutet aber auch Mitdenken, und genau hier kann eine Mitschrift hilfreich wirken. Einige Richtlinien können Ihnen dabei helfen, das Gehörte sinnvoll strukturiert zu Papier zu bringen:

Schreiben Sie erst dann, wenn ein Sinnabschnitt beendet ist.

Wer zu früh schreibt und Gedanken hierbei selbst zu Ende denkt, kann zu anderen Ergebnissen kommen als der Redner. Damit die Mitschrift tatsächlich den Tenor der Vorlesung trifft, sollte man eigene Ergänzungen kennzeichnen.

Fassen Sie die Hauptgedanken stichwortartig zusammen.

Keinesfalls ganze Sätze wortwörtlich mitschreiben. Das ist schier unmöglich – es sei denn, man kann stenographieren – und nicht nötig; eine Mitschrift soll nicht dokumentieren. Wer die Worte eines Vortrags genau zitieren will, sollte den Redner nach seinem Manuskript fragen oder sich nach einer etwaigen Veröffentlichung eines Referates in Fachzeitschriften o.ä. erkundigen.

Kürzen Sie Wörter sinnvoll ab.

Abk.n habn. n. d. Sn., w. s. a. spä. no. verständl. s. – Abkürzungen haben nur dann Sinn, wenn sie auch später noch verständlich sind. Daher empfiehlt es sich, über die ohnehin gängigen Abkürzungen (*z.B.* für ‚zum Beispiel‘, *d.h.* für ‚das heißt‘ und *u.* für ‚und‘, *usw.* für ‚und so weiter‘ etc.) hinaus Endsilben zu tilgen oder zu kürzen (z.B. *-ung* durch *-g* ersetzen, *-lich* durch *-l.* u.ä.). Schlüsselwörter können, nachdem sie als solche wahrgenommen sind, durch selbstdefinierte Siglen (feste Abkürzungszeichen) ersetzt werden. Geht es beispielsweise in einem Vortrag um den Expressionismus, kann das Wort im folgenden durch ein einfaches ,E' ersetzt werden.

Notieren Sie Namen und Begriffe möglichst vollständig, um sie auch später noch schnell nachschlagen zu können.

Selbst ein sparsam angewendetes Abkürzungsverfahren empfiehlt sich bei Namen und neu eingeführten Termini, die nur selten vorkommen, nur in begrenztem Maße: Unbekannte Namen und Fachbegriffe sollten nicht abgekürzt werden, da dies das Wiederauffinden in der Fachliteratur unnötig erschwert – selbst bei ausgeschriebenen Namen bleibt die Hürde der Schreibung.

Ordnen Sie Ihre Stichwörter auf dem Papier in nicht-linearer Folge so an, daß Zusammenhänge und Beziehungen deutlich werden.

Dieses Schreibverfahren bietet mehrere Vorteile: Zunächst hält es den Schreiber davon ab, entgegen guter Vorsätze doch ganze Sätze zu schreiben. Darüber hinaus kann mit Hilfe von Pfeilen oder ähnlichen zusätzlichen Zeichen der Zusammenhang zwischen einzelnen Gedanken eingetragen werden. Das Ergebnis einer Mitschrift nach diesem Muster sieht ähnlich aus wie ein Tafelbild – an einigen Stellen vielleicht ausführlicher. Beim Wiederlesen wird auf den ersten Blick die Struktur der Vorlesung deutlich – demjenigen, der sie gehört hat. Wenn eine solche Mitschrift einem Fremden nicht alles erläutert, ist das nur natürlich.

Lassen Sie beim Schreiben auf dem Papier Raum für nachträgliche Ergänzungen.

Häufig kreisen die Argumente eines Vortrags um wenige Kerngedanken. Da Sie die Gesamtaussage einer Rede festhalten und nicht ihren Verlauf dokumentieren wollen, ist es günstiger, die Stichworte logisch und nicht chronologisch anzuordnen.

Notieren Sie Zitatbelege und Literaturhinweise sorgfältig.

Die Mitschrift sollte auch die Anregungen aufgreifen, die in einer Vorlesung gegeben werden. Dabei liegt es in Ihrem Ermessen, ob Sie nur die Zitate, die die Vorlesung tragen, oder auch ergänzende Lektüreempfehlungen notieren oder ob Sie ausschließlich das, was Ihnen lesenswert erscheint, aufschreiben. In jedem Fall ist es praktisch, die Lesehinweise mit einem Zeichen zu versehen, so daß sie beim Überfliegen der Notizen leicht aufgefunden werden können.
   Sie sehen, eine Mitschrift ist individuell. Sie kann bei allen Teilnehmern einer Vorlesung verschieden aussehen. Zu Beginn des Studiums wird sie umfangreicher sein als gegen Ende: Häufig wird das Neue, Unbekannte schriftlich fixiert – das Bekannte nicht mehr festgehalten.

Seminar Wiss. Schr.
13. Januar '96

Thema: TEXTSORTEN

im Studium wichtig

< schreiben für sich selbst
  schreiben für andere : Thesenpapier, Exposé,
  Hausarbeit / Abschlussarb.
  Klausur
  ggf. Seminarprotokoll

dazu lesen
• Eco, Umberto

für sich:
① Mitschrift
→ erst hören, dann schreiben
→ nur das Wichtigste
→ Stichwörter, Abkürzungen
nicht → Namen (Literaturhinweise)
→ Begriffe

② Exzerpt
1. Querlesen (kursor.), aber struktur.!
2. wörtl. Zitate kennzeichnen
möglichst eigene Worte
"Paraphrasieren" (??)
"Fotokopieren"?! ∟

③ Exposé (vor einer schriftl. Arbeit)
enthält Thema größere
Ziel
Methode
Arbeits- / Zeitplan

④ schriftl. Konzept zum Referat
Gedächtnisstütze, nicht ablesen
(nur Zitate ablesen!)

► Welche Arten von Protokollen gibt es?

für andere
⑤ Thesenpapier
- Gliederung des Vortrags +
  Information / Lit.
- in Vortrag darauf
  verweisen

⑥ schr. Arbeit
→ Techniken
  Zitieren (Wort/Sinn)
  Quellen belegen
  Literatur
→ vorher:
  Recherchieren
  ⇒ CD-Rom !!
  Bibliographien
  suchen

⑦ Abschlussarbeit
3 Typen - welche?

• Studien- und
  Prüfungsordnung
  besorgen!

Eine Mitschrift einer 90minütigen Vorlesung sollte – je nach Schriftgröße –
etwa 3 bis 4 DIN-A4-Seiten nicht überschreiten. Grundsätzlich gilt die Regel
,weniger ist mehr'. Umfangreichere Mitschriften sind wenig übersichtlich und
erschweren eine schnelle Orientierung.

Eine gute Mitschrift erleichtert das Mitdenken: Sie halten nicht nur Haupt-
und Nebenargumente und die Beziehungen, in die der Redner sie stellte, auf
dem Papier fest, sondern fügen eigene, ergänzende oder kontroverse Kommentare ein. Wenn Sie so dokumentieren, sind Sie bei einer sich an einen Vortrag
anschließenden Diskussion stets im Bilde – ob als Redner oder Zuhörer – und
können die Diskussionsbeiträge beurteilen.

Nicht wenigen Studenten dient das Mitschreiben während der Vorlesung
auch dazu, bei der Sache zu bleiben. Die Mitschrift selbst wird allenfalls kurz
vor einer Klausur, im Rahmen einer Abschlußarbeit oder aus nostalgischen Be-
weggründen wiedergelesen.

Wer den Stoff der Vorlesung nacharbeiten will, kann dies mit seiner Mitschrift am selben Tag oder auch noch nach einer Woche tun. Es bietet sich
an, zu Hause auch Fachliteratur hinzuzuziehen, Zusammenhänge zu formulieren und einige Zitate einzufügen, so daß ein in sich geschlossener Text entsteht.

2.2 Das Protokoll

Ein weiterer Verwendungszweck für eine Mitschrift ist das Protokoll. Diese besondere Art der Mitschrift ist nicht durch die Person des Verfassers (sein Vorwissen, seine Einschätzungen, seine Kritik, ...) geprägt und zeichnet sich im
Gegensatz zur persönlichen Mitschrift durch Vollständigkeit aus. Das Protokoll besitzt öffentlichen Charakter, es dient der Information über Versamm-
lungen, Sitzungen oder Ausschüsse. Für die Teilnehmer fungiert ein Protokoll
als Gedächtnisstütze, für Interessierte, die an der Sitzung nicht teilgenommen
haben, ist das Protokoll eine verbindliche Darstellung des Sitzungsverlaufs
bzw. des -ergebnisses.

Das Führen eines Protokolls muß von den Anwesenden genehmigt werden;
jeder Teilnehmer kann verlangen, daß seine Bemerkungen ins Protokoll aufgenommen werden. In der Regel wird vor der Sitzung einer der Teilnehmer zum
Protokollanten ernannt. In öffentlichen Zusammenhängen kann ein Protokoll
auch juristisch verbindlich sein. Bei turnusmäßigen Treffen wird deshalb zu Beginn einer Sitzung das Protokoll des letzten Treffens verlesen und von den Teilnehmern durch Abstimmung genehmigt. Der Zweck jedes Protokolls liegt darin, mündliche Beiträge schriftlich festzuhalten. Jedes Protokoll hat einen Pro-
tokollkopf, in dem Rahmenangaben über Anlaß, Ort, Teilnehmer, Leitung,
Beginn und Ende der Sitzung gemacht werden.

2.2.1 Verschiedene Arten von Protokollen

Protokolle dienen unterschiedlichen Ansprüchen. In einigen Fällen ist es erforderlich, wörtlich zu protokollieren, d.h. alle Diskussionsbeiträge wörtlich wiederzugeben, z.b. bei Gericht. Auch Bundestagsprotokolle sind **wörtliche Protokolle**. Die Protokollanten stenographieren mit, zur Sicherheit wird zusätzlich ein Tonband eingesetzt. Insbesondere strittige Einzelheiten können mit Hilfe eines „wörtlichen Protokolls nach Band" dokumentiert werden. Wörtliche Protokolle sind sehr genau, aber bereits durch ihren Umfang unübersichtlich.

Die meisten Protokolle werden daher nach Stichworten geschrieben. Deshalb ist es wichtig, den Protokollanten vor der Sitzung oder Diskussion zu bestimmen, damit dieser sich entsprechende Notizen macht. Je nach Anliegen kann er zwischen zwei Protokollarten wählen: Er kann ein **Verlaufsprotokoll** (das den Ablauf einer Sitzung chronologisch nachzeichnet) oder ein **Ergebnisprotokoll** schreiben (dieses systematisiert die Beiträge zusammenfassend). Verlaufsprotokolle werden in den Naturwissenschaften für die exakte Beschreibung von Experimenten verwendet; in den geisteswissenschaftlichen Fächern werden häufiger Ergebnisprotokolle eingesetzt, weil sie
– die behandelten Themen in eine logische Ordnung bringen,
– die Kernaussagen mündlicher Beiträge erfassen und systematisieren; kurz:
– die Ergebnisse einer Sitzung oder einer Diskussion unabhängig vom Verlauf festhalten.

Entsprechend unterscheiden sich die beiden Protokollarten in ihrem Aussehen und in ihrer Gliederung.

Im **Ergebnisprotokoll** werden die formalen Angaben und Diskussionsergebnisse (daher der Name) festgehalten. Es enthält
1. den Kopf mit Datum,
2. das Thema der Besprechung oder Sitzung und die Tagesordnung (falls vorhanden),
3. die Beschlüsse im Wortlaut mit Abstimmungsergebnissen,
4. die Unterschriften des Protokollführers und des Sitzungsleiters sowie, falls vorhanden,
5. Anlagen (hierher gehören Kopien der Anträge, gegebenenfalls mit längeren Bemerkungen und Erläuterungen, sowie Bemerkungen zum Protokoll u.ä.).

Im Ergebnisprotokoll werden die Tagesordnungspunkte in der Reihenfolge behandelt, in der sie auf der Tagesordnung stehen – unabhängig davon, in welcher Reihenfolge sie tatsächlich besprochen wurden. Wenn eine Sitzung ohne Ergebnis endet, werden im Ergebnisprotokoll die gegensätzlichen Standpunkte herauskristallisiert. Bei kontroversen Diskussionen sollte ein Ergebnisprotokoll die Argumente anführen. Randbemerkungen oder vom Thema abweichende Beiträge gehören nicht hierher, ebensowenig persönliche Kommentare des Protokollanten oder die namentliche Erwähnung von Wortmeldungen.

Im **Verlaufsprotokoll** hingegen wird der Sitzungsverlauf dokumentiert. Es enthält
1. den Kopf mit Datum,
2. das Thema der Besprechung oder Sitzung und die Tagesordnung (falls vorhanden),
3. Stichworte zum Ablauf der Sitzung, Vorschläge, Einwände, Begründungen (bei wichtigen Wortmeldungen mit Namenshinweis),
4. die Beschlüsse im Wortlaut mit Abstimmungsergebnissen,
5. die Unterschriften des Protokollführers und des Sitzungsleiters sowie
6. Anlagen.

Nicht selten wird bei weniger wichtigen Sitzungen, wenn keine strittigen Fragen behandelt werden, eine Mischung aus Gedächtnisprotokoll und Ergebnisprotokoll angefertigt: Beschlüsse sind dem Sinn nach aufgenommen, Abstimmungsergebnisse jedoch genau wiedergegeben. In den Fällen, in denen kein Protokollant bestimmt worden ist, kann die nachträgliche Anfertigung eines **Gedächtnisprotokolls** beschlossen werden. Dieses wird dann ohne handschriftliche Notizen im Anschluß an eine Sitzung angefertigt. Es hat weniger Beweiswert als die übrigen Protokollarten.

Die Sprache in Protokollen
Protokolle sollen knapp und sachlich informieren. Sie enthalten weder wertende oder ausschmückende Adjektive noch Konjunktionen, die kausale Beziehungen herstellen. Protokolle werden im Präsens geschrieben, Begründungen und Sachbeiträge werden im Konjunktiv zitiert. Erklärende Zusätze werden in Klammern gesetzt.

Eine konzentrierte Mitschrift bildet die Grundlage jedes ausformulierten Protokolls, das häufig nicht nur schriftlich ausgearbeitet, sondern in der Regel auch mündlich verlesen wird. Grundsätzlich gelten für die protokollorientierte Mitschrift dieselben Richtlinien wie für die persönliche, doch müssen individuelle Auslassungen und Schwerpunktsetzungen zugunsten einer aus den Nachrichten bekannten Objektivität weichen. Egal welche Form des Protokolls Sie wählen:

Versuchen Sie, in Ihrer Niederschrift den Gang der Sitzung bzw. deren Ergebnisse so genau wie möglich wiederzugeben.

Um eine authentische Darstellung zu erreichen, sollten Sie Ihre protokollorientierte Mitschrift noch am Tag der Sitzung zum Protokolltext ausformulieren.

2.2.2 Das Seminarprotokoll

In der Hochschule kommt es vor, daß Protokolle von Seminarsitzungen ange-fertigt werden sollen. Auch hier wird vor der Sitzung ein Protokollant be-stimmt, der über Inhalte, Verlauf und Ergebnisse der Sitzung informieren soll. Ein Seminarprotokoll nennt das Thema der Sitzung, Arbeitsschritte und be-handelte Fragestellungen, Teilergebnisse, das Gesamtergebnis und – falls vor-handen – offene Fragen oder Hinweise auf die nächste Sitzung. Tafelbilder, Textauszüge und Thesenpapiere gehören in den Anhang. Man kann im Proto-koll auf den Anhang verweisen, sollte aber in jedem Falle darauf hinweisen, welchen Stellenwert diese Materialien im Seminarverlauf hatten.

Versuchen Sie nicht, wörtlich mitzuschreiben – der Sinn des Seminarproto-kolls liegt in der Ordnung der Gedanken.

Wer als Dozent die Anfertigung von Seminarprotokollen anregt, erhofft sich zweierlei:
– Zum ersten, daß nicht alle Seminarteilnehmer durch ihr Schreiben überbe-schäftigt sind und so die Mehrheit dem Gedankengang folgen kann.
– Zum zweiten, daß derjenige, der protokolliert, dieses bewußt tut, d.h. nicht irgendwas mitkritzelt, sondern versucht, Strukturen zu entdecken.
So verstandene Seminarprotokolle sind keine unsinnige Quälerei, sondern die-nen der Entwicklung von Routinen, die im Studium und im Berufsleben nütz-lich sind.

Um eine Seminarsitzung zu protokollieren, bietet sich eine Mischung aus Er-gebnis- und Verlaufsprotokoll an.

Es sei denn, der Dozent verlangt die eine oder andere Form. Dort, wo – bei-spielsweise im Vortrag oder in der Diskussion – die Anordnung der Argumente oder das Für und Wider der Meinungen für das Ergebnis relevant erscheint, sollte der Verlauf protokolliert werden.
    Beim Verfassen des Protokolltextes ist zu bedenken, daß das Protokoll über-blickartig informieren soll, d.h. es sollte sich durch Übersichtlichkeit und Neu-tralität auszeichnen, das Wesentliche kurz und präzise wiedergeben, ohne zu werten. Es liegt in der Entscheidung des Protokollanten, welche Thesen, Fra-gen, Beiträge und Stellungnahmen er als bedeutsam für das Ergebnis empfin-det. Dennoch sollte er sich um Vollständigkeit bemühen und anstreben, in sei-nem Protokoll ein wirklichkeitsgetreues Bild der Veranstaltung zu zeichnen. Dies ist Wochen oder Monate nach der Veranstaltung nur noch schwer mög-lich.

2.3 Das Exzerpt

Das Exzerpt ist in gewisser Weise eine besondere Form des Protokolls – Sie protokollieren das, was Sie gelesen haben. Als Exzerpt werden sowohl wörtliche als auch sinngemäß zitierte Auszüge aus einem Text bezeichnet. Anders als bei der Mitschrift oder dem Protokoll, deren Inhalt vorgegeben ist, wird bei allen übrigen Texten, die Sie in Ihrem Studium verfassen, erwartet, daß Sie Literatur auswerten. Damit ist das Exzerpt eine Form individuellen Schreibens, es soll Ihnen helfen, das Bild, was Sie sich beim Lesen eines Aufsatzes oder Buches über Ihr Thema gemacht haben, festzuhalten. Jede wissenschaftliche Arbeit (Referat und Hausarbeit) beginnt mit einer Lesephase, in der Sie exzerpieren, d.h. wichtige Zitate, Argumente und Gedankengänge sammeln.

Dazu müssen Sie nicht jedes Buch von vorne bis hinten durchlesen. Ein Blick in das Inhaltsverzeichnis, das Sach- und Namensverzeichnis und in die Einleitung gibt Aufschluß über die Relevanz des Werkes für die eigene wissenschaftliche Arbeit. Kursorisches Lesen der Kapitel oder Seiten, die auf den ersten Blick von Interesse scheinen, dient der Auswahl der für das Thema bedeutsamen Abschnitte.

Selbstverständlich sollten Sie nicht alle Bücher quer lesen – ein solches Vorgehen würde die Einordnung ihrer Ergebnisse in den Forschungskontext unmöglich machen. Dennoch spart das Verfahren viel Zeit, die dann dem Lesen der lesenswerten Bücher zugerechnet werden kann (für ausführlichere Hinweise zu Lesetechniken vgl. Stary/Kretschmer 1994). Auch sorgfältiges Exzerpieren spart Zeit:

Kennzeichnen Sie wörtliche Zitate als solche, und prüfen Sie sie, unmittelbar nachdem Sie sie geschrieben haben, gründlich in bezug auf Wortlaut und Zeichensetzung.
    Notieren Sie mit dem Zitat die Quelle und die Seite (vgl. dazu Kapitel 4.2) – so wird ein nachträgliches aufwendiges Suchen nach einem wichtigen Textstück überflüssig.

Bei sinngemäßen Zitaten sollte der Zusammenhang, in dem sich diese im Originaltext befinden, mitnotiert werden. Wenn Sie hier deutlich zwischen der eigenen Auffassung und der der anderen trennen, fällt Ihnen beim Schreiben Ihrer Arbeit die Argumentation leichter.
    Sie können nicht, während Sie noch lesen, an ihrer Arbeit schreiben – eine wissenschaftliche Arbeit wandelt sich zumeist während des Erkenntnisprozesses, daher sollten Sie es auch gar nicht versuchen. Die der wissenschaftlichen Arbeit vorgeschaltete Textsorte ist das Exzerpt.

Versuchen Sie, in Ihren Exzerpten so weit wie möglich eigene Worte zu verwenden, Gedankengänge und Argumentationsketten sinngemäß zu zitieren.

Das fällt erfahrungsgemäß leichter, wenn Sie im Anschluß an ein gelesenes Kapitel exzerpieren. Erstens ist dann die Gefahr geringer, das Gelesene mißzuverstehen, und zweitens kleben Sie nicht zu sehr am Text.

Mit jedem weiteren Buch oder Zeitschriftenaufsatz werden neue Aspekte des Themas wichtig, so daß sich die Anlage der Arbeit bis zu ihrem Endzustand mehrfach wandeln kann. Das ist die natürliche Konsequenz zunehmender Kenntnisse auf einem Fachgebiet und im Zeitalter der Personalcomputer sogar leicht handhabbar (vgl. dazu Kapitel 3.6).

Wenn Sie zu jedem gelesenen Text ein Exzerpt anfertigen – auch zu denen, die Sie nicht verwenden wollen – erhalten Sie einen realistischen Überblick über die Komponenten Ihrer entstehenden Arbeit.

Gerade wenn Sie mit Zeitschriftenaufsätzen arbeiten, werden Sie fotokopieren, um zu Hause in Ruhe lesen zu können. Sie können in Ihren Fotokopien kritzeln, unterstreichen, Randbemerkungen machen – dies ersetzt aber in keinem Fall ein Exzerpt. Denken Sie daran, daß Sie sich, nachdem Sie einen Text gründlich bearbeitet haben, auch von ihm lösen müssen. Das Exzerpt ist quasi das Sprungbrett in Ihren eigenen Text. Würden Sie sich ausschließlich die Fotokopien vor Augen halten, wäre es nur sehr schwer möglich, sich von den Fremdtexten zu lösen. Indem Sie exzerpieren und paraphrasieren, bringen Sie sich in das Thema ein (vgl. dazu Kapitel 4.2.3 und 4.2.4).

In der letzten Zeit ist das Fotokopieren immer einfacher geworden. Hier soll nicht nur auf die rechtliche Seite dieses Problems (Frage des Copyright), das sich auf den ersten Blick weniger problematisch als vielmehr komfortabel darstellt, hingewiesen werden. Auch wenn überall Copyshops auf Kunden warten und selbst in den Bibliotheken Münzkopierer allzeit bereitstehen – es besteht ein Unterschied zwischen dem Text, den ich als Fotokopie nach Hause trage, und dem, den ich gelesen und exzerpiert habe. Den letzteren habe ich aufgenommen, kenne ich, den ersteren habe ich mitgenommen, und nicht selten bleibt es dabei.

Fotokopieren erspart das Exzerpieren nicht. Nicht selten haben Zeitgenossen, vom Fotokopierfieber befallen, später vergessen, welche Schätze sie angesammelt hatten, und erst Jahre später beim Umzug gefunden, was sie leicht hätten lesen und mit in eine Arbeit einbringen können.

Exzerpte werden sinnvollerweise für jeden gelesenen Text einzeln angefertigt. Sie können mit Karteikarten, normalem Papier oder mit dem PC in Dateien arbeiten. Wichtig ist, daß Sie Ihre Exzerpte ergänzen, systematisieren und umordnen können – daher ist es unpraktisch, alle Exzerpte in ein Heft oder Buch zu schreiben.

Wenn Sie Ihre Exzerpte in Form von Dokumenten auf der Festplatte Ihres PCs (und auf einer Sicherungsdiskette) ablegen, ersparen Sie sich unter Umständen das wiederholte Abschreiben von Zitaten – vgl. dazu Kapitel 3.6.2. Sie können mit Ihren Exzerpten über ein bloßes Leseprotokoll hinausgehen, indem Sie eigene weiterführende, ergänzende oder abweichende Gedanken mitnotieren. Reservieren Sie sich hierfür ein Symbol, eine besondere Farbe des Schreibstiftes, eine andersfarbige Karteikarte oder eine Formatierung.

2.4 Das Referat und das Thesenpapier

Anders als das Protokoll, das etwas Bekanntes zusammenfaßt und systematisiert, d.h. nacharbeitet, dient das Referat der Vorstellung eines unbekannten Themas. Ursprünglich bezeichnet der Begriff Referat einen mündlichen Vortrag, im studentischen Alltag kann auch die schriftliche Ausarbeitung eines Vortrags gemeint sein, der dann nicht unbedingt auch gehalten werden muß. Dennoch besteht ein Unterschied zwischen dem mündlichen Referat und seiner schriftlichen Ausarbeitung. Ein Referat muß sich deutlich von einer vorgelesenen Hausarbeit unterscheiden.

Zweck eines Referats ist es, ein Publikum durch einen mündlichen Bericht zu informieren: Der Referent soll seinen Zuhörern Wissen vermitteln, so daß im Anschluß an das Referat dessen Information gemeinsam diskutiert werden kann. Referenten legen in der Regel, um ihre Informationsvermittlungsaufgabe erfüllen zu können, ihrem Vortrag geschriebene Texte zugrunde, die eine spezifische Form haben. Ausführliche Hinweise über das Referat als Sprechtext finden Sie in dem Buch von Marita Pabst-Weinschenk (Pabst-Weinschenk 1995). Obwohl es sich bei der Textsorte Referat demnach primär um einen mündlichen Text handelt, werden hier einige grundsätzliche Hinweise gegeben.

2.4.1 Das Referat

Damit der Referent informieren kann, muß er sich zunächst selbst intensiv in das Themengebiet einarbeiten. Hier gelten die Grundsätze wissenschaftlichen Arbeitens:

> Recherchieren, Lesen, Exzerpieren und Zitieren – alle diese auch für schriftliche Hausarbeiten relevanten Arbeitsschritte gehören in die Vorbereitung des Referats.

Der Unterschied zwischen Hausarbeit und Referat liegt in der Kommunikationssituation begründet: Insbesondere die Aufnahmefähigkeit der Zuhörer muß berücksichtigt werden, zumal der zeitliche Rahmen eines Referats in den meisten Fällen auch dadurch begrenzt ist, daß sich an den Vortrag eine Diskussion anschließt. Hier haben die Zuhörer Gelegenheit, Fragen zu stellen oder Stellung zu nehmen. Zu den Charakteristika eines Referats gehören die folgenden:

–   Das Referat will die Zuhörer informieren und zum Mitdenken und zur Diskussion auffordern.

Der Referent richtet sich an das jeweils bestimmte Publikum – während des Studiums wird es sich um die Seminarteilnehmer, Kommilitonen, handeln, die einen definierbaren Kenntnisstand und ein spezifisches Interesse am Thema haben. Diese konkreten Zuhörer werden bereits in den Referattext und erst recht in den mündlichen Vortrag einbezogen. Das Referat ist nicht an den Seminarleiter zu richten. Trotz der einer Vorlesung ähnlichen Kommunikationsstruktur – einer redet, viele hören zu – ist ein Referat keine Vorlesung. Ein Referent wird die anschließende Diskussion dadurch vorbereiten, daß er das Thema von einem konkreten Beispiel ausgehend entfaltet, es in einen größeren Zusammenhang einordnet oder alternative Lösungen eines Problems vorstellt. Er wird mit langen Definitionen und Zitaten – die ja abgelesen werden müssen – sparsam umgehen und möglichst frei sprechen, so daß er die Reaktionen der Zuhörer beobachten kann.

–   Das Referat wird getragen vom schriftlichen Konzept.

Selbstverständlich kann ein Referattext ausformuliert werden, doch bietet es sich an, Stichwörter zu notieren, so daß die Gefahr des Ablesens von vornherein vermindert wird. Bedenken Sie beim Aufbau des Referats, daß Sie in ein Thema einführen wollen. Ein Weg, einen Problembereich vorzustellen, ist der, von einer konkreten Fragestellung auszugehen und quasi den Erkenntnisprozeß, den Sie bei der Einarbeitung durchgemacht haben, für die anderen nachvollziehbar zu machen. Denken Sie bei der Abfassung des Konzepts an die Zuhörer, vermeiden Sie unnötiges Fachchinesisch und komplizierte Satzkonstruktionen (vgl. dazu die Kapitel 8). Schon deshalb ist ein Stichwortkonzept sprech- und hörfreundlicher als ein ausformulierter Text. Kernaussagen, komplexe Definitionen und wichtige Zitate gehören auch auf das Thesenpapier (s.u.), das den roten Faden des Referats enthält und den Zuhörern während des Vortrags zur Einsicht vorliegt. Sollten Sie sich dazu entschließen, dem Vortrag ein ausformuliertes Manuskript zugrunde zu legen, bedenken Sie, daß es gut lesbar sein muß. Oft tut eine handschriftliche Ausarbeitung hier gute Dienste. Was man einmal geschrieben hat, vergißt man nicht so leicht – Sie kennen das, wenn Sie auch ohne den Einkaufszettel, der zu Hause auf dem Küchentisch liegengeblieben ist, genau das einkaufen, was Sie aufgeschrieben hatten. Egal ob mit der Schreibmaschine, dem PC oder mit der Hand: Schreiben Sie Ihr Manuskript übersichtlich und leserlich, d.h. gliedern Sie den Text stark, arbeiten Sie mit Überschriften, verschiedenen Farben oder Schriftarten für Zitate und Definitionen, mit Absätzen und Einzügen. Schreiben Sie nicht zu viel auf eine Seite, und beschreiben Sie die Blätter nur einseitig, so daß Sie das Manuskript Blatt für Blatt aus der Hand legen können.

–   Das Referat ist ein mündlicher Vortrag.

Führen Sie zu Beginn in die Thematik ein, und umreißen Sie den Ablauf Ihres Vortrags; weisen Sie auch darauf hin, wie lange Sie in etwa sprechen wollen. Das ist zuhörerfreundlich, wenn Sie sich daran halten. Versuchen Sie, nicht abzulesen oder zu dozieren, sondern Ihren Zuhörern den Gegenstand wie im Ge-

spräch nahezubringen, indem Sie zum Beispiel selbst Fragen stellen, die Sie in
Ihrem Vortrag beantworten. Versuchen Sie, Interesse zu wecken und Fragehal-
tungen zu provozieren, weisen Sie auf Kontroversen hin. Behalten Sie Ihre Zuhörer im Auge, und weichen Sie – wenn nötig – von Ihrem Konzept ab, um gegebenenfalls ausführlicher zu erläutern. Fassen Sie zum Schluß das Wichtigste
zusammen, so daß vor der Diskussion der Rahmen nochmals klar abgesteckt
ist.

Ein Referat sollte über die Einführung in ein Themengebiet, dessen Fragestellungen und die Erläuterung ausgewählter Beispiele hinaus auch eine kurze
Orientierung über den Forschungsstand sowie Hinweise auf weiterführende Literatur geben. Je nach dem Kenntnisstand der Zuhörer müssen Sie als Referent
auch darauf vorbereitet sein, Fachtermini und Zusammenhänge gesondert zu
erläutern. Hilfreich ist es hier, ein Thesenpapier zu erstellen, das zugleich informiert und pointiert.

2.4.2 Das Thesenpapier

Ein Thesenpapier (neudeutsch auch: Handout) sollte an der Gliederung des
Vortrags orientiert sein und Definitionen, Zitate und deren Belege sowie weiterführende Literaturhinweise enthalten. Wenn Sie jeweils noch einige Kernaussagen ergänzen, wird es zu einer Dokumentation des Vortrags – was nicht
selten einige der Zuhörer dazu verleitet, aus ihrer Rolle zu fallen, indem sie die
Gedanken schweifen lassen und nicht mehr zuhören. Um hier vorzubeugen,
können Sie das Thesenpapier so aufbauen, daß es Raum für die individuellen
Notizen der Zuhörer läßt.

Sie können das Thesenpapier erstellen, nachdem oder auch bevor Sie den
Vortrag ausgearbeitet haben. Beide Verfahren bieten eigene Vorteile: Im ersten
Fall kennen Sie den Vortrag gut, haben das Manuskript vorliegen und können
die Kernaussagen auflisten. Im zweiten Fall dient Ihnen das Thesenpapier als
Richtschnur; Sie machen sich zunächst klar, was Sie sagen wollen, und ergänzen nachträglich die Argumente – das Manuskript fügt sich in das Thesenpapier ein. In beiden Fällen dient der Abgleich von Thesenpapier und Vortrag dazu, zu überprüfen, ob das Referat dem Thema und den Zuhörern angemessen
aufgebaut ist.

Es ist wichtig, darauf zu achten, daß Thesenpapier und Vortrag weder im
Ablauf noch in der Wortwahl zu stark voneinander abweichen.

Ein Thesenpapier, das nicht auf den ersten Blick im Zusammenhang zu den Argumenten der Rede steht, kann seinen Zweck nicht erfüllen, wirkt eher verwirrend als unterstützend. Ein gutes Thesenpapier kann für einen geübten Referenten, der keine Hemmungen vor der freien Rede hat und gut in das Thema
eingearbeitet ist, zugleich als Konzept für den Vortrag genutzt werden. Ein gutes Thesenpapier sollte auch für Interessierte, die Ihren Vortrag nicht gehört

haben, eine brauchbare Arbeitsunterlage sein. Auf das Thesenpapier gehören
also vollständige Sätze, eben nicht nur Stichworte für Eingeweihte.

Noch einige Tips für den Umgang mit Thesenpapieren:
- Teilen Sie das Thesenpapier vor dem Vortrag aus.
- Verweisen Sie beim Sprechen auf die Gliederungspunkte des Thesen-
  papiers.
- Geben Sie im Kopf Ort, Datum, Seminar, das Thema und den Namen
  des Referenten an.

Sie können auch mit der Wandtafel oder mit Overheadfolien arbeiten, um den
Zuhörern Orientierungshilfen bereitzustellen: Wenn Sie, während Sie sprechen,
wesentliche Punkte an der Tafel festhalten, müssen Sie sich für die Zeit des
Schreibens vom Publikum abwenden. Sie können auch vor dem Vortrag die
Tafel beschreiben und Sie während des Vortrags aufklappen – die Wandtafel
hat dann jedoch denselben Nachteil wie ein Thesenpapier: Alle Informationen
stehen auf einen Blick zur Verfügung, und Zitate laden zum vorausgreifenden
Lesen ein – die Zuhörer schweifen ab, verfolgen den Vortrag nicht kontinuierlich.

Der Overheadprojektor erlaubt es, für die Zuhörer zu schreiben, ohne sich
von ihnen abzuwenden, und auch bei vorbereiteten Folien kann der Referent
die Aufmerksamkeit seiner Zuhörer steuern. Ein ähnlicher Effekt wie beim
‚das Sprechen begleitenden Schreiben' läßt sich dadurch erzielen, daß a) immer
nur der Teil der Seite, der gerade bedeutsam ist, aufgedeckt wird (der Referent
muß dabei mit zwei Abdeckpapieren arbeiten) oder b) die Seite nach und nach
aufgedeckt wird (hier genügt ein Papier).

Die zeitgleiche Organisation des Mediums verlangt vom Vortragenden große Konzentration, und die Betreuung eines Projektors vor Publikum bereitet
häufig sogar routinierten Rednern Probleme. Bitten Sie einen Kommilitonen –
nicht selten werden Referate auch an Gruppen verteilt – die Folie abzudecken,
Sie brauchen dann nur Zeichen zu geben und können sich auf Ihren Vortrag
und die Reaktionen des Publikums konzentrieren.

2.5 Das Exposé

Wenn Sie ein Referat übernommen haben, werden Ihnen in der Regel Literatur
und Arbeitszeitraum benannt, d.h. das Themengebiet ist stark eingegrenzt, Sie
können sich nicht so leicht verzetteln. Im Gegensatz dazu könnte eine schriftliche Arbeit, die Sie ohne festen Termin und in freier Wahl Ihres Lesestoffes anfertigen, leicht ausufern. Daher ist es vor jeder größeren schriftlichen Arbeit,
insbesondere vor einer Abschlußarbeit – deren Bearbeitungszeit befristet ist –
wichtig, das Verhältnis von Kosten und Nutzen zu überschlagen, um nicht erst
im Entstehungsprozeß des Textes festzustellen, wieviel Lektüre oder For-
schungsaufwand das zu bearbeitende Thema erfordert. Die ausformulierte Pla-

nung der Arbeit ist das Exposé, eine Kurzbeschreibung der geplanten Arbeit, die sowohl ihren Inhalt als auch ihre Realisierbarkeit betrifft.

Im Exposé geben Sie sich (und Ihrem Betreuer) einen realistischen Überblick über

- die Fragestellung Ihrer Arbeit (Ihr Thema),
- das, was Sie mit Ihrer wissenschaftlichen Arbeit erreichen wollen (Ihr Ziel),
- darüber, wie Sie arbeiten wollen (Ihre Methode), und
- über das, was bis zum Erreichen Ihres Zieles am Tag X zu tun ist (Arbeitsschritte und Zeitplan).

Sie ordnen Ihr Thema in einen größeren Gesamtzusammenhang ein und formulieren Annahmen bzw. Fragen, die Sie in Ihrer späteren Arbeit überprüfen bzw. beantworten wollen. Sie machen zusätzlich deutlich, was Sie aus welchem Grund nicht berücksichtigen werden. Außerdem dokumentieren Sie Ihren Kenntnisstand über die für Ihre Arbeit relevante Literatur. Insofern ist das Exposé ein Extrakt der ersten Schritte der Entstehung einer wissenschaftlichen Arbeit: Themenfindung, Themenformulierung, Themeneingrenzung, Arbeitsbibliographie (vgl. dazu Kapitel 4.1).

Nachdem Sie Ihr Erkenntnisinteresse, den Stand der Forschung und Ihren Ausgangspunkt dargelegt und gegebenenfalls über bereits geleistete Vorarbeiten berichtet haben, umreißen Sie im Exposé die Quellenlage bezüglich Umfang und Zugänglichkeit des Materials und stellen fest, ob und welche Hilfsmittel Sie benötigen. Insofern dient das Exposé auch als Haushaltsplan und gibt Ihnen (und Ihrem Betreuer) Aufschluß über Ihre Einschätzung des Arbeitsumfangs und -aufwands.

Derartige Überlegungen werden im Prozeß wissenschaftlichen Arbeitens mehr oder minder explizit getroffen – im voraus oder während des Arbeitens. Das schriftliche Exposé zwingt Sie dazu, zu fokussieren und Ihre Anforderungen zu fixieren, sich dadurch über das wahrscheinliche Ausmaß der Arbeiten klar zu werden. Es ist jedoch keinesfalls als Korsett zu verstehen, in das Sie Ihren Text oder Ihre Vorarbeiten zwängen müssen. Zugleich dient es Ihrem Betreuer als Orientierung über Hilfen, die er geben könnte oder sollte. Das Exposé dient somit als Wegweiser Ihres wissenschaftlichen Arbeitens – selbstverständlich nicht als endgültiger Plan oder Richtlinie, die es zu befolgen gilt. Es ist eine Diskussionsgrundlage und spiegelt den Stand Ihrer Erkenntnis an dem Tag, an dem Sie mit der gründlichen Bearbeitung Ihres Themas begonnen haben. Daß sich der Zeitplan und die von Ihnen formulierte Gliederung der Arbeit ändern werden, unter Umständen mehrfach, liegt in der Natur wissenschaftlichen Arbeitens.

Trotz seines ausgesprochenen Werkstattcharakters ist das Exposé kein Text, den Sie sofort, nachdem Sie ihn geschrieben haben, in der Schublade verschwinden lassen sollten. Es kann Ihnen dazu dienen, Ihre Wissensfortschritte zu erkennen, indem Sie den jeweiligen Stand Ihrer Arbeit mit Ihren Vorannahmen abgleichen und auf Bestätigungen oder Abweichungen hin abklopfen. So verdeutlichen Sie sich jeden Schritt Ihrer wissenschaftlichen Erkenntnis.

Auch in formaler Hinsicht kann ein Exposé Fragen klären: Wählen Sie hier das Layout, in dem Sie auch Ihre Abschlußarbeit schreiben wollen: Markierungen der Zitate, Umgang mit Fußnoten (vgl. Kapitel 4.3), Form des Quellenbelegs und der Literaturangaben (vgl. Kapitel 4.2.6 und 4.5). Wird das Exposé in seiner Form akzeptiert, müssen Sie sich beim Schreiben der Arbeit keine Gedanken machen; sollen Änderungen vorgenommen werden, können Sie die jetzt noch leichten Herzens vornehmen – sollte sich ein durchgängiger formaler Fehler erst bei der Endkorrektur herausstellen, würde dies Ärger verursachen und unnötig Nerven kosten. Grundsätzlich ist beim Layout im Rahmen des Erlaubten vieles möglich (Hinweise dazu finden Sie in Kapitel 9).

2.6 Die schriftliche Hausarbeit

Anders als das adressatenbezogene Referat, das Informationen für eine Diskussion bereitstellen soll, bietet die schriftliche Hausarbeit Raum für die sachgerechte Darstellung, Systematisierung, Diskussion und – wenn möglich – Lösung eines Problems. Sie ist eine erste Möglichkeit, sich im Hinblick auf seine Abschlußarbeit mit den Techniken wissenschaftlichen Schreibens (vgl. Kapitel 4.2) vertraut zu machen. Die Anforderungen an die Wissenschaftlichkeit sind im Vergleich zum Referat höher, was sich allein schon dadurch ergibt, daß der geschriebene Text die einzige Variante der Arbeit ist und wiederholt gelesen werden kann. Im Vergleich zum Referat ist der Umfang einer Hausarbeit nicht zeitlich begrenzt, er wird nach Seiten bemessen. Der Umfang einer Hausarbeit in der ersten Studienphase wird geringer sein als in der zweiten. Welche Richtlinien genau gelten, sollten Sie für Ihr Studienfach in Erfahrung bringen.

In einer Hausarbeit soll der Verfasser zeigen, daß er
– ein gestelltes Thema problemorientiert darstellen kann,
– wissenschaftliche Theorien und die Forschungslage kennt und
– die Techniken wissenschaftlichen Arbeitens beherrscht.

Wichtig ist dabei ein ausgewogenes Verhältnis zwischen eigenen Gedanken und (wörtlich oder sinngemäß) zitierten Ideen. Dieses wird sich im Laufe des Studiums wandeln: Wird in den Hausarbeiten der ersten Studienphase der Hauptakzent auf der Technik wissenschaftlichen Arbeitens liegen, so erhöht sich der erforderliche Eigenanteil bis zur Abschlußarbeit kontinuierlich.

Für jede wissenschaftliche Arbeit ist es unabdingbar, daß sie nachvollziehbar und nachprüfbar ist. Zu validen Ergebnissen gelangt man durch die sorgfältige Planung der Arbeit und wissenschaftliche Argumentation. In Kapitel 7 können Sie sich über verschiedene Techniken des Argumentierens informieren.

Die von Ihnen ausgewählten und bewerteten wissenschaftlichen Erkenntnisse anderer müssen so gekennzeichnet sein, daß sie nachgelesen werden können.

Wie man die Quellen benennt, ist in Kapitel 4.2.6 in einigen Varianten beschrieben.

Bereits die Wahl und die Formulierung des Themas bilden eine wesentliche Komponente der Hausarbeit. Bevor Sie sich für ein Thema entscheiden, sollten Sie die folgenden Überlegungen berücksichtigen:

– Das Thema sollte Sie interessieren.

Eine wissenschaftliche Arbeit erfordert viel Lese- und Schreibarbeit. Sollten Sie sich mit etwas auseinandersetzen müssen, das Sie nicht interessiert, wird Ihnen die Arbeit schwerer fallen, als wenn Sie ein Anliegen, das Sie tatsächlich haben, verfolgen. Aber bedenken Sie: Nicht selten steigert sich das Interesse in erstaunlichem Maße, wenn man sich in ein Thema hineinarbeitet und sich von ihm packen läßt.

– Das Themenfeld sollte Ihnen nicht gänzlich unbekannt sein.

Sie sollten schon vor Arbeitsbeginn in etwa wissen, über was Sie schreiben werden. Das bedeutet nicht, daß Sie schon präzise Ergebnisse formuliert haben, die Ihre Forschung oder Argumentation erbringen soll – ein solches Vorgehen macht blind für unerwartete Möglichkeiten oder Varianten. Sie sollten sich jedoch über die grobe Richtung Ihrer Forschung auch deshalb im klaren sein, weil Sie nur dadurch bewußte Entscheidungen für die Recherche und den Aufbau der Arbeit treffen (und korrigieren) können.

– Die Quellen, die Sie für die Bearbeitung Ihres Themas benötigen, müssen zugänglich sein.

Diese Vorüberlegung ist nicht zu unterschätzen. Sie sollten daher ein wenig recherchieren und den Buchbestand der Universitätsbibliothek und/oder Ihrer Stadtbibliothek prüfen, bevor Sie mit Ihrem Dozenten das Thema für eine schriftliche Arbeit absprechen. Es ist durchaus möglich, daß Sie durch das Fehlen von Quellen an der kontinuierlichen Bearbeitung Ihres Themas gehindert werden. Sie sollten den Aufwand der Literaturbeschaffung abschätzen – dieser darf bei einer Abschlußarbeit größer sein.

– Die Problemstellung des Themas sollte Ihre Fähigkeiten nicht überfordern.

Die Einschätzung der eigenen Kenntnisse auf einem Gebiet kann schwierig sein – Ihr Betreuer wird Sie im Gespräch bei der Themenformulierung beraten. Selbst ein vielleicht überarbeiteter Professor hat Assistenten und Mitarbeiter, an die Sie sich wenden können. Außerdem können Sie über die Fachschaft Kontakte zu Kommilitonen höherer Semester knüpfen.

Sollten Sie planen, eine schriftlichen Hausarbeit als Gruppenarbeit zu erstellen, erkundigen Sie sich unbedingt vorher bei Ihrem Dozenten, ob Sie so arbeiten dürfen und welche besonderen Maßgaben für Gruppenarbeiten gelten.

Eine Gruppenarbeit kann (muß aber nicht) zu einer sehr intensiven Beschäftigung mit dem Thema und zu fruchtbaren Diskussionen in der Gruppe führen. Auch wenn sich Gruppenarbeiten positiv auf das Arbeitsengagement und die Auseinandersetzung mit dem Thema auswirken können – problematisch ist die Beurteilung der individuellen Leistung. Damit jeder einzelne der Gruppe für seine Abschlußarbeit Erfahrungen sammeln kann, sollten Sie – wenn eine Arbeitsteilung erfolgte – in einem Vorwort darauf verweisen, wer für welche Kapitel verantwortlich zeichnet. Wenn Sie es vorziehen, eine Gruppenarbeit in Gruppenverantwortung vorzulegen, sollten Sie sich vor Augen halten, daß diese Situation nicht typisch für wissenschaftliches Arbeiten ist. Auch wenn Ihnen Entscheidungen in der Gruppe leichter fallen: Sie müssen lernen, die Verantwortung für Ihre wissenschaftliche Arbeit zu übernehmen. Nehmen Sie diese persönliche Herausforderung persönlich an. Ein guter Mittelweg ist der, sich ein Thema in einer Gruppe zu erarbeiten und danach individuelle Arbeiten zu schreiben.

2.7 Die Abschlußarbeit (Examensarbeit, Magisterarbeit, Diplomarbeit)

Die Abschlußarbeit ist die schriftliche Arbeit, die ein Universitätsstudium beschließt. Der Prüfungskandidat weist mit dieser größeren, innerhalb einer bestimmten Frist anzufertigenden wissenschaftlichen Arbeit nach, daß er eine gestellte Aufgabe aus seinem Studiengebiet nach wissenschaftlichen Methoden selbständig bearbeiten und seine Ergebnisse sachgerecht darstellen kann.

Die genaueren Bedingungen, Angaben über die Bearbeitungsdauer und den Umfang der Arbeit erfahren Sie anhand der für Sie gültigen Studien- und Prüfungsordnungen.

Für die verschiedenen Typen von Abschlußarbeiten gelten grundsätzlich die Regeln wissenschaftlichen Schreibens (vgl. Kapitel 1.1). Je nach angestrebtem Abschluß soll eine Abschlußarbeit zeigen, daß der Prüfungskandidat für sein späteres Berufsleben gerüstet ist. Das bedeutet, daß abhängig vom Berufsziel entweder ein auf das Lehramt bezogenes Thema (Staatsexamensarbeit), ein wissenschaftliches Thema (Magisterarbeit) oder ein Problem aus dem Fachgebiet (Diplomarbeit) selbständig zu bearbeiten und sachgerecht darzustellen ist. Die unterschiedliche Schwerpunktsetzung liegt in den durch die jeweilige Prüfung zu beweisenden Qualifikationen begründet: Lehramtskandidaten sollten demnach tendenziell pädagogisch-didaktische Aspekte, Magisterkandidaten eher theoretisch-wissenschaftliche Aspekte und Diplomanden mehr praktisch-berufsbezogene Aspekte ihres Faches behandeln. In den musischen Fächern kann auch die Anwendung künstlerisch-gestalterischer Methoden verlangt sein.

Wichtig ist – wie bei der Hausarbeit – die Themenfindung:

Versuchen Sie, sich ausführlich beraten zu lassen, so daß Sie ein Thema formulieren, daß Ihren Neigungen und Fähigkeiten entspricht.

Anders als bei den normalen Hausarbeiten haben Sie eine relativ lange, häufig eine halbjährige, Bearbeitungsfrist. Sowohl der Zeitpunkt der Themenausgabe – in der Regel wird Ihnen das Thema schriftlich per Post mitgeteilt – als auch der Zeitpunkt der Abgabe der Arbeit werden aktenkundig gemacht.

Das verwaltungstechnische Drumherum, insbesondere der Abgabetermin, sollte Sie nicht allzusehr beschäftigen – lassen Sie sich dadurch nicht in dem Sinne beeindrucken, daß Sie sich unter Druck gesetzt fühlen.

Die Fristen sind in der Regel länger, als Sie für die Erfüllung der Anforderungen arbeiten müssen, sie haben vielmehr einen praktischen Aspekt: Sie können die Abschlußarbeit nicht – wie vielleicht einige Arbeiten im Verlauf Ihres Studiums – semesterlang vor sich herschieben. Wenn Sie die Befristung in dieser Weise positiv schätzen, dürfte sie Ihnen den Spaß am wissenschaftlichen Arbeiten nicht verderben.

In der Regel ist es ohnehin so, daß Sie sich beschränken müssen: Sie können nicht alles lesen und erst recht nicht alles schreiben – daher sollten Sie nicht bei der Erfindung des Rades beginnen, sondern sich auf die bisher dokumentierten wissenschaftlichen Erkenntnisse berufen. In Ihrer Abschlußarbeit sollen Sie zeigen, daß Sie die Zusammenhänge des Faches überblicken und in der Lage sind, Erkenntnisse kritisch einzuordnen, daß Sie die Fähigkeit besitzen, wissenschaftliche Methoden anzuwenden und Ergebnisse zu formulieren. Damit sind Sie als kritischer Leser und Wissenschaftler gefragt, der nach-, mit- und weiterdenkt.

Zum wissenschaftlichen Arbeiten gehört auch – und das sollten Sie nicht vergessen –, daß Sie einen Text fehlerfrei und den Konventionen Ihres Faches entsprechend gestalten. Das haben Sie bereits von Ihrer ersten Hausarbeit an trainiert (zu Fragen des Layouts vgl. Kapitel 9).

2.8 Die Klausur

Die Klausurarbeit unterscheidet sich von den anderen Typen schriftlicher Arbeiten dadurch, daß in sehr begrenzter Zeit – zumeist etwa zwei bis vier Stunden – ein Thema darzustellen ist, wobei keine oder nur ausgewählte Hilfsmittel zur Verfügung stehen. Daher verlangt eine Klausur eine besondere Vorbereitung.

Eine Klausurarbeit wird im Rahmen von Abschlußprüfungen verlangt oder im Anschluß an ein ein Semester lang besuchtes Seminar geschrieben. Klausurarbeiten des zweiten Typs sollen dazu dienen, den Stoff einer Veranstaltung abzufragen. Das kann auf unterschiedlichen Wegen geschehen:

a) In einer Klausur können verschiedene Fragen zu verschiedenen Aspekten der im Semester behandelten Thematik gestellt werden, wobei diese offen oder durch ein Multiple-Choice-Verfahren o.ä. normiert sein können.

Multiple-Choice-Tests haben es zumeist in sich: Sie sind häufig darauf angelegt, den Kandidaten unter Zeitdruck zu setzen. Lassen Sie sich daher nicht von den zum Teil verwirrenden Fragen und Antwortmöglichkeiten durcheinanderbringen: Falls Sie die richtige Antwort nicht auf Anhieb erkennen, denken Sie kurz nach. Kreuzen Sie dann auf jeden Fall etwas an. Entweder die Alternative, die Ihnen am wahrscheinlichsten erscheint, oder – falls Sie hier keine Entscheidung treffen können – eliminieren Sie das Unwahrscheinlichste und kreuzen per Zufall an.

b) Eine Klausur kann auch aus Fragen zu verschiedenen Themenbereichen bestehen. Hier ist es nicht auszuschließen, daß der zu beantwortende Fragenkatalog so umfangreich ist, daß er in der zur Verfügung stehenden Zeit nicht bewältigt werden kann. Die Absicht, die hinter einer so gestellten Klausur steht, ist oft die folgende: Für jeden soll etwas dabei sein; wer Schwierigkeiten mit einer Frage hat, soll die Chance haben, eine andere zu beantworten. Es wird nicht erwartet, daß einer alle Fragen beantwortet.

Sollten in einer Klausur viele Fragen gestellt sein, beantworten Sie die, die Sie sofort beantworten können, zuerst. Nehmen Sie sich erst dann Zeit zum Nachdenken, wenn es gar nicht anders geht.

c) In einer Klausur können aber auch wenige Fragen (manchmal sogar nur eine) so allgemein formuliert sein, daß der Prüfling die Möglichkeit hat, selbst Schwerpunkte zu setzen. Die Abschlußklausur in den meisten geisteswissenschaftlichen Fächern wird so aussehen: Der Kandidat soll beweisen, daß er ein fachliches Problem erkennen, erörtern und (ansatzweise) lösen kann. Obwohl sich die Zweckdefinition der Klausurarbeit demnach kaum von den übrigen Typen wissenschaftlicher Arbeiten unterscheidet, sieht ein Klausurtext anders aus als der eines Referates oder einer schriftlichen Hausarbeit. Das hat verschiedene Gründe:

Während einer Klausur ist die Schreibzeit begrenzt. Nicht nur aus diesem Grund ist jede Klausur eine der Streßsituationen par excellence. Doch lassen Sie sich von solchen Äußerlichkeiten nicht beeindrucken: Widmen Sie sich dem Thema, und lassen Sie dabei die Uhr aus den Augen. Das anfängliche Brainstorming kann etwa ein Viertel der Klausurzeit beanspruchen.

Auch wenn die anderen schon schreiben – beginnen Sie erst dann, wenn Ihnen die Herangehensweise klar ist. Besser etwas länger nachdenken, als sich beim Schreiben vergaloppieren. Falls Sie am Ende noch einige Minuten haben – trauen Sie sich ruhig, Ihren Text zu lesen, vielleicht können Sie noch das eine oder andere Komma geraderücken.

Es stehen keine oder wenige Hilfsmittel zur Verfügung. Als Hilfsmittel werden dem Prüfling Texte, die er im Rahmen des Klausurthemas bearbeiten soll, zur Verfügung gestellt. D.h. die Klausur wird geschrieben, ohne daß in Fachwörterbüchern nachgeschlagen oder aus verschiedenen Fachaufsätzen o.ä. zitiert werden kann.

Das Thema ist also hauptsächlich mit Hilfe des erworbenen Wissens zu bearbeiten – Namen, Daten, Fakten, Entwicklungen und Zusammenhänge müssen aus der Erinnerung niedergeschrieben werden.

Die Klausuraufgabe kann allgemein oder speziell formuliert sein. Häufig stehen in einer Abschlußklausur zwei bis drei Themen zur Wahl, von denen nur eines bearbeitet werden muß.

Da diese dem Prüfling in der Regel im Wortlaut nicht bekannt sind, muß er in der Lage sein, seine Vorbereitung ad hoc so auszuwerten, daß er nicht am gewählten Thema vorbeischreibt.

Doch wie bereitet man sich auf eine Klausur vor? Diese Frage zu beantworten, ist heikel, denn es gibt mehrere Wege und für keinen eine Erfolgsgarantie. Die geeignete Klausurvorbereitung beginnt mit der Themenabsprache. Wählen Sie auch für Ihre Klausur kein Themengebiet, in dem Sie sich nicht auskennen; positiv formuliert: Wählen Sie einen Bereich, in dem Sie sich zu Hause fühlen.

Allgemein gilt: Ein übersichtliches, endliches Themengebiet ist griffiger und sogar unter Klausurstreß besser handhabbar als ein Bereich, der viele Fragen offenläßt. Läßt sich Ihr Thema überschaubar strukturieren, ist es in der Regel auch leicht aus der Erinnerung hervorzuholen.

Wenn Sie Ihren Themenbereich kennen, arbeiten Sie so, wie Sie es von Ihren Hausarbeiten her gewöhnt sind, beschränken sich aber auf Fachwörterbücher, Einführungen, Grundlagenwerke und ausgewählte Aufsätze. Lesen und exzerpieren Sie. Wörtliche Exzerpte haben für eine Klausur nicht den Rang, den sie für andere schriftliche Arbeiten haben, aber einige geflügelte Worte des Faches können nicht schaden. Fertigen Sie nebenher eine Geographie Ihres Themenbereiches an, indem Sie eine logische Karte zentraler Begriffe, Theorien und Namen zeichnen (vgl. Seite 27). Je nachdem wie Sie arbeiten, könnte Ihre Klausurvorbereitung hier abgeschlossen sein. Es bestehen zwei Wege der detaillierteren Vorbereitung:
–   Sie prägen sich diese Karte genau ein und entwickeln die Klausur erst beim Klausurtermin, indem Sie Ihre Karte aus der Perspektive der Themenstellung ‚lesen‘.
    Sie beginnen die Klausur mit einem Brainstorming und entwerfen dem Thema entsprechend auf einem Konzeptpapier eine Karte, die vielleicht weniger umfassend aber an einigen Stellen genauer ist als die Ihrer Vorbereitung. Dann numerieren Sie auf dieser Karte die einzelnen Stichpunkte und erhalten so eine erste Gliederung Ihrer Klausur. Schreiben Sie diese jetzt Punkt für Punkt, wo-

bei Sie das Abgehandelte auf der Karte abhaken. Lassen Sie beim Schreiben die erste Seite frei, so daß Sie hier die endgültige Gliederung mit dem originalen Wortlaut Ihrer Kapitelüberschriften nachtragen können.

– Sie können aber auch bereits in Ihrer Vorbereitung weiterdenken und eine allgemeine, immerwährende Gliederung und die dazugehörigen fertigen Kapitel entwerfen und vorschreiben.

Vielen hilft es, wenn sie den Text schon einmal geschrieben haben – sie nehmen dafür die Gefahr in Kauf, daß ihre Vorbereitung dem in der Klausur gestellten Thema nicht genau entspricht, und hoffen, mit ein bis zwei während der Klausur formulierten und an geeigneter Stelle in das Konzept eingebauten Kapiteln, dem Thema dennoch rundum gerecht zu werden.

Welcher Weg der bessere ist, ob Sie die Klausur vorschreiben wollen oder nicht und ob Sie sich überhaupt mit einer geographischen Karte anfreunden können, müssen Sie für sich entscheiden. Falls Sie zu denjenigen gehören, die von sich sagen, daß sie ein gutes akustisches Gedächtnis haben, können Sie auch mit dem Kassettenrekorder arbeiten und Ihr Manuskript oder thematisch gruppierte Stichworte auf Band sprechen und abhören.

3. Wie kann man den PC im Studium nutzen?

Das Schreibgerät hat einen nicht unwesentlichen Einfluß auf die Gestaltung eines Textes – das gilt für Kreide und Tafel, für Papier und Füllfederhalter sowie für die Schreibmaschine. Der Einsatz des Computers und eines Textverarbeitungsprogramms hat jedoch tiefergehende Auswirkungen: Er verändert nicht nur das Aussehen der Texte, d.h. das Produkt des Arbeitens, sondern auch den Arbeitsprozeß entscheidend. Es ist wichtig, den PC überlegt einzusetzen, um seine Vorteile zu nutzen und wünschenswerte Ergebnisse zu erzielen.

In diesem Kapitel geht es darum, wie der Computer sinnvoll im Prozeß wissenschaftlichen Arbeitens genutzt werden kann. Dazu werden Prinzipien der elektronischen Textverarbeitung erläutert und einige grundsätzliche Anwendungsmöglichkeiten vorgestellt. Insbesondere werden das Verwalten von Dateien und das wissenschaftliche Schreiben mit dem PC berücksichtigt. Dabei sollen Ihnen die hier entwickelte Mosaiktechnik und Hinweise zu typischen Problemen beim Schreiben mit dem Computer helfen. Im Anhang dieses Kapitels finden Sie Basiswissen zum Thema Computer in alphabetischer Reihenfolge.

War die mechanische Schreibmaschine nur ein anderes Hilfsmittel zwischen Kopf und Hand als Meißel, Gänsekiel oder Kugelschreiber, so steht der Computer für einen völlig veränderten Schreibprozeß. Die Zeiten haben sich geändert. Im Alltag wird heute von jedem verlangt, über die Beherrschung der Kulturtechniken Lesen und Schreiben hinaus auch Computer bedienen zu können – sei es bei der Bank, im Beruf oder zu Hause. Dank des Computers sind die formalen Standards für die Textgestaltung in allen Bereichen des wissenschaft-

lichen Arbeitens enorm gestiegen (vgl. Kapitel 9). Von der ersten wisssen-
schaftlichen Arbeit an wird von den Studierenden inzwischen erwartet, daß sie
ihre Texte maschinell anfertigen. Gerade die wissenschaftliche Textproduktion, das Schreiben mit dem Computer, hat diesbezüglich aber ihre Tücken.

Schriftsystem und Schreibmaterial setzen dem, was ein Schreiber seinem Leser mitteilen kann, Grenzen. Wer mit Hammer und Meißel Buchstaben in einen Steinblock schlägt, muß sich kurz fassen, damit seine Nachricht nicht allzu gewichtig wird; mit Papier und Feder kann man weitaus schneller relativ unbegrenzt Nachrichten verfassen, seit der Erfindung des Buchdrucks ist massenhafte Produktion in immer gleicher Qualität möglich. Mit dem Computer kann heute jeder Texte herstellen, die wie Bücher oder Zeitschriften aussehen. Es sieht beinahe so aus, als existierten für den Anwender moderner Datenverarbeitung keinerlei Beschränkungen.

3.1 Computer versus Schreibmaschine

Mehr noch als die Schreibmaschine, die im 19. Jahrhundert die ehemals **Manuskript** (wörtl.: Handschrift) genannten Texte zu **Typoskripten** (wörtl.: Tippschriften) werden ließ, an denen man sehr wohl den Schreibmaschinentyp, nicht aber den Schreiber erkennen konnte, hat der Computer das Schreiben verändert. Unabhängig vom persönlichen Ausdrucksstil besitzen mit der Hand geschriebene Texte soviel persönliche Note, daß Graphologen glauben, im Schriftbild über den Charakter des Schreibers lesen zu können. Computergeschriebene Texte, **Dokumente** genannt, können hingegen viele verschiedene Gestalten annehmen – wie es dem Autor gerade gefällt und wie es sein Textverarbeitungsprogramm und sein Drucker zulassen. Viele Computerbenutzer meinen deshalb, in der Wahl der gestalterischen Möglichkeiten ihrer Texte ungebunden zu sein. Aber auch im Umgang mit dem Computer setzt das individuelle handwerkliche Können Grenzen. Wer sich den – zugegeben zahlreichen und weitreichenden – Möglichkeiten des Computers naiv anvertraut, ist ausgeliefert. Die Technik muß unbedingt beherrscht werden, sonst schadet der Computer mehr als er nützt.

Mit einer Waschmaschine kann man nur Wäsche waschen; leider wird die Wäsche nicht automatisch gebügelt, für diesen Vorgang braucht man ein Bügeleisen. Beim Personal Computer ist das prinzipiell anders, nicht nur weil weder Wäsche gewaschen noch gebügelt wird. Computer unterscheiden sich von anderen technischen Geräten dadurch, daß der Benutzer sie für mehrere, verschiedene Dinge einsetzen kann. Mit dem PC und der entsprechenden Software kann man die Buchhaltung führen, Zeichnungen oder Grafiken entwerfen und Texte schreiben, alles mit demselben Apparat. Wer bisher seine wissenschaftliche Arbeit mit der Schreibmaschine schrieb, tippte seinen Text nachträglich ab. Wer seinen Text entwickelt, während er ihn mit der Schreibmaschine schreibt, muß routiniert formulieren können und sein Thema im Ganzen überblicken. Wer seinen Text mit einer Schreibmaschine schreibt, transportiert die oft schwer lesbaren, mit der Hand geschriebenen Notizen in eine typographisch jedem verständliche Form. Der Personal Computer hingegen kann multifunktional eingesetzt werden – wird das Gerät eingeschaltet, ist das heute gewissermaßen so, als betrete man sein Arbeitszimmer.

In Ihrem Arbeitszimmer steht möglicherweise ein Aktenschrank, in dem Sie Informationen archivieren, und auf der Schreibunterlage Ihres Schreibtisches verfassen Sie Briefe oder wissenschaftliche Arbeiten. Sie holen früher erstellte Texte aus der Schublade, überarbeiten sie, und nicht selten schreiben Sie neue Texte. Sicherlich haben Sie auch schon einmal verschiedene Textteile neu montiert. Wahrscheinlich verwendeten Sie dabei Schere und Kleber und haben anschließend die neuangeordnete Seite kopiert.   ·

Der Einsatz eines PCs ändert die Techniken des wissenschaftlichen Arbeitens und Schreibens auf den ersten Blick nicht. Mit einem modernen Textverarbeitungsprogramm werden dieselben Vorgänge durchgeführt, die zuvor manuell auch schon möglich waren. Abgesehen davon, daß ein rationell eingesetzter Computer schneller arbeitet, z.B. zeitraubendes Ausschneiden und Einkleben bei der Montage von Textteilen überflüssig werden läßt, macht es aber einen qualitativen Unterschied, ob Sie beim Schreiben eine Schreibmaschine oder einen Computer einsetzen.

3.2 Die Möglichkeiten der modernen Textverarbeitung

Beim Schreiben mit dem Computer wird der Text nicht unmittelbar zu Papier gebracht. Er ist zwar bisweilen unsichtbar, aber dennoch nicht immateriell. Er wird auf den PC digital, in Form binärer Zahlencodes, magnetisch auf einen Datenträger, die Festplatte oder eine Diskette, gespeichert. Typisch für die Textverarbeitung mit dem Computer ist, daß einmal Geschriebenes und Gespeichertes problemlos nachträglich geändert werden kann. Tippfehler lassen sich jederzeit sehr leicht korrigieren, selbst wenn Sie erst Tage später einen Fehler entdecken. Bei der Schreibmaschine bedeutet das: die ganze Seite noch einmal, bitte.

Im Ausdruck eines Dokuments ist nicht sichtbar, wie oft es zuvor wo und wie bearbeitet wurde. Korrekturen und andere Veränderungen sind auf dem Papier nicht mehr zu erkennen. Während bei wissenschaftlichen Arbeiten lange immer das eine Original abgegeben werden mußte, ist beim Computer jeder Ausdruck ein Original. Das hat Konsequenzen, z.B. wenn Sie einen amtlichen, offiziellen Brief schreiben. Anders als eine Durchschrift mit Kohlepapier sollten Sie das Duplikat eines Computerausdrucks gegebenenfalls beglaubigen lassen.

Anders als bei der Schreibmaschine müssen bzw. dürfen Zeilenumbrüche und Worttrennungen nicht von Hand eingegeben werden, sondern werden

vom Computer automatisch vorgenommen. Die Maschine hat ein Eigenleben.
Wer versucht, von Hand, z.b. mit der Leertaste, Einzüge und Abstände auszu-
tarieren, wird beim Anblick des Ausdrucks häufig enttäuscht. Plötzlich sieht
der Text ganz anders aus als auf dem Schirm, und globale Änderungen, wie die
Vergrößerung der Schrift oder Veränderungen des Layouts, wirken sich fatal
aus. Der Computer ist eben mehr als eine digitale Schreibmaschine, obwohl er
als solche von vielen genutzt wird. Ein Computer kann viel mehr.

Hier eine sprachkritische Anmerkung:
Ein Computer kann natürlich gar nichts. Wir Menschen neigen dazu, die
Maschine zu personalisieren. Wir sprechen über den Computer, als sei er
selbst aktiv, und das hat ja auch viele Vorteile. So kann man sich über eine
Maschine ärgern – schließlich ist sie der einzig legitime Schuldige, wenn einmal etwas nicht funktioniert. Immer häufiger bemühen Studenten das Zau-
bergerät als Ausrede, wenn der Abgabetermin für eine Hausarbeit bedroh-
lich näher rückt: Der Drucker spiele verrückt oder der Computer sei gleich
völlig abgestürzt und habe die Arbeit von Wochen in unerreichbare Tiefen
verschleppt. So einfach ist das nicht, Computer stürzen nicht oft „einfach
nur so" ab, der Computer macht nämlich strenggenommen überhaupt
nichts. Die Software setzt mit ihren Befehlsketten und Routinen nur Ihre
Anweisungen in die Tat um. Auch wenn das dann manchmal so aussieht, als
geschehe etwas wie von Geisterhand gelenkt. Jeder Schritt ist in der Software vorgegeben.
Auch wir sprechen in diesem Buch manchmal vom Computer, der dieses
oder jenes tue, doch wir möchten nur einmal kurz daran erinnern: Auch
wenn gute Programme heute so manches „können", richtig einsetzen muß
diese „Fähigkeiten" der Benutzer.

Ausschneiden, Verschieben, Entfernen: Alle heute verfügbaren Textverarbeitungssysteme stellen dem Benutzer Automatismen zur Verfügung, die überlegt
eingesetzt werden müssen, will man größtmöglichen Nutzen erzielen. Schrieb
bzw. tippte man früher einen Text von der ersten bis zur letzten Seite, kann
man heute mit einem PC an jeder beliebigen Stelle des Textes Neues hinzufügen. Es wird so Zeit für erneutes Abschreiben und viel Papier gespart. Wenn
trotz präziser Planung etwas vergessen wurde, kann es mit dem PC nachträglich hinzugeschrieben werden. Außerdem kann man jederzeit ein bereits geschriebenes Textstück beliebigen Umfangs markieren und innerhalb derselben
Textdatei verschieben. Auch das Kopieren von Textabschnitten in andere Dateien und das Zusammenfügen von Dateien ist möglich.
    Arbeiten mit dem Computer fördert nicht-lineares Denken. In der Schule ha-
ben wir alle gelernt, daß ein Text etwas ist, was mit der Einleitung beginnt, bevor der Hauptteil und der Schluß kommen. Die traditionelle Vorstellung, ein
Text sei etwas, was formal und inhaltlich geschlossen ist, muß neu überdacht
werden. Mit dem Computer geschriebene Texte sind häufig Fragmente – wie
ein Mosaik aus einzelnen Bausteinen zusammengesetzt.

Die Narrenfreiheit, die der PC bietet, sollte kontrolliert ausgenutzt werden. Man kann munter drauflosschreiben, wie die Einfälle kommen, über die logische Folge, die Wohlgeformtheit oder Angemessenheit des sprachlichen Ausdrucks und die Orthographie muß man sich keine Gedanken machen. Ideen lassen sich auf diese Weise schnell und problemlos festhalten. So wie Karteikarten, die nur noch in eine Reihenfolge gebracht werden müssen, können die Abschnitte eines Textes beliebig angeordnet werden. Jederzeit können Formulierungen korrigiert oder Schreibfehler berichtigt werden.

Der Computer erlaubt eine neue Qualität des wissenschaftlichen Arbeitens. Dazu ein Beispiel: Bevor das erste Wort zu Papier gebracht werden kann, muß Literatur recherchiert und exzerpiert werden (vgl. dazu Kapitel 4.1 und Kapitel 4.2). Der Computer kann den Zettelkasten ersetzen, in den Sie diese Recherche bisher eingeordnet haben, er ist anscheinend nur ein anderes Hilfsmittel für denselben Arbeitsprozeß. Es bedeutet jedoch einen großen Unterschied, ob Sie Informationen über die von Ihnen gelesenen Bücher auf Karteikarten oder mit einer elektronischen Datenbank konservieren.

In Ihrem Karteikasten muß zur Orientierung eine bestimmte Ordnung festgelegt werden, Sie bringen z.B. die Autorennamen in eine alphabetische Reihe. Dieses Ordnungsschema ist fest und kann nur mit großem Arbeitsaufwand verändert werden. Im Computer ist keine spezielle Ordnung festgelegt. Sie wählen bei jeder Abfrage neu, ob nach Autorennamen, Buchtiteln, nach einem bestimmten Erscheinungsjahr oder besonderen Stichworten gesucht werden soll. Zusätzlich haben Sie für die Exzerpte so viel Platz zur Verfügung, wie Sie brauchen. Bei einer Karteikarte kann man nicht über den Rand hinaus schreiben. Es gehört nicht direkt zum Themenkreis dieses Buches, dennoch sollen die Möglichkeiten der Literaturkatalogisierung mit Datenbanksystemen erwähnt werden.

Ihre Dokumente sind in der Regel auf der Festplatte des Computers in Dateien gespeichert. Einzelne Dateien können verändert oder kopiert werden. Sie können Dateien, die nicht mehr gebraucht werden, löschen.

Mit unseren Ratschlägen versuchen wir, Arbeitsabläufe zu entwerfen, die Ihnen das problemlose und sinnvolle Arbeiten mit dem PC ermöglichen. Wir gehen dabei davon aus, daß Sie wissen, wie ein Computer in etwa funktioniert, wie die Daten gespeichert werden und wie Sie Ihr Textverarbeitungsprogramm starten. Bitte ziehen Sie Fachliteratur hinzu, wenn Sie konkrete Fragen zu technischen Details klären möchten.

Die Arbeits- und Wirkungsweise moderner Datenverarbeitungstechnik kann nicht auf die Schnelle erklärt werden. Die unbekümmerte Sichtweise, es handele sich beim PC um einen großen schwarzen Kasten, in den etwas eingegeben wird, mit dem diese Eingabe bearbeitet und aus dem sie anschließend wieder ausgegeben wird, ist gar nicht so schlecht. Wie die Verarbeitung im Detail funktioniert, hat für das Schreiben mit dem Computer wenig Auswirkungen – das Wissen darüber, wie die Technik ungefähr funktioniert, hat aber auch noch niemandem geschadet.

3.3 Exkurs: Über Computer, Betriebssysteme und Anwendungen

Textverarbeitung ist im nicht-professionellen Bereich mit Abstand die meist-verbreitete Anwendung für Personal Computer. Das bis 1995 in Deutschland am häufigsten verkaufte Textverarbeitungsprogramm ist **Word für Windows** in der Version **2.0** der Firma Microsoft – ein dialogorientiertes Computerpro-gramm. Word für Windows (im folgenden auch **WinWord** genannt) läßt sich auch von noch wenig geübten Computerbenutzern leicht bedienen und ist in al-len Bereichen wissenschaftlichen Arbeitens gut einsetzbar. Umfragen bei unse-ren Studierenden zeigen, daß auch sie in der Hauptsache mit WinWord arbei-ten. Bei konkreten Angaben greifen wir deshalb im folgenden auf Beispiele die-ses Textverarbeitungsprogramms zurück. Bitte bedenken Sie, daß WinWord zumeist mehrere Möglichkeiten zuläßt, einen Befehl umzusetzen. Der Über-sichtlichkeit halber haben wir uns immer nur für einen Weg entschieden.

Moderne Computerprogramme machen es selbst Anfängern leicht. Aber auch wenn experimentierfreudige Tüftler sich durch Versuch und Irrtum eini-ges aneignen können: Die vielen möglichen Funktionen und die fast unüber-schaubare Vielfalt der Computerprogramme machen es unbedingt erforder-lich, sich in Handbüchern oder mit Hilfe von Fachliteratur umfassend und aus-führlich zu informieren, soll die Technik optimal eingesetzt werden. Für alle, die den Umgang mit einem PC erst lernen wollen und über keine oder wenig Er-fahrungen verfügen, sind im folgenden einige grundlegende Erläuterungen zur Computertechnik und ihrer Fachbegriffe zusammengefaßt. Das Kapitel 3.7 enthält ein kleines Glossar mit Definitionen wichtiger Fachbegriffe.

Die Arbeit mit dem Computer ist grundsätzlich **interaktiv**: Der Benutzer gibt etwas ein, und die Maschine verarbeitet diese Vorgabe. Der Benutzer kann in alle Vorgänge zu jeder Zeit eingreifen, lenkt und leitet mit seiner Eingabe schlichtweg alles. Bei einer fehlerhaften Eingabe arbeitet das Gerät entspre-chend der Anweisung. Der Computer kann Fehler, die der Benutzer macht, nicht unaufgefordert korrigieren; er reagiert ausschließlich auf die Komman-dos, die ihm gegeben werden. Diese dauernde Wechselbeziehung zwischen Ein-gabe und Verarbeitung nahezu ohne nennenswerte zeitliche Verzögerung, der dialogische Charakter, ist typisch für den Computer. In welcher Form die In-teraktion, das Wechselspiel zwischen Mensch und Maschine, zwischen Eingabe und Verarbeitung genau abläuft, bestimmt die Software.

Mit der Sammelbezeichnung **Software** werden in der Computertechnik alle Computerprogramme und alle weiteren nicht physisch greifbaren Bestandteile bezeichnet, die für den Betrieb eines Computers benötigt werden. Letztlich um-faßt der Begriff alle auf dem Computer gespeicherten Informationen, die sog. Daten, die mit menschlichen Sinnen allein nicht wahrgenommen werden kön-nen. In der Computersprache wird strikt die Verarbeitung vom technischen Sy-stem getrennt.

In einem Computer sind alle Informationen streng hierarchisch angeordnet. Man kann den Computer – stark vereinfacht – wie ein Buch begreifen. In einem Buch sind die konkreten Informationen auch nicht willkürlich angeordnet: Es gibt möglicherweise mehrere Bände, auf jeden Fall Kapitel und Unterkapitel auf einer Vielzahl von Seiten. Auch der Computer hat solche Ordnungskriterien. Alle Informationen des Computers sind in **Dateien** organisiert. Jede Datei hat im Computer ihren festgelegten, klar hierarchisch definierten Standort. Gruppen von Dateien, die logisch zusammenhängen, befinden sich in demselben **Verzeichnis**. Jedes Verzeichnis kann ein Unterverzeichnis, jedes Unterverzeichnis wiederum ein Unterverzeichnis besitzen. Man findet Dateien mit Hilfe ihres **Pfades** wieder. In einem Stammbaum wird einfach der Weg beschrieben, der gegangen werden muß, um zum Standort der Information zu gelangen. Wie in einem Buch: Die Information zum Thema X befindet sich in Band Y, Kapitel 2, Unterkapitel 3, Seite 66. Jede Abzweigung des Baumes entspricht einem Verzeichnis bzw. Unterverzeichnis.

Lassen Sie sich nicht dadurch verwirren, daß es verschiedene Typen von Dateien gibt. In einer Datei kann ein ganzes Computerprogramm oder nur ein kleiner Text stecken. Je nachdem, welche Funktion die Datei erfüllen soll, werden die Dateien unterschiedlich benannt. Textdateien haben je nach Computerprogramm z.B. den Zusatz .txt für *text* (u.a. bei Word für DOS) oder .doc für *document* (bei WinWord), die Namen von Programmdateien enden immer auf .exe für *execute*. Die Verzeichnisstruktur der Software bereitet oft auch routinierteren Computerbenutzern Probleme. Um aus einem Nebenast wieder zum Anfangspunkt zu gelangen, geht das nur schrittweise, immer nur zur nächsten höher gelegenen Ebene zurück. Wenn Sie einen Text schreiben, speichern Sie diesen auf der Festplatte des Computers als eine Datei und geben ihr selbst einen Namen. Bei MS-DOS (siehe unten) und Windows (vgl. Seite 54) können Sie dazu maximal acht Zeichen (Buchstaben oder Zahlen) eingeben. Genauso können Sie auch eigene Verzeichnisse einrichten – wie letztlich Ihre Arbeitsergebnisse zwischen den vielen hundert anderen Dateien Ihres Computersystems organisiert sind, liegt in Ihrer Hand.

Die Daten werden erst mit Hilfe der **Hardware**, der mechanischen und elektronischen Bauteile eines Computers und seiner angeschlossenen Teile (z.B. Bildschirm, Drucker etc.) sichtbar, können bearbeitet oder verarbeitet werden. Zwei Grundtypen von Computerprogrammen lassen sich unterscheiden – die Systemsoftware und die Anwendungssoftware.

3.3.1 Systemsoftware

Zur **Systemsoftware** gehören alle Programme, die für das Funktionieren des Computers grundsätzlich benötigt werden. Dazu werden vor allem das **Betriebssystem**, aber auch die sog. Steuerungs- und Dienstprogramme gezählt.

Das Betriebssystem stellt dem Computer alle Funktionen zur Verfügung, die er ständig braucht. Das Betriebssystem steuert die computerinternen Rechenoperationen, deren Vielzahl den Betrieb letztlich ermöglichen, startet z.b. ein Programm, speichert und ordnet die Informationen in der Maschine oder koordiniert das Zusammenspiel zwischen den verschiedenen Komponenten des Computersystems, z.b. die Kommunikation zwischen dem Rechner und einem Bildschirm oder einem Drucker.

Ohne Betriebssystem läuft gar nichts. Mit einem Betriebssystem können Sie auch Texte produzieren. Für solche besonderen Aufgaben gibt es jedoch spezielle Computerprogramme. Das weltweit gebräuchlichste Betriebssystem für Personal Computer ist **MS-DOS** (Abkürzung für engl.: Microsoft Disc Operation System) der amerikanischen Firma Microsoft, dem weltweit größten Softwareproduzenten. Wer in Deutschland einen neuen PC kauft, kauft fast immer gleichzeitig die neueste Ausgabe dieses Programms mit.

MS-DOS
Das Betriebssystem wird automatisch geladen, nachdem der Computer eingeschaltet wurde. Der Computer meldet sich anschließend mit seiner Eingabeaufforderung, dem sog. C-prompt: *C:\ >*

Das [C:] zeigt an, daß Sie im Moment auf der Festplatte arbeiten. Jetzt erwartet das Betriebssystem, daß der Benutzer dem Computer mitteilt, was zu tun ist. Diese sog. Schnittstelle, der Berührungspunkt zwischen Mensch und Maschine, wird in der Computersprache als die **Benutzeroberfläche** bezeichnet. Die Benutzeroberfläche ist bei verschiedenen Betriebssystemen unterschiedlich gestaltet. Bei MS-DOS werden alle Arbeitsaufträge mit Hilfe von Befehlen gesteuert, die über die Tastatur eingegeben werden müssen. Für jeden noch so kleinen Prozeß gibt es ein spezielles Kommando.

Um beispielsweise eine Datei von der Festplatte auf eine Diskette zu kopieren, lautet der Befehl: [copy]. Dieses Kommando muß jedoch durch weitere Angaben, diese Variablen werden **Parameter** genannt, spezifiziert werden. Erst danach weiß das Betriebssystem, wie genau kopiert werden soll. Die vollständige Syntax des MS-DOS Kopierbefehls lautet:
C:\ > copy [Quelle] [Ziel]

Der erste Parameter [Quelle] bezeichnet den Namen und die genaue Position der Datei, die kopiert werden soll; der zweite Parameter [Ziel] die Position, zu der die Datei kopiert werden soll. Hierzu ein Beispiel:

Im obengenannten Beispiel muß der MS-DOS Kopierbefehl so aussehen:
C:\ > copy c:\jura\hausarbt\idee01.txt a:\schreiben

Die zu kopierende Textdatei befindet sich auf der mit [c:] gekennzeichneten Festplatte im Unterverzeichnis [hausarbt] des Verzeichnisses [jura] und heißt [idee01]. Sie soll nach dem Duplizieren auf die mit [a:] bezeichnete Diskette in das Verzeichnis [schreiben] kopiert werden. Alles klar?

Auch routinierte Computerbenutzer kennen nur die gängigen Kommandos auswendig – die Suche nach der korrekten Befehlszeile, die bewirkt, was der Benutzer möchte, hat schon so manchen DOS-Anwender zur Weißglut getrieben. Leicht kann in der weitverzweigten Verzeichnisstruktur der Überblick verloren werden. Noch verzwickter ist das Ganze, wenn sich der Benutzer nicht genau darüber klar ist, in welchem Verzeichnis er die Datei überhaupt abgelegt hat.

WINDOWS
Bei einer **grafischen Benutzeroberfläche**, z.b. Windows, müssen, anders als bei MS-DOS, keine Kommandos mit der Tastatur eingegeben werden. Die Befehle werden auf dem Bildschirm visualisiert angeboten. Drei Eigenschaften sind das typische Merkmal des Dialogs zwischen Benutzer und Computer über eine grafische Benutzeroberfläche:
- die Verwendung einer **Maus**,
- die Befehlsauswahl mittels eines **Menüs**,
- die Darstellung aller Arbeitsprozesse auf dem Bildschirm in **Fenstern**.

Statt der Eingabeaufforderung erscheinen auf dem Bildschirm Bilder, hinter denen sich spezielle Funktionen verbergen. Graphische Oberflächen sind auf die Mausbenutzung ausgerichtet. Selbstverständlich lassen sich auch bei einer graphischen Benutzeroberfläche mit Hilfe der Tastatur Funktionen ausführen; das ist aber in den meisten Fällen mühseliger. Mit der Maus können Funktionsfelder aktiviert werden. Das Maussymbol auf dem Bildschirm nimmt verschiedene Gestalt an und gibt dadurch zusätzlich Rückmeldung, welche Funktion gerade ausgeführt wird. Der Mauszeiger verwandelt sich z.b. in eine Sanduhr, wenn der Anwender wegen einer laufenden Rechenoperation einen Moment warten muß.

Gruppen von Funktionen sind in sog. **Fenstern** zusammengefaßt. Durch Anklicken eines Fensters öffnet sich dieses und gegebenenfalls erscheinen auf dem Bildschirm wieder neue Symbole, die weitere Optionen erlauben. Anklicken bedeutet, den Mauszeiger auf ein Funktionsfeld bewegen und anschließend eine der Tasten an der Maus drücken. Die Größe der Fenster kann verändert oder das Fenster im ganzen verschoben werden. Um auf individuelle Arbeitsanforderungen zu reagieren, können z.b. mehrere Fenster zugleich geöffnet sein. Ein komplexer Befehl wird auf diese Weise in viele kleine Bestandteile zerlegt, so daß sich der Benutzer Schritt für Schritt (Fenster für Fenster) der Lösung seines speziellen Problems nähert – exakt so wie der Computer die Anordnung seiner Daten organisiert. So hilft die Fenstertechnik, nicht den Überblick zu verlieren. Sie können sofort sehen, was Sie gerade getan haben. Der Benutzer muß nicht wie bei MS-DOS schon am Anfang mit einer einzigen Befehlszeile alle Schritte angeben und kommt doch an sein Ziel – Schritt für Schritt.

Graphische Benutzeroberflächen wurden seit den siebziger Jahren am Palo Alto Research Center (PARC), einem Forschungszentrum der Firma Xerox, entwickelt. Populär wurde diese Technik durch den **Apple Macintosh**, der erstmals 1984 seine Benutzer mit Hilfe einer Maus durch das Computersystem lenkte. Graphische Oberflächen haben sich seitdem bei Heimcomputern durchgesetzt. In Deutschland hat das System mit dem Namen **Microsoft Windows** am weitesten Verbreitung gefunden. Windows – der Name weist unmittelbar auf die Verwendung von Fenstern hin – unterscheidet sich von anderen grafischen Benutzeroberflächen wie der des Macintosh oder dem System OS/2 dadurch, daß es eine nachträgliche Erweiterung von MS-DOS und damit strenggenommen kein eigenes Betriebssystem ist. Während der Verwendung von Windows arbeitet MS-DOS weiter, die Befehle werden von Windows eigentlich nur in Bilder übersetzt. Zu Beginn jeder Arbeitssitzung lädt DOS die graphische Oberfläche entweder automatisch oder der Benutzer weist das Betriebssystem mit dem Befehl [C:\ > win] dazu an. Die (März 1996) neueste Version dieses Computerprogramms mit dem Namen **Windows 95** ist das erste graphische Betriebssystem von Microsoft, das MS-DOS nicht mehr zwingend erfordert. Ob dieses im Herbst 1995 erschienene Programm die „alten" Windows-Versionen (zuletzt Windows 3.11) vom Markt drängen kann, ist noch nicht klar.

3.3.2 Anwendungssoftware

Die sog. **Anwendungsprogramme** dienen zur Lösung besonderer Aufgaben, z.B. unterstützen Kalkulationsprogramme die Buchhaltung; Datenbanken erlauben die Informationserfassung, Textverarbeitungsprogramme helfen beim Schreiben und Gestalten von Texten.

Fast alle Probleme können inzwischen auch mit dem Computer bewältigt werden. Während es früher auch im nicht-professionellen Bereich üblich war, ein einzelnes Programm für ein einzelnes, spezielles Problem zu entwickeln, bieten die Softwarehersteller heute standardisierte Anwendungsprogramme an. Diese Computerprogramme sind in der Lage, viele verschiedene Operationen durchzuführen. Ohne z.B. das Textverarbeitungsprogramm zu wechseln, können in einem Text einzelne Wörter oder Sätze durch Fett- und Kursivschrift oder Unterstreichung hervorgehoben, die Anordnung des Textes auf dem Papier geregelt oder Einrückungen vorgenommen werden. Diese moderne Software leistet wesentlich mehr, als selbst von Computerbenutzern mit gehobenen Ansprüchen genutzt werden kann.

Auch Anwendungssoftware besitzt heute graphische Benutzeroberflächen, die die Bedienung erleichtern. Die Software ist inzwischen so weit vereinfacht, daß alle Anwendungsprogramme, ob Textverarbeitung, Tabellenkalkulation, Datenbank oder Zeichenprogramm, äußerlich gleich aufgebaut sind. Wer sich beim Kauf eines PCs für die Benutzeroberfläche Windows entscheidet, erwirbt gleichzeitig auch den dazugehörenden formalen Standard. Er kann sicher sein, daß alle Computerprogramme, die in Verbindung mit Windows funktionieren, gleich aussehen und gleich aufgebaut sind. Wer mit mehreren Computerprogrammen arbeiten muß, braucht sich deshalb nicht mehr mit unterschiedlicher **Benutzerführung**, wie in der Computersprache die genaue Ausgestaltung der Kommunikation mit dem Gerät genannt wird, auseinanderzusetzen.

Moderne Betriebssysteme und Anwendungsprogramme haben in den letzten Jahren die Entwicklung leistungsfähiger PCs für den Heimgebrauch entscheidend vorangetrieben. Sie benötigen nämlich Geräte, die aufwendige grafische Informationen schnell auf dem Bildschirm sichtbar machen. Ohne schnell arbeitende Chips und enorm viel Speicherplatz ist das nicht zu machen. Leicht zu bedienende Software hat sich durchgesetzt – heute kann beinahe jedes Kind mit einem Computer umgehen.

3.4 Welche Arten der Textverarbeitung kann man nutzen?

Es gibt zwei Grundtypen von Textverarbeitungssystemen: Je nach Ausgestaltung der Kommunikation zwischen Benutzer und Maschine werden **dialogorientierte** von **stapelorientierten** Computerprogrammen unterschieden. Diese stehen auch für zwei grundsätzlich verschiedene Arten der Textverarbeitung.

3.4.1 Ich sehe auf dem Bildschirm, was ich tue: dialogorientierte Textverarbeitung

Bei den meisten Textverarbeitungsprogrammen sieht der Benutzer seinen Text auf dem Bildschirm in etwa in der Gestalt, in der er auch bei einem Ausdruck erscheinen wird. Möchte er ein Wort typographisch hervorheben, muß er das jeweilige Wort mit der Maus markieren und das gewünschte Format hinzufügen, das heißt dem Computer mitteilen, diese eine spezielle Stelle entsprechend der Anweisung zu formatieren. Hat der Benutzer auf diese Weise ein Wort z.B. gefettet oder unterstrichen, wird es auf dem Bildschirm fett bzw. unterstrichen gezeigt. Ein Computerprogramm, das so funktioniert, arbeitet nach dem Prinzip der **dialogorientierten Textverarbeitung.** Derartige Computerprogramme werden häufig auch interaktive Textverarbeitungsprogramme genannt – Computer und Anwender stehen in ständiger, wechselseitiger Kommunikation. Der Computer zeigt dem Benutzer auf dem Bildschirm an, wie er ein Kommando verstanden hat, er gibt unmittelbar Rückmeldung.

Um ein Wort oder einen Satz mit WinWord typographisch zu verändern, gehen Sie wie folgt vor: Zuerst muß der entsprechende Textabschnitt markiert werden. Bewegen Sie den Mauszeiger einfach auf das Wort im Text, das hervorgehoben werden soll, und drücken Sie zweimal die linke Maustaste. Das Wort wird markiert, d.h. dunkel unterlegt. Für die Markierung längerer Abschnitte setzen Sie den Mauszeiger an den Anfangspunkt und bewegen das Zeigesymbol direkt bis zum Endpunkt der Textpassage, während Sie die linke Maustaste gedrückt halten. Sie müssen nicht zeilenweise vorgehen (von hinten nach vorne geht das natürlich auch).

Im oberen Teil des Bildschirms befindet sich die sog. **Formatierungsleiste.** Wichtige Textgestaltungsbefehle, die häufig wiederholt werden, können dort durch einmaliges Anklicken eines **Buttons** ausgeführt werden, ohne das Menü zu benutzen. Fett-, Kursivschrift und Unterstreichung befinden sich auf drei nebeneinanderliegenden Buttons etwa in der Mitte der Formatierungsleiste: Einmal Anklicken, und der zuvor markierte Abschnitt wird **fett** bzw. *kursiv* gesetzt oder <u>unterstrichen</u>. Sie können auf diese Art auch mehrere Formate **_kombinieren._** Der Computer hat sich durch die benutzerfreundliche System- und Anwendungssoftware in den letzten Jahren zu einem dialogorientierten Gerät entwickelt. Die **Dialogführung**, die Art und Weise, wie die Kommunikation zwischen Mensch und Maschine abläuft, bestimmt die Überlegungen der Softwareentwickler. Die komfortablen, dialogorientierten Computerprogramme, wie z.b. Word für Windows 2.0, haben sich durchgesetzt.

Während Sie schreiben, sollten Sie Hervorhebungen und formale Besonderheiten sofort vornehmen.

Wenn Sie beim Schreiben merken, daß Sie Wörter oder Textabschnitte typographisch hervorheben möchten, sollten Sie das sofort tun, auch wenn viele Handbücher raten, nach einer Schreibphase eine weitere Bearbeitungsphase für die formale Gestaltung des Textes einzulegen. Eine Überarbeitungsphase ist auch tatsächlich nötig, um z.b. Seitenumbrüche zu überprüfen oder eine Kopfzeile einzufügen. Hingegen ist der Arbeitsaufwand, eine Überschrift durch Fettdruck zu markieren oder ein Zitat durch Kursivschrift hervorzuheben, so gering, daß er den normalen Schreibfluß kaum unterbricht. Das Arbeiten fällt insgesamt leichter, weil diese optische Gliederung des Textes das Schreibdenken unterstützt. Sie bleiben einfach leichter am Ball. Um später einzelne Stellen einzeln zu suchen und nacheinander zu formatieren, muß alles noch einmal gelesen werden. Diese Zeit kann besser eingesetzt werden, außerdem ist die Suche bei umfangreicheren Texten langweilig und ermüdend.

Einen exakten Eindruck von der Wirkung des geschriebenen Textes kann der Computer jedoch nicht vermitteln. Die Ansicht auf dem Computerbildschirm ist und bleibt ein Ausschnitt. Alle Einzelheiten der kompletten Seite können Sie nicht mit einem Blick überschauen. Bei einer Seite Papier bestimmen Sie mit Ihrer Augenbewegung, wie Sie den Text sehen wollen. Beim Computer aber kann erst anhand eines Ausdrucks das Geschriebene im Ganzen überblickt, mehrere Seiten können beliebig nebeneinandergelegt und das Schriftbild kann exakt beurteilt werden. Vor allem die Schriftarten unterscheiden sich auf dem Bildschirm zum Teil erheblich von ihrer tatsächlichen Gestalt. Selbst wenn der Computerbenutzer viel Geld in einen extra großen Bildschirm investiert – nach dem Ausdrucken sieht der Text immer ein bißchen anders aus.

WinWord unterstützt den Schreiber, indem es ihm mehrere Sichtmodi anbietet, die die Einschätzung der Textwirkung verbessern sollen.

Unter dem Menüpunkt [**Datei**] befindet sich der Befehl [**Seitenansicht**]. Es lohnt sich auf jeden Fall, vor dem Druck eines Dokuments seine Gesamtkonzeption in diesem verkleinerten Überblick zu kontrollieren. Das Dokument ist hier durch einen Rahmen eingegrenzt, der die äußeren Grenzen der Seitenränder markiert.

Sie können in der Seitenansicht das Layout, die äußere Gestalt Ihres Textes, regulieren, indem Sie nachträglich diese Ränder anklicken und verschieben. Auf diese Art können Sie auch Seitenumbrüche oder die Position einer Kopf- bzw. Fußzeile verschieben.

In der Seitenansicht zeigt Ihnen WinWord alle Textelemente, alle Grafiken, Tabellen und die Seitenzahlen in der Form, in der sie auch ausgedruckt würden.

Beim Menüpunkt [**Ansicht**] verbergen sich weitere Sichtweisen des Textes: Die Ansicht [**Normal**] ist automatisch aktiv, die WinWord-Entwickler haben sie als Standard definiert. Zeichen- und Absatzformatierungen werden in der Normalansicht so angezeigt, wie sie auch beim Ausdruck erscheinen würden. Kursive Textabschnitte erscheinen auf dem Bildschirm kursiv, die gewählte Schriftart ähnelt auf dem Bildschirm dem Schriftbild auf dem bedruckten Papier. Die Schriftgröße, der Abstand zwischen den Zeilen und die Zeilenumbrüche entsprechen dem Ausdruck. Seitenzahlen und Fußnoten, alle Bestandteile des Textes, die nicht zum Fließtext gehören, tauchen in der Normalansicht nicht auf.

Beim Aktivieren des Befehls [**Zoom**] – einem der Unterpunkte im Menü [Ansicht] – öffnet sich ein Fenster, in dem Sie den Abbildungsmaßstab Ihres Textes verändern können. Ist Ihr Bildschirm nicht groß genug, um die ganze Breite des Textes abzubilden, verkleinern Sie die Ansicht auf die **Seitenbreite** Ihres Schirmes. Möchten Sie einen Ausschnitt stark vergrößert ansehen, können Sie Ihr Dokument auf dem Bildschirm auf maximal 200 % zoomen.

Um den Sichtmodus zu wechseln, genügt es, mit der Maus einen der anderen Befehle durch einmaliges Anklicken zu aktivieren. In welchem Modus Sie sich gerade befinden, zeigt der Punkt vor dem entsprechenden Befehl.

Die Ansicht [**Druckbild**] zeigt auf dem Bildschirm alle Zeichen und Formate, die Sie in Ihren Text eingearbeitet haben. Mehrere Spalten werden nebeneinander angezeigt. Das Erscheinungsbild des Textes ist bei der Druckbildansicht dem Ausdruck sehr ähnlich. Ihnen werden Kopf- bzw. Fußzeilen angezeigt. Deshalb sollten Sie sie dazu verwenden, vor dem Ausdruck die formale Textgestaltung zu perfektionieren. Im Gegensatz zur [Seitenansicht] können Sie hier Änderungen vornehmen. Darüber hinaus erscheint jede Seite einzeln – Seitenumbrüche sind nicht mehr wie bei der Normalansicht durch eine gepunktete Linie gekennzeichnet.

Die Vielzahl der Informationen auf dem Bildschirm sorgt dafür, daß selbst Computer mit hoher Leistungsfähigkeit in der Druckbildansicht träge wirken. Komplizierte Operationen in der Druckbildansicht sind aus diesem Grund nicht zu empfehlen.

In der Ansicht [**Gliederung**] stellt Ihnen WinWord die Struktur Ihres Textes dar. Das Programm kennzeichnet z.B. die Überschriften oder einen Textabschnitt mit einer schwierigen Argumentation durch Gliederungspunkte. Der Text wird übersichtlicher. Die Gliederungsansicht sollten Sie immer dann einsetzen, wenn Sie die Struktur Ihres Textes überdenken wollen. Die optische Gliederung, z.B. Überschriften in einer anderen oder größeren Schrift, geht in diesem Sichtmodus verloren.

Die Ansicht [**Konzept**] verbindet Elemente der Normalansicht mit denen der Gliederungsansicht, sie zeigt den Text in seiner grundlegenden Formatierung. Auf dem Bildschirm wird die immer gleiche Schriftart und -größe angezeigt, Hervorhebungen durch Fett- oder Kursivschrift und Unterstreichung werden nicht unterschieden. Eine Hervorhebung erscheint auf dem Bildschirm grundsätzlich unterstrichen.

Wer mit einem dialogorientierten Textverarbeitungsprogramm schreibt, schreibt seinen Text direkt in den Computer. Aus technischen Gründen ist es nicht nötig, Formate global zu planen und den Text im Ganzen zu kennen. Sollten Sie beim Schreiben bemerken, daß Sie weitere Unterüberschriften einfügen möchten, ist das leicht jederzeit möglich. Ganz anders läuft das Schreiben mit einem stapelorientierten Textverarbeitungsprogramm ab.

3.4.2 Ich programmiere meinen Text: stapelorientierte Textverarbeitung

Es gibt ein anderes Verfahren, Texte mit dem Computer zu erstellen. In zwei getrennten Schritten wird zunächst der eigentliche Text ohne Formatierungen geschrieben und anschließend von einem separaten Formatierungsprogramm in die gewünschte Gestalt gesetzt: Sie schreiben den sog. **Quelltext**, der aus dem eigentlichen Text und separaten Befehlen besteht, die die Informationen über die formale Gestaltung des Textes enthalten. Bevor Sie Ihren Text formal gestalten können, muß er also schon im Ganzen vorliegen. Das Layout, die Größe der Schrift, die Anordnung des Textes auf dem Papier, einzelne typographische Hervorhebungen – alles ist je nach Programm in unterschiedliche Befehle gekleidet, die vom Benutzer eingegeben werden müssen. Ein Computerprogramm, das nach diesem Prinzip funktioniert, ist ein **stapelorientiertes Textverarbeitungsprogramm** – derartige Programme werden auch als **befehlsorientiert** bezeichnet, ohne die Eingabe der Befehle bleibt der Text formal unbearbeitet.

Den Quelltext können Sie mit jedem beliebigen Textverarbeitungsprogramm erstellen. Ein externes Formatierungsprogramm, ein sogenannter **Compiler**, wandelt – für den Schreiber unsichtbar – Quelltext und Befehle in das Endprodukt, den formatierten Text, um und gibt es z.b. an den Drucker weiter.

Für die Bearbeitung sehr umfangreicher Dokumente kann ein stapelorientiertes Textverarbeitungsprogramm von Vorteil sein. Eine einzelne Befehlszeile kann z.B. bewirken, daß in einem Arbeitsgang alle Überschriften einen Punkt größer als der Fließtext gesetzt und durch Fettdruck markiert werden. Wenn Sie viele Überschriften haben, sparen Sie so Zeit. Die Beherrschung der – bei der Vielzahl der gestalterischen Möglichkeiten hochkomplexen – Befehlsstruktur erfordert aber einige Übung. Auch der im Umgang mit der Befehlssyntax geübte Schreiber entdeckt erst beim Lesen des Ausdrucks, ob der Text seiner Planung gemäß gestaltet ist. Nachträgliche Änderungen werden dadurch vorgenommen, daß der Quelltext verbessert bzw. Befehle konkretisiert werden. Ist der Text auf diese Weise korrigiert, muß er erneut kompiliert (umgewandelt) werden.

Das bekannteste stapelorientierte Textverarbeitungsprogramm trägt den Namen **TEX** (gesprochen: Tech). TEX wird vor allem von Naturwissenschaftlern häufig verwendet. Es eignet sich hervorragend dazu, komplexe mathematische Formeln zu erstellen. Bei TEX kann der Benutzer wie in einem Koordinatensystem beliebige Punkte, Strecken oder Flächen definieren. Dadurch eignet sich TEX hervorragend für die Einbindung grafischer Ideen in ein Dokument.

Das Arbeiten mit TEX hat aber seine Tücken. Die Formatierungsbefehle ähneln der Programmiersprache Pascal – sie zu beherrschen erfordert auch bei Profis Training.

Stapelorientierte Textverarbeitungsprogramme wurden ursprünglich für Setzer in Druckereien entwickelt – eine völlig andere Zielgruppe. Die Qualität der Textgestalt ist bei einem stapelorientierten Textverarbeitungsprogramm wie TEX letztlich deutlich besser als bei dialogorientierter Verarbeitung mit z.b. WinWord. Für komfortables, schnelles Schreiben eignet sich stapelorientierte Textverarbeitung jedoch nicht.

Interaktive und befehlsorientierte Textverarbeitung dienen unterschiedlichen Zwecken. Wer viel schreibt, wird ein dialogorientiertes Textverarbeitungsprogramm wie z.b. WinWord komfortabler finden, weil er sich jederzeit ein recht genaues Bild von der Erscheinung seines Textes machen kann. Sie sehen unmittelbar, was Sie tun und welche Wirkung Sie erzielen. Stapelorientierte Textverarbeitungsprogramme richten sich strenggenommen an Menschen, die professionelles Layout erzielen möchten. TEX ist von großem Vorteil, wenn Sie ein und denselben Text in verschiedener Gestalt ausdrucken möchten. Sie brauchen nur einige Befehle zu ändern, und das Dokument erscheint in völlig verändertem Format. Die Formatierung einer fettgedruckten, auf der Seite zentrierten, um einen Punkt größer gesetzten Überschrift mit WinWord erfordert drei Arbeitsschritte. Mit nur einem globalen Befehl können Sie bei TEX eine vergleichbare Wirkung erzielen.

Sie können sehr kreativ arbeiten, wenn Sie die beiden Typen von Textverarbeitungsprogrammen kombinieren. Schreiben Sie Ihren Text der Übersicht halber zunächst mit einem dialogorientierten Textverarbeitungsprogramm. Fügen Sie anschließend dieser Version die notwendigen Befehle des stapelorientierten Textverarbeitungsprogrammes hinzu und compilieren den so entstandenen Quelltext. Das stapelorientierte Programm ignoriert die von Hand eingegebenen Formatierungen.

Sie sollten genau überlegen, welcher Typ Textverarbeitung und welches Textverarbeitungsprogramm Ihren speziellen Zwecken am besten dient. Bevor Sie sich professionell beraten lassen, sollten Sie eine möglichst genaue Vorstellung davon haben, was Sie mit dem PC eigentlich machen wollen. Der PC ist und bleibt ein Arbeitsgerät, ein Werkzeug, das Ihnen größtmöglichen Nutzen bringen soll. Die Technik muß Ihnen nützen, nicht umgekehrt. Die Zweckmäßigkeit des Computers und seiner Software sollte bei allen Ihren Entscheidungen im Vordergrund stehen – nicht die Faszination der Technik.

3.5 Verwalten von Dateien

Unüberlegter Umgang mit den Informationen auf der Festplatte ist für viele Probleme mit dem Computer verantwortlich. Je mehr Texte Sie verfassen, desto schwieriger wird es, die vielen daraus resultierenden Dateien zu überblikken. Durch einige wenige Grundregeln lassen sich die meisten Schwierigkeiten umgehen.

Je mehr verschiedene Texte Sie auf die Festplatte speichern, desto unübersichtlicher wird das Ganze. Der Computer ordnet alle Ihre Dateien alphanumerisch, der Ordnung des Alphabets oder der Zahlenreihe entsprechend. Solange Sie keine eigene Ordnung festlegen, stehen Briefe neben Protokollen, wissenschaftlichen Hausarbeiten – möglicherweise aus den verschiedenen Fächern, die Sie studieren – und vielleicht dem BAFöG-Antrag.

Bevor Sie mit dem Schreiben beginnen, sollten Sie eigene Verzeichnisse anlegen. Wenn Sie z.B. das Lehramt für die Sekundarstufe II mit den Fächern Mathematik und Geschichte studieren, richten Sie ein Verzeichnis [...\mathe], ein Verzeichnis [...\geschi] und ein Verzeichnis [...\päda] ein. Das erleichtert die Orientierung.

Denken Sie daran, daß Sie bei MS-DOS und Windows für die Benennung von Verzeichnissen wie auch von Dateien maximal acht Buchstaben zur Verfügung haben. Die Verzeichnisnamen müssen logisch und eindeutig identifizierbar sein. Auch geht der Überblick verloren, wenn die selbst erdachte Verzeichnisstruktur zu verzweigt ist. Mehr als ein Unterverzeichnis ist selten ratsam. Ein Beispiel: Wenn sich im Verzeichnis [...\geschi] mit dem Unterverzeichnis [...\hauptstu], dem Unterverzeichnis [...\6_semest] und dem Unterverzeichnis [hausarbt] letztlich nur eine oder zwei Dateien befinden, ist schnelle Orientierung kaum mehr möglich.

Auch auf Disketten kann man Verzeichnisse einrichten. Da der Speicherplatz einer Diskette begrenzt ist, sie sich aber beschriften läßt, ist es ratsam, die Diskette mittels ihrer Beschriftung zu archivieren.

Auf eine Diskette gehören folgende Angaben: Titel, ggf. laufende Nummer, Datum der Erstellung, Name des Besitzers, verwendetes Datenformat. Auch wenn sich auf der Diskette ausschließlich Texte befinden, die Sie mit WinWord geschrieben haben, sollten Sie dies angeben. Solange Sie weniger als 20 Dateien pro Semester produzieren, bietet sich eine Diskette für sechs Monate an. Sonst weisen Sie besser den Disketten Bereiche zu, z.B. eine Diskette pro Semester und Fach, vielleicht eine weitere mit Briefen, für ein besonderes Projekt eine extra Diskette, eine weitere für den Schriftwechsel mit dem Studentenwerk usw.

Die Benennung der Dateinamen muß logisch und eindeutig sein. Erfinden Sie sprechende Namen.

Wenn Sie die Datei mit der wissenschaftlichen Arbeit zum Thema „Die Frau im Mittelalter" abspeichern, erinnern Sie sich beim Dateinamen [frau_ma.doc] bestimmt auch später noch daran, welches Dokument in dieser Datei steckt (besonders, wenn sie im Verzeichnis [. . .\geschi] archiviert ist; s.o.). Verwenden Sie den Unterstrich [_], um verschiedene Bestandteile zu unterscheiden: [frauma.doc] ist deutlich schwerer zu erkennen. Wenn in einem Verzeichnis viele Texte eines Themenkomplexes zusammengefaßt werden, helfen Kürzel weiter: [frau_brf] – wenn es sich um einen Brief –, [frau_pkl] – wenn es sich um ein Seminarprotokoll handelt – oder [frau_exp] für das Exposé zur Hausarbeit „Die Frau im Mittelalter".

Aktivieren Sie die Speicherautomatik Ihres Textverarbeitungsprogramms.

Alle handelsüblichen Textverarbeitungsprogramme können vom Benutzer angewiesen werden, in regelmäßigen Abständen den momentanen Stand der Arbeit zu speichern. Die Zeitabstände dieser Sicherheitsspeicherung können Sie selbst bestimmen – alle 10 bis 15 Minuten reicht aber aus. Zu häufiges Sicherheitsspeichern ist nicht gut für Ihre Festplatte.

Speichern Sie unabhängig vom automatischen Sicherheitsspeichern von Zeit zu Zeit Ihren Text ab – immer wenn Sie einen wichtigen Fortschritt erzielt haben.

Die automatische Sicherheitsspeicherung überschreibt die ursprüngliche Version Ihrer Datei nicht, sondern transportiert den aktuellen Stand der Arbeit in die sog. Zwischenablage. Von dort können Sie nach einem Systemfehler die zuletzt gesicherte Datei zurückholen. Wenn Sie hingegen unter demselben Dateinamen die Überarbeitung abspeichern, vernichtet Ihr Computer die alte Version des Dokuments. Solange Sie jedoch nichts Entscheidendes verändern, vielleicht nur einen Fehler ausmerzen oder einen Gedanken weiterführen, können Sie die Datei auf der Festplatte getrost überschreiben.

Grundlegende Überarbeitungen gehören in eigene Dateien.

Wesentliche Änderungen Ihres Textes speichern Sie besser in einer Datei neuen Namens ab. So schützen Sie die alte Datei vor dem Überschreiben und bewahren zur Sicherheit den zuvor verfaßten Text auf, man weiß ja nie. Numerieren Sie die verschiedenen Versionen eines Textes. Die erste Version kennzeichnen Sie mit [Name01] (wobei der [Name] bis zu sechs Stellen haben kann – sonst bekommen Sie bei zweistelligen Zahlen Probleme). So können Sie 99 Überarbeitungen festhalten, das muß eigentlich genügen; außerdem bringt die automatische Sortierung Ihres Computers die auf diese Weise benannten Dateien in die richtige Reihenfolge.

Speichern Sie nach dem Ende jeder Arbeitssitzung Ihr Ergebnis nicht nur auf der Festplatte, sondern unbedingt auch auf einer Diskette ab.

Sollte tatsächlich wegen eines Defekts der Hardware nicht mehr auf die Daten des Computers zurückgegriffen werden können, hilft ein freundlicher Computerhändler oder der Computerraum in der Uni, den auf der Diskette gesicherten Text wenigstens auszudrucken. In aller Regel treten Defekte der Hardware unmittelbar dann auf, wenn man einmal vergessen hat, die Sicherheitskopie anzufertigen und kurz vor einem dringenden Termin nur noch schnell etwas ausdrucken wollte. Daß Computer und Diskette unabhängig voneinander Schaden nehmen, ist sehr unwahrscheinlich.

Wenn Sie mit Windows arbeiten, verwalten Sie Ihre Dateien nicht in Ihrem Textverarbeitungsprogramm, sondern benutzen Sie das Betriebssystem.

Windows stellt Ihnen den **Datei-Manager**, ein Serviceprogramm für die Dateiverwaltung, zur Verfügung. Neue Benennungen müssen Sie Ihren Dateien im Textverarbeitungsprogramm geben, z.B. mit WinWord. Das Archivieren der fertigen Dateien, z.B. das Verschieben in ein anderes Verzeichnis, das Löschen von Dateien oder das Kopieren auf eine Diskette, können Sie mit dem Datei-Manager leicht und sehr komfortabel vornehmen. Sie finden den Datei-Manager in der Hauptgruppe von Windows. Der Datei-Manager macht in einer schematisierten Darstellung die Struktur der Festplatte deutlich, die Ihnen hilft, den Überblick zu behalten – einfacher als im Textverarbeitungsprogramm, mit dem Sie auch Dateien verwalten können, das aber in erster Linie auf das Schreiben ausgerichtet ist. Im Datei-Manager können Sie Zusatzinformationen zu den aufgelisteten Dateien aufrufen, z.B. das Datum der Erstellung oder den Datenumfang. Vor dem Überschreiben einer Datei sollten Sie so noch einmal kontrollieren, wann die Dateien abgespeichert wurden, damit nicht das falsche Dokument überschrieben wird.

Arbeiten Sie immer auf der Festplatte – benutzen Sie Disketten nur zum Sicherheitsspeichern oder für den Transport von Daten zwischen verschiedenen Computern.

Die doppelte Archivierung Ihrer Dateien ist eine Sicherheitsmaßnahme, die Sie unbedingt treffen sollten. Wollen Sie einen bisher nur auf einer Diskette gespeicherten Text bearbeiten, bedeutet dies: Zuerst die Datei von der Diskette auf die Festplatte kopieren, mit dieser Kopie arbeiten und die Diskette zur Seite legen, gegebenenfalls die bearbeitete Datei umbenennen und am Ende der Arbeitssitzung – natürlich – wieder auf die Diskette speichern. Doppelte, getrennte Speicherung aller aktuellen Dateien rettet Sie vor fast allen technischen Unwägbarkeiten.

Räumen Sie von Zeit zu Zeit Ihre Verzeichnisse auf. Dateien, die Sie nicht mehr brauchen – z.B. eine Hausarbeit, nachdem sie benotet wurde – gehören auf eine Diskette und in den Schrank.

Sobald eine Arbeit definitiv abgeschlossen ist, Sie den benoteten Ausdruck einer wissenschaftlichen Arbeit oder das Duplikat eines Briefes abgeheftet haben, ist die doppelte Archivierung der Dokumente nicht mehr zwingend nötig. Die Orientierung zwischen vielen „Karteileichen" ist selbst bei rationeller Datei-Organisation schwierig, und außerdem geht wertvoller Speicherplatz verloren.

3.6 Wissenschaftlich schreiben mit dem Computer

Der Einsatz des Computers beim Schreiben fördert gleichermaßen Tugenden und Untugenden. Es kommt darauf an, sich die Vorteile des computergestützten Schreibens zunutze zu machen und gleichzeitig die Probleme zu entschärfen, die der Einsatz eines PCs immer mit sich bringt.

3.6.1 Was bedacht werden muß

Bereits die Erfindung der Schrift bedeutete eine radikale Ausweitung des sprachlich Möglichen. Erstmals konnte das Gedachte auch langfristig konserviert werden. Anders als ein gesprochenes Wort kann ein geschriebenes Wort über räumliche und zeitliche Grenzen hinweg verbreitet werden, Schreiber und Leser müssen sich nicht mehr begegnen. Genau hier sah Platon, er erlebte die Entstehung der Schreibkultur im 4. Jahrhundert vor Christus, den entscheidenden Nachteil der Schrift. Geschriebenes sei ohne Leben, nur in mündlicher Auseinandersetzung könne Weisheit vermittelt, nur im diskursiven Gespräch Wissen erlangt werden.

Platon überliefert das folgende Gleichnis. Der Erfinder der Buchstaben habe seinem König die Vorteile der Schrift mit den Worten angepriesen:

„Diese Kunst, o König, wird die Ägypter weiser machen und gedächtnisreicher, denn als ein Mittel für den Verstand und das Gedächtnis ist sie erfunden." Jener aber habe erwidert.: „O kunstreicher [. . .], einer versteht, was zu den Künsten gehört, ans Licht zu gebären; ein anderer zu beurteilen, wieviel Schaden und Vorteil sie denen bringt, die sie gebrauchen werden. So hast du jetzt als Vater der Buchstaben aus Liebe das Gegenteil dessen gesagt, was sie bewirken. Denn diese Erfindung wird der Lernenden Seelen vielmehr Vergessenheit einflößen aus Vernachlässigung des Gedächtnisses, weil sie im Vertrauen auf die Schrift sich nur von außen vermittels fremder Zeichen, nicht aber innerlich, sich selbst und unmittelbar erinnern werden. Nicht also für das Gedächtnis, sondern nur für die Erinnerung hast du ein Mittel erfunden. Und von der Weisheit bringst du deinen Lehrlingen nur den Schein bei, nicht die Sache selbst. Denn indem sie nur vieles gehört haben ohne Unterricht, werden sie sich auch vielwissend zu sein dünken, obwohl sie doch unwissend größtenteils sind und schwer zu behandeln, nachdem sie dünkelweise geworden sind statt weise."

Sokrates – Platons Lehrer – kommentiert:
„Denn dieses Schlimme hat [. . .] die Schrift [. . .] und ist darin ganz der Malerei ähnlich: Denn auch diese stellt ihre Ausgeburten hin als lebend, wenn man sie aber etwas fragt, so schweigen sie gar ehrwürdig still. Ebenso auch die Schriften. Du könntest glauben, sie sprächen, als verstünden sie etwas, fragst du sie aber lernbegierig über das Gesagte, so enthalten sie doch nur ein und dasselbe stets."

Quelle: Gunther Eigler (Hg.): Platon. Werke in acht Bänden. Band 5: Phaidros, Parmenides, Briefe. Darmstadt 1983, S. 177–181.

Dennoch wird geschrieben, ob mit der Hand, der Schreibmaschine oder dem Computer. Und heute hat Geschriebenes mehr Gewicht als zu Platons Zeit. Nur noch in ganz besonderen Kontexten – auf einem Viehmarkt oder bei dem ausdrücklich mündlichen Erlaß einer Behörde – ist das gesprochene Wort juristisch verbindlich. Geschriebenes ist für lange Zeit für viele immer wieder lesbar, ist eben nicht einfach nur gesagt. Deshalb sollte man die äußere Form ebenso wie den Inhalt genau überprüfen, bevor man einen Text weiterreicht. Das gilt im besonderen Maße für Texte, die mit einem Computer geschrieben wurden, denn das Schreiben mit dem PC birgt spezielle Tücken. Im folgenden Abschnitt versuchen wir, Sie mit einigen grundsätzlichen, theoretischen Überlegungen zum wissenschaftlichen Arbeiten mit dem PC vertraut zu machen.

Mit dem Computer wird anders geschrieben als mit der Hand oder mit der Schreibmaschine. Das Schreibgerät, das Medium, ist ein wesentlicher Faktor für die Textgestalt. Wie weit diese Beeinflussung geht, wie das Schreiben mit dem Computer den Stil eines Textes, seine Form und seinen Inhalt verändert, ist seit Mitte der 80er Jahre Gegenstand zahlreicher Untersuchungen.

„Über Papier wird gesagt, es sei geduldig. Doch der manuelle Schreiber müht sich häufiger ab und ringt mit den Formulierungen, denkt, wartet, zögert, verwirft, bevor er kritzelt und schreibt. Computer sind noch geduldiger. Denn alles geht geschwinder, der Schreibvorgang fühlt sich spielerisch an, das Bildschirm-Geschriebene ist flüchtiger und wirkt daher vorläufiger und unverbindlicher."

Quelle: Ulrich Schmitz: Geistiges Sammelsurium in technischer Perfektion. In: Eva-Maria Jacobs u. a. (Hg.): Wissenschaftliche Textproduktion mit und ohne Computer. Frankfurt/Main u. a. 1995. S. 153.

Wer im Umgang mit dem PC geübt ist, nutzt automatisch die technischen Möglichkeiten: Er verschiebt Textstücke, schreibt nachträglich Textpassagen hinzu und löscht, was nicht mehr angemessen erscheint. Es fällt den meisten Studierenden viel leichter, ihre Hausarbeiten mit dem PC zu verfassen. Der Text ist in keinem Stadium des Schreibens endgültig, jederzeit kann dank der elektronischen Datenverarbeitung etwas verändert und verbessert werden.

Computer verleiten zu einer neuen Art von Fehlern. Texte werden länger, sprunghafter, mit Zitaten und Fußnoten überfrachtet, weil der Umgang mit dem Material so einfach geworden ist. Wer mit einem Computer schreibt, schreibt meist, während er noch nachdenkt. Oft sind mit dem PC verfaßte Texte ein einziger Wirrwarr aus unzusammenhängenden Gedankenfragmenten. Das allmähliche Verfertigen eines Textes mit dem PC ist für Texte verantwortlich, die sich zum Teil erheblich von Werken unterscheiden, die erst nach dem Denken aufgeschrieben wurden und die Ergebnisse deutlicher fokussieren.

Früher wurden alle wissenschaftliche Arbeiten ohne Computer geschrieben. Die meisten wissenschaftlichen Bücher stammen aus dieser Zeit, in der ausschließlich linear argumentiert wurde. Um zu verstehen, worum es in diesen Büchern geht, müssen sie von der ersten bis zur letzten Seite gelesen werden. Solche Texte zeichnen sich dadurch aus, daß der Gegenstandsbereich geordnet wird. Kritiker halten wissenschaftlicher Literatur dieses Typs entgegen, sie spiegele dem Leser nur vor, der Gegenstand der wissenschaftlichen Betrachtung sei geordnet, es existiere diese eine feststehende Logik der Dinge. Die Welt, so die Kritiker, sei nicht derart linear. Sie vertreten die Ansicht, daß Logik etwas sei, was erst im Kopf der Leser entstehe. Die scheinbar lineare Abfolge der Argumente sei willkürlich und vom Autor gewählt. Texte müßten nicht argumentatorisch, sondern kompilatorisch angelegt sein (vgl. dazu Kapitel 1.1).

Mit dem Computer geschriebene Texte liegen häufig genau zwischen diesen beiden Extremen. Ohne daß es dem Schreiber bewußt ist, ändert er mit seiner Arbeitstechnik gleichzeitig die Form der Texte. Wer den Computer als Computer und nicht als Schreibmaschine einsetzt, kann ihn bereits im Vorstadium dessen, was früher Schreiben hieß, einsetzen.

3.6.2 Die Mosaiktechnik

Schon bei der Recherche für eine wissenschaftliche Arbeit ist der Computer ein praktisches Hilfsmittel. Bereits beim Lesen, mit dem eine wissenschaftliche Arbeit zumeist beginnt, sollten Sie einfach alles in den Computer tippen, was Ihnen im Augenblick wichtig erscheint. Viele Einfälle gehen im Durcheinander unüberschaubar vieler schriftlicher Notizen oder dadurch verloren, das sie einfach nicht schnell genug aufgeschrieben wurden.

Schreiben Sie einfach alle Einfälle, Thesen oder Zitate, auf die Sie beim Lesen stoßen, und Gedanken, die Sie entwickeln, hintereinander in ein Dokument.

Wahrscheinlich sitzen Sie nicht mit einem portablen Computer auf den Knien in der Bibliothek. Zuerst benutzen Sie einen Bleistift und Papier. Selbst wenn Sie solch einen teuren Apparat besitzen, sollten Sie erst einmal auf die konventionellen Techniken zurückgreifen. Auf dem Papier können Sie in beliebiger Form schreiben, niemand außer Ihnen selbst muß das Geschriebene später noch lesen können. Was sich mit dem Computer nur sehr schwer gestalten läßt, ist auf Notizzetteln die Regel: Sie können von links nach rechts, von oben nach unten oder quer über das Papier schreiben; Sie können am Rand Zusatzbemerkungen und Kommentare festhalten, Sie können Pfeile auf das Papier malen und so verschiedene Relationen beschreiben. Sie können auf dem Papier ganz leicht das Geschriebene durch Einrückungen und Numerierungen graphisch gestalten und so neben Wörtern und Sätzen für die Logik der Gedanken wichtige Zusatzinformationen festhalten. Wenn auf dem Rand neben einem Zitat ein großes Fragezeichen notiert ist, bekommt die Notiz eine völlig andere Bedeutung.

Benutzen Sie für die ersten Stichworte Bleistift und Karteikarten. Scheuen Sie sich nicht, die Karteikarten auch graphisch zu gestalten, um immer gleichzeitig auch mitzunotieren, welchen Standpunkt Sie zu den aufgeschriebenen Gedanken beziehen – was Sie vom Gelesenen halten oder wie es auf Sie gewirkt hat.

Schreiben Sie danach alle Anregungen, Ideen und Querverweise, z.B. Hinweise auf andere Texte, die Sie gesammelt haben, formlos in den Computer. Sobald Sie die Karteikarten abgeschrieben haben, sollten sie vernichtet werden. Mit „Abschreiben" ist dabei nicht nur Übertragen gemeint, sondern „Abarbeiten" – ergänzen, weiterdenken, weiterformulieren, also „durcharbeiten". Auch in diesem Stadium sollte das Schreiben unbelastet und frei sein. Sie formulieren noch nicht aus. Im Moment brauchen sprachliche Unebenheiten nicht gezielt behoben zu werden, das hält nur auf.

Arbeiten Sie Ihre Karteikarten sofort, spätestens am nächsten Tag, ab. Später werden Sie sich nur noch schwer daran erinnern können, was mit der einen oder anderen Unterstreichung gemeint war.

Bei der Gestaltung der Karteikarten, der typischen Anordnung und Kennzeichnung der Zitate und Einfälle, haben Sie sich etwas gedacht. Um das auszudrücken, brauchen Sie jetzt Sätze. Es wird Ihnen am Anfang schwerfallen, die Sätze zu formulieren, die Ihre Fragezeichen neben einer Textstelle ausdrücken, aber jetzt geht es los: Sie schreiben.

Wenn Sie zu Hause arbeiten, spart es viel Zeit, Exzerpte und Paraphrasen sofort in eine Arbeitsdatei zu schreiben. Legen Sie entweder eine Datei für jedes exzerpierte Buch oder verschiedene Dateien für verschiedene Schlagwörter an.

Welches Verfahren Sie wählen, hängt vom Ziel Ihrer Arbeit ab. Das Verwenden von Schlagwort-Dateien ist für denjenigen nützlich, der Argumente ordnen will. Das Erstellen von Exzerpt-Dateien hilft allen, die Argumente im Kontext wahrnehmen wollen. Wer Buch-Exzerpte in Dateiform abspeichert, kann sie auch später noch leicht für zukünfige Arbeiten nutzen. Sie können natürlich auch nachträglich mit Hilfe Ihrer Exzerpt-Dateien Schlagwort-Dateien herstellen. Wenn Sie grundsätzlich den Computer bereits zum Exzerpieren (auf welche Art auch immer) nutzen, müssen Sie Zitate und Gedanken, die Sie in Ihrer Arbeit verwenden wollen, nicht zum zweiten Mal schreiben. Zwischen mehreren Arbeitsdateien und Ihrer Textdatei ist mit etwas Übung der Datenaustausch problemlos möglich. Doch auch hier lauern Gefahren.

Integrieren Sie nur wirklich wichtige Zitate und Paraphrasen in Ihren Text.

Quantität bedeutet nicht immer zugleich Qualität. Bedenken Sie, daß computergestützte Texte noch ausführlicher ediert werden müssen als mit der Schreibmaschine geschriebene Texte (vgl. Kapitel 4.4 und 9.4).

Achten Sie bei der ersten Niederschrift Ihrer Gedanken nicht zu pedantisch auf die Wortwahl und die Syntax. Noch befinden Sie sich in der Sammelphase – es kommt darauf an, die Einfälle niederzuschreiben, damit sie nicht verlorengehen.

Wenn Sie einen Gedanken später verwerfen oder ein Argument sich als obsolet erweist, kann es beim Arbeiten mit einem PC ohne Probleme wieder gelöscht werden. Durch Ihr computerunterstütztes Brainstorming schaffen Sie die Grundlage für Ihre Arbeit. Typische Schwellenangst, die Panik vor der ersten leeren Seite, auf die die Gedanken in einem Rutsch wohlgeordnet und perfekt formuliert einfließen sollen, lassen sich so abbauen. Während das Thema langsam erarbeitet wird, sammelt sich automatisch die Basis für den späteren Text an. Während Sie überlegen, schreiben Sie bereits.

Vergessen Sie bei Zitaten die Quellenangaben nicht – deren nachträgliche Rekonstruktion ist enorm schwierig. Schreiben Sie immer sofort mit auf Ihre Karteikarten und später in Ihre Steinbruch-Datei, wo Sie ein Zitat gefunden haben und wie Sie auf einen Einfall gekommen sind. Wenn Sie mitnotieren, woher der Anstoß für eine Idee gekommen ist, können Sie später leichter die Struktur Ihrer Argumentation finden.

Im Anschluß an diese erste Sammelphase müssen Sie Ordnung in das scheinbare Chaos intuitiver und assoziativer Fragmente bringen. Das Brainstorming ist wichtig, um alle Aspekte des Themas erschöpfend zu behandeln. Jetzt kommt das Schwierige. Sie müssen die Ansammlung unstrukturierter Ideen in Ordnung und Reihenfolge bringen. Die Struktur des späteren Endproduktes ist aber meist schon deutlich. Jetzt gilt es, Unwichtiges zu eliminieren, Leerstellen, die sich nun klarer abzeichnen dürften, zu füllen und Übergänge einzufügen.

Für einen besseren Überblick sollten Sie das Dokument der ersten Steinbruch-Datei in seinem jetzigen Rohzustand ausdrucken.

Zuerst hat man natürlich ein großes Strukturproblem. Um das zu lösen, muß der Text jetzt von vorne nach hinten gelesen werden. Jetzt, da es auf die Abfolge Ihrer Gedanken ankommt, müssen Sie linear vorgehen – Sie bringen Ordnung in die Bausteine. Später können Sie sich wieder einzelnen Ausschnitten zuwenden und an den einzelnen Formulierungen feilen. Die Ordnungsphase ist der erste Schritt, der aus Ihren Überlegungen einen Text macht. Der Orientierung halber sollten die vorzunehmenden Änderungen, Verschiebungen oder Streichungen zuerst auf dem Papier markiert werden.

Damit beim Löschen oder Verschieben nichts endgültig verloren gehen kann, speichern Sie die erste Steinbruch-Datei unter einem anderen Namen und ändern in der neuerstellten Datei. Im Notfall können so falsche Änderungen dadurch rückgängig gemacht werden, daß man die entsprechende Textstelle aus der ersten Datei zurückübernimmt.

Nachdem die Textstücke ihre Reihenfolge gefunden haben, müssen textgliedernde Überschriften und überleitende Passagen eingefügt werden – nachdem Sie Gedanken gesammelt und geordnet haben, müssen Sie bei der Mosaiktechnik Ihren Text jetzt von Anfang an lesen. Jetzt beginnen Sie damit, Ihre Stichpunkte mit Substanz zu füllen und aus dem Gliederungsgerüst einen geschlossenen Text zu machen.

Führen Sie, während Sie Veränderungen in Ihrer Textdatei vornehmen, ein Logbuch. Mit dem Computer verfaßte Texte verändern häufig so rasant ihre Struktur, daß sie unbemerkt unlogisch werden. Sie sollten sich dazu zwingen, die Entwicklung, die Ihr Text durchmacht, nachvollziehbar zu dokumentieren.

Bevor Sie schreiben, brauchen Sie ein Ziel. Machen Sie aber keinen Plan, den Sie dann unbedingt einhalten wollen. Wenn sich herausstellt, daß eine andere Abfolge Ihrer Ideen logischer ist, haben Sie keine Scheu, die Struktur noch einmal zu verändern.

Bei umfangreicheren Arbeiten, die sich logisch in größere Hauptkapitel gliedern, sollten die Kapitel als einzelne Dateien gespeichert werden, um sie getrennt bearbeiten zu können.

Sprechende Dateinamen (vgl. Kapitel 3.5), die aus Teilen des Titels bestehen, eignen sich in diesen Fällen am besten als Ordnungshilfe, um die richtigen Dateien auch noch später identifizieren zu können.

Werden Sie beim Arbeiten unterbrochen oder müssen Sie mal eine Pause einlegen, ist es recht nützlich, ein beliebiges „Suchwort" an die Textstelle zu schreiben, an der man sich gerade befindet, z.B. ein Namenskürzel und drei Asteriske [UlAx***]. Wie Ihre Markierung genau aussieht, ist eigentlich egal. Auf jeden Fall sollten Sie sich einer Zeichenkombination bedienen, die im Text nicht vorkommt. Sonderzeichen wie z.B. ∇, ♣, ♠, $\propto$, $\forall$ sehen zwar ganz hübsch aus, müssen bei WinWord aber immer erst mühsam aus dem Sonderzeichensatz eingefügt werden. Zeichen, die auf der Tastatur zur Verfügung stehen und trotzdem selten (oder nie) gebraucht werden, lassen sich da schon leichter einsetzen, z.B. *, #, µ oder °. So kann beim erneuten Aufrufen der Datei mit der Funktion [Suchen] genau dieser Punkt wiedergefunden werden, und man muß nicht immer wieder vorne in der Datei anfangen. Es kann aber auch von Vorteil sein, sich immer wieder einlesen zu müssen. Wenn Sie Formulierungen verfeinern, ist es meistens hilfreich, sich den gesamten Zusammenhang ins Gedächtnis zu rufen. (In WinWord finden Sie unter dem Menüpunkt [Bearbeiten] den Befehl [Suchen].)

Bringen Sie vor jedem Ausdruck die Rechtschreibprüfung Ihres Textverarbeitungsprogramms zum Einsatz.

Die Rechtschreibprüfung, die die meisten Textverarbeitungsprogramme bieten, soll dem Text den vorletzten Schliff geben, kann aber ein Korrekturlesen nicht überflüssig machen. Beim Verschieben oder Ersetzen von Textstücken und Satzgliedern gerät leicht die Grammatik durcheinander.

Die meisten modernen Computerprogramme ermöglichen außerdem die Integration von Grafiken, Bildern und Tabellen, die mit Hilfsprogrammen erstellt wurden. Eine weitere Technik, einen Text anschaulicher zu machen, ist das Einkleben von Fotos, Schaubildern oder Tabellen, die fotokopiert worden sind. Durch Vergrößern und Verkleinern beim Kopieren sowie die Eingabe von Absatzmarkierungen vor oder hinter einem Textabschnitt ist es möglich, nach Maß zu arbeiten. Hinweise zum Layout finden Sie in Kapitel 9.2.

3.6.3 Probleme beim wissenschaftlichen Schreiben mit dem Computer

Auf dem Bildschirm werden Fehler häufig übersehen – daher ist es am günstigsten, den Text auf Papier zu korrigieren, und zwar einen oder besser mehrere Tage, nachdem man die Arbeit am Computer abgeschlossen hat. Die Computertechnik macht einiges leichter, dennoch sollten Sie sich nicht gänzlich darauf verlassen.

Z.B. kann von der Rechtschreibprüfung nicht jeder Fehler gefunden werden. Alle gängigen Textverarbeitungsprogramme überprüfen die Orthographie eines Textes, indem die einzelnen Wörter mit einer gespeicherten Wörterliste, wie mit einem kleinen Wörterbuch, verglichen werden. Befinden sich die Wörter Ihres Textes in der Wörterliste, gelten sie als orthographisch korrekt. Wer *Verhältniswal* schreibt, hat Pech, denn die Rechtschreibprüfung kennt die Wörter *Verhältnis* und das Säugetier *Wal* – erkennt den Fehler jedoch nicht. Ein Müller *mahlt*, ein Maler *malt*, wenn jedoch der Maler auf die Wände *mahlt*, ist die Rechtschreibprüfung ebenso überfordert. Bestimmte Probleme der deutschen Orthographie kann nur ein mitdenkender Leser korrigieren.

Die Fähigkeit des Computers, einen Text durch Ausschneiden und Verschieben von Fragmenten zu generieren, ist für einen völlig neuen Typ von Fehlern verantwortlich, für logische Fehler. Diese können auf der Ebene der Sätze genauso wie auf der Ebene des Textes auftreten. Wenn beim Überarbeiten einzelner Formulierungen Wörter ausgetauscht werden, gerät leicht die Grammatik durcheinander; wenn beim Verändern der Textstruktur Gedanken vertauscht werden, sind dies typische Computerfehler. Es kann besonders leicht passieren, daß Begriffsdefinitionen, mit denen die Arbeit eigentlich begonnen hatte, später erst nachgeliefert werden. Typisch für das Arbeiten mit dem PC sind aber auch Wiederholungsfehler. Leicht wird ein Zitat zweimal kopiert oder ein Argument unbeabsichtigt später erneut genannt. Diese Fehler erklären sich dadurch, daß der Verfasser beim Schreiben seines Textes unterbrochen wurde und anschließend dort, wo er gerade glaubte, stehengeblieben zu sein, weitergeschrieben hat – ohne sich wieder einzulesen. Fußnotentexte, die in der Regel nicht auf dem Bildschirm erscheinen, sind eine weitere Fehlerquelle und müssen separat überprüft werden. Vorbeugend sollte der Text immer wieder einmal ausgedruckt werden.

An der Frage, ob mit dem Computer erstellte Texte besser sind als nicht mit dem Computer geschriebene, scheiden sich die Geister. Immer wieder klagen Lehrende über wissenschaftliche Hausarbeiten, die äußerlich wunderhübsch gestaltet, inhaltlich aber hart an der Grenze seien. Auch wenn die Form der Hausarbeiten immer besser wird, gilt: Auch professionell gestaltete Hausarbeiten werden nur dann gut bewertet, wenn sie inhaltlich schlüssig sind. Viele Studenten verwenden viel zu viel Zeit darauf, ihre Arbeit aufwendig zu layouten. Was gut aussieht und was nur überflüssige Spielerei mit den Funktionen des Textverarbeitungsprogramms bedeutet, ist zum Teil eben Geschmacksache. Wer die meiste Zeit beim Schreiben jedoch darauf verwendet, daß der Text schön aussieht, investiert an der falschen Stelle. Das Arbeiten mit dem Computer verleitet zu dieser falschen Schwerpunktsetzung. Das Beherrschen der letzten und elegantesten Tricks im Umgang mit Hard- und Software bedeutet eine Herausforderung, der nur wenige widerstehen können. Eine schlecht durchdachte, aufwendig gestaltete Hausarbeit erfüllt bestimmt nicht ihren Zweck. Weniger ist auch beim Schreiben mit dem Computer oft mehr.

Bei einer guten Hausarbeit sind Form und Inhalt kongruent – eine folgerichtig geschriebene und sinnvoll gestaltete Arbeit wirkt besonders eindrucksvoll. Es lohnt sich, routiniert mit dem Computer umgehen zu können – auch, weil der Computer die eigene Erkenntnisgewinnung unterstützen kann. Letztlich bleibt die planvolle Beherrschung der Technik aber nur ein Aspekt unter vielen, die für den Erfolg einer wissenschaftlichen Hausarbeit wichtig sind.

3.7 Von Mäusen und Menüs: Computerwörter

Nicht jeder, der viele Computerwörter benutzt – von *Bits* und *Bytes*, *digital* und *analog* redet –, versteht, wovon er da eigentlich spricht. Hier deshalb noch einige wichtige Definitionen, die ein bißchen Ordnung in den Wust der Computerfachbegriffe bringen sollen. Für den, der mehr wissen will, sei zur Lektüre empfohlen: René Zey: Neue Medien. Informations- und Unterhaltungselektronik von A–Z. Reinbek bei Hamburg 1995.

ARBEITSSPEICHER (auch: Hauptspeicher, Zentralspeicher): Bezeichnung für den zentralen Datenspeicher eines Computers, der kurzzeitig die Daten aufnimmt, die für die gerade abzuarbeitenden Prozesse sofort zur Verfügung stehen müssen. Der Arbeitsspeicher ist ein sog. **Direktzugriffsspeicher.** Er enthält alle Informationen, die dem Computer verfügbar sein müssen. Neben grundsätzlichen Teilen des Betriebssystems und den Anwendungsprogrammen sind das vor allem Zwischenergebnisse, die im weiteren Verlauf der Datenverarbeitung benötigt werden. Die Daten, die sich im Arbeitsspeicher befinden, gehen beim Ausschalten des Gerätes verloren. Deshalb müssen alle Programme auf externen Speichern, z.B. der Festplatte, fest installiert werden. Vor Beginn der nächsten Arbeitssitzung werden sie durch das **Booten** (dt.: Urladen) vom Computer in den Arbeitsspeicher geladen. Mit der Betätigung des Netzschalters wird so ein Ladeprogramm in Gang gesetzt, das sich in einem besonderen Festspeicher befindet oder ein fester Bestandteil des Betriebssystems ist.

BIT (Binary Digit; dt.: Binärstelle, Binäre Ziffer): Bezeichnung für die kleinste Speichereinheit, die genau einen von zwei physikalischen Zuständen annimmt. Die digitale Darstellung von Informationen setzt immer eine Übersetzung in abstrakte Symbole voraus. Diese stehen für den internen Wechsel zwischen physischen Zuständen, die in genau zwei Ausprägungen auftreten, z.B. an oder aus. Ein Bit entspricht je einem dieser zwei Werte – in der elektronischen Datenverarbeitung mit den Binärziffern 0 und 1 (selten O und L) benannt. Die Codierung von Daten mit Hilfe eines solchen Zahlensystems wird auch **binäre Darstellung** (griech. Bi: Zwei) genannt. Strenggenommen beinhaltet ein einzelnes Bit noch keine Information. Erst die Kombination von in der Regel 8 Bits zu einem Byte bedeutet die Übersetzung einer realen Information: Ziffern, Buchstaben oder andere Zeichen symbolisiert durch achtstellige Reihen aus Nullen bzw. Einsen.

BYTE (Parallel zu *Bit* gebildetes Kunstwort): Bezeichnung für die kleinste informationstragende Einheit digitaler Datenträger. In der Regel werden in der elektronischen Datenverarbeitung Informationen in Bytes übersetzt, die meist aus 8 Bits und einem weiteren **Prüfbit** bestehen. Aus der Kombination von acht Datenbits (einer sog. Oktade) ergeben sich 256 ($= 28$) verschiedene Bitmuster, deren Interpretation nach einem verbindlich festgelegten Code erfolgt. So bildet jedes Byte ein typisches Codemuster, dem ein Buchstabe, eine Ziffer oder ein Sonderzeichen unveränderbar zugeordnet ist. Das zusätzliche Prüfbit stellt sicher, daß die so codierte Information auch bei einzelnen, technisch bedingten Fehlern nicht verloren gehen kann. Das Prüfbit kann z.b. angeben, ob die Quersumme aller einzelnen Bits eine gerade oder eine ungerade Zahl ist. Wenn ein Defekt nun ein einzelnes Bit zerstört, wird durch das Prüfbit der Fehler erkannt und ggf. behoben. Auf diese Weise bleibt die Information des Bytes, verschlüsselt durch die typische Abfolge der 8 Speichereinheiten, unversehrt erhalten. Es gibt Programmiersprachen, die mit mehr als 8 Bits oder mit mehreren Prüfbits arbeiten.

In der Einheit Byte wird außerdem die Speicherkapazität eines digitalen Speichers, z.b. einer Festplatte oder Diskette, beschrieben:
- 1 Kilo-Byte = 1 KByte = **1 KB** = 1 024 Byte,
- 1 Mega-Byte = 1 MByte = **1 MB** = 1 048 576 Byte,
- 1 Giga-Byte = 1 GByte = **1 GB** = 1 073 741 824 Byte.

CD-Rom (Compact-Disc Read Only Memory; dt.: „mit einem Speicher nur zum Lesen"): Bezeichnung für einen digitalen audio-visuellen Datenträger, dessen gespeicherte Informationen mit einem Computer abgerufen werden können. Die CD-Rom kann Texte, aber auch stehende, bewegte Bilder oder Töne konservieren, da sie bis zu 650 Mega-Byte pro Scheibe speichern kann. Der Datensatz einer CD-Rom kann nicht, wie bei einer Diskette, mit Informationen ergänzt oder verändert werden. Mit 12 cm hat eine CD-Rom denselben Durchmesser wie eine Musik-CD und funktioniert auch nach dem gleichen Prinzip: Ein Laserstrahl tastet die aluminiumbeschichtete Oberfläche der CD, nachdem sie in ein integriertes oder angeschlossenes CD-Rom-Laufwerk eingelegt wurde, ab und wird – je nachdem, ob er auf eine Vertiefung oder auf eine ebene Stelle trifft – unterschiedlich reflektiert. Damit der Laser auf alle Bereiche der 1,2 mm dicken Scheibe zugreifen kann, rotiert die CD im Laufwerk. Die CD-Rom setzt sich zunehmend überall da durch, wo große Datenmengen gespeichert werden müssen: z.b. für elektronische Nachschlagewerke und Datenbanken aller Art. Zu CD-Rom Datenbanken, durch die die Literatursuche für wissenschaftliche Arbeiten unterstützt wird, vgl. Sie auch Kapitel 4.2.2.

digital (von lat. digitus: Finger, Ziffer): Bezeichnung für die Übersetzung von Informationen in ein System abstrakter Zahlensymbole. Praktisch alle heute verwendeten Computer arbeiten mit digitalen Darstellungen von Informationen, Zeichen, Texten, Bildern oder Sprache, und werden deshalb auch **Digitalrechner** genannt. Ihre elektronischen Schaltungen besitzen exakt zwei Ausprägungen physikalischer Zustände, z.B. Strom oder Nicht-Strom, Magnetfeld oder Nicht-Magnetfeld, die durch die beiden Ziffern 0 und 1 symbolisiert werden. In fast der gesamten elektronischen Datenverarbeitung werden reale Informationen in Zahlenreihen aus Nullen und Einsen aufgelöst, eine Darstellungsart, die nicht wie bei **analoger** Informationsdarstellung kontinuierliche Unterschiede aufweist. Analoge Datendarstellung bedeutet, daß das Verhältnis zwischen Original und Abbild in bestimmten Aspekten ähnlich ist. Die kleinste Informationseinheit ist das Byte, in der Regel aus 8 Bits zusammengesetzt. Auf diese Weise kann auch eine Maschine die so verschlüsselten Daten mit ihren Schaltelementen wahrnehmen. Digitale Datenübertragung zeichnet sich gegenüber analoger durch erhöhte Präzision und Schnelligkeit aus, in Symbole übersetzte Daten sind weniger störungsanfällig gegen äußere Einflüsse bei gleichzeitig wesentlich höherer Übertragungskapazität.

DISKETTE (auch: Disc, Floppy Disc; dt.: Biegsame Scheibe): Bezeichnung für einen portablen Datenträger, auf dem Informationen gespeichert und von dem Informationen abgerufen werden können. Die beschreibbaren, quadratischen Datenspeicher bestehen aus einer 0,05 mm dicken Magnetspeicherplatte, geschützt durch eine innen mit einer Filzschicht überzogene Kunststoffhülle. Computerdisketten sind in zwei Größen mit 3,5 (= 8,89 cm, auch **Micro-Diskette**) bzw. 5,25 Zoll (= 13,33 cm, auch **Mini-Diskette**) langer Diagonale erhältlich. Die flexible, auf beiden Seiten mit einer magnetisierbaren Beschichtung (meist mit Polyäthylenterephthalat) überzogene, runde Metallscheibe in der Hülle ist der eigentliche Datenträger. Sie ist in konzentrische Kreise, die etwa 0,0015 mm breiten Spuren, und in sog. Sektoren eingeteilt. Diese Struktur ist nicht vorgegeben, sondern wird beim **Formatieren** vom Computer vorgenommen. Die Daten sind bzw. werden in den Spuren durch präzise Magnetisierung der Beschichtung nacheinander angeordnet. Ohne vorherige Formatierung der Diskette ist keine Datenspeicherung möglich. Zum Beschreiben oder Ablesen der auf der Scheibe digital gespeicherten Informationen (Bilder, Texte, Töne) muß die Diskette fest in das Diskettenlaufwerk eingelegt werden. Dort wird die Magnetplatte in Rotation versetzt, etwa 360 Umdrehungen pro Minute, damit der Schreib-Lese-Kamm im Laufwerk durch den rechteckigen Schlitz in der Diskettenhülle schnell auf alle Bereiche der Platte zugreifen kann. Die Speicherkapazität von Disketten ist unterschiedlich: 5,25-Zoll-Disketten können 360 oder 720 Kilo-Byte und maximal 1,2 Mega-Byte Daten speichern. 3,5-Zoll-Disketten speichern grundsätzlich doppelseitig 720 Kilo-Byte, 1,44 oder 2,88 Mega-Byte.

Nach der jeweiligen Höhe der Aufzeichnungsdichte werden die im Handel befindlichen Disketten in 4 Kategorien eingeteilt: Die ausschließlich einseitig bespielbare, einfache SD-Diskette (engl.: **Single Density**) und die doppelseitig bespielbare DD-Diskette (engl.: **Double Density**) speichern in 19, die vierfach bespielbare HD-Diskette (engl.: **High Density**) in 38 Spuren pro cm. Eine SD-Diskette faßt so maximal 360, eine DD-Diskette 720 Kilo-Byte und eine HD-Diskette 1,44 Mega-Byte Daten. Spezielle 3,5-Zoll-Disketten mit **Extended Density** (ED; dt.: erweiterte Dichte) besitzen maximal 2,88 Mega-Byte Speicherkapazität, der Einsatz dieser Disketten setzt jedoch ein besonderes Laufwerk voraus.

FESTPLATTE (engl.: Hard Disc): Bezeichnung für eine fest in einen Computer installierte Speichereinheit mit großer Speicherkapazität, die schnellen Zugriff auf gespeicherte Daten erlaubt. Die Festplatte ist eine sog. Magnetspeicherplatte, eine harte, runde Metallscheibe, die mit einer magnetisierbaren Substanz beschichtet und – wie die Diskette – in mehrere tausend Spuren eingeteilt ist. Durch das präzise Magnetisieren der Beschichtung werden in den einzelnen Spuren Informationen aller Art (Zeichen, Bilder, Texte, gesprochene Sprache, u.ä.) angeordnet. Zum Beschreiben oder Ablesen der auf der Platte digital gespeicherten Daten wird diese in Rotation versetzt, so daß ein fest eingebauter Lesekopf schnell auf alle Bereiche der Platte zugreifen kann. Der sog. **Festplattencontroller** steuert und überwacht den organisierten Zugriff auf die Daten, indem er den sog. Schreib-Lese-Kamm in die richtige Position bringt. Für die Effektivität einer Festplatte ist die Zugriffsgeschwindigkeit des Controllers auf möglichst viele Daten entscheidend. Der eigentliche Lesevorgang dauert selten mehr als 10 Milli-Sekunden. Im Gegensatz zum Arbeitsspeicher bleiben die Daten auf der Festplatte auch nach dem Ausschalten des Gerätes unverändert erhalten. Deshalb wird sie vor allem für die Installation umfangreicher Software eingesetzt.

MAUS (auch engl.: Mouse): Bezeichnung für ein Handgerät, mit dessen Hilfe Eingabevorgänge und Programmsteuerungsfunktionen bei einem Computer auf dem Bildschirm ausgeführt werden können. Die Maus besteht aus einem innenhandgroßen Kunststoffgehäuse und kann bequem mit einer Hand über die Tischplatte geschoben werden. Die Bewegungen der Maus werden direkt auf den Bildschirm übertragen. An ihrer Unterseite rollt beim Verschieben eine freibewegliche Kugel aus Kunststoff (selten Metall) mit. Im Innern der Maus liegen an dieser Kugel zwei senkrecht aufeinanderstehende, mechanische Rollen an, die den Bewegungen der Kugel folgen, eine Laufrolle dem horizontalen, die zweite dem vertikalen Lauf – bei diagonalem Verschieben der Kugel bewegen sich beide mit. Eine an die Rollen angeschlossene Schaltung wandelt die Bewegung der Kugel in elektrische Impulse um. Diese Signale werden durch ein Kabel zum Computer übertragen. Der Computer setzt die elektrischen Impulse auf dem Bildschirm in ein Markierungssymbol (z.B. einen Pfeil), den sog. Mauszeiger, um; die Maus selbst wird deshalb allgemein als Zeigegerät bezeichnet. An der Maus sind zwei, selten drei Tasten angebracht, durch die die Steuerfunktionen aktiviert werden, indem eine der Tasten gedrückt wird, wenn sich der Mauszeiger auf einem Funktionssymbol befindet. Dieser Vorgang wird Anklicken genannt.

MENÜ (auch engl.: menu): Bezeichnung für eine Liste von Kommandos, die dem Benutzer auf dem Bildschirm alle Befehle anzeigt, die er im folgenden anweisen kann. Das Menü ist meist in Form eines Menübalkens am oberen oder unteren Rand des Bildschirm aufgelistet – horizontal die Oberbezeichnungen (das Hauptmenü), vertikal Spezifikationen (die Untermenüpunkte). Im Menü lassen sich Befehle entweder durch Anklicken mit der Maus, durch festgelegte Tastenkombinationen oder mit Hilfe der Richtungstasten aktivieren. Diese weitverbreitete Form der Dialogführung ermöglicht benutzerfreundliche Bedienung von Computerprogrammen.

4. Wissenschaftlich arbeiten

Wissenschaftlich arbeiten – wie macht man das? Die Kriterien der Wissenschaftlichkeit, die an eine fertige akademische (Abschluß-)Arbeit angelegt werden, sind bereits während des Arbeitsprozesses zu beachten: Wissenschaftliches Arbeiten zeichnet sich in jeder seiner Phasen durch Präzision aus, sowohl durch die Kenntnisnahme der Forschungslage als auch durch die aufrichtige Unterscheidung zwischen eigenen Ideen und zitiertem Gedankengut. Schon bei der Suche nach einer Themenstellung (beim Recherchieren), aber vor allem bei der Zusammenstellung von Literatur (beim Bibliographieren) und deren Auswertung (beim Exzerpieren) müssen die Verbindungen zu den gelesenen Texten offenbar gemacht werden – vor sich selbst und für denjenigen, der die Arbeit liest. Aus diesem Grund werden bei wörtlichen oder sinngemäßen Entlehnungen (beim Zitieren und Paraphrasieren) und nicht zuletzt auch beim Erstellen und Korrigieren des Textes (Edieren und Redigieren) die Regeln der wissenschaftlichen Tradition beachtet.

In diesem Kapitel werden diese grundlegenden Techniken wissenschaftlichen Arbeitens Schritt für Schritt beschrieben: Sie finden Hinweise darauf, wie Zitate gekennzeichnet werden und wie man mit Quellen umgeht. Außerdem werden verschiedene Möglichkeiten vorgestellt, Zitate sinnvoll einzusetzen. Besondere Berücksichtigung finden Bibliographien auf CD-ROM für die verschiedenen Fächer und die Varianten der Gestaltung von Literaturangaben.

Das erste Referat oder die erste Hausarbeit macht den Verfasser darauf aufmerksam, daß es außer den eigenen Gedanken auch überliefertes Wissen gibt.

Ob er beim Schreiben das Bedürfnis verspürt, seine Position abzusichern, oder die Absicht hat, sich von anderen Auffassungen abzugrenzen – bevor jemand wissenschaftlich schreibt, wird er lesen. Aus diesem Grund geht der Niederschrift einer wissenschaftlichen Arbeit eine Lektürephase voraus, anders als beim Schreiben eines persönlichen Briefes, in dem jemand einer bestimmten anderen Person eigene Erlebnisse, Erfahrungen und Gedanken mitteilt. Prinzipiell richtet sich eine wissenschaftliche Arbeit an einen unbekannten Leser, der mit dem wissenschaftlichen Gebiet vertraut ist, d.h. nicht gänzlich über Termini und Begriffe des Faches in Kenntnis gesetzt werden muß. Ihm, dem anonymen Fachmann, der den Text genau studieren kann, muß ein Problem erläutert werden. Da der geschriebene Text mehr als einmal (und auch von hinten nach vorne) gelesen werden kann, ist es wichtig, verschiedene Positionen zu diskutieren, auf dieser Grundlage systematisch Argumente zu entwickeln und das Ergebnis schlüssig zu begründen.

Im Studium wird eine schriftliche Hausarbeit in den meisten Fällen jedoch auf einen konkreten Leser – den jeweiligen Dozenten – hin formuliert werden. In dieser Übungsphase wissenschaftlichen Schreibens ist das Ziel strenger definiert als bei wissenschaftlichen Aufsätzen oder anderen Veröffentlichungen: Die Anforderungen des Fachs werden in jeder Hausarbeit orientiert am Maßstab eines Fachvertreters erfüllt. Jeder von ihnen hat andere Ansprüche, Normen oder Richtlinien. Nicht nur in bezug auf die äußere Form wird sich der Studierende an Lehre und Maßgabe des Dozenten orientieren. Dennoch gilt für jede Hausarbeit, daß sie den grundlegenden Prinzipien wissenschaftlichen Schreibens unterliegt. Das Wie der Ausgestaltung wird vom Dozenten bestimmt. So ist es durchaus möglich, daß die Arbeiten eines Studenten sehr unterschiedlich aussehen – je nach Fach und Dozent werden unterschiedliche Aspekte wissenschaftlichen Arbeitens bevorzugt, je nach Fach und Dozent gelten andere formale Regeln.

Bei den ersten wissenschaftlichen Arbeiten (Hausarbeiten im Grundstudium) wird vor allem Wert auf die Beherrschung der Techniken wissenschaftlichen Arbeitens gelegt: Hier geht es darum, ein gestelltes Themengebiet zu erlesen und ausgewählte Theorien zu referieren, um einen Begriff des Faches adäquat zu erfassen. Weder die Vollständigkeit der historischen Entwicklung noch die Bewertung unterschiedlicher Ansätze sind zentrales Anliegen einer Grundstudiumsarbeit, sondern an einem Ausschnitt des Forschungsgebietes soll geübt werden, wie mit Literatur umzugehen ist, wie zitiert wird, wie eine wissenschaftliche Arbeit formal zu gestalten ist usw.
Während in einer Hausarbeit des Grundstudiums das Schlußkapitel (etwa 1/5 des Umfangs) den Raum für eine persönliche Einschätzung, Stellungnahme oder Bewertung der behandelten Theorien bietet, kehrt sich das Verhältnis während des Hauptstudiums bis zur Abschlußarbeit um. Hier wird vorausgesetzt, daß die Grundlagen wissenschaftlichen Schreibens beherrscht sind und daß der Studierende aufgrund seines Studiums eine eigene Auswahl trifft, den Stoff selbständig anordnet, die wissenschaftliche Dis-

kussion kennt und sie einzuschätzen weiß. Hier steht der Inhalt der Arbeit im Mittelpunkt des wissenschaftlichen Interesses – daß die Form beherrscht wird, ist notwendige Voraussetzung.

Das bedeutet nicht, daß nun grundsätzlich aus der Ich-Perspektive wertend zu schreiben sei – die wissenschaftliche Objektivität verbietet eine solche Auffassung (vgl. dazu Kapitel 7.1). Dennoch bleibt jede wissenschaftliche Arbeit subjektiv, vor möglichen Irrtümern nicht gefeit – bereits Auswahl und Anordnung des Stoffes führen zu einer Prägung der Arbeit. In diesem Kapitel wird versucht, einen Einblick in die Techniken und Möglichkeiten des wissenschaftlichen Schreibens zu geben, orientiert an der Abfolge der notwendigen Arbeitsschritte.

4.1 Recherchieren

Eine wissenschaftliche Arbeit will und soll informieren, d.h. einen Sachverhalt sachgerecht behandeln. Was im einzelnen Fall unter sachgerecht zu verstehen ist, ergibt sich aus den Anforderungen des Studienfaches: In der Mathematik oder Chemie wird die sachgerechte Darstellung eines Problems und seiner Lösung in den meisten Fällen einlinig sein; in den Geisteswissenschaften wird zur sachgerechten Darstellung auch die Abwägung gegensätzlicher Positionen und/oder die historische Einordnung bzw. Chronologisierung verschiedener Theorien gehören. So ist es selbstverständlich, daß die Voraussetzung für wissenschaftliches Arbeiten darin besteht, sich Wissen zu verschaffen, indem man liest, und Wissen anzusammeln, indem man sich Notizen macht.

Bevor Sie anfangen, Literatur zu suchen und zu lesen, sollten Sie Ihr Thema formuliert haben. Beginnen Sie, ohne klare Themenstellung zu lesen und Merkzettel anzulegen, ist es leicht möglich, daß Sie gleichzeitig in verschiedene Richtungen streben, daß Sie sich durch jede weitere Lektüre verwirren, daß Sie zwei Schritte vor und danach drei zurück gehen – vielleicht sogar ohne es zu bemerken. Trotz zahlreicher Stichworte läßt sich kein roter Faden finden. Um ein derart ineffektives, unerfreuliches Arbeiten zu vermeiden, ist es wichtig, sich deutlich vor Augen zu führen, was die eigene wissenschaftliche Arbeit leisten kann und soll.

4.1.1 Ein Thema finden

Eine wissenschaftliche Arbeit soll neue Erkenntnisse über einen Gegenstand erbringen oder diesen in ein neues Licht stellen. Der einem solchen Postulat zugrundeliegende Neuigkeitswert ergibt sich quasi automatisch, wenn derjenige, der schreibt, das Thema in eine eigene Ordnung bringt und aus einer eigenen Perspektive Schlüsse zieht. Um eine eigene Perspektive zu entwickeln, ist es wichtig, sich über den Standort des zu behandelnden Problems in der Welt und in der Wissenschaft zu informieren.

Der Blick in ein Nachschlagewerk ermöglicht eine erste Orientierung.

Allgemeine Konversationslexika, z.b. der Brockhaus oder Meyers Enzyklopädisches Lexikon oder andere mehrbändige Werke, geben kurze und präzise Information zu nahezu jedem Thema. Mit Hilfe der Querverweise läßt sich dieses eingrenzen und in einen größeren Kontext einordnen.

Nehmen Sie sich Zeit zum Schmökern. Führen Sie, während Sie sich durch die Querverweise von Artikel zu Artikel leiten lassen, eine Leseliste, auf der Sie notieren, welche Stichwörter Sie gelesen haben. Versuchen Sie, diese thematisch auf dem Papier zu gruppieren und jeweils einige Schlagwörter zum Inhalt der Ihnen wichtig erscheinenden Artikel zu notieren. So strukturieren Sie Ihr Thema zum ersten Mal (es wird nicht das letzte gewesen sein).

Für jedes Fachgebiet gibt es Fachwörterbücher bzw. Fachenzyklopädien und Handbücher, in denen das fachspezifische Wissen nach Stichwörtern und/oder alphabetisch geordnet zusammengefaßt ist.

Nachdem Sie auf Ihrer ersten Leseliste wichtige Stichwörter ermittelt haben, können Sie mit Hilfe der Fachlexika tiefer in das Thema eindringen. Nehmen Sie sich auch hier die Zeit, aufmerksam zu lesen, und führen Sie eine Leseliste. In der Regel werden am Ende der Artikel Literaturhinweise gegeben. Notieren Sie sich die hier genannten Titel. Je neuer ein Fachwörterbuch oder Handbuch ist, desto aktueller werden die Literaturangaben sein.

Nutzen Sie auch den Stichwortkatalog der Bibliothek.

Buchtitel und -untertitel liefern Ihnen unter Umständen Anregungen, die die Themenfindung erleichtern. Notieren Sie sich einige Signaturen – auch der Blick in das Regal rechts und links vom Standort der im Katalog recherchierten Bücher kann manchmal neue Perspektiven eröffnen.

Nicht nur die Titel, sondern auch und vor allem Inhalts- und Literaturverzeichnisse sind für Sie interessant.

Auch die im vergangenen Jahr veröffentlichten Zeitschriftenaufsätze können Ihnen Anregungen für die Themenformulierung geben.

Blättern Sie die Fachzeitschriften durch, überfliegen Sie die Aufsätze und Buchbesprechungen – sollten Sie hier fündig werden, sind Sie in der Regel auch mit weiteren Literaturhinweisen belohnt.

Hinweise auf im Buchhandel verfügbare Literatur finden Sie im VLB (= Verzeichnis lieferbarer Bücher), das nach Autoren und Schlagwörtern sortiert ist.

Sie können im Buchhandel nachfragen oder sich selbst in der Bibliothek informieren – in den Universitätsbibliotheken werden allgemeine Nachschlagewerke dieser Art präsent sein. Hier wird man Ihnen auch mit Hilfe des Computers Auskunft geben, wenn Sie nicht selbst die Recherche über CD-ROM beherrschen bzw. die Ihnen zugänglichen Bibliotheken diesen Service (noch) nicht anbieten.

> Wählen Sie für die Vorinformation neuere Bücher bzw. Aufsätze zu Ihrem Thema aus.

Sie können davon ausgehen, daß der aktuelle Stand der wissenschaftlichen Diskussion in die zuletzt erschienenen Werke eingegangen ist. Auf der Suche nach Ihrem Thema erhalten Sie genau hier ein realistisches Bild vom Forschungsbedarf. Vor allem Handbücher und Monographien bieten gut strukturierte Information – und in der Regel Literaturhinweise. Auch Einführungen und Lehrbücher können Ihnen, selbst wenn Sie schon lange mit Ihrem Fach vertraut sind, helfen, verschiedene Perspektiven auf Ihr Thema zu eröffnen und Ihren Ansatz auszuwählen.

Führen Sie auch jetzt vorerst noch Leselisten zur Dokumentation Ihres Erkenntnisweges: Sie sind auf der Suche nach einer Themenstellung bzw. nach deren Eingrenzung. Ausführliche Exzerpte sollten Sie erst dann anfertigen, wenn Sie in der Lage sind, unter Ihrer eigenen Fragestellung zu lesen, d.h. wenn Sie Ihr Thema formuliert und es mit Ihrem wissenschaftlichen Betreuer abgesprochen haben.

> Lesen Sie unbefangen – keinesfalls verbissen auf der Suche nach einer Themenstellung.

Sie werden vor allem dann, wenn Sie nicht händeringend suchen, Anknüpfungspunkte entdecken und Fragen finden, die in einer wissenschaftlichen Arbeit beantwortet werden könnten. Dadurch, daß Sie unvoreingenommen lesen, werden Sie anders wahrnehmen, mehr wahrnehmen.

> Notieren Sie Literaturhinweise, auf die Sie beim Lesen stoßen, so, daß Sie die Bücher finden können.

Dabei sollten Sie bedenken, daß der deutlich geschriebene Name zusammen mit dem ausgeschriebenen Vornamen die Recherche erleichtert. Zu einer provisorischen Arbeitsbibliographie gehören ein Kurztitel oder Titelstichwort und das Erscheinungsjahr (es gibt Aufschluß über den Zeitpunkt, zu dem Sie ein Buch lesen sollten), um ein Werk in der Universitätsbibliothek oder im Buchhandelsverzeichnis aufzuspüren. Vollständige bibliographische Angaben müssen und sollten Sie nur von der tatsächlich gelesenen und für wichtig befundenen Literatur anfertigen. So haben Sie den Überblick über das Verhältnis Ihrer Leseabsichten zu den tatsächlichen Leseleistungen und sammeln keinen unnötigen Ballast an.

Sollte sich bei der Ansicht eines beim Lesen entdeckten und mit Hilfe der Arbeitsbibliographie aufgefundenen Werkes herausstellen, daß es für die Arbeit von Nutzen ist, so nehmen Sie es sofort in das Literaturverzeichnis auf.

Es ist arbeitstechnisch sehr praktisch, während des Lesens und Exzerpierens die Literaturliste sukzessive zu ergänzen – der Sortieralgorithmus Ihres Computerprogramms bringt die so erstellte ungeordnete Liste in kürzester Zeit in die alphabetische Reihenfolge. Sollten Sie keinen PC zur Verfügung haben, notieren Sie die Literaturangaben einzeln auf Karteikarten. Diese können Sie im Karteikasten sortieren.

4.1.2 Das Thema eingrenzen

Wenn Sie Ihr Thema im Visier haben, ist der nächste logische Schritt, es einzugrenzen und Ihr wissenschaftliches Anliegen von anderen abzugrenzen. Sie sollten klar formulieren, was Sie mit Ihrer Arbeit erreichen wollen – und was nicht. Überschätzen Sie Ihre Möglichkeiten und Fähigkeiten nicht, aber unterfordern Sie sich auch nicht. Die folgenden Hinweise sollen Sie bei dieser Gratwanderung unterstützen:

Prüfen Sie die Zugänglichkeit der Literatur.

Sollten die Bücher für das von Ihnen anvisierte Thema nur über Fernleihe oder durch Auslandsaufenthalte zugänglich sein, überprüfen Sie die Relation von Kosten und Nutzen – wählen Sie auch aus diesem pragmatischen Gesichtspunkt ein Thema, das Sie beherrschen können.

Prüfen Sie auch, ob die zur Verfügung stehende Literatur lesbar ist.

Es versteht sich von selbst, daß die Sprache in den Wissenschaften von der allgemeinverständlichen Umgangssprache verschieden ist (vgl. dazu Kapitel 6). Nehmen Sie sich Zeit, sich in den Duktus eines wissenschaftlichen Textes einzulesen, geben Sie nicht zu früh auf. Sollten Sie aber dennoch mit der Sprache einer Theorie oder der Theorie selbst nicht klarkommen, wenden Sie sich besser einem anderen Thema zu. Ein Thema, das Ihnen unsympathisch bleibt, kann Ihnen die Freude am wissenschaftlichen Arbeiten verderben.

Genauere Literaturhinweise und weitere Hilfen kann Ihnen Ihr Dozent geben.

Sprechen Sie in jedem Falle das Thema mit Ihrem Betreuer ab. Vor allem für Ihre Abschlußarbeit ist es hilfreich, wenn der Dozent Sie und Ihre Arbeitsweise kennt. Er wird Sie im Hinblick auf lesenswerte Bücher, aber auch bezüglich der Themeneinschränkung um so besser beraten können, je besser er Sie einschätzen kann.

Wenn Sie Ihr Thema gefunden und es im Gespräch mit Ihrem Berater fokussiert haben, sollten Sie nicht nur die Themenstellung ausformulieren. Sie sollten (auch während der anschließenden Lesephase immer wieder) Ihre Ziele und Kenntnisse schriftlich festhalten. Ein Exposé (zu dieser Textsorte vgl. ausführlich Seite 37 ff.), das Sie schreiben, bevor Sie beginnen, Literatur auszuwerten, dient als roter Faden Ihrer weiteren wissenschaftlichen Arbeit. Wichtig ist es, diese erste Sicht des Themas während des Arbeitens zu überprüfen und sie ggf. zu revidieren – es handelt sich keinesfalls um einen Wortbruch, wenn die ausführliche Lektüre zu anderen als den angepeilten Ergebnissen führt. Im Gegenteil, es wäre fatal, einem Plan zu folgen, der sich als nachteilig oder gar unrealisierbar erweist.

4.2 Mit den Quellen umgehen

Konversationslexika, Fachlexika und -wörterbücher, Einführungen, Monographien und Herausgeberschriften sowie Zeitschriftenaufsätze erlauben die Orientierung über Zusammenhänge und Problemstellungen eines Wissensgebietes. Man muß also nur noch abschreiben? Sicherlich nicht, denn jede wissenschaftliche Arbeit beschreibt einen Sachverhalt aus der Perspektive ihres Verfassers. Bereits dadurch ist es gerechtfertigt, Gedanken noch einmal zu denken, Zusammenhänge herzustellen und neue Aspekte eines Problem zu entdecken und/oder neue Lösungen zu entwickeln. Die Kenntnis verschiedener Originalquellen und der Sekundärliteratur erlaubt es Ihnen, Theorien zu beurteilen, Gedanken zu vergleichen und Bewertungen einzuschätzen.

4.2.1 Bibliographieren

Der Katalog der Universitätsbibliothek ist umfangreich. Nicht alle hier verzeichneten Bücher sind für Sie relevant. Bibliographieren bedeutet, die Buchtitel finden und auflisten, die für die Bearbeitung eines Themas wichtig sind. Ihre Bibliographie muß weder mit dem endgültigen Literaturverzeichnis Ihrer Arbeit noch mit der Bibliographie eines anderen zu demselben Thema übereinstimmen. Vorschläge für die Gestaltung der Angaben im Literaturverzeichnis finden Sie weiter unten auf Seite 103 ff. Bibliographieren heißt auch, das Rechercheergebnis im Anschluß an eine erste Begutachtung ordnen, sich von Unbrauchbarem trennen. Doch wie soll man die gesamte verfügbare Literatur zu einem bestimmten Themenbereich zusammentragen? Keine Angst – schon vor Ihnen wurde gearbeitet und dokumentiert; Sie können sich an den Ergebnissen anderer orientieren. Bereits der Katalog der Universitätsbibliographie ist eine Bibliographie: Hier sind die vorhandenen Werke mit ausgewählten Angaben verzeichnet. Auf der Basis dieser existierenden Bibliographie können Sie Ihre eigene erstellen.

✍ **Trainingseinheit:**
Besuchen Sie die Bibliothek Ihrer Universität, und prüfen Sie, welche bibliographischen Angaben im Katalog stehen.

Zwei Typen von Bibliographien werden unterschieden, aktive und passive:
Fertige, **passive Bibliographien**, sind allgemeine Literatursammlungen zu einem
bestimmten Bereich – es gibt Autorenbibliographien (in denen alle Werke eines
Autors verzeichnet sind), Jahresbibliographien bzw. Fachbibliographien (hier
sind alle Veröffentlichungen aus einem Jahr in einem Fach aufgelistet), regionale oder nationale Bibliographien. Es gibt Bibliographien, in denen nur Zeitschriftenartikel aufgeführt sind, und andere, in denen nur Monographien zusammengefaßt sind – es gibt sogar Bibliographien über Bibliographien.

Es lohnt sich, etwas Zeit für die Suche nach und in Bibliographien zu inve-
stieren und diese zu vergleichen.

Häufig sind diese Bibliographien selbst chronologisch oder thematisch geordnet und kommentiert und bieten eine kurze Einführung in die Thematik. Finden Sie eine solche gute und aktuelle Fachbibliographie, ist das ein guter Ansatzpunkt für die eigene Recherche.

Zu den passiven Bibliographien gehören auch elektronische Datenbanken –
meist auf CD-ROMs gespeichert –, die inzwischen in fast allen Universitätsbibliotheken zugänglich sind (vgl. Exkurs auf Seite 85 ff.). Diese erleichtern bei
sachgemäßem Einsatz die Literatursuche erheblich. Nach Eingabe von z.B.
Stichwörtern und/oder Autorennamen liefert Ihnen der Computer sekunden-
schnell eine Liste mit bibliographischen Angaben. Was bei anderen Katalogi-
sierungssystemen meist sehr umständlich ist, bereitet einer Datenbank kein
Problem.

Wenn Sie in elektronischen Datenbanken recherchieren, können Sie sich
verschiedener Suchroutinen bedienen und diese, wenn Sie wollen, auch miteinander verknüpfen.

Ein einfaches Beispiel: Bei einer elektronischen Datenbank können Sie den Katalog nach Autorennamen, vollständigen Buchtiteln, Titelstichworten oder
Schlagwörtern, unter denen die Texte einer Datenbank thematisch gruppiert
sind, absuchen. Sie können sich aber auch, was z.B. mit einem Microfiche-Ge-
rät nur in zwei aufeinanderfolgenden Arbeitsschritten möglich ist, alle Titel eines bestimmten Autors zu einem bestimmten Thema auflisten lassen. Solche
Verknüpfungen bringen jedoch nur Erfolg, wenn die Suchroutinen sinnvoll
programmiert wurden. Insbesondere mit Schlagwörtern und Stichwörtern
muß vorsichtig umgegangen werden. Wenn Sie beispielsweise einen Begriff im
Singular suchen lassen, verschweigt der Computer alle Einträge, die er zum selben Begriff im Plural hat. Die Zuordnung von Schlagwort und Titel ist häufig
eine zweite Fehlerquelle. Legen Sie sich unbedingt mehr als ein Schlagwort zu-
recht – zur Orientierung können Sie mit einem Ihnen bekannten Artikel zu Ih-

rem Thema eine Palette von Schlagwörtern, unter denen dieser geführt wird, abrufen. Sie sehen, der Umgang mit computergestützten Datenbanken erfordet viel Übung. Lassen Sie sich unbedingt von einem Kenner einweisen, sowohl in das Programm als solches als auch in die Tricks und Kniffe bei der Bedienung. Ein Problem haben nach einer Computerrecherche besonders die Neulinge: Was soll man bloß mit den Unmengen an Titeln anfangen, die der Computer ausgedruckt hat? Im Katalog wie im Computer steht nie, welcher Titel für Sie lesenswert ist.

Selbsterstellte, **aktive Bibliographien** enthalten die konkrete, von Ihnen aufgelistete Literatur zu Ihrem bestimmten Thema. Eine Ordnung dieser Texte ergibt sich während des Arbeitsprozesses, indem Sie lesen und bewerten. Wege der Literaturrecherche sind im Hinblick auf die Themenfindung bereits erläutert worden. Sie können nicht Hunderte von Titeln ausführlich bibliographieren – dennoch sollten Sie Ihre Arbeitsbibliographie sukzessive erweitern.

Lesen Sie von hinten nach vorne, d.h. die zuletzt erschienenen Titel zuerst. So gewinnen Sie am schnellsten einen Eindruck vom Stand der Wissenschaft.

Die Sichtung von Literaturverzeichnissen und Fußnoten der von Ihnen gelesenen Handbuch- und Zeitschriftenartikel, Monographien und Sammelbände (Herausgeberschriften) liefert Ihnen im Schneeballsystem Literaturhinweise. Außerdem werden Sie auf diese Weise feststellen, welche (vielzitierten) Werke zum Standard gehören.

Nachdem Sie mit Hilfe der neueren Literatur Ihr Thema eingegrenzt und in einem zweiten Schritt Ihnen wichtig erscheinende Bücher bibliographiert haben, können Sie damit beginnen, Ihre durch Mitnotieren von Literaturangaben entstandene Arbeitsbibliographie abzuarbeiten.

Dazu müssen Sie sich die Bücher beschaffen und sie auf ihre Relevanz prüfen, d.h. herausfinden, ob sie für Ihr Thema so wichtig sind, wie der Titel es versprach. Doch auch jetzt sollten Sie noch nicht alles lesen: Ein Blick ins Inhaltsverzeichnis und ein kursorisches Überfliegen des Sachregisters sowie des Literaturverzeichnisses wird Ihnen, der Sie inzwischen gut über Ihr Thema vorinformiert sind, Aufschluß über die Wichtigkeit des vorliegenden Werkes geben.

Nachdem Sie im Exposé Ihr Arbeitsziel formuliert haben, sind Ihnen die Kriterien für die Brauchbarkeit eines Buches bekannt. Dennoch sollten Sie Ihre Spontaneität nicht gänzlich ausblenden. Wissenschaftliches Arbeiten ist auch ein kreativer Prozeß – nicht selten bringen auch Bücher, die man nicht für die wissenschaftliche Arbeit liest, Fernsehsendungen oder die Äußerung eines Mitmenschen neue Aspekte, die sich auf das Thema übertragen lassen.

Da Sie Ihr Thema eingegrenzt haben, können Sie selektiv lesen, d.h. nur das, was im Zusammenhang mit Ihrem Arbeitsziel steht. Wenn Sie allerdings ausschließlich kursorisch und bruchstückhaft lesen, droht die Gefahr, daß Sie Teile nicht als Bestandteile eines Ganzen wahrnehmen und dadurch anders einordnen. Auch beim kursorischen Lesen ist es wichtig, der Argumentation zu folgen und sich einen Überblick zu verschaffen.

4.2.2 Exkurs: Recherchieren auf CD-ROM

Sie können verschiedene Datenbanken nutzen, die Ihnen bibliographische Hinweise auf Monographien, Zeitschriftenaufsätze, Dissertationen, Patente u.ä. zur Verfügung stellen. Datenbanken werten regelmäßig Tausende von Fachzeitschriften aus. Welche Dokumente in einer Datenbank aufgenommen sind, können Sie den Datenbankbeschreibungen entnehmen. Die Wahl der Datenbank bestimmt das Suchergebnis: Vergewissern Sie sich, bevor Sie anfangen zu suchen, ob der von Ihnen gesuchte Dokumenttyp von der Datenbank erfaßt wird. Häufig müssen Sie auf Englisch recherchieren. Wichtig ist auch der Zeitraum, den eine Datenbank abdeckt. In der Regel erfassen elektronische Datenbanken nur Titel eines begrenzten Zeitraums. Durch die rasche Weiterentwicklung auf diesem Gebiet ändert sich das Angebot laufend. Im folgenden finden Sie – orientiert am Angebot der Universität Gesamthochschule Essen, Stand Januar 1996 – einige wichtige Datenbanken zusammengestellt:

Allgemeine Datenbanken
DNB (Deutsche Nationalbibliographie): Verzeichnis aller seit 1986 in Deutschland oder in deutscher Sprache im Ausland erschienenen Monographien (auch Dissertationen, Habilitationen und ‚graues Schrifttum‘, d.h. Amtsschriften, Kongreß- und Veranstaltungsschriften, Museums- und Ausstellungskataloge).
VLB (Verzeichnis lieferbarer Bücher): Buchhandelsdatenbank, in der alle aktuell in Deutschland und dem deutschsprachigen Ausland veröffentlichten Bücher verzeichnet sind mit Informationen zu Ausstattung und Preis.
BIP (Books in print): Buchhandelsdatenbank, die die aktuelle Verlagsproduktion amerikanischer Verlage verzeichnet.
IBZ (Internationale Bibliographie der Zeitschriftenliteratur): Hier sind Zeitschriftenartikel aus allen Wissenschaftsbereichen, Kultur und Politik verzeichnet.
ZDB (Zeitschriftendatenbank): Hier können die Zeitschriftenbestände von etwa 3000 Bibliotheken Deutschlands recherchiert werden – mit Signatur und Lückenangaben.
ZEITUNGSINDEX: Hier sind Artikel aus 19 deutschsprachigen Tages- und Wochenzeitungen verzeichnet.

Geistes- und Gesellschaftswissenschaften
ART INDEX: Amerikanische Literaturdatenbank zum Bereich Kunst und Design (Archäologie, Architektur, Stadtplanung, Kunsthandwerk, Film, Folklore, Kunst und Kunstgeschichte, Industriedesign, Fotografie).
DYABLOA: Hier sind die im Deutschen Archäologischen Institut Rom vorhandenen Titel zur Altertumskunde verzeichnet.

LSW (Literaturdatenbank Bildungswesen): Hier sind Hinweise auf deutsche Fachliteratur aus dem Bildungsbereich (z.b. Entwicklung und Struktur des Bildungswesens in der Bundesrepublik Deutschland, allgemeine pädagogische und fachdidaktische Themen, Unterrichtshilfen und -entwürfe für Schulfächer aller Schulformen, Weiter- und Erwachsenenbildung) verzeichnet.

MLA (Modern Language Association: International Bibliography): Hier sind internationale Zeitschriftenaufsätze, aber auch Monographien, Kongreß-berichte und unselbständig erschienene Literatur zu den Bereichen Sprache und Literatur, Linguistik, Literaturwissenschaften und Folklore verzeichnet.

SOPHIA: Diese Datenbank ist eine Sammlung von 11 Datenbanken aus unterschiedlichen Disziplinen (Philosophie, Geschichte, Ideengeschichte, östliches Christentum, Theologie, Religionsgeschichte, Ethnographie, Ungarische Volkskunde, Geschichte Österreichs, Deutsche Klassik, Literaturwissenschaft, Philologie, Studien über Osteuropa).

SSCI (Social Science Citation Index): In dieser Literaturdatenbank englischsprachiger Titel sind über die bibliographischen Angaben hinaus auch Angaben über die jeweils zitierte Literatur gemacht. Inhaltlich verwandte Quellen sind über gemeinsame Literaturquellen recherchierbar.

SPORT DISCUS: In dieser englischsprachigen Datenbank ist internationale Literatur zu Sport, Sportmedizin, Arbeitsphysiologie, Biomechanik, Sportphysiologie und Trainingslehre verzeichnet.

HERACLES: In dieser englisch- und französischsprachigen Datenbank sind neben bibliographischen Angaben auch Inhaltsangaben erfaßter Artikel aus den Bereichen Sport und Freizeit (Biomechanik, Sporterziehung, Sportphysiologie, Sportpsychologie, Sportsoziologie, Sportgeschichte, Sportpädagogik, Sportmedizin, Trainingstheorie und -methoden, Olympische Bewegung, Organisation des Sports) erfaßt.

Wirtschaftswissenschaften und Jura
ABC der Deutschen Wirtschaft: Hier sind Produkte, Adressen und Firmenportraits deutscher Firmen verzeichnet.

ECONLIT: In dieser amerikanischen Wirtschaftsdatenbank sind überwiegend englischsprachige Zeitschriftenaufsätze, Beiträge aus Sammelbänden, Monographien und Dissertationen zu Themen aus Wirtschaftswissenschaft, Betriebswirtschaft und Volkswirtschaft verzeichnet.

JUSTIS/CELEX: Hier ist das Schrifttum der Europäischen Gemeinschaften nicht nur in Form bibliographischer Hinweise, sondern im Volltext verzeichnet, d.h. Dokumente sind mit ihrem Inhalt abrufbar.

JUSTIS/EC-REFERENCES: Hier ist Sekundärliteratur zum EG-Schrifttum verzeichnet – Kommentare zur Gesetzgebung und zu amtlichen Veröffentlichungen, Zeitschriftenartikel etc.

NJW-Leitsatzkartei (Neue juristische Wochenschrift: Leitsatzkartei): Hier sind Entscheidungen deutscher Gerichte und Aufsätze zur Rechtswissenschaft dokumentiert.

WISO I-III (BLISS, FITT, ECONIS, HWWA, IFO, SOLIS, FORIS): Die Datenbank WISO umfaßt sieben verschiedene Teildatenbanken deutscher Institute aus dem Bereich Wirtschafts- (WISO I und II) und Sozialwissenschaften (WISO III).

Naturwissenschaften
BEILSTEIN CURRENT FACTS: Bietet Literatur und Fakten der organischen Chemie: Zeitschriftenaufsätze, Konferenzbeiträge, Reports.

COMPACTMATH: Hier ist die international erscheinende Literatur zur Mathematik und deren Anwendung in Informatik, Mechanik, Physik, Biologie, Chemie, Operation Research, System- und Kontrolltheorie verzeichnet.

CURRENT CONTENTS/AGRICULTURE, BIOLOGY & ENVIRONMENTAL SCIENCES: In dieser englischsprachigen Datenbank sind Titel zu Agrarwissenschaften, Angewandter Mikrobiologie, Biotechnologie, Bodenkunde, Botanik, Entomologie, Forstwissenschaft, Gartenkunde, Lebensmitteltechnologie, Limnologie, Mykologie, Ökologie, Oecotrophologie, Ornithologie, Oceanographie, Tiermedizin, Zoologie verzeichnet. Die Datenbank enthält neben den bibliographischen Angaben Schlagwörter und häufig auch eine von den Autoren verfaßte Inhaltsangabe.

CURRENT CONTENTS/LIFE SCIENCES: Diese englischsprachige Literaturdatenbank verzeichnet Titel der Biowissenschaften und der Medizin: Biochemie, Biophysik, Cytologie, Endokrinologie, Experimentelle Medizin, Genetik, Hämatologie, Histologie, Immunologie, Mikrobiologie, Molekularbiologie, Neurologie, Onkologie, Pathologie, Pharmakologie, Pharmazie, Physiologie, Stoffwechsel, Toxikologie. Sie enthält neben den bibliographischen Angaben Schlagwörter und häufig eine von den Autoren verfaßte Inhaltsangabe.

CURRENT CONTENTS/PHYSICAL, CHEMICAL & EARTH SCIENCES: Diese englischsprachige Literaturdatenbank verzeichnet Titel zu Chemie, Geowissenschaften, Mathematik und Physik: Analytische Chemie, Anorganische und Kernchemie, Organische Chemie, Physikalische Chemie, Polymerchemie, Kristallographie, Spektroskopie, Angewandte Physik, Festkörperphysik, Kernphysik, Physik, Astrophysik, Astronomie, Statistik und Wahrscheinlichkeitslehre, Geowissenschaften, Meteorologie, Mathematik, Paläontologie. Die Datenbank enthält neben den bibliographischen Angaben Schlagwörter und häufig auch eine von den Autoren verfaßte Inhaltsangabe.

ENVIRONMENT ABSTRACTS: Diese englischsprachige Datenbank ist eine Zusammenfassung der drei Datenbanken ENVIRONMENT, ENERGY und ACID RAIN. Sie enthält Titel zu Umweltproblemen und ihre Auswirkungen auf den Menschen (gesundheitsgefährdende, soziologische und politische Aspekte), zur Nutzung von Energie und natürlichen Rohstoffen sowie deren Erhaltung, zu radioaktiver Verseuchung, zu Bevölkerungswachstum und zu geophysikalischen und klimatischen Veränderungen.

MOGADOC (Molecular gasphase documentation): Sie enthält Daten und Literaturhinweise zu Publikationen, in denen strukturelle, elektrische, magnetische und dynamische Eigenschaften anorganischer und metallorganischer Verbindungen behandelt werden.

SCI (Science Citation Index): Hier ist die international erscheinende Literatur zu allen Gebieten der Naturwissenschaften und der angrenzenden ingenieurwissenschaftlichen Fächer verzeichnet. Zu jedem Artikel können die jeweils zitierten Arbeiten aufgerufen werden.

Ingenieurwissenschaften
COMPENDEX (Computerized Engineering Index): In dieser englischsprachigen Datenbank ist die weltweit erscheinende Literatur des Ingenieurwesens verzeichnet. Es sind auch Zusammenfassungen des Inhalts aufgeführt.

INSPEC (The Database for Physics, Electronics and Computing): In dieser englischsprachigen Datenbank ist die weltweit erscheinende Literatur zu Physik, Elektronik, Rechner- und Informationstechnologie verzeichnet.

DOMA (Dokumentation Maschinenbau): Hier sind überwiegend deutschsprachige aber auch international erscheinende Titel zum Maschinen- und Anlagenbau verzeichnet. Es ist jeweils neben der deutschen auch eine englische Zusammenfassung des Artikels verfügbar.

RSWB (Raumordnung, Städtebau, Wohnungswesen, Bauwesen): In dieser Datenbank sind überwiegend deutschsprachige aber auch europäische und kanadische Veröffentlichungen zu den Bereichen Raumordnung, Städtebau, Wohnungswesen und Bauwesen verzeichnet.

Medizin
CANCERLIT: Hier sind überwiegend englischsprachige Literaturhinweise zur Onkologie verzeichnet.

MEDLINE (INDEX MEDICUS, INDEX TO DENTAL LITERATURE, INTERNATIONAL NURSING INDEX): In dieser englischsprachigen Datenbank sind weltweit erscheinende Titel zum Gesamtgebiet der Medizin und deren Randgebieten (Psychologie, öffentliches Gesundheitswesen und Tiermedizin) verzeichnet.

4.2.3 Exzerpieren

Sie werden viel zu lesen haben – eine schöne Aufgabe, wenn Sie Ihr Gedächtnis nicht überlasten. Sie können nicht alles behalten bis zu dem Tag, an dem Sie beschließen, mit der Verschriftlichung Ihrer Arbeit zu beginnen. Deshalb ist das Anfertigen von Exzerpten eine Grundform wissenschaftlichen Arbeitens: Für jedes gelesene Buch werden eine oder mehrere Karteikarten oder DIN-A4-Blätter oder eine Datei (wenn Sie den PC bevorzugen) angelegt, mit den bibliographischen Angaben, einer Inhaltsübersicht in Schlagwörtern und Ihnen wichtig erscheinenden wörtlichen Zitaten, paraphrasierten Ideen oder Argumentationsketten sowie den eigenen Gedanken, die Ihnen beim Lesen des Textes kamen (vgl. ausführlich Kapitel 2.3).

Sollten Sie nur spezielle Abschnitte, Kapitel oder Aufsätze eines Bandes gelesen haben, vermerken Sie dies in Ihrer persönlichen Lektüreliste bzw. auf dem Exzerpt.

Sollte sich im Prozeß der wissenschaftlichen Erkenntnis herausstellen, daß Argumente oder wichtige Standpunkte zu ergänzen sind, hilft Ihnen diese aufrichtige Angabe, Ihr eigenes wissenschaftliches Arbeiten nachzuvollziehen und in geeigneter Weise zu vervollständigen.

Ihre Exzerpte sollen Ihnen helfen, Ihre Arbeit zu schreiben. Achten Sie darauf, daß Sie beim Exzerpieren den Sinn des Gelesenen nicht verfälschen.

Wählen Sie für eigene, weiterführende oder konträre Ideen eine eindeutige Markierung. Selbstverständlich sollten Sie auch diese Gedanken während des Lesens (oder wann immer Sie Ihnen kommen) notieren, doch soll ein Exzerpt das Gelesene protokollieren, d.h. im engeren Sinne nicht darüber hinausreichen oder abweichen.

Sehr ärgerlich ist es, wenn Sie beim Exzerpieren die genaue Seite, auf der ein Zitat oder wichtiger Gedanke steht, nicht notiert haben. Wenn Sie dann später in Ihrer Arbeit auf die entsprechende Originaltextstelle verweisen wollen, müssen Sie erst mühselig und langwierig suchen – ggf. haben Sie die Bücher abgeben müssen. Wenn Sie von vornherein sorgfältig exzerpieren, sparen Sie sich Zeit und Nerven.

Sollten Sie bei wörtlich exzerpierten Passagen (Zitaten) die Anführungszeichen oder eine von Ihnen festgelegte Kennzeichnung vergessen und die Notiz Ihres Exzerpts in Ihrer Arbeit verwenden, stoßen Sie auf Probleme anderer Art, denn wörtliche wie auch sinngemäße Zitate müssen als solche gekennzeichnet werden.

4.2.4 Paraphrasieren

Wer sich an einen fremden Text anlehnt, muß das dort, wo er es tut, als sinngemäßes Zitat kenntlich machen, d.h. beim Schreiben in seinem Text auf die Quelle verweisen. Wird dem Sinne nach zitiert, muß man natürlich außerdem darauf achten, das Gemeinte nicht zu verfälschen. Das kann selbst bei wörtlichen Zitaten leicht dadurch passieren, daß man einen einzelnen Satz aus seinem ursprünglichen Zusammenhang löst und in einen neuen stellt.

Dazu ein Beispiel – so konstruiert, daß Sie mit wenig Aufwand nachschlagen können (in diesem Buch, das Sie gerade lesen): Sie finden in einer wissenschaftlichen Arbeit eine Feststellung, die sich mit einem Zitat an die Aussage eines anderen anlehnt.

Die moderne Computertechnik findet – beobachtet man die Märkte – offensichtlich weite Verbreitung, obwohl „[d]er Einsatz des PCs die Techniken des wissenschaftlichen Arbeitens und Schreibens auf den ersten Blick nicht" verändert (vgl. Bünting/Bitterlich/Pospiech 1996, 48).

Dieser Teilsatz, herausgelöst aus seinem Originalkontext und eingefügt in eine anders gelagerte Argumentation, erhält eine veränderte Bedeutung. Der Text könnte folgendermaßen fortgeführt werden:

Angesichts des seitens der Wissenschaft hervorgehobenen geringen Nutzens wirken sich die mit der Ausweitung maschinell ausgefertigter Serienbriefe verbundenen sozialen

Kosten – Anonymität, Verlust der „persönlichen Note" (Bünting/Bitterlich/Pospiech 1996, 47), „Verlust des Erinnerungsvermögens" (vgl. Platon: Phaidros, zit.n. Bünting/ Bitterlich/Pospiech 1996, 64 f.) – verheerend aus: „Die Maschine hat ein Eigenleben." (Bünting/Bitterlich/Pospiech 1996, 49)

Wenn Sie die Originaltextstellen dagegenhalten, werden Sie sehen, daß zwar einwandfrei und wörtlich zitiert, aber das Gemeinte mißdeutet wurde.

Möglichst wenig wörtlich zitieren und statt dessen geschickt paraphrasieren – ein Weg zur Lösung des Problems? Das ist weniger eine rhetorische als eine Ermessensfrage. Paraphrasieren bedeutet mehr, als einen Satz oder Abschnitt in eigenen Worten wiederzugeben. Wenn Sie Satzstellungen verändern und Synonyme austauschen, ist das eine Paraphrasierung im Sinne der Wissenschaft. Es geht jedoch nicht in erster Linie darum, einen Wortlaut zu verändern, um nicht wörtlich zu zitieren – auch Paraphrasierungen müssen im Text belegt werden. Es geht vielmehr darum, die Position eines Autors, seine Argumentation zu referieren, den Sinn eines gelesenen Textes vom Standpunkt des Autors her zu explizieren, um die Aussage des anderen herauszukristallisieren. Insofern ist eine Paraphrasierung mehr als eine Inhaltsangabe, nämlich eine Zusammenfassung von Intention und Text.

Paraphrasieren ist eine Möglichkeit, Exzerpte in den eigenen Text zu integrieren – wörtliches Zitieren die andere. In der Regel sind Paraphrasierungen am Konjunktiv zu erkennen, von Verben des Sagens und Meinens (vgl. dazu Kapitel 8.7.2) oder ähnlichen eingeleitet (*X vertritt die Position, daß; X ist der Ansicht, daß; X ist davon überzeugt, daß; X geht davon aus, daß; nach Meinung von X liegt der Ansatzpunkt darin, daß . . .*).

Ob Sie Paraphrasierungen nun einleiten oder nicht: Wo auch immer Sie sich sinngemäß an einem fremden Text orientieren, müssen Sie dies kenntlich machen. Wenn Sie Ihre Arbeit auf einen oder zwei Basistexten aufbauen, so reicht ein zu Anfang in einer Fußnote gegebener Hinweis darauf, daß Sie sich im folgenden auf einen oder mehrere Fremdtexte stützen.

Dadurch ersparen Sie sich die endlose Wiederholung der Quellenbelege. Insbesondere bei statistischen Werten wird oft vergessen, deren Herkunft anzugeben. Auch wenn Ihnen solche Angaben wie Allgemeinwissen erscheinen, müssen Sie belegen, woher Sie sie haben.

Selbstverständlich können Sie Paraphrasieren üben und durch gezieltes Training Routine und sprachliche Sicherheit erwerben: Wenn Sie Paraphrasierungsübungen machen, werden Ihnen die Vielfalt des sprachlich Möglichen und bei guter Anleitung auch Bedeutungsnuancierungen deutlich. Doch benötigen Sie in der Regel Hilfen dieser Art nicht: Sie lesen mit Ihren Vorkenntnissen einen wissenschaftlichen Text, und der Text sagt Ihnen etwas. Wenn Sie Ihre Gedanken beim Lesen zur Grundlage Ihrer Exzerpte machen und diese mit wörtlichen oder sinngemäßen Zitaten belegen, ist die Gefahr, schlecht, zu nah am Text oder verfälschend zu paraphrasieren, gering.

Paraphrasieren ist ein Verfahren, Gedanken anderer zu referieren, damit Grundform wissenschaftlichen Arbeitens. Die Paraphrasierung verlangt die

Trennung von fremden und eigenen Ideen und ermöglicht deren Abwägung und Einordnung in den Sachkontext. Doch auch wörtliche Zitate lassen sich zu diesem Zweck einsetzen und können zudem mit sehr verschiedenen Effekten verwendet werden. Einige Grundregeln können Ihnen dabei helfen, Exzerpte so anzufertigen, daß Sie sie später leicht in Ihre Arbeit einarbeiten können.

Markieren Sie beim Lesen genau die Textstellen, die Ihnen prägnant formuliert erscheinen und die Sie als wörtliche Zitate nutzen wollen.

Daß in geliehenen Büchern solche Markierungen, nachdem die entsprechenden Zitate wörtlich exzerpiert worden sind, wieder entfernt werden, ist ein ungeschriebenes Gesetz, dessen Mißachtung Sie beim Lesen einiger mehrfach ausgeliehener Bücher sicherlich geärgert, wenn nicht sogar an einer kreativen Lektüre gehindert haben dürfte. Wer außerdem zuviel markiert hat, hätte sich die Mühe sparen können – ein Wust von Unterstreichungen lenkt den Blick ebensowenig wie nicht vorgenommene Markierungen.

Achten Sie beim Lesen auf die Gliederung des Textes.

Wie viele Argumente werden in welcher Anordnung angeführt? Versuchen Sie, am Textrand oder, bei einem geliehenen Buch, auf einem Zettel mit Zahlen und/oder Buchstaben den schematischen Aufbau des Textes zu skizzieren (zu Gliederungsprinzipien vgl. Kapitel 5). Ein solches Vorgehen wird Ihnen helfen, die Gesamtaussage im Auge zu behalten und den Stellenwert der Passagen, die Sie exzerpieren wollen, zu bestimmen.

Prüfen Sie den vorliegenden Text auf seine Terminologie.

Sind Termini so verwendet, wie Sie es gewohnt sind? Wenn nicht, machen Sie sich die Bedeutung der Begriffe und die Abweichungen von Ihrem Verständnis klar. In einem solchen Fall sollten Sie besser wörtlich zitieren und in Fußnoten das Zitat kommentieren. Daß in einigen Wissenschaften der terminologische Apparat Ihre eigene Sprache verändert, sollte Sie nicht davon abhalten, ihn zu verwenden. Wissenschaftlichkeit und wissenschaftliche Präzision erfordern, daß Sie ökonomisch formulieren – und nicht um den Brei herumparaphrasieren.

Exzerpieren Sie den Inhalt oder die Argumentation eines Kapitels bei geschlossenem Buch – aus Ihrer Erinnerung.

Wenn Sie so vorgehen, also erst dann exzerpieren, wenn sie einen größeren Sinnabschnitt erfaßt und dessen Versprachlichung nicht vor Augen haben, ist die Wahrscheinlichkeit gering, daß Sie zu nah am Text formulieren. Darüber hinaus ist es Ihnen mit größerer Sicherheit möglich, die referierte Position in ihrem Verhältnis zum Gesamtkontext darzustellen – die Gefahr der Verfälschung ist minimiert.

Exzerpieren Sie möglichst in ganzen Sätzen.

Wenn Sie nur Stichwörter auflisten, gehen Zusammenhänge und Ordnungen verloren. Wenn die Exzerpte bis zu ihrer Verarbeitung lange auf dem Schreibtisch ruhen, kann es sein, daß Sie zu ihrer angemessenen Einarbeitung die Quelle zur Hand nehmen müssen und dann doch wieder am Text kleben. Wer sich nicht mehr die Mühe macht, seine Stichworte mit dem Original abzugleichen, läuft Gefahr, den Sinn der Stichworte zu verfälschen. Schreiben Sie also ganze Sätze – sie müssen nicht druckreif sein, denn sie bilden die Grundlage Ihrer späteren Formulierungsarbeit. Wer lieber mit Stichwörtern arbeitet, sollte sich zwingen, wenigstens die tragenden Argumentationsstränge auszuformulieren.

Notieren Sie die genaue Herkunft sinngemäßer Entlehnungen.

Wenn Sie später auf exzerpierte Gedanken Bezug nehmen wollen, müssen Sie die genauen Textpassagen kennen; d.h. nachdem Sie aus der Erinnerung zusammengefaßt haben, sollten Sie Ihr Exzerpt mit dem Original abgleichen, Gewichtungen überprüfen und die Seitenzahlen ergänzen.

Überprüfen Sie, ob Ihr Exzerpt ausschließlich Originalaussagen enthält.

Sollten Sie Zitate oder sinngemäße Anlehnungen und Verweise exzerpiert haben, vermerken Sie dies deutlich. Sie sollten versuchen, die jeweiligen Originale hinzuzuziehen und die von Ihnen übernommene Interpretation überprüfen.

4.2.5 Zitieren

Im folgenden werden viele verschiedene Zitier- und Belegweisen sowie sehr unterschiedliche Verwendungsmöglichkeiten für Fußnoten demonstriert. Lassen Sie sich durch die Varianten bitte nicht verwirren. Den besten Eindruck über das Zusammenspiel und die Wirkung dieser Techniken wissenschaftlichen Arbeitens gewinnen Sie durch den Vergleich wissenschaftlicher Werke Ihres Fachs.

In wissenschaftlichen Texten wird zitiert, um kenntlich zu machen, daß eine sachliche Information, Position oder auch Meinung eines anderen im Wortlaut oder dem Sinne nach übernommen wird. Das ist besonders wichtig, wenn ein Begriff mit seiner Definition zitiert wird oder wenn Fakten wiedergegeben werden, z.B. Statistiken. Ob wörtlich oder sinngemäß zitiert wird, grundsätzlich gilt: „jedesmal, wenn im Text auf sie zurückgegriffen wird, [ist eine benutzte Quelle] durch eine Literaturangabe zu belegen."[1] Wenden wir uns also zunächst der Notwendigkeit zu, jedes wörtliche und sinngemäße Zitat zu belegen, d.h. im Text auf die Quellen zu verweisen. Es gibt verschiedene Möglichkeiten, dies mit oder ohne Fußnoten zu tun. Im folgenden werden Varianten des Umgangs mit Zitaten zunächst in bezug auf die Schreibkonventionen vorgeführt.

---

[1] Poenicke: Die schriftliche Arbeit. Seite 14.

Damit dürften zugleich Einsatzmöglichkeiten für Zitate deutlich werden, die im Anschluß erörtert werden.

Wenn Sie zitieren, zitieren Sie möglichst immer anhand des Originals.

Sollten Sie ein Zitat aus einer indirekten Quelle entnommen haben, sollten Sie es im Primärtext überprüfen. Lesen Sie auch fremdsprachige Texte (möglichst) im Original. Sollte das Original nicht zugänglich sein, belegen Sie das Zitat, indem Sie auf die im Literaturverzeichnis angegebene Quelle verweisen und mit der Abkürzung „zit.n." (= zitiert nach) den Beleg der Sekundärquelle ergänzen, z.B. Poenicke 1989, 15; zit.n. Bünting/Bitterlich/Pospiech 1996, 93). Im Literaturverzeichnis ist dann nur Bünting/Bitterlich/Pospiech 1996 anzugeben. Würden Sie Ihr Zitat nicht auf diese oder eine andere Art belegen, machten Sie sich zum Plagiator:

„Die für eine Arbeit benutzten Quellen sind nicht nur vollzählig im Literaturverzeichnis [...] aufzuführen, sondern jedesmal, wenn im Text auf sie zurückgegriffen wird, durch eine Literaturangabe zu belegen. Dies gilt um so mehr, wenn Quellen nicht im Wortlaut, sondern nur dem Sinne nach zitiert werden. Unterlassung einer Literaturangabe kann den Verdacht des Plagiats nach sich ziehen." (Poenicke 1989, 15)

Damit ist zugleich ein grundsätzliches Problem angesprochen, das insbesondere denjenigen, der (zu) viel gelesen hat, beschäftigen wird: Wer sich gut in einen Themenbereich eingearbeitet hat, wird im nachhinein für eigene Gedanken auch Belege in der Literatur finden und den Eindruck gewinnen, daß alle Gedanken bereits vorgedacht worden sind, also auch belegt werden müssen. Sollte daher grundsätzlich wörtlich zitiert werden – was im Zeitalter des Scannens in Minutenschnelle möglich wäre? Auch diese Frage muß mit einem deutlichen „Sicherlich nicht." beantwortet werden, denn der Standpunkt des Verfassers ist ein wesentlicher Bestandteil einer wissenschaftlichen Arbeit.

Wörtliche Zitate müssen eindeutig als solche gekennzeichnet werden, daher sind sie meist von An- und Abführungszeichen umschlossen. Da beim PC oder der Schreibmaschine zumeist keine Anführungsstriche unten – sie markieren den Beginn des Zitates oder der wörtlichen Rede – zur Verfügung stehen, setzt man auch hier Anführungsstriche oben. (Das Textverarbeitungsprogramm Word 6.0 positioniert die Anführungsstriche vor einem Wort automatisch unten.)

Ein Hinweis zu den Anführungsstrichen: Wenn sie in wissenschaftlichen Texten benutzt werden, um Zitate zu kennzeichnen, dürfen sie nicht zugleich dazu eingesetzt werden, ein Wort hervorzuheben – z.B. um sich zu distanzieren, um es als wichtig zu kennzeichnen oder es als einen neuen Begriff einzuführen. Dieser Fehler wird häufig gemacht. Woher soll der Leser wissen, ob dieses Wort ein Zitat ist oder vom Verfasser besonders betont werden soll?

In Sachtexten kann die Kursivschrift oder halbfette Schrift Begriffe hervorheben. Aber auch hier gilt es, aufzupassen: Die Kursivschrift ist häufig als Bei-
spielschrift vergeben. Stilistische Hervorhebungen sollten stilistisch gelöst werden, d.h. nicht durch typographische Mittel, sondern durch den sprachlichen
Kontext.
    Wortlaut und Zeichensetzung des Zitats werden übernommen (auch etwaige
Fehler) – lediglich die doppelten Anführungszeichen des Originaltextes werden
im Zitat durch einfache ersetzt, wenn die doppelten für die Kennzeichnung des
Zitats reserviert sind. Auch typographische Hervorhebungen wie Unterstreichungen oder Fettdruck müssen übernommen werden. Sie werden im Anschluß an das Zitat ausdrücklich als solche ausgewiesen:

„Runde Klammern sind im Zitat nur als Teil des zitierten Textes zulässig; im
eigenen Text des Verfassers kann man sie in gewohnter Weise benutzen."
(Meyer-Krendler 1990, 52; Hervorhbg. im Original)

Sollte es durch die Integration des Zitats in einen eigenen Satz erforderlich werden, den Kasus zu verändern oder Wörter einzufügen, so sind diese Eingriffe
als Zusätze des Verfassers dadurch zu kennzeichnen, daß sie in eckige Klammern gesetzt werden. Deutlich ist darauf hinzuweisen, daß „[d]ies [. . .] Mittel
zur [gewaltsamen, up] Einfügung von einzelnen Zitat-Satzteilen in den eigenen
Satzduktus" sehr vorsichtig angewendet werden muß (vgl. Meyer-Krendler
1990, 52). Gerade das Einbauen von zitierten Satzteilen in eigene Sätze birgt allerdings die Gefahr der Bedeutungsverzerrung und sollte daher wo möglich
umgangen werden.
    Auslassungen werden durch drei Punkte in eckigen Klammern gekennzeich-
net. Dabei kann es sich um ein einzelnes Wort, mehrere aufeinanderfolgende
Wörter, einen Satz oder einen ganzen Abschnitt handeln.

Jede einzelne Auslassung muß gekennzeichnet werden.

Nur in dem Fall, daß der zweite Teil eines Satzes und der nachfolgende Satz
oder Abschnitt ausgelassen werden, genügt ein Auslassungszeichen. Ein Komma, dessen Existenz sich aufgrund der Auslassung erschließt, wird als Teil der
Auslassung betrachtet.

Wollen Sie auf ungewöhnliche Passagen oder etwaige Fehler im Zitat aufmerksam machen, so setzen Sie ein [sic!] bzw. [sic] hinter die entsprechende
Stelle.

Das lateinische Wort *sic* bedeutet *so.* Es soll als Anmerkung des Verfassers auf
Druck- und Setzfehler hinweisen, die nicht korrigiert werden. Soll ein Teil eines
Zitates ausdrücklich betont werden, so notieren Sie ein [sic!].
    Wörtliche Zitate sind mit Hilfe der An- und Abführungsstriche oder eines
anderen eindeutigen Merkmals, beispielsweise einer anderen Schrifttype oder
Kursivschrift, erkennbar. Wird ein typographisch markiertes Zitat in einen Satz
integriert, können die Anführungszeichen weggelassen werden (müssen aber

nicht); diese Technik ist unüblich, sie ist jedoch legitim.[2] Längere Zitate können vom laufenden Text abgehoben werden, indem man sie vom Text absetzt und rechts (und links) einrückt. Die Definition eines rechten und linken Einzugs von etwa 1 cm Breite und der im Vergleich zum Fließtext engzeilige Schriftsatz heben das Zitat so deutlich vom übrigen Text ab, daß auf die bei der Schreibmaschine unentbehrlichen Anführungszeichen verzichtet werden kann. So kann die Zeichensetzung des zitierten Textes beibehalten werden.

> „Wird eine Quelle im Wortlaut wiedergegeben, so muß das Zitat im Wortlaut der Vorlage genau entsprechen. Eigene Korrekturen oder Ergänzungen im Zitat lassen sich durch eckige Klammern, Auslassungen durch drei Punkte in eckigen Klammern [. . .] anzeigen." (Poenicke 1989, 14)

Beim indirekten Zitieren wird ein zumeist sinngemäßes Zitat mit einem Nebensatz eingeleitet, der auf seine Herkunft verweist. Die zitierte Meinung, Aussage, Position oder Theorie wird im Nebensatz konjunktivisch formuliert. Schon Einstein hatte formuliert, alles sei relativ, eine Feststellung, die auch zum Motto des Zitierens gereichen kann? Ob Sie wörtlich oder sinngemäß zitieren – Sie sollten die Relationen im Auge behalten.

Verwenden Sie den Konjunktiv immer dann, wenn Sie mit eigenen Worten fremdes Gedankengut referieren.

Wie im mündlichen Sprachgebrauch kann der Konjunktiv als Anzeichen des Zweifels eingesetzt werden. Meyer-Krendler hebt hervor, daß lange konjunktivische Passagen distanziert wirkten. Deshalb schlägt er vor, einen einleitenden Satz voranzustellen, der das folgende indikativisch Formulierte als sinngemäßes Zitat ausweist.[3] (Hinweise zum Konjunktiv finden Sie in Kapitel 8.7).

Wie Ihnen in diesem Abschnitt bestimmt aufgefallen ist, gibt es verschiedene Varianten der formalen Kennzeichnung von Zitaten. Sie sind zum Teil abhängig vom Schreibgerät – mit der Schreibmaschine ist es unmöglich oder sehr aufwendig, eine kursive Schrift einzusetzen und Absätze durch gleichmäßige Einrückungen rechts und links zu markieren (zu den Möglichkeiten der Layoutgestaltung mit dem Computer vgl. Kapitel 9.2).

---

[2] „Zitate werden durch doppelte Anführungsstriche, durch ‚französische' («. . .») oder durch *Kursivschrift* gekennzeichnet." Meyer-Krendler: Arbeitstechniken, S. 51

[3] Im Original: *Zunächst wird der Forscher-Name durch eine ‚Standort-Floskel' eingeführt („eine abweichende Position vertritt XY. Danach ist der Text älter . . .")*. *Nun kann indikativisch diese Position des längeren referiert werden, und am Schluß wird durch die eigene Stellungnahme dazu die Einschätzung der referierten Ergebnisse geleistet.* (a.a.O., S. 35)

4.2.6 Quellen belegen

Durch Quellenbelege sinngemäßer Zitate soll der Leser dazu in die Lage versetzt werden, zusammengefaßte Argumentationen zu überprüfen; Belege wörtlicher Zitate sollen es dem Leser ermöglichen, im Original den Kontext des Zitats zu lesen. Wichtig ist es, bereits beim Exzerpieren die genaue Quellenangabe und die Seite, auf der sich das Zitat befindet, mitzunotieren, damit dann, wenn ein Zitat Bestandteil des Textes wird, dieses auch genau belegt werden kann. Zu den Quellen werden Bücher, Zeitschriftenaufsätze, Handbucharchikel, aber auch unveröffentlichte Vorlesungsnotizen und Arbeitsmaterialien sowie Hörfunk- und Fernsehsendungen, auf die Bezug genommen wird, gezählt. Alle für die Arbeit benutzten Hilfsmittel müssen im Literaturverzeichnis aufgeführt werden – in den meisten Fällen wird es sich um (Fach-)Literatur handeln. Hier wird in den meisten Fächern Primär- und Sekundärliteratur unterschieden.

Abhängig von Fach und Dozent gibt es unterschiedliche Konventionen darüber, **wie** die Fachliteratur zitiert und belegt werden soll, grundsätzlich gilt aber für jede wissenschaftliche Arbeit, **daß** zitiert wird.

Die Form des Quellenbelegs ist variabel. Quellenbelege können als Fußnoten ergänzt oder auch in den Text geschrieben werden. Der Quellenbeleg verweist auf die Seite des im Literaturverzeichnis angegebenen Werks, auf der das Zitat zu finden ist. Wichtige Komponente des Quellenbelegs ist also die Seitenzahl, die Sie uneingeleitet oder im Anschluß an die Abkürzung „S." oder auch das ausgeschriebene Wort „Seite" angeben. Ziel dieser Angabe ist es, unmißverständlich auf die ausführliche bibliographische Angabe im Literaturverzeichnis zu verweisen. In einigen Fächern wird bei der ersten Nennung einer Quelle in der Fußnote die vollständige bibliographische Angabe gemacht und anschließend mit Kurztiteln gearbeitet. Mit einem Kurztitel wie „Wissenschaftlich schreiben. Seite 44" werden Sie das entsprechende Buch im Literaturverzeichnis nicht schnell finden können. Der Nachname des Autors, das Ordnungskriterium des Literaturverzeichnisses, ist also auch für einen eindeutigen Kurzbeleg unentbehrlich. Ob, wann, wo und wie Sie die anderen Angaben nennen oder kürzen, ist Ihnen gegebenenfalls im Fachbereich vorgegeben – wenn nicht, können Sie frei entscheiden.

Eine Möglichkeit ist der sog. Harvard-Beleg. Er besteht aus Autorennachname, Erscheinungsjahr und Seitenzahl (vgl. dazu Krämer 1994, 129 f.). Der Vorteil dieser Methode, insbesondere gegenüber der Variante „Autorenname: Kurztitel, Seite" liegt darin, daß die Aktualität des Zitats auch ohne aufwendiges Blättern im Literaturverzeichnis mitgelesen werden kann. Kurzformen wie diese sind unmittelbarer zugänglich und können im Text stehen, ohne den Lesefluß zu stören. Der Leser muß weder den Blick auf die Fußnote richten, noch das Literaturverzeichnis aufschlagen. Ob man nun im Text oder in einer Fußnote auf die Quelle des wörtlichen oder sinngemäßen Zitats verweist – wichtig ist, daß der Quellenbeleg tatsächlich dazu dient, die Textpassage zu identifizieren. Noch kürzer und trotzdem eindeutig ist eine Variante des Harvard-Systems, die ausschließlich mit Ziffern arbeitet. Die Titel im Literaturverzeichnis sind laufend durchnumeriert, so daß der Beleg [55, 44] bedeutet: das Zitat findet sich im 55. Titel des Literaturverzeichnisses auf der Seite 44. Für den Leser heißt das: bei jedem Quellenbeleg nachschlagen.

Egal, welche Form des Kurzbelegs gewählt wird: Der Verweis auf die Quellen im Text soll das gesonderte, alphabetisch geordnete Literaturverzeichnis nicht ersetzen – daher wird er kurz gehalten. Ausführliche Literaturangaben sind im Text störend und in den Fußnoten unübersichtlich, da die wesentliche Komponente eines Quellenbelegs die Seitenzahl des eindeutig codierten Werkes ist und im Wust der Erscheinungsjahre und Auflagen beim Schreiben leicht vergessen werden kann. Zusätzliche Verweise auf nicht zitierte, aber beachtete Sekundärliteratur helfen, Argumente in die Tradition des Faches einzuordnen. Diese gehören als nicht für das Verständnis des Textes notwendige Ergänzungen in die Fußnoten.

Weit verbreitet ist auch der Quellenbeleg mit Hilfe der Abkürzungen „ebd." oder „ebda." (= ebenda, ebendort; gemeint ist, daß sich das Zitat auf der gleichen Seite wie das vorherige Zitat befindet) und „a.a.O., Seite" (= am angegebenen Ort; gemeint ist die entsprechende Seite der Quelle, die unmittelbar zuvor im Text oder in einer Fußnote genannt wurde), etwas weniger weit verbreitet die lateinischen Äquivalente „ibid" und „op. cit". Wer Kurztitel und Abkürzungsverfahren kombiniert, erstellt Quellenbelege des Musters *Poenicke a.a.O., S. 15.* Er verweist mit der Abkürzung auf das Literaturverzeichnis und macht dadurch alles nur noch komplizierter: Zudem bleibt bei mehreren Veröffentlichungen eines Autors unklar, auf welchen Titel sich der Quellenbeleg genau bezieht. Aber auch das einfache Abkürzungsverfahren hat Grenzen: Der Leser muß beim fünften *ebda.* in Erinnerung haben, worauf es sich bezieht.

Die Entscheidung für das eine oder das andere Verfahren mit einer bestimmten Form des Quellenbelegs ist allerdings unter Umständen mehr als eine Geschmacksfrage – der Quellenbeleg im Text beispielsweise wird folgendermaßen karikiert:

„Freilich gilt dies unter Literaturwissenschaftlern als unfein, als Störung des Textflusses. Beliebt ist diese Zitiertechnik bei Linguisten; sie tun so ihr barbarisches Verhältnis zur Linguistik kund. Das ist freilich auch der einzige entschiedene Vorteil dieser Zitierweise: Begegnet man einer derart mit ‚Namen' (Schitteckel / Rosenkranz / Paletti 1985, 12) und Zahlen (vgl. Müller 1903a, 43) im laufenden Text (ebd. 44) gespickten (nach Schweinskopf / Rehberg 1953, 61) wissenschaftlichen Abhandlung (so auch Schulze-Pissowotzky 1966, 558 u.ö.), weiß der *Leser* [...] sofort, daß die Lektüre (so schon Morgenstern 1912, 98-100) reichlich öde wird." (Meyer-Krendler 1990, S. 50; Hervorhebg. i. Original)

Offensichtlich ist es unmöglich, jeden Verweis in den Text zu schreiben – eine derartige Vorgehensweise zerstückelt oder zerstört einen Satz. Offensichtlich ist es für das Textverständnis ebenso wichtig, sich über die Verwendung von Abkürzungen, Textformaten sowie den Einsatz von Fußnoten Gedanken zu machen – dazu gleich. Deutlich sollte geworden sein, daß Verweise ohne Hintergrundinformationen überflüssig sind – ob im Text oder in den Fußnoten. Sie bekunden zwar die Belesenheit des Verfassers, sind dem Leser jedoch wenig nützlich, wenn er sich Anspielungen oder Querverbindungen nur durch das Hinzuziehen des Originals erschließen kann.

4.3 Mit Zitaten und Fußnoten arbeiten

Zitate belegen die Fachkenntnis des Verfassers. Er kann sich auf sie stützen, sie kritisieren, sie widerlegen, sie modifizieren usw. Allerdings können zahlreiche Zitate fehlende Sachkenntnis nicht ersetzen: Eine wissenschaftliche Arbeit muß über das Referieren verschiedener Positionen hinausgreifen. Um dieses Mehr zu verdeutlichen, sollten Sach- und Fachkenntnis im Text deutlich werden – genau hier ist die Kunst des Zitierens gefordert. In Referaten und Hausarbeiten ist es nicht immer einfach, ein ausgewogenes Verhältnis zwischen der eigenen referierenden, zusammenfassenden oder auswählenden Darstellung und wörtlichen Zutaten zu finden. Als Faustregel sollte gelten:

Zitieren Sie nicht zu viel. Stellen Sie Ihren eigenen Gedankengang dar.

Zitieren Sie zentrale Textpassagen. Wenn Ihre Zitate länger ausfallen und Ihre eigenen Ausführungen zu unterbrechen drohen, bringen Sie diesen als Anmerkung (in den Fußnoten). Dann kann sich der Leser selbst sein Urteil bilden, wenn er will; der zentrale Gedankengang jedoch wird konzentriert fortgeführt.

Zitate können in wissenschaftlichen Arbeiten unterschiedliche Zwecke erfüllen. Die Vielfalt des Zitierens ergibt sich aus der Möglichkeit der Variation. Sie müssen sich nicht auf ein Verfahren festlegen, sollten sich aber immer wieder klarmachen, warum Sie wie zitieren.

Kurze Zitate können einem Text oder Kapitel vorangestellt werden. Dieses **Zitat als Motto** ist dem eigentlichen Text übergeordnet, steht auf einer allgemeinen Ebene. Nicht selten wird man hier Weisheiten antiker Philosophen, Sentenzen von Wissenschaftlern anderer Fächer, zentrale Thesen, geflügelte Worte oder auch Volksweisheiten finden.

Dieses und die folgenden Beispiele sind ihrerseits Zitate aus dem Aufsatz „Die Wirklichkeit des Beobachters" von S.J. Schmidt. Schmidt, Siegfried J. 1994: Die Wirklichkeit des Beobachters. In: Merten, Klaus/Schmidt, Siegfried J./Weischenberg, Siegfried (Hrsg.) 1994: Die Wirklichkeit der Medien. Eine Einführung in die Kommunikationswissenschaft. Opladen: Westdeutscher Verlag. S. 3 - 19.

Siegfried J. Schmidt
Die Wirklichkeit des Beobachters

> „Wirklichkeit ist eines der wenigen
> Worte, die ohne Anführungszeichen
> bedeutungslos sind."
> (V. Nabokov)

Vorbemerkung
Immer, wenn Medienskandale die Öffentlichkeit beschäftigen - sei es das Gladbecker Geiseldrama, die Barschel-Affäre oder der Golfkrieg –, wird auch einem breiten Publikum bewußt, daß die Sicherheit der Fakten prekär ist. Was ist Wirklichkeit, was Lüge und Fiktion? Wer sagt die Wahrheit, wer verschleiert sie? [. . .]

Hier wird deutlich, daß das zwischen Haupt- und Unterüberschrift eingefügte Zitat als Motto den folgenden Text im vorhinein kommentiert. Das Zitat weckt eine bestimmte Frage- bzw. Lesehaltung.

Die **Grundfunktion des Zitats** in wissenschaftlichen Arbeiten ist jedoch die, eigene Überlegungen nachvollziehbar zu machen und wissenschaftlich abzusichern. Entsprechend wird ein wörtliches Zitat in den eigenen Text integriert. Bei längeren Zitaten bietet es sich an, sie als Block vom fließenden Text abzusetzen.

5. Wie verläßlich sind unsere Wirklichkeitskonstruktionen?

Weil Menschen offenbar sehr ähnlich gebaute Wahrnehmungsapparate besitzen und ständig miteinander interagieren, ähneln sich die Interaktionseinheiten (genannt Gegenstände), und ihre Produziertheit gerät – als blinder Fleck – nicht in den Blick, solange wir nicht wahrnehmungspsychologische Versuche anstellen. Heinz von Foerster hat diese Überlegungen wie folgt zusammengefaßt:

> *„Da jedoch der Organismus aufgrund seiner Nerventätigkeit nur Wissen von seinem eigenen Verhalten haben kann, sind [Objekte] strenggenommen Zeichen für die verschiedenen ‚Eigenverhaltensweisen‘ des Organismus. Daraus folgt, daß Objekte keine primären Einheiten sind, sondern subjektabhängige Fertigkeiten, die gelernt werden müssen und daher auch durch den kulturellen Kontext beeinflußt werden" (von Foerster 1993: 279).*

Von Foerster hat auch eingehend analysiert, daß menschliche Beobachter als geschichtsabhängige und unvorhersehbare selbstorganisierende Systeme (sogenannte „nicht-triviale Maschinen") ständig dabei sind, ihre Umwelt in eine triviale Maschine mit eindeutigen Input- und Output-Beziehungen zu verwandeln, einschließlich dort agierender anderer Beobachter.

Dieses **Zitat als Block** ist deutlich eingeleitet: *Heinz von Foerster hat [...] wie folgt zusammengefaßt [...]*. Die Einbindung in den eigenen Text ist durch *diese Überlegungen* und *auch* verstärkt.

Wenn Sie hingegen kürzere Zitate in Ihren Text integrieren wollen, müssen Sie diese nicht formal absetzen, sondern können sie in Ihre eigenen Sätze einbauen:

Philosophen, die die Objektivität menschlicher Erkenntnis in Frage stellten, haben sich seit Demokrit auf das Subjekt und die Unhintergehbarkeit subjektiver Wahrnehmung konzentriert, sie haben die Aktivität der menschlichen Sinne in den Vordergrund gerückt (Vico) bzw. wie Kant transzendental formuliert „ [. . .] daß die Dinge , die wir anschauen, nicht an sich selbst das sind, wofür wir sie anschauen [. . .] und als Erscheinungen nicht an sich selbst, sondern nur in uns existieren können" (Kritik der reinen Vernunft, B 59). Vorwiegend subjektzentriert bleibt diese Argumentationstradition auch im konstruktivistischen Diskurs, wie von Glasersfelds Diktum belegt, daß alles, was als Wirklichkeit aufgebaut wird „[. . .], offensichtlich nie mehr [ist] als die Erlebniswelt des Subjekts" (von Glasersfeld 1985b: 21).

Zitate im Satz – wie diese – erfordern sprachliches Geschick, nicht nur die Zeichensetzung ist ein Stolperstein. Wer Zitate in seine eigenen Sätze einbaut, muß sowohl auf die Grammatik als auch auf den Sinn achten. Das im Original Gemeinte darf durch die enge Einbindung in die eigene Sprache nicht verfälscht werden. Eine vergleichsweise unproblematische Möglichkeit, ein Argument in einen wissenschaftlichen Diskurs einzubinden, besteht darin, eine Textpassage zu **paraphrasieren**, d.h. sinngemäß zu zitieren. Sollte die Paraphrasierung wörtliche Zitate enthalten, müssen diese gekennzeichnet werden:

Gegen eine Verkürzung konstruktivistischer Kognitionstheorien auf den rational-analytischen Aspekt hat sich vor allem Henrike F. Alfes (1992) gewandt und eine explizitere Berücksichtigung emotionaler Aspekte eingefordert. Ihr eigener Vorschlag basiert auf folgenden Grundannahmen:
(a) Gefühle sind anzusehen als konstitutive Bestandteile menschlichen Lebens. Der Mensch, so Alfes, „besitzt" keine Gefühle, „sondern er verkörpert sie im Rahmen seiner konstruktiven Kognitionsprozesse".
(b) Komplexe Phänomene wie Gefühle können als ein Zusammenwirken physiologischer, psychischer und sozialer Prozesse konstruiert werden.
(c) Bei der Beschreibung von Gefühlen muß unterschieden werden zwischen psychophysiologischen Erregungszuständen und Arten der Selbst- und Fremdbeschreibung auf Beobachter-Ebenen (1992: 38).

In diesem Beispiel wird trotz umfangreicher Paraphrasierung auf den Konjunktiv verzichtet. Die Quellenbelege sind nur in ihrer Summe eindeutig. Jeder der beiden Belege allein gibt wenig Aufschluß darüber, woher genau zitiert wurde. Noch allgemeiner sind die Belege der folgenden Paraphrasierungen:

Beobachtungen sind weiterhin – vor allem in funktional differenzierten Gesellschaften – konditioniert durch Diskurse, also durch Wissens- und Themenzusammenhänge samt dazugehörigen Gattungen, Darstellungs- und Argumentationsformen. Und die umfassendste Konditionierung erfolgt durch „Kultur", hier verstanden als der Zusammenhang gesellschaftlich relevanter kommunikativer Thematisierungsmöglichkeiten der im Wirklichkeitsmodell einer Gesellschaft grundlegenden Differenzen (wie zum Beispiel real/fiktiv, wahr/falsch, gut/böse, heilig/profan, arm/reich, schön/häßlich) (vgl. Schmidt 1992a). Im Rahmen von Kultur entfalten sich gleichermaßen Kognition und Kommunikation und bestätigen damit zugleich die Kultur, in deren Rahmen sie sich allererst entfalten (vgl. Morin 1991).

Hier sind die Belege sehr global – der Leser wird auf ganze Bücher verwiesen. So sollten Sie nur mit Standardwerken umgehen. Als Student laufen Sie jedoch Gefahr, den Eindruck zu erwecken, nicht genau gelesen zu haben. Wenn Sie streckenweise eng an einem oder zwei Texten entlang argumentieren, bietet es sich an, zwischen wörtlichen und sinngemäßen Zitaten abzuwechseln:

Nach Luhmanns Auffassung wird Erkenntnis nur gesichert durch die selbstkonstituierte, systemrelative Handhabung der System/Umwelt-Differenzierung erkennender Systeme. „Jedes selbstreferentielle System hat nur den

Umweltkontakt, den es sich selbst ermöglicht, und keine Umwelt ‚an sich'"
(Luhmann 1984: 146). Die Einheit eines Systems wird durch Selbstreferenz
konstituiert, also dadurch, daß ein System sich selbst in Differenz zu seiner
Umwelt betrachtet. Beobachten wird dabei – ohne exklusive Bindung an
Bewußtseinsakte – rein formal bestimmt als Handhabung von Unterscheidungen (vgl. Luhmann 1984: 63). Selbstbeobachtung entsteht dann „durch
die Einführung der System/Umwelt-Differenz in das System, das sich mit ihrer Hilfe konstituiert" (Luhmann 1985: 63). Was immer als Einheit oder als
Element erscheint, ist also vom System konstituiert, das etwas als Element
für Relationierungen in Anspruch nimmt (vgl. Luhmann 1985: 42).

Zentrale Begriffe einer Theorie (wie hier *System* und auch *System/Umwelt-Dif-
ferenzierung*) werden nicht als Zitate hervorgehoben, auch wenn sie in Paraphrasierungen stehen.

Eine weitere Möglichkeit besteht darin, in Textpassagen **Zitate als Textbausteine** zu verwenden. In diesem Fall ist der Umfang der Zitate größer, der eigene Text besteht aus Überleitungen und Kommentaren. Das Verfahren nach
diesem Muster ermöglicht es, wissenschaftliche Überlegungen nachzuzeichnen,
und erlaubt dem Leser die Bildung eines eigenen Urteils. So können Entwicklungen und auch Gegensätze aufgezeigt werden. Wichtig ist hierbei jedoch, daß
der Verfasser sich nicht allzusehr zurücknimmt, daß die Linie seiner eigenen
Aussage erkennbar bleibt, daher bietet sich diese Technik für Exkurse an – die
dann ja auch typographisch vom übrigen Text unterscheidbar sind.

Werden kurze **Zitate in den Fußnoten** ergänzt, kann auf subtile Weise kommentiert werden – ähnlich wie beim Zitat als Motto, nur entgegengesetzt: das
soeben Gelesene wird durch einen Kontrast in ein anderes Licht gestellt oder
nachdrücklich bestätigt. Mit diesem Verfahren können gegensätzliche Positionen aufgezeigt werden, wobei deutlich wird, welche der Positionen die Grundlage der eigenen Arbeit bildet (das ist nämlich die, die im Text zitiert wird).
Noch einmal sei an die Textergänzungsfunktion der Fußnoten erinnert. Sollten
Sie Ihre Argumentation auf dem Kontrast zwischen zwei Positionen aufbauen
wollen, gehören beide in den Text.

Dank der Fußnotentechnik gibt es mit dem Computer **verschiedene Einsatz-
bereiche für Fußnoten**: Einerseits können Quellenbelege als Fußnoten notiert
werden, andererseits ist es möglich, auch längere Texte in die Fußnoten zu
schreiben und so mit ausführlichen Anmerkungen zu arbeiten. Gemeint sind
hier Ergänzungen zum Text, zusätzliche Erläuterungen und Beispiele, die den
Textfluß verlangsamen würden. Anmerkungen haben also nicht dasselbe Gewicht wie der Haupttext, sie können überlesen werden, will man nur den
Hauptargumenten folgen.[4]

---

[4] In die Anmerkungen gehören weitere Informationen, die die Hauptargumente unterstützen, Kommentare und Verweise auf andere Arbeiten, lesenswerte, nicht zitierte Literatur zum Thema oder
Teile der eigenen Arbeit. Doch Vorsicht: Wer oft innerhalb der eigenen Arbeit auf Textteile verweist, sollte prüfen, ob die Argumente schlüssig angeordnet sind.

Überlegen Sie sich, bevor Sie anfangen zu schreiben, wie Sie mit den Fußnoten umgehen wollen, denn die Art des Einsatzes von Fußnoten hat auch Einfluß auf die Textgestalt. Nachträgliche Änderungen können mit Aufwand verbunden sein.

Grundsätzlich spricht nichts dagegen, Fußnoten für Anmerkungen und Quellenbelege zu verwenden. Aber auch die Reservierung des Fußnotenbereichs für ergänzende Angaben (und dazu gehören die Quellenbelege bei Zitaten nicht) kann angebracht sein.

Die Fußnoten werden durchnumeriert – der Computer übernimmt die Zählung automatisch. Bei der Schreibmaschine müssen Sie den Raum für die Fußnoten selbst berechnen und sie – nachdem die ganze Seite geschrieben ist – unten notieren. Daher war die Erstellung eines Anmerkungsverzeichnisses im Anhang üblich, häufig auf einer ausklappbaren Seite. Mit dem PC können Sie den Fußnotentext sofort schreiben.[5] Sollten Sie beim Schreiben weitere Fußnoten in den vorherstehenden Text einfügen wollen, so verändert das Textverarbeitungsprogramm die Numerierung entsprechend.[6] Nicht üblich und unglücklich ist der Einsatz von Asterisken (*, **, ***), da diese im Höchstfall die Fußnoten einer Seite übersichtlich markieren.

Bei kürzeren Arbeiten (bis etwa 20 Seiten) können die Fußnoten durchnumeriert werden, bei längeren Arbeiten empfiehlt es sich, in jedem Kapitel neu anzufangen. Beim Schreiben mit dem Computer wird dazu jedes Kapitel als eigene Datei abgespeichert (vgl. Kapitel 3.5).

Auch wenn der Umgang mit Fußnoten ein komfortables Kinderspiel geworden ist: Sie sollten sparsam mit Fußnoten umgehen – wahrscheinlich haben Sie sich selbst über Bücher oder Aufsätze geärgert, die man kaum ordentlich lesen konnte, weil man (wie beim Lesen dieser Seite) ständig unten nachlesen mußte und so beinahe oder tatsächlich den Argumentationsstrang verlor.[7]

---

[5] Sie können sich so das Vorschreiben und anschließende Abschreiben ersparen – ein Luxus, den viele studentische Arbeiten kurz nach der Anschaffung eines PCs mit unnötigem Umfang und zahlreichen Wiederholungen bezahlen.

[6] So können Sie auch beim Korrekturlesen, das Sie auch der Rechtschreibprüfung zum Trotz nicht vergessen und unbedingt auf Papier durchführen sollten, noch Veränderungen, die die Fußnoten betreffen, vornehmen: Sie können Fußnoten löschen oder Textpassagen in die Fußnoten bringen.

[7] Auch wenn die Meinungen über Fußnoten auseinandergehen: „Das populäre Vorurteil, daß vor allem der reichliche Gebrauch von Fußnoten einer Arbeit erst den rechten Wissenschaftsgeruch verleiht, ist ganz großer Quatsch. Der Kurzbeleg von Quellen kann genausogut im laufenden Text geschehen [...], längere Anmerkungen wie etwa Übersetzungen, deren Original in geisteswissenschaftlichen Arbeiten gern in Fußnoten gegeben wird, haben auch in einem Anhang Platz, und sonstige Nebengedanken spart man sich am besten ganz oder übernimmt sie in den eigentlichen Text. Fußnoten sind also für eine wissenschaftliche Arbeit so nötig wie ein Kropf." (Krämer 1994, 70)

4.4 Edieren und Redigieren

Bevor Sie Ihre Arbeit als Endprodukt zum Korrekturlesen weitergeben – fremde Augen sehen mehr, insbesondere wenn es um Tippfehler und die Zeichensetzung geht –, sollten Sie ihn einige Tage ruhen lassen und dann zunächst die Logik des Textes prüfen. Vor allem dann, wenn Sie mit dem Computer geschrieben haben, ist es möglich, daß Sie durch nachträgliche Einfügungen oder Umstellungen Sprünge oder Brüche verursacht haben.

Überprüfen Sie die Abfolge der Textelemente genau: Sind alle Begriffe definiert, bevor sie eingeführt werden? Gibt es Wiederholungen? Gibt es Informationen, die der Argumentation nicht dienen?

Streichen Sie Überflüssiges und unnötige Abschweifungen. Sich von Geschriebenem trennen ist eine Tugend, die man sich erarbeiten muß. Selbstverständlich müssen Sie nicht Sätze oder Abschnitte, Zitate oder Anmerkungen eliminieren um des Eliminierens willen, doch sollten Sie beim Lesen überprüfen, ob sie Ihrer Argumentation folgen.

Eine wissenschaftliche Arbeit ist kein Roman, der von Ausschmückungen und Spannungsbögen lebt. Verwenden Sie präzise Formulierungen und treffende Adjektive – in den meisten Fällen ist eines genug. Vermeiden Sie lange Sätze und hohle oder metaphorische Wendungen.

Wenn Sie nun das Gewebe Ihres Textes kontrolliert haben, können Sie geeignete Textformate sowie Über- und Unterüberschriften festlegen und zwischen den Kapiteln Überleitungen bzw. am Ende der Kapitel Zusammenfassungen einfügen, die es dem Leser erleichtern, Ihren Gedankengängen zu folgen. Bei dieser zweiten Edition sollten Sie dann – soweit vorhanden – Tabellen, Graphiken und Abbildungen durchnumerieren, die zugehörigen Quellenangaben vereinheitlichen und die Zitate und ihre Belege überprüfen.

Lenken Sie in der Endredaktion Ihre Aufmerksamkeit bzw. die eines Korrektors ausschließlich auf Rechtschreibung und Zeichensetzung.

Einige Grundregeln hierzu finden Sie in Kapitel 9.4 und 9.5.

4.5 Das Literaturverzeichnis erstellen

Das Literaturverzeichnis gehört an den Schluß jeder wissenschaftlichen Arbeit. Eine Untergliederung in „Zitierte Literatur" und „Gelesene Literatur" ist zwar ebenso möglich wie die Erweiterung „Literatur zum Thema", aber nicht unbedingt empfehlenswert, weil leicht unübersichtlich und anfällig für falsche Angaben. Sinnvoll kann eine Einteilung anhand logischer Kriterien sein: Geistes-

wissenschaftler trennen häufig „Primär-" von „Sekundärliteratur". Gängig
sind auch thematische Unterscheidungen wie die von Glück/Sauer 1990:
1. Wörterbücher
2. Grammatiken
3. Sprachwissenschaftliche Literatur
4. Gesellschafts- und Geschichtswissenschaftliche Literatur
5. Populäre Literatur über Sprache
(Helmut Glück/Wolfgang Sauer: Gegenwartsdeutsch. Stuttgart 1990, S. 201-
214) oder die Ausgliederung von Zeitschriftenaufsätzen. Derartige Untergli-
ederungen machen jedoch dem Leser, der nicht Experte ist, das Auffinden eines
Titels im Verzeichnis unnötig schwer. Wer nicht weiß, daß es sich bei Wahrig
1986 um ein Wörterbuch der deutschen Sprache handelt, wird vielleicht nicht
in der ersten Rubrik, in der er sucht, fündig.

> Ins Literaturverzeichnis gehören genau die Bücher, Zeitschriftenaufsätze,
> Handbücher usw., aus denen zitiert worden ist bzw. auf die verwiesen wurde
> – alles weitere ist Schaumschlägerei.

Mit Hilfe des Literaturverzeichnisses soll sich der Leser die zitierten Quellen beschaffen können, um ggf. zu vergleichen oder nachzulesen. Daher gehören die
Angaben, die für die eindeutige Identifikation eines Werkes notwendig sind, in
die Titelbibliographie Ihres Literaturverzeichnisses – die Größe des Buches, die
Farbe seines Einbands und die Anzahl der Seiten, aber auch ISBN-Nummern
und Preise beispielsweise sind irrelevant. Bedeutsam – und daher für eine bibliographische Angabe unerläßlich – sind hingegen die Angaben, die es ermöglichen, das richtige Buch in Bibliotheken und Katalogen schnell und eindeutig
zu finden. Da Kataloge und Verzeichnisse in der Regel alphabetisch sortiert
sind, sind die korrekte Schreibung des Verfasser- oder Herausgebernamens,
sein Vorname, die Auflage – wenn es sich nicht um die erste handelt – sowie Erscheinungsort und Erscheinungsjahr Kriterien, die es Schritt für Schritt ermöglichen, ein Werk genau zu identifizieren.

> Eine ausführliche **Quellenangabe** enthält die folgenden Komponenten:
> – den Namen des Verfassers bzw. des Herausgebers und seine(n) Vorna-
>   men;
>   beide dienen der Identifikation und sind Ordnungskriterien bei einem al-
>   phabetisch sortierten Literaturverzeichnis;   '
> – Titel und Untertitel des Werkes;
>   informiert zwar nicht unbedingt über den Inhalt des Werkes, dient je-
>   doch der Abgrenzung von anderen Werken desselben Verfassers, die in
>   demselben Jahr erschienen sind;
> – wenn vorhanden auch Angaben über Mitherausgeber oder Übersetzer;
>   dient ebenfalls der Abgrenzung bzw. liefert Informationen über den
>   Text;
> – die Auflage, wenn es sich nicht um die erste handelt;
>   liefert ebenfalls Informationen über den Text, da weitere Auflagen er-

weitert, verbessert oder völlig neu bearbeitet sein können; wenn sie dies sind, müssen Sie das vermerken;
– Erscheinungsort und Erscheinungsjahr;
  dienen der näheren Spezifikation des Werkes: das Erscheinungsjahr ermöglicht eine zeitliche, wissenschaftsgeschichtliche Einordnung des Werkes bzw. macht verschiedene Ausgaben bzw. Auflagen unterscheidbar; sollte kein Erscheinungsjahr angegeben sein, ist das Fehlen dieser Angabe mit der Abkürzung o. J. (= ohne Jahr) zu dokumentieren;
– wenn vorhanden: Reihentitel und gegebenenfalls Verlag;
– bei mehrbändigen Werken: Anzahl der Bände, sollten Herausgeber und/oder Jahr und Ort nicht bei allen Bänden gleich sein, sind sie gesondert anzugeben.
Über die Anordnung der Komponenten gibt es in den Fächern und Fakultäten Vorgaben sowie bei einigen Dozenten favorisierte Konventionen, nach denen Sie sich unbedingt erkundigen sollten. Prinzipiell ist es egal, wie Sie die Angaben gliedern, solange Sie für eine Arbeit bei einem Muster bleiben und keine der wesentlichen Angaben auslassen.

Eher unwesentlich sind die Angabe des Verlags und Reihentitel, da sie bei der Beschaffung des Werkes nicht zwingend erforderlich sind. Die durchgängige Ergänzung von Reihentiteln kann ein Literaturverzeichnis schnell unübersichtlich erscheinen lassen.

Geben Sie bei **Zeitschriftenaufsätzen** nicht nur Autor und Titel des Aufsatzes an, sondern auch den Titel der Zeitschrift, den Jahrgang und das Erscheinungsjahr der Zeitschrift, die erste und letzte Seite des Artikels.

Dazu ein Beispiel:
Abonnent, Klaus-Rüdiger, 2001: Was mache ich mit Altpapier? Tips und Kniffe zum Recycling. In: Das grüne Blatt 25, Heft 4, S. 199 - 200
Die Angaben bedeuten, daß die Zeitschrift *Das grüne Blatt* seit 25 Jahren verlegt wird und der Aufsatz von Klaus-Rüdiger Abonnent *Was mache ich mit Altpapier? Tips und Kniffe zum Recycling* im vierten Heft dieses Jahrgangs auf den Seiten 199 und 200 steht.

Sammelbände werden mit dem Nachnamen des ersten Herausgebers bibliographiert.

Sollten mehr als drei Herausgeber zu nennen sein, werden alle weiteren unter dem Kürzel u.a. (= und andere) zusammengefaßt; z.B.:
Schreiber, Bernhard/Leser, Rosemarie/Drucker, Engelbert u.a.: Die Kunst, ein Buch zu verlegen. Oder: Wie ordnet man seine Bibliothek? Lesedorf 2002.
Die Reihenfolge der Herausgeber ergibt sich anhand der Titelseite – von der hier gewählten Ordnung sollten Sie nicht abweichen, da Sie dadurch die Identifizierung erschweren könnten.

Die für die bibliographische Angabe wesentlichen Daten sind dem inneren Titelblatt, der „Titelei", und dem Impressum zu entnehmen.

Was auf dem Schutzumschlag oder dem Einband steht, ist irrelevant und möglicherweise – aus Werbezwecken – verkürzt oder verändert. Der Titel steht auf der ersten Seite oben, Erscheinungsort und Erscheinungsjahr unten – bei älteren Büchern finden sich Ort und Jahr ggf. auch am Buchende.

Sollten Erscheinungsort und/oder -jahr nicht auszumachen sein, schreiben Sie die Abkürzungen o.O. bzw. o.J.

Die Nennung des Verlages ist nicht in allen Fächern üblich. Wenn Sie sich dazu entschließen, Verlage mitanzugeben, bedenken Sie, daß Sie zu jedem Titel den Verlag nennen müssen.

Sollten Schriften eines Autors übersetzt oder ediert worden sein, werden in der Regel das Erscheinungsjahr der Übersetzung oder Edition angegeben, der Name des Übersetzers bzw. Editors im Anschluß an den Titel eingefügt.

Sie können in Klammern das Jahr und den Titel des ersten Erscheinens ergänzen. Ein Beispiel:

Eco, Umberto (6) 1993: Wie man eine wissenschaftliche Abschlußarbeit schreibt. Doktor-, Diplom- und Magisterarbeit in den Geistes- und Sozialwissenschaften. Ins Deutsche übersetzt von Walter Schick. Heidelberg: C. F. Müller (italien. Originalausgabe 1977 unter dem Titel „Come si fa una tesi di laurea")

Die Varianten der Gestaltung von Quellenangaben sind vielzählig – Sie werden bei einer diesbezüglichen Prüfung verschiedener Bücher eine reiche Palette der Möglichkeiten, die notwendigen Angaben in eine Reihenfolge zu bringen, finden. Im folgenden werden einige gängige Anordnungen und Kennzeichnungen von Quellenangaben gezeigt, an denen auch die zusätzliche Gliederung durch Satzzeichen deutlich wird.

Umberto Eco, Wie man eine wissenschaftliche Abschlußarbeit schreibt; Doktor-, Diplom- und Magisterarbeit in den Geistes- und Sozialwissenschaften; ins Deutsche übersetzt von Walter Schick; 6., durchgesehene Auflage der deutschen Ausgabe; Heidelberg 1993

Joachim Stary/Horst Kretschmer 1994: Umgang mit wissenschaftlicher Literatur. Eine Arbeitshilfe für das sozial- und geisteswissenschaftliche Studium; Frankfurt/M.

Krämer, Walter: Wie schreibe ich eine Seminar-, Examens- und Diplomarbeit. Eine Anleitung zum wissenschaftlichen Arbeiten für Studierende aller Fächer an Universitäten, Fachhochschulen und Berufsakademien; Stuttgart, Jena 1990[3] [Gustav Fischer]

Meyer-Krendler, Eckhart 1990. Arbeitstechniken Literaturwissenschaft. München: Fink (= UTB 1582)

Klaus Poenike: Duden. Wie verfaßt man wissenschaftliche Arbeiten? Ein Leitfaden vom ersten Studiensemester bis zur Promotion. Mannheim, Wien, Zürich: Dudenverlag, 1988 (2. neubearb. Aufl.).
Poenicke, Klaus ²1989: Die schriftliche Arbeit: Materialsammlung und Manuskriptgestaltung für Fach-, Seminar- und Abschlußarbeiten an Schule und Universität. Mit vielen Beispielen. 2., verbesserte Auflage. Mannheim, Wien, Zürich (1. Aufl. 1985)

Sie finden sicher noch weitaus mehr Varianten der Gestaltung von Literaturangaben. Punkte, Strichpunkte, Doppelpunkte, Kommas können an den verschiedensten Stellen plaziert werden. Die Reihenfolge, in der die Angaben genannt werden, kann ebenfalls variieren. Außerdem können einen Namen oder Titel durch Fett- oder Kursivschrift, durch Kapitälchen oder Großbuchstaben, durch Unterstreichungen oder Gesperrtschreibung hervorgehoben werden.

Hier ein **Vorschlag zur Form bibliographischer Angaben:**
Sie sollten sich darüber informieren, ob in Ihrem Fach oder von Ihrem Dozenten eine andere Konvention gewünscht wird. Werden Ihnen keine Vorgaben gemacht, orientieren Sie sich am folgenden:
Autor/Autoren (**Name, Vorname**) **Erscheinungsjahr**: **Titel. Untertitel. Auflage, Ort: Verlag** (evtl. in Klammern Erscheinungsjahr der ersten Auflage). **Zitierte Seite(n)**
Bünting, Karl-Dieter/Eichler, Wolfgang 1993: Grammatiklexikon. Kompaktwissen für Schule, Ausbildung, Beruf. Frankfurt am Main: Cornelsen Verlag Scriptor (1. Aufl. 1989). S. 59 f.

f. bedeutet Folgeseite, also hier *S. 59* und *S. 60*; wenn mehrere Folgeseiten angesprochen werden, schreibt man *ff.*, oder man gibt die genaue Seitenzahl an (z.B. *S. 59-64*); das ist bei Zeitschriftenaufsätzen und Artikeln in Handbüchern üblich, damit der Leser weiß, wie lang der Aufsatz oder Artikel ist.

Bei mehreren Titeln eines Autors werden diese in aufsteigender Reihenfolge der Erscheinungsjahre aufgelistet. Bei mehreren Veröffentlichungen eines Autors in einem Jahr macht man diese mit einem nach dem Erscheinungsjahr notierten Kleinbuchstaben unterscheidbar: *1995a, 1995b* usw.

Die Voranstellung des Erscheinungsjahres hat den Vorteil, daß dann, wenn mehrere Werke eines Autors im Literaturverzeichnis erwähnt sind, aus dem Kurzbeleg der Quelle anhand des Jahres sofort klar ist, auf welches der angegebenen Werke Bezug genommen wird.

4.6 Exkurs: Schreibblockaden und wie man sie überwindet

Bericht von Gabriela Ruhmann aus dem Schreiblabor der Universität Bielefeld

4.6.1 Was ist das Schreiblabor der Universität Bielefeld?

Das Schreiblabor der Universität Bielefeld ist eine Beratungs- und Weiterbildungsstelle für wissenschaftliches Schreiben. Im Schreiblabor können sich vor allem Studierende, aber auch Lehrende, Tutoren und Studienberater Rat und Unterstützung holen. Das Beratungsangebot umfaßt ein breites Spektrum von Fragen zum Lernen und Lehren des wissenschaftlichen Schreibens. Studierende erhalten Hilfestellungen bei ihren Problemen mit dem Verfassen ihrer Studienarbeiten. Lehrende, Tutoren und andere Berater der Universität können sich Anregungen holen, wie sie Studierende zum wissenschaftlichen Schreiben anleiten können und welche Hilfestellungen es für den Umgang mit Schreibproblemen gibt.[1]

Die Arbeit des Schreiblabors soll langfristig dazu beitragen, die allgemeine Ausbildung im wissenschaftlichen Schreiben an den Hochschulen zu verbessern. Um herauszufinden, wie die einzelnen Fertigkeiten für das Verfassen wissenschaftlicher Arbeiten auch im Rahmen der gewöhnlichen Hochschullehre vermittelt werden können, befaßt sich das Schreiblabor intensiv mit Schreibproblemen von Studierenden. Es soll erforscht werden, was die typischen Schreibschwierigkeiten hervorruft, mit welchen Mitteln man sie beheben kann – und vor allem jedoch, wie man ihnen vorbeugen kann.

Je nachdem, in welcher Phase ihres Studiums sich die Ratsuchenden befinden und wie hartnäckig die jeweiligen Schreibprobleme sind, stehen ihnen im Schreiblabor verschiedene Angebote offen: Einzelberatungen, Gruppenveranstaltungen und Seminare. In den Seminaren werden Fertigkeiten vermittelt, die ganz allgemein beim Verfassen von wissenschaftlichen Arbeiten notwendig sind. Die kleineren Gruppenveranstaltungen drehen sich um konkrete Arbeiten. Hier werden insbesondere Studierende in der Abschlußphase betreut, die mit Schwierigkeiten kämpfen, die typischerweise beim Verfassen längerer wissenschaftlicher Arbeiten entstehen. In diesen Schreibgruppen haben sie die Möglichkeit, sich über ihre jeweiligen Fragen, Probleme, Ideen auszutauschen und sich gegenseitig zu unterstützen. Darüber hinaus kann man sich im Schreiblabor individuell beraten lassen. Vorrangig geht es in solchen Einzelberatungen um hartnäckige Blockaden, denen mit den andern Hilfsangeboten allein nicht beizukommen ist.

---

[1] Das Schreiblabor wird im Rahmen des Aktionsprogramms „Qualität der Lehre" vom Ministerium für Wissenschaft und Forschung in NRW gefördert, und es gehört zu den sogenannten „Leuchtturmprojekten" im Bereich der Studienreform.

4.6.2 Ein paar allgemeine Bemerkungen vorab

Was Sie im folgenden über Blockaden erfahren, beruht auf meiner Erfahrung im Umgang mit verschiedensten Problemen, die Studierende ins Schreiblabor führten.

Da ich hier nur einen kleinen Ausschnitt meiner Beratungserfahrung weitergeben kann, möchte ich Ihnen vorab ein Buch als zusätzliche Lektüre empfehlen: „Keine Angst vor dem leeren Blatt" (Kruse 1995) ist ein Ratgeberbuch, von dem ich in meiner Arbeit sehr profitiere. Otto Kruse informiert umfassend über mögliche Ursachen für typische Blockaden und über Mittel, mit denen man die Probleme angehen kann. Vieles von dem, das ich nur am Rande erwähne, finden Sie dort ausführlicher beschrieben. Sie finden dort auch Wichtiges und Hilfreiches, auf das ich nicht zu sprechen komme. Vor allem bekommen Sie in diesem Buch viele praktische Anregungen für den Einstieg in den Schreibprozeß.

„Schreibblockaden" verstehe ich hier in einem ganz einfachen, weiten Sinn. Ich meine damit Schwierigkeiten beim Verfassen wissenschaftlicher Arbeiten, die sich darin zeigen, daß man bestimmte Arbeitsschritte nicht in Angriff nimmt, daß man in ihnen nicht weiterkommt, aber auch, daß man bestimmte Arbeitsgänge einfach nicht abschließen kann. Bevor Sie nun Einzelheiten über Ursachen von Blockaden kennenlernen, sollten Sie sich eines klarmachen: Schwierigkeiten beim Verfassen von Studienarbeiten – überhaupt beim wissenschaftlichen Schreiben – sind weiter verbreitet, als Sie vielleicht denken.

Zu wissen, man ist nicht allein
Vor Blockaden beim Verfassen von Studienarbeiten ist, scheint es, niemand so recht gefeit. Auch wenn Sie bisher recht problemlos die anfallenden Schreibaufgaben erledigt haben, kann es plötzlich sein, daß Sie mit Ihrer nächsten Studienarbeit überhaupt nicht vorankommen. Und haben Sie eine Blockade in einem Abschnitt dieser Arbeit überwunden, so kann es dennoch sein, daß im nächsten sich eine andere meldet. Doch bei allem Pessimismus darüber, daß es keine Garantie gegen Schreibstörungen gibt – Sie können das auch positiv sehen: Wenn niemand vor Blockaden gefeit ist, dann können Sie sehr sicher sein, daß Sie mit Ihren jeweiligen Schreibproblemen nicht allein sind.
Damit ist die erste und eindrücklichste Erfahrung aus dem Schreiblabor weitergegeben. Die meisten Ratsuchenden, die mit der Hilfe des Schreiblabors ihre Probleme in den Griff bekommen haben, sehen die Haupthilfe hierin: Sie lernen Leute kennen, denen es ähnlich ergeht, und sie erfahren, daß sie mit ihren Ängsten, Fragen, Widerständen und Blockaden „ganz normal" sind.
Und hier ist auch gleich mein wichtigster Hinweis für Sie: Eine Einrichtung wie das Schreiblabor ist natürlich sehr hilfreich, weil man dort automatisch Leute in ähnlicher Situation kennenlernt. Aber es geht auch auf anderem Wege. Fassen Sie sich ein Herz und sprechen Sie mit Ihren Kommilitoninnen und Kommilitonen über Ihre Fragen und Schwierigkeiten. Sie werden sehen, daß es sehr vielen ähnlich geht. Das allein behebt Ihr Problem wahrscheinlich nicht. Dennoch ist es meiner Erfahrung nach eines der effektivsten Mittel, den Weg

zu einer Problemlösung zu finden. In den nächsten Abschnitten bekommen Sie auch ein paar Anregungen, wie man konkret ins hilfreiche Gespräch über die Probleme beim Schreiben kommen kann, bei welchen Symptomen es sich besonders bewährt und was man dabei beachten sollte.

4.6.3 Zuviel auf einmal wollen

Ich habe während meiner Beratungszeit sehr viel darüber gelernt, wie komplex und ineinander verwoben die Schwierigkeiten und Unsicherheiten sind, die das wissenschaftliche Schreiben begleiten. Wer unter Blockaden leidet, bei der oder dem kommen meist etliche, sich überlagernde Fragen, Schwierigkeiten und Hindernisse aus den verschiedensten Bereichen zusammen. Es ist nicht leicht, diese verschiedenen Probleme auseinanderzuhalten und zielsichere Ratschläge zu geben. Dennoch gibt es klar erkennbare, typische Zutaten für Schreibblockaden.

Eine Hauptursache für Blockaden beim Verfassen von Studienarbeiten besteht darin, daß man zuviel möchte – vor allem aber zuviel auf einmal und das auch noch in verschiedenen Belangen. Nach meiner Erfahrung sind es drei Bereiche, in denen durch *Zuviel-Auf-Einmal-Wollen* Blockaden begünstigt werden. Das Beratungsgespräch mit Studierenden, die in ihrer Arbeit nicht weiterkommen, dreht sich im Prinzip um drei Fragen:
- Was verfolgen Sie alles *neben* Ihrer eigentlichen Schreibaufgabe? Wieviel Platz geben Sie Ihrem Vorhaben in Ihrem *Alltag*: im Verlauf eines Tages, einer Woche, eines Monats?
- Was alles möchten Sie *mit* der anliegenden Studienarbeit erreichen? Welche Rolle spielt Ihr Vorhaben in Ihren *Lebensplänen* und *Wunschvorstellungen?*
- Was haben Sie alles *in* der Arbeit vor? Was soll *inhaltlich* geschehen? Wie wollen Sie das im einzelnen machen?

Testen Sie einmal, was alles zum Vorschein kommt, wenn Sie sich ernsthaft diese Fragen stellen – oder besser noch: stellen lassen. Vielleicht finden Sie sich in der einen oder andern Rubrik wieder. Viele Ratsuchende sind nach diesem Test erstaunt bis erschrocken darüber, wieviel auf einmal sie unternehmen und erreichen wollen. Manchen ist allein hiermit schon geholfen. Gerade wenn mehrere Augen darauf schauen, welche Wünsche und Vorstellungen eine Arbeit leiten, bekommt man hilfreiche Hinweise, wie man das Vorhaben mit mehr Aussicht auf Erfolg planen kann. Es wird deutlicher, an welchen Rahmenbedingungen man etwas ändern kann und will, um die Arbeit nicht zu gefährden und in Gang zu bringen.

Es ist ratsam, sich diesen Fragen nicht nur zu Beginn, sondern auch immer wieder im Verlauf der Arbeit zu stellen. Sehr hilfreich ist es, wenn Sie regelmäßig die Antworten festhalten, etwa in einer Art Logbuch für Ihr Vorhaben. Gute Stationen sind die einzelnen Kapitel Ihrer Arbeit. Zum einen fangen Sie so viele mögliche Auslöser von Schreibblockaden ein. Zum andern ist es ein gutes Mittel, um auch gleich den Einstieg in den Schreibprozeß zu finden.

4.6.4 Zuviel nebenbei und vorab wollen

Als ich meine Beratungstätigkeit im Schreiblabor begann, glaubte ich, auf dem Sektor *Ablenkung* und *Vermeidungsverhalten* ausgelernt zu haben. Ich habe mich getäuscht. Inzwischen weiß ich sehr viel mehr darüber, wie man sich daran hindern kann, sich zuversichtlich, konzentriert und kontinuierlich einer Studienarbeit zu widmen. Ich möchte dieses wunderbar grausige Thema hier nicht vertiefen. Vielleicht wissen Sie ohnehin, wovon die Rede ist – wenn nicht, um so besser.

Zwei besondere Formen, das Schreibvorhaben gleich im Vorfeld zu gefährden, möchte ich allerdings ansprechen. Sie begegnen mir sehr häufig, und tükkisch an ihnen ist, daß sie eigentlich nicht wie typisches Ablenkungs- und Vermeidungsverhalten aussehen. Sie beruhen im Gegenteil auf sehr ernsthaften Absichten, die Arbeit voranzutreiben.

Häufig erlebe ich, daß die Studierenden für ihre anstehende Arbeit sehr wenig Zeit aufwenden wollen. Und nicht selten stellt sich in den Beratungsgesprächen heraus, daß außer der einen problematischen Studienarbeit noch ein, zwei weitere im Hintergrund lauern, die auch bis zum Semesteranfang geschrieben sein wollen. Meist sind es Studierende, die „endlich ihr Studium auf die Reihe kriegen" wollen. Wenn es Ihnen ähnlich geht, habe ich einen ganz kurzen Rat. So löblich diese Absicht ist: Versuchen Sie, auf dem Teppich zu bleiben in Ihren Einschätzungen darüber, was in wenigen Wochen machbar ist – besonders, wenn Sie diese Entscheidung und ihre Umsetzung lange Zeit vor sich hergeschoben haben. Mit solchen und ähnlichen Zielsetzungen blockieren Sie sich garantiert. Besprechen Sie mit verschiedenen Leuten Ihres Vertrauens, was eine realistische Umsetzung Ihrer Absichten sein könnte, welche Folgen das für Ihre Studien- und Lebensplanung hat und wie Sie damit umgehen könnten.

Häufig begegnet mir eine andere löbliche Absicht: sich „nicht mehr durchwursteln", sondern „diesmal die Sache von Grund auf richtig machen" zu wollen. Mit diesem Ansinnen bleiben viele Studierende jedoch in verschiedensten Fortbildungsangeboten hängen. In ihren Stundenplänen finden sich Veranstaltungen zur Studientechnik, zur Textverarbeitung, Einführungsvorlesungen für ihren Studiengang, diverse Fachseminare – und das, obwohl sie außer der anliegenden Arbeit eigentlich keine Verpflichtungen mehr hätten. Einige fühlen sich so unsicher, wenn größere Studienarbeiten anstehen, daß sie glauben, „noch einmal ganz von vorn anfangen" zu müssen. Viele besorgen sich einen Ratgeber zum wissenschaftlichen Schreiben nach dem andern, sind unentwegt auf der Suche nach „*den* Regeln des wissenschaftlichen Arbeitens", um ausgerüstet zu sein, wenn es dann wirklich einmal losgehen sollte mit dem Schreiben. In dieser etwas drastisch beschriebenen Tendenz, sich für alle Eventualitäten des Schreibens vorbeugend auszurüsten, sehe ich eine Ursache für ganz viele Schreibschwierigkeiten im Studium.

Es ist trügerisch zu glauben, man könne sich für sämtliche Unsicherheiten, die beim Verfassen einer Studienarbeit anfallen, im vorhinein wappnen. Fragen darüber, wie man im einzelnen eine wissenschaftliche Abhandlung schreibt, lassen sich nicht gänzlich vorab klären und damit ein für allemal ausschalten. Die allermeisten Fragen zur Durchführung der einzelnen Arbeitsschritte, besonders jedoch zur inhaltlichen Sache selbst entstehen erst im *Prozeß* des Schreibens. Viele Studierende blockieren sich beim Schreiben, wenn neue und unerwartete Fragen auftauchen. Gerade weil ihnen viele Informationen, die sie im Vorfeld gesammelt haben, nicht weiterhelfen, überfällt sie Scham und Frustration über ihr vermeintliches Versagen.

Dabei sind es ganz normale Fragen – die sich allerdings nicht vorab und pauschal beantworten lassen. Ein solches typisches Fragenbündel, das Sie an vielen Stellen Ihrer Arbeit immer wieder einholen kann, ist beispielsweise: Was an Leistung ist von mir hier im einzelnen verlangt? Wie umfangreich und wie tief soll ich das Thema abhandeln? Muß das neu und originell sein?

In den Standardveranstaltungen zur Arbeitstechnik und in Ratgeberbüchern werden Sie darauf vermutlich keine befriedigende Auskunft bekommen. Mit einigen dieser Fragen sind Sie dort einfach nicht an der richtigen Adresse. Was beispielsweise im Rahmen einer Studienarbeit an Leistung von Ihnen verlangt ist, darüber gibt es keine einheitliche, lehrbare Auffassung. Es wird in verschiedenen Disziplinen, an verschiedenen Universitäten von verschiedenen Lehrenden unterschiedlich ausgelegt. Gewisse Anforderungen an Ihre Arbeit sind eine Sache der Abmachung zwischen Ihnen und den Lehrenden, und sie lassen sich nur im persönlichen Gespräch klären.

Falls Sie sich oben beschrieben finden, lautet mein Tip: Warten Sie nicht darauf, daß man Sie im Vorfeld darüber aufklärt, was von Ihnen im einzelnen verlangt ist. Versuchen Sie, *aktiv* im Gespräch mit Lehrenden zu klären, welche Leistung sie von Ihnen erwarten. Nutzen Sie etwa Ihre Chance, das spätestens am Ende des Semesters in der jeweiligen Veranstaltung zu klären. Gehen Sie nicht mit der unklaren Aufgabenstellung heim, aus dem Referat, das Sie gehalten haben, eine Hausarbeit zu machen.

Der Gang in die Sprechstunde der Lehrenden fällt erfahrungsgemäß vielen Studierenden aus verschiedensten Gründen schwer. Dennoch: Gerade wenn Sie Ihr Studium eigentlich so gut wie abgeschlossen haben und „nur" noch Ihre Abschlußarbeit schreiben müssen, sollten Sie das persönliche Gespräch mit Ihrem Betreuer oder Ihrer Betreuerin suchen. Sie vertun nicht nur wertvolle Zeit, wenn Sie sich statt dessen in Veranstaltungen setzen und darauf hoffen, daß Ihre Fragen angesprochen und geklärt werden. Sie verunsichern und lähmen sich damit.

Ein paar Tips, wie Sie sich den Gang in die Sprechstunde leichter machen können, folgen im nächsten Abschnitt.

4.6.5 Zuviel mit der Arbeit erreichen wollen

Ein sicheres Mittel, Schreibblockaden zu provozieren, sind überhöhte Wünsche und Vorstellungen in bezug auf das, was Sie mit Ihrer Arbeit erreichen können. In den Sprechstunden höre ich viele unrealistische Einschätzungen darüber, was im Rahmen einer Studienarbeit machbar ist, was in einer solchen Arbeit von einem verlangt ist und welche Wirkungen man mit diesem Schriftstück erzielen kann.

Aus Furcht, diese vermeintlichen Anforderungen nicht erfüllen zu können, nehmen einige Studierende ihr Schreibprojekt erst gar nicht so recht in Angriff. Viele Arbeiten, die ich betreue, werden jedoch mit großem Schwung und Engagement begonnen und entwickeln sich dann mittendrin zu unbewältigbaren Brocken. In der Anfangsphase sind viele Studierende beflügelt von der Idee, eine in vielen Hinsichten bemerkenswerte Arbeit zu schreiben. Und dieses Engagement kippt im Verlauf der Arbeit häufig in große Frustration um. Die meisten geraten in eine tiefe Krise, wenn sich zeigt, daß sich ihre anfänglichen Ideen nicht so umsetzen lassen, wie sie sich das vorgestellt hatten.

Es sind ganz unterschiedliche Motive und Taktiken, die eine Studienarbeit vorantreiben – aber auch blockieren können. Viele davon sind einem gar nicht recht bewußt, sie hängen irgendwie zusammen und lassen sich gegebenenfalls nicht so einfach abstellen. Aus der Sicht des Schreiblabors gäbe es darüber sehr viel zu berichten. Im Umgang mit den vielen verschiedenen Arbeiten bestätigt sich immer wieder: Überhöhte Identifikation mit dem Thema und große Ambitionen können beim Schreiben ebenso hinderlich sein wie ein absolutes Desinteresse an der gesamten Angelegenheit. In dieser Hinsicht das rechte Maß zu finden, das ist die große Kunst, die so schwer zu vermitteln ist. Zum einen ist es sehr persönlichkeitsabhängig, wie ausgeglichen man ein Thema angehen kann, zum andern ist es eine Frage der Routine im Verfassen längerer wissenschaftlicher Arbeiten.

Der einfachste Weg, eine ausgewogene Einstellung zu Ihrer Arbeit zu finden, führt auch hier wieder über ein Gespräch. Versuchen Sie, im Austausch mit Freunden und Studienkollegen sich zu vergegenwärtigen, welche verschiedenen Absichten Sie mit Ihrer Studienarbeit hegen. Nur so haben Sie die Chance herauszufinden, wo Ihre jeweiligen Schwierigkeiten herrühren. Und nur so können Sie es vermeiden, das Problem womöglich an der falschen Stelle zu suchen und sich damit Ihre Arbeit noch schwerer zu machen. Sehr oft erfahre ich von den Ratsuchenden, daß ihnen allein das Aussprechen oder Hinschreiben ihrer Wünsche und Vorstellungen bezüglich der Arbeit geholfen habe. Einiges habe sich sogar von selbst erledigt: Sie hätten sich von einigen überzogenen Vorstellungen verabschieden können, sie hätten sich damit Erleichterung verschafft, und sie hätten nüchterner, aber auch zuversichtlicher ihre Arbeit wieder aufnehmen können.

Übergroßes Engagement in der Studienarbeit geht meist nicht allein auf die Begeisterung für die inhaltliche Sache zurück. Fast immer sind auch diffuse Wünsche mit im Spiel, Anerkennung verschiedenster Art für die erbrachte Leistung zu bekommen. Aus der Menge der versteckten Motive, die dabei im Spiel sein können, möchte ich noch eines erwähnen, mit dem ich erstaunlich oft konfrontiert bin. Neben dem nicht näher bestimmten Ziel, die fachliche Kompetenz unter Beweis zu stellen, soll die anliegende Studienarbeit manchmal auch ganz konkret „zwei Fliegen mit einer Klappe schlagen". Nicht selten soll sie den Weg zum größeren akademischen Erfolg ebnen. Horchen Sie also in sich, ob Sie mit ihrer Studienarbeit eventuell schon ein weiteres Ziel anpeilen: etwa eine Förderung, eine Hilfskraftstelle, eine Promotionsmöglichkeit oder irgend etwas in dieser Richtung. In diesem Fall ist es um so wichtiger, das Gespräch mit dem Betreuer oder der Betreuerin zu suchen, um herauszufinden, welche Leistung von Ihnen erwartet wird. Ich habe den Eindruck gewonnen, daß Lehrende ganz unterschiedliche Leistungen favorisieren – und daß viele Studierende sich unnötig abgemüht haben und in Sackgassen geraten sind.

Überhaupt wird meiner Erfahrung nach seitens der Studierenden viel zu viel darüber gemutmaßt, was ihre Betreuer von ihnen an Leistung fordern. Zusammen mit anderen Unsicherheiten führt das ziemlich sicher zu Blockaden. Denn es ist, auch ohne daß eine konkrete Beurteilung von Außenstehenden drohte, sehr schwer, die eigenen Schreibleistungen einigermaßen ausgewogen einzuschätzen. Zuweilen verliert man jegliches Gefühl dafür, ob das Geschriebene gut oder schlecht ist. Viele Leute, auch erfolgreiche Autorinnen und Autoren, erleben beim Schreiben, daß Begeisterung und Frustration über das Geschaffene sehr nah beieinanderliegen. Und dieses Phänomen allein reicht schon aus, den Schreibprozeß erheblich zu stören oder abzuwürgen. Falls es Ihnen ähnlich geht: Versuchen Sie also, wenigstens die äußeren Bedingungen zu klären. Spekulieren Sie nicht darüber, was der Betreuer oder die Betreuerin erwartet. Sie bringen sich damit in unnötige Schwierigkeiten.

Die Ratsuchenden im Schreiblabor empfinden es als sehr hilfreich, das Gespräch mit den Lehrenden vorzubereiten. Nach ihren Erfahrungen empfiehlt es sich, zunächst einmal alle Unsicherheiten aufzuschreiben und dann im Austausch mit Studienkollegen abzuwägen, welche dieser Fragen man wirklich in der Sprechstunde stellen muß und mag. Wenn Sie so vorgehen und sich daraufhin noch einmal die übriggebliebenen Fragen notieren, sind Sie für die Sprechstunde ganz gut ausgerüstet.

4.6.6 Zuviel im Rahmen der Arbeit bewerkstelligen wollen

Bis hierher habe ich Ihr Augenmerk auf einige Rahmenbedingungen von Studienarbeiten gelenkt, die erfahrungsgemäß Blockaden auslösen. Neben den zuvor erwähnten Motivationen und Unsicherheiten im Vorfeld der Arbeit gibt es im Rahmen der einzelnen Arbeitsschritte typische Auslöser von Blockaden. Eine der Hauptursachen sehe ich auf der inhaltlichen Ebene. Meist möchte man im Rahmen der Arbeit *zuviel Information erfassen, verarbeiten und weitergeben*. Bei der Themenfindung, beim Lesen, Exzerpieren, Strukturieren und schließlich bei der verbindlichen schriftlichen Niederlegung kann das zu etlichen Störungen führen.[2]

Aus der Menge der einzelnen Arbeitsschritte möchte ich an dieser Stelle einen kleinen Ausschnitt der *Formulierungsarbeit* streifen. Blockaden, die beim Formulieren auftauchen, lassen sich wiederum recht gut mit der Unterstellung erfassen, daß man zuviel auf einmal machen möchte. Ich beobachte bei den Ratsuchenden, daß sie beim Schreiben stolpern, weil sie meist

– *zu viele Themen* ansprechen wollen,

– *zu viele verschiedene Leser* ansprechen wollen,

– *zuviel mit zu wenigen Sätzen* ausdrücken wollen,

– *zuviel auf Anhieb* ansprechend darlegen und formulieren wollen.

Die allermeisten Studierenden, die im Schreiblabor ihre Schreibhemmung überwunden haben, führen das darauf zurück, daß sie sich von der Idee verabschiedet haben, ihren Text in einem einzigen Anlauf anfertigen zu können. Die Erfahrung, daß viele Gedanken sich erst im Prozeß des Schreibens entwickeln, hat ihr Schreibproblem auf eine ganz unerwartete Weise gelöst.

Die Annahme, daß es möglich sei, auf Anhieb einen gelungenen wissenschaftlichen Text zu schreiben, ist sicherlich ein Herzstück vieler Schreibprobleme im Studium. Wie irrig und tückisch diese Idee ist, das läßt sich in einem Ratgeberbuch nur schwer vermitteln. Daß ein Text erst nach und nach durch mehrere Überarbeitungsschritte Gestalt annimmt, kann man nur beim Schreiben selbst erfahren. Dennoch gibt es auch hier einige hilfreiche Tips. Falls Sie sich hier in Ihrer Arbeitshaltung angesprochen fühlen, möchte ich Ihnen sehr nachdrücklich raten: Wenn Sie sich heftige Schreibschmerzen und eine Menge Frust ersparen wollen, schlagen Sie sich aus dem Kopf, daß Sie auf Anhieb die angemessene Reihenfolge, den richtigen und treffenden Ausdruck für Ihre Gedanken finden können. Dazu sind etliche, zuweilen auch sehr holprige Anläufe notwendig. In einem einzigen Anlauf eine gelungene wissenschaftliche Arbeit schreiben zu können, zumal wenn man wenig Schreiberfahrung hat, das ist so unwahrscheinlich wie auf Anhieb ein Instrument zu beherrschen.

Eine der häufigsten Fragen in der Schreibberatung lautet: „Für welchen Leser schreibe ich diese Arbeit eigentlich?" Hiermit ist ein ganz großes, ungelöstes Problem angesprochen. Richtet man sich mit Studienarbeiten an die Wissenschaftliche Gemeinschaft, an den Dozenten oder die Dozentin, an interessierte Leser und Leserinnen außerhalb der Wissenschaft – oder an alle ein bißchen? An dieser Frage hängen sämtliche weiteren Gestaltungsfragen für die Arbeit. Ich möchte es hier bei einem Tip bewenden lassen, der sich sehr bewährt hat: Am einfachsten und verläßlichsten ist es, wenn Sie Ihre Arbeit an interessierte Studienkolleginnen und -kollegen Ihres Fachs richten. Für den Einstieg in die Arbeit ist es besonders hilfreich, sich vorzustellen, für Studierende aus niedrigeren Semestern zu schreiben. Das hilft Ihnen, die Informationen, die Sie verarbeiten müssen, auszuwählen und zu strukturieren, und es erleichtert Ihnen, eine

---

2 Wie sich eine solche typische Blockade allmählich zusammenbraut und wie man sich das erklären kann, finden Sie in Ruhmann 1995.

angemessene sprachliche Präsentation Ihres Themas zu finden. Die Angst, daß der Text auf diese Weise „zu unwissenschaftlich" klingen könnte, halte ich für unbegründet. Zudem ist es ein Leichtes, in einem weiteren Schritt umzuformulieren, was einem „zu harmlos" ausgedrückt vorkommen mag.

Den Einstieg in die Formulierungsarbeit empfinden viele Studierende als schwierigsten Schritt ihrer Aufgabe. Es gibt zahlreiche Tricks, diese Hemmschwelle zu überwinden. Als besonders hilfreich empfinden viele Ratsuchende kleine Übungen des Typs, wie ich sie weiter unten beschreibe („Logo"). Andere helfen sich dadurch weiter, daß sie über die einzelnen Kapitel oder Abschnitte ihrer Arbeit ein Referat halten und ein Tonband mitlaufen lassen. Das Abtippen des Mitschnitts ist eine überschaubare Arbeit, und man hat auf diese Weise einen ersten Rohtext, an dem sich weiterarbeiten läßt. Einigen gelingt der Einstieg, indem sie ihre Gedanken diktieren: Sie spielen untereinander kurze Zeit „Sekretär", andere benutzen ein Diktiergerät. Wiederum anderen hilft es schon, den Ort zu wechseln, an dem sie schreiben. Manche können etwa besonders gut im Café schreiben, anderen hilft es, sich in die Bibliothek zu setzen, und wiederum andere bringen sich zum Schreiben, indem sie feste Treffen mit Gleichgesinnten vereinbaren. Sehr vielen fällt es leichter, in die Formulierungsarbeit einzusteigen, wenn sie sich in einem ersten Schritt an Standardformulierungen halten, etwa an solche, mit denen in Wissenschaftstexten üblicherweise Positionen anderer Autoren dargestellt werden. Andere finden es überaus hilfreich, ein wissenschaftliches Tagebuch zu führen, auf das sie beim Formulieren zurückgreifen können. Diese Trickliste ließe sich beliebig erweitern. Meine eindrücklichste Erfahrung im Schreiblabor ist, daß es keine Standardstrategien gibt, um die Formulierungshemmschwelle zu überwinden. Seien Sie also experimentierfreudig! Häufig löst sich die Blockade auf gänzlich unerwartete Weise.

Wenn es auch keine Standardverfahren gibt, in den Formulierungsprozeß hineinzufinden: Es gibt ganz klar erkennbare Strategien, mit denen man den Formulierungsfluß unterbrechen – oder versiegen lassen – kann. Eine dieser Strategien, die mir sehr häufig begegnet, möchte ich noch ansprechen. Mein Eindruck ist, daß sehr viele Studienarbeiten dadurch ins Stocken geraten, daß in einem Satz zuviel ausgedrückt werden soll. Ein Teil meiner Beratungstätigkeit besteht darin, sehr kleine, überschaubare Textstellen anzuschauen und mich mit den Studierenden über diese Passagen auszutauschen. Zuweilen dreht es sich nur um einen einzigen Satz. In diesen Gesprächen versuche ich zu formulieren, was ich an dieser Textstelle verstehe und was sich mir nicht erschließt. Nicht selten ergibt sich aus dem Gespräch über diesen einen Satz eine weitere Seite mit Aussagen – manchmal gar mehr.

Wenn Sie beim Formulieren merken, daß Sie sich verkrampfen, kann es hilfreich sein, einen ähnlichen Test zu machen. Sehr hilfreich ist auch hier wieder ein Gespräch mit Leuten Ihres Vertrauens. Man selbst verliert häufig den Blick für die Informationsdichte der Sätze, die man produziert. Deshalb ist es sehr hilfreich, Freunde zu bitten, einmal ganz deutlich auszusprechen oder aufzuschreiben, was sie an Ihrem Text verstehen und nicht verstehen. Ganz wichtig ist hierbei, daß Sie eine sehr *kleine Textstelle* nehmen – und daß Sie wirklich nur darauf achten, welche *Formulierungen* in Ihrem Text welches Verständnis oder Mißverständnis hervorrufen.

Sich Rückmeldung über Texte zu holen kann eine sehr frustrierende, zuweilen auch eine verletzende Angelegenheit sein. Dennoch ist es häufig das einzig richtige Mittel, zurück in den Schreibfluß zu kommen. Vor Frust und Verletzung schützen Sie sich am besten, wenn Sie sich an Leute wenden, deren Urteil Sie nicht fürchten, und wenn Sie genau sagen, welche Art von Rückmeldung Sie wollen. Vor dem Hintergrund meiner Erfahrungen im Schreiblabor empfehle ich Ihnen, sich möglichst nur Rückmeldungen über Formulierungen zu holen. Sie kommen dadurch automatisch zu Ihren inhaltlichen Fragen zurück, und Sie schützen sich davor, daß Sie lauter gutgemeinte inhaltliche Vorschläge bekommen, die Sie aus dem Konzept bringen. Es ist eine meiner eindrücklichsten Beratungserfahrungen, daß man mit detaillierter Rückmeldung über sehr kleine Textpassagen eine große Hilfestellung geben kann. Die meisten Ratsuchenden bekommen auf diese Weise einen Anschub, der ihnen aus der Blockade hilft und sie vor neuen Verkrampfungen bewahrt.

4.6.7 Ins Reden über das Schreiben kommen

Nachdem ich Ihnen so nachdrücklich geraten habe, das Gespräch über Ihre Fragen zum Schreiben zu suchen, möchte ich Ihnen noch ein paar Tips geben, wie Sie solche Gespräche in Gang setzen können.

Nach einem Seminar im Schreiblabor gründen sich häufig Arbeitsgemeinschaften, die im kontinuierlichen Austausch über die verschiedenen Fragen zum wissenschaftlichen Schreiben bleiben. Versuchen Sie auch, mit Gleichgesinnten eine Schreibgruppe ins Leben zu rufen. Vielleicht gelingt es Ihnen, Studienberater oder Tutoren für diese Idee zu gewinnen. Die Einsicht, daß es notwendig ist, offen über Probleme beim wissenschaftlichen Schreiben zu sprechen, setzt sich nach und nach an den Hochschulen durch. Es ist recht wahrscheinlich, daß Sie an einigen Stellen Ihrer Universität mit Ihrem Anliegen auf offene Ohren treffen werden: etwa in der Zentralen StudentInnenberatung, im hochschuldidaktischen Zentrum, vielleicht auch in Ihrem Fachbereich.

Mit dem kontinuierlichen Austausch über das Schreiben ist es allerdings gar nicht so einfach. Das erlebe ich ständig in den Gruppenveranstaltungen des Schreiblabors. Wenn auch der Leidensdruck groß ist, so scheint es doch sehr schwer zu sein, außerhalb der verpflichtenden Veranstaltungen verbindlich mit anderen Studierenden zusammenzuarbeiten. Vermutlich liegt das an der Anonymität der Massenuniversität, wo ja ansonsten niemand so recht registriert, ob man da ist und ob man dabei ist. Sie brauchen für eine Schreibgruppe etwas mehr Durchhaltewillen, als es Ihnen vielleicht in anderen Studiengruppen abverlangt wird. Aber es lohnt sich. Das höre ich jedenfalls in den Veranstaltungen des Schreiblabors.

Auch brauchen Sie Experimentierfreude und ein wenig Bereitschaft, etwas über Ihre Ängste und Verletzlichkeiten zu erfahren. Bei allem guten Willen läßt es sich nicht vermeiden, daß Ihnen im Austausch über Ihre Probleme zuweilen mulmig zumute sein wird. Doch darin gerade liegt die Chance, aus der Blockade herauszukommen. Auch das bestätigen die TeilnehmerInnen der Schreibgruppen. Sie erleben es als ungewohnt, aber überaus befreiend, daß sie im Unterschied zu Fachveranstaltungen „nicht so tun müssen, als wüßten sie schon alles". Neben dem „Bluff"[3], der wegfällt, empfinden sehr viele Gruppenmitglieder die fachlich unabhängige Zusammensetzung der Schreibgruppen als besonders hilfreich: Ohne Lehrende im Hintergrund und außerhalb ihres jeweiligen Fachbereichs muß man sich nicht vor fachlicher Beurteilung fürchten.

Es gibt innerhalb der Fachbereiche unverzichtbare und hilfreiche Unterstützung für wissenschaftliche Arbeitstechniken und auch für konkret anliegende Arbeiten (etwa Examenskolloquien). Nehmen Sie sich selbst jedoch ernst, wenn Sie spüren, daß Sie sich dort beim besten Willen mit all Ihren Schreibproblemen nicht öffnen mögen. Es ist schade, daß dieses Vertrauen sich in den gewöhnlichen Hochschulveranstaltungen meist nicht einstellt. Aber es ist nun mal so, und es wird sich so schnell nicht ändern. Schreibgruppen, zusätzlich zu den Fachveranstaltungen, könnten Ihnen in dieser Hinsicht Erleichterung verschaffen.

4.6.8 Ins Schreiben über das Schreiben kommen

Ich möchte Ihnen nun noch eine Anregung in Form von drei Schreibübungen mitgeben. Diese Übungen ermöglichen Ihnen nicht nur, ein Gespräch über Ihre Arbeit vorzustrukturieren. Sie helfen auch gleichzeitig, den Einstieg ins Schreiben zu finden – vor allem, wenn Sie sich schon länger mit Ihrer Arbeit beschäftigt haben.

Anonyme Arbeiten e.V.
Ich bin die Studienarbeit von Richard Wagnis, und ich mache mir so meine Gedanken. Ich möchte auf gar keinen Fall von einer anderen Person geschrieben werden. Aber dennoch: Ich habe es nicht leicht mit meinem Autor. Deshalb bin ich froh, daß ich mit meinen Sorgen hierher kommen kann. Wo sonst dürfen sich ungeborene Werke schon zu Wort melden? Als gäbe es aus unserer Perspektive nichts zu berichten!
Lassen Sie auf 1-2 Seiten Ihre Arbeit über sich selbst sprechen.

Logo
Sie und Ihr Arbeitsvorhaben sollen in der Nachrichtensendung LOGO vorgestellt werden. LOGO macht Berichterstattung für interessierte Jugendliche. Schreiben Sie auf ein bis zwei Seiten auf, worum es in Ihrer Studienarbeit gehen soll – so einfach das irgend möglich ist und soweit Ihnen das bisher bewußt ist. Lassen Sie sich dabei durch folgende Fragen leiten: Was ist das Thema der Arbeit? Warum halten Sie das für spannend oder wichtig? Welche Frage liegt Ih-

---

[3] Näheres über das Bluffen an der Universität erfahren Sie bei Wagner 1992.

nen besonders am Herzen in Ihrer Untersuchung? Was sagt die bisherige Forschung dazu? Was hoffen Sie, dem hinzufügen zu können? Warum wäre das
wichtig? usw.

Es ist nicht das Ziel dieser Aufgabe, ein möglichst korrektes und vollständi-
ges Bild Ihres Vorhabens zu entwerfen. Eher schon soll bei den Zuhörern eine
Vorstellung davon entstehen, was daran spannend ist. Bemühen Sie sich wirklich, so einfach zu schreiben, daß es Jugendliche, etwa 15 Jahre alt, verstehen
können.

Realistenförderung
Sie beteiligen sich an einem Wettbewerb, in dem Studienarbeiten zur Förderung ausgewählt werden. Die Jury prämiert diejenige der eingereichten Arbeits-
absichten, die besonders realistisch und durchführbar erscheint – also nicht unbedingt diejenigen, die inhaltlich besonders ehrgeizig sind. Schreiben Sie auf,
wieviel Zeit Ihnen insgesamt noch für die Arbeit verbleibt, wieviel Zeit Sie sich
nehmen möchten. Was Sie bereits gemacht haben. Was noch fehlt. Schreiben
Sie auf, was Sie in den nächsten Wochen (und Monaten) vorhaben. Überzeugen Sie die Jury von Ihrem Vorhaben. Fingieren Sie einen Antrag auf 1-2 Seiten. Machen Sie einen Stundenplan, aus dem ersichtlich wird, welche Zeit Sie
Ihrer Arbeit widmen wollen.

4.6.9 Und wenn gar nichts davon hilft

Zuweilen gibt es so hartnäckige Blockaden, daß keines der hier angedeuteten
und vorgeschlagenen Mittel hilft, auch wenn man sich noch soviel Mühe gibt.
In diesem Falle ist es ratsam, die Blockade selbst zum Thema zu machen. Im
Schreiblabor arbeite ich mit Stunden- und Tagesprotokollen, in denen die Studierenden versuchen festzuhalten, warum sie *nicht* schreiben. Diese Protokolle
können zwei Dinge bewirken. Einigen gelingt es wiederum damit, in den
Schreibprozeß hereinzukommen, manchen hilft das Gespräch über diese Protokolle, um einen Ansatzpunkt zu finden oder eventuell tiefersitzende Ursachen für die Blockade zu erkennen. Damit eröffnen sie sich neue Wege, ihr Problem anzugehen.

Gerade wenn Sie sehr lange unter hartnäckigen Blockaden leiden, sei es, daß
Sie nicht anfangen können, nicht weiterkommen oder nicht aufhören können:
Es lohnt sich, mit Personen Ihres Vertrauens der Frage nachzugehen, welchen
Grund es haben könnte, daß Sie selbst es so lange und aufwendig verhindern,
die betreffende Arbeit zu schreiben. Es kann Sie auf unerwartete Weise weiter-
bringen.[4]

---

[4] Für hilfreiche Hinweise und Unterstützung danke ich Andrea Frank, Christine Freese, Manfred
Hettling und Otto Kruse.

5. Wie man einen Text gliedern kann

Fachtexte und wissenschaftliche Texte, ob informativ und analysierend oder
– auf der Grundlage von Informationen – argumentativ, sind in hohem Ma-
ße gegliedert. *Analysieren* bedeutet schließlich ‚zerlegen, zergliedern‘.
Texte gliedert man in mehreren Bereichen:
- Man gliedert **inhaltlich** und macht dem Leser durch Überschriften und
  Zwischenüberschriften, gegebenenfalls auch durch eine laufende Ko-
  lumne und durch eine Marginalspalte, diese Gliederung deutlich.
- Man gliedert **optisch** im Hinblick auf die Papiergröße und den Satzspiegel: Layout, Schriftgröße, Schrifttyp, Schriftvariation, Zeilenabstand,
  Absätze, Einzüge usw. sind die wichtigsten Faktoren.
- Man gliedert **sprachlich** durch sprachliche Formen und Regeln, also
  Wortlänge, Wortbedeutung, grammatische Muster, Regeln der Zeichensetzung usw.
Behandelt werden in diesem Kapitel:
- die **inhaltlichen Gliederungen**
- die **textualen Mittel** vom Typ Vorbemerkung, Einleitung, Hauptteil, Anmerkungen, Exkurs, Zusammenfassung, Literaturverzeichnis usw.
- **formale Ordnungsschemata** wie 1., 1.1 oder I A 1. a)
- die **grammatischen Gliederungen**
- die sprachlich formulierten **logischen Gliederungssignale** vom Typ *wenn
  . . . dann, einerseits . . . andererseits, zwar . . . aber*
- **die lexikalischen Mittel** vom Typ *Sinn . . . Unsinn, Analyse . . . Synthese,
  extra . . . intra*

Fragen des Layouts, Tips zum Tippen sowie Hinweise auf Grafiken und Zeichnungen usw. werden in einem eigenen Kapitel abgehandelt (s. dazu Kap. 9). Die Gliederung des Textes ist für den Schreibenden mindestens so wichtig wie für den Leser. Während des Gliederns bekommt man die sachlogische und eventuell argumentative Struktur des Textes erst wirklich in den Griff. Das Wort *Griff* hat – etymologisch nicht zufällig – mit *Begriff, greifen, begreifen* zu tun. Säuglinge *begreifen* wortwörtlich ihre Umgebung, ehe sie sich sprachlich und begrifflich damit auseinandersetzen können. Wir gehen diese Gliederungsmöglichkeiten im einzelnen durch.

5.1 Inhaltliche Gliederung

Die formalen Gliederungsbegriffe wie *Einleitung, Kapitel, Zusammenfassung* (siehe dazu 5.2) sind sinnvollerweise inhaltlich zu füllen. Dabei kommt es darauf an, die zentralen Begriffe eines Abschnitts zu nennen. Diese Begriffe zu suchen und sprachlich zu fixieren hilft nicht nur dem Leser, sondern dem Schreiber, der sich darüber klar wird, was denn der zentrale Begriff oder die Kernaussage eines Abschnitts ist.

Sprachlich gibt es dabei verschiedene Möglichkeiten, und es kommt darauf an, einerseits konsistent zu formulieren, aber andererseits keine sprachlichen Verrenkungen zu machen. Nehmen wir unser eigenes Buch, um Möglichkeiten und Probleme anzusprechen.

Die Kapitelüberschriften in diesem Buch sind **handlungsorientiert** formuliert, soweit das möglich ist, also in diesem Kapitel *Wie man einen Text gliedern kann*. Die handlungsorientierte Formulierung entspricht dem Anliegen des Buches und ist konsistent mit dem Buchtitel, der ebenfalls handlungsorientiert formuliert ist: *Schreiben im Studium*. Eine andere Möglichkeit sind **begriffsorientierte** Formulierungen. Eine begriffsorientierte Formulierung wäre *Textgliederung*. Begriffsorientiert sind die Unterkapitel formuliert mit dem wiederkehrenden Begriff *Gliederung*, weil hier Differenzierungen vorgenommen werden sollen, die man durch Attribute wie *inhaltliche, lexikalische, formale, grammatische, logische ...* ausdrücken kann. Begriffsorientiert ist auch Kapitel 2 *Textsorten* formuliert, weil es hier um ein Begriffsnetz geht (*Mitschrift, Protokoll, Referat* und *Thesenpapier, Hausarbeit* usw.). Kapitel 4 *Wissenschaftlich arbeiten* ist wiederum handlungsorientiert formuliert, weil es hier um das Schreiben geht: *Recherchieren, ein Thema finden, das Thema eingrenzen* usw.

Wenn man begriffsorientiert formuliert, wird man sehr oft Handlungen und Prozesse, die durch Verben ausgedrückt werden, ,auf den Begriff bringen' müssen, und das heißt: Man wird die Verben zu Nomen/Substantiven machen, was häufig bedeutet, daß man die Endung *-ung* anhängt: *Gliederung, Ordnung, Themenfindung, Themeneingrenzung* usw. Dabei muß man darauf achten, daß diese Häufung von *-ung*-Wörtern, die ja im Inhaltsverzeichnis untereinander erscheinen, nicht gequält wirkt. Formulierungen vom Typ *das Gliedern, das Ordnen,* *das Finden/Eingrenzen des Themas* usw. sind ein Ausweg; aber auch hier sollte man darauf achten, daß man einigermaßen konsistent formuliert und nicht zwischen *-ung*-Formulierungen und *das*-Formulierungen hin- und herschwankt.

Beim inhaltlichen Gliedern gibt es noch weitere Möglichkeiten, dem Leser (und sich selbst) einen Überblick zu geben:

– Man kann in einer laufenden Kolumne (Oberzeile, oft durch einen Strich vom Text abgetrennt) in Stichworten auf den Text verweisen, wie das z.b. in diesem Buch geschieht.

– Man kann in einer Marginalspalte (auf dem Rand) Stichworte zum Inhalt des danebenstehenden Textes machen.

– Man kann im Text, typographisch abgesetzt, Stichworte angeben oder knappe Formulierungen des Textes noch einmal hervorheben.

Die ersten beiden Möglichkeiten werden in Sachbüchern und Lehrbüchern häufig genutzt. Die dritte Variante findet man in Zeitschriften und Wochenzeitungen.

✍ Trainingseinheit

Eine gute Übung, die inhaltliche Gliederung eines Textes zu überprüfen, ist es, für jeden Absatz eine knappe Formulierung zu suchen. Diese Übung zeigt zugleich, ob die formale Absatzgliederung sinnvoll genutzt wird.

Nehmen Sie einen beliebigen Text, und formulieren Sie für jeden Absatz ein paar Stichworte. Sie können dazu auch den Text über Helme für Fahrradfahrer aus der ZEIT auf S. 188 nehmen.

5.2 Textuale Gliederungen und Gliederungsbegriffe

Im guten alten Schulaufsatz hieß es, er habe drei Teile:
1. Einleitung,
2. Hauptteil,
3. Schluß.

Das ist durchaus ein Gliederungsmuster, und zwar eines, in dem sowohl die Ordnungsbegriffe als auch die Zahlen eine Reihung angeben. Den Zahlen wenden wir uns weiter unten zu (siehe formale Ordnungsschemata 5.3). Es gibt darüber hinaus eine ganze Reihe weiterer ordnender Begriffe wie *Absatz, Abschnitt, Abstract* usw. Wir werden sie im einzelnen vorstellen und erläutern, wozu sie dienlich sind.

Doch zunächst noch zum **Dreierschema, dem Dreischritt**. Der Dreischritt ist ein gut zu überschauendes Ordnungsmuster, für das es mehrere wirkungsvolle Füllungen gibt.

– **Einleitung – Hauptteil – Schluß** eignen sich gut für informative Texte mit Wertung.
   Einleitung: knappe Hinführung auf das Thema
   Hauptteil: ausführlichere Darstellung
   Schluß: Schlußfolgerung, Zusammenfassung und/oder Bewertung

– Der **Dreischritt als Wiederholung** ist ein Muster, das man häufig in Erzählungen, Märchen und Witzen findet: *Drei Wünsche* ... Der Dreischritt ist sprichwörtlich: *Aller guten Dinge sind drei.* Und er findet sich in Begründungsmustern vom Typ *erstens, zweitens, drittens*; nur selten folgt *viertens*. (Zu solchen Mustern, inbesondere zum Fünfschritt, siehe Kapitel 7.3 und Pabst-Weinschenk 1995).

– Der **Dreischritt als Steigerung** ist eine Variante, die zusätzlich Struktur in das Dreierschema bringt. In Kurzfassung etwa im geflügelten Wort Cäsars *Ich kam, ich sah, ich siegte.* Lateinisch kommt noch das Stilmittel der Alliteration (gleiche Laute im Anlaut) hinzu: *Veni, vidi, vici.* Das Dreiermuster der Steigerung ist im grammatischen System der Sprache vorgegeben und auch deshalb so wirkungsvoll einzusetzen, denn die sprachlichen Formen geben die Steigerung vor: *Das war gut.* Aber das war **besser**. Und dieses war *das beste/am besten.*

Nun zu den anderen Gliederungsbegriffen in alphabetischer Folge.

Absatz: Siehe formale Ordnungsschemata (Kapitel 5.3).

Abschnitt: Ein nicht genau abgegrenzter inhaltlicher Begriff, den man deshalb flexibel verwenden kann: „Im nächsten Abschnitt wird ... dargestellt."

Abstract: Das Abstract ist eine in vielen Fachzeitschriften geforderte knappe Darstellung dessen, was im Artikel ausgeführt wird. Es steht vor dem Artikel oder am Schluß, das regeln die Herausgeber. In Zeitschriften mit internationaler Verbreitung wird gewöhnlich verlangt, daß das Abstract auf englisch geschrieben wird, was der Name schon nahelegt, der nicht zufällig ein englischer Internationalismus ist. Abstracts als Inhaltsangaben ohne Bewertung können auch selbständig erscheinen, z.B. bei Dokumentationsdiensten und in Fachzeitschriften.

Anhang: Der Anhang ist für umfangreichere Materialien und Dokumente geeignet, die einen fortlaufenden Text auseinanderreißen würden. Bei Protokollen nimmt er Arbeitspapiere und ähnliches auf, welche während der Sitzung eine Rolle gespielt haben.

Anlage(n): Die Anlagen gehören als Dokumente in Verwaltungs- und Geschäftstexte. Man verweist auf sie, indem man unter einen Text einen Hinweis schreibt. Wenn in Briefen auf diese Anlagen eingegangen wird, setzt man neben die entsprechende Textpassage einen Schrägstrich /.

Anmerkungen: Anmerkungen haben in wissenschaftlichen Texten zwei Funktionen:

1. Anmerkungen geben Quellen benutzter oder zitierter Literatur an. Einzelne Fächer haben leicht abweichende Konventionen, wie man Literatur zitiert, aber zitiert wird immer. Für die Studienanfänger ist das oft ein formales und ein inhaltliches Problem.
   Zu den **Formalia** wird in Kapitel 4.2.4 ein mögliches Schema angeboten; in Kapitel 4.2 wird insgesamt der Umgang mit den Quellen und der Sekundärliteratur behandelt. Deshalb hier nur noch einige kurze Hinweise:
   Inhaltlich haben Quellenangaben zwei Aufgaben:
   – In Arbeiten über andere Texte dienen Quellenangaben benutzter Primärliteratur dazu, die Stellen der wörtlich wiedergegebenen Textpassagen für andere zu identifizieren und auffindbar zu machen.

   – In der Auseinandersetzung mit anderer Sekundärliteratur dienen sie dazu, Ihre Kenntnisse und Argumente in die fachliche Tradition und Diskussion einzubetten. Auch hier soll der Leser in die Lage versetzt werden, selbst die von Ihnen notwendig verkürzten Zitate zu überprüfen und gegebenenfalls selbst mehr zu lesen, als Sie zitiert haben. Solche Quellenangaben sind auch erforderlich, wenn Sie die Argumentation anderer zusammenfassen.

2. Anmerkungen geben zusätzliche Erläuterungen und Beispiele. Sie haben nicht das gleiche Gewicht wie der Haupttext, können überblättert werden, wenn man nur die Hauptargumente verfolgt. In Anmerkungen können Sie auch auf andere Teile Ihrer Arbeit verweisen.

Achtung: Wenn man sehr oft auf andere Textteile verweist, sollte man überprüfen, ob man seinen Stoff und seine Argumentation vernünftig gegliedert hat.

Noch ein Hinweis: „Belade jeden Kahn mit Erz", heißt ein englisches Sprichwort. Man sollte nur substantielle Zusatzinformationen geben und nicht den ganzen Zettelkasten oder die Textbausteine, die man während der Recherche gemacht hat und die nicht in den Haupttext passen, nun in den Anmerkungen unterbringen. In Tucholskys *Ratschlägen für einen guten Redner* steht am Schluß: „Wat jestrichen is, kann nich durchfallen!" (vgl. S. 223)* Anmerkungen stehen als **Fußnoten** oder gesammelt am Ende in einem Anhang. Als Fußnote sind sie leserfreundlicher. Textprogramme haben dafür fertige Befehle, die auch automatisch zählen. Wenn man jedoch Schreibmaschine schreibt und Platzberechnungsprobleme bekommt, ist eine Sammlung von Anmerkungen für den Schreiber einfacher zu handhaben. Wenn man sie auf ausklappbare Papierbögen klebt, wird auch der Leser zufrieden sein.

*Kurt Tucholsky: Ausgewählte Werke. Reinbek bei Hamburg 1965, S. 190.

Ausblick: Der Ausblick ist angebracht, wenn man meint, ein Zwischenergebnis ermittelt und dargestellt zu haben. Das ist insbesondere bei Zwischenberichten in Forschungsvorhaben und anderen Projekten der Fall.

Beispiel: Das Beispiel soll illustrativ sein, soll die Sache erhellen und nicht verdunkeln. Der Leser darf sich an einem Beispiel erfreuen, aber er darf nicht durch das Beispiel verleitet werden, falsche Schlußfolgerungen zu ziehen.

In Texten über Sprache, also Grammatiken oder Sprachanalysen, muß man sich eine genaue Notationskonvention überlegen.

Zur Notationskonvention

In Texten über Sprache hat man es damit zu tun, daß man Sprache als Sprache zur Sprache bringt, daß man mit Sprache über Sprache als Sprache schreibt. Diese Formulierungen mögen etwas verwirrend erscheinen, demonstrieren aber das Problem. Man muß zwischen der **Objektsprache**, über die man etwas sagt, und der **Metasprache** der Begriffe und des laufenden Textes unterscheiden.

In Grammatiken und auch in diesem Buch finden Sie folgende Konvention:

- Der laufende Text ist in der Grundschrift geschrieben (technisch handelt es sich um die Times-Schrift).
- Begriffe der Metasprache sind **halbfett** gesetzt, wenn sie hervorgehoben werden sollen.
- Beispiele in der Objektsprache sind kursiv geschrieben; das können Sie besonders in Kapitel 8 nachvollziehen, wo es um Sprachstil geht; auch in den Abschnitten 5.4 und 5.5 finden Sie viele Beispiele in der *Kursivschrift*. Wenn dort etwas hervorgehoben werden soll, wird ***kursiv halbfett*** markiert.
- Für wissenschaftliche Zitate aus anderen Büchern werden Anführungsstriche verwendet: „Zitat".
- Wenn im laufenden Text ein Wort hervorgehoben werden soll (nicht ein Begriff, s.o.), wird es in einfache Anführungsstriche gesetzt: ‚Hervorhebung'.
- Längere Fremdtexte, die Hintergrundinformation geben oder auch – wie die Gedichte – einen Aspekt des Themas eher scherzhaft beleuchten, sind in einer anderen Schrifttype abgesetzt (technisch: Helvetica-Schrift).
- In Texten, in denen zwischen Lauten und Buchstaben unterschieden werden soll, gibt es zusätzliche Zeichen. So werden Aussprachehinweise in Wörterbüchern durch Schrägstriche /e/, /e:/ für kurzes und langes *e* angezeigt. Wenn die Klangqualität noch genauer angegeben werden soll, notiert man in eckigen Klammern und benutzt das sogenannte internationale phonetische Alphabet: Σ für das offen gesprochene *e*, das fast wie ein *ä* klingt. Wenn über Buchstaben gesprochen wird, setzt man gewöhnlich spitze Klammern: der Buchstabe usw.

Bibliographie (demnächst auch: *Bibliografie*): Eine Bibliographie ist ein umfassendes Verzeichnis von Titeln (Monographien, Aufsätze, Handbuchartikel usw.) zu einem Thema. In einer Hausarbeit und in wissenschaftlichen Monographien führt man im Literaturverzeichnis (s.u.) die Titel an, die man als Quellen und für Zitate benutzt hat.

Einleitung: Eine Einleitung ist genau das: Sie leitet den Leser zum eigentlichen Thema. Sie holt ihn dort ab, wo der Autor ihn vermutet, und macht deutlich, welche Fragestellung man bearbeitet. Sie nimmt keine Ergebnisse vorweg, dazu dient das Abstract (s.o.); vgl. auch unten das Stichwort *Vorbemerkung*.

Exkurs: Der Exkurs ist so etwas wie eine ausführliche Anmerkung. Als Autor will man zu einem Bereich gründlichere Ausführungen machen. Die Ausführlichkeit entspricht nicht dem Duktus des Haupttextes. Der Leser weiß, daß er den Exkurs überblättern kann, ohne in der Gesamtdarstellung den Anschluß zu verlieren. Zu einem Beispiel siehe den Exkurs *Das Zitat und die Verben des Sagens und Meinens* Kapitel 8.7.2.

Fußnote: Die Fußnote ist die unten auf der Seite erscheinende Anmerkung, optisch durch kleineren Druck und nicht selten durch eine Trennlinie abgesetzt gegenüber dem Haupttext. Zu allem weiteren siehe oben Anmerkung.

Geleitwort: Es wird nicht vom Autor geschrieben, sondern z.B. von einem „Doktorvater" in einer Dissertation, wenn sie nicht in einer Reihe erscheint, wo an ihrer Stelle das „Vorwort des Herausgebers" steht.

Hauptteil: Ein Begriff aus der guten alten Aufsatzlehre. Für komplexere Texte kein aussagekräftiger Begriff.

Hinweise an den Benutzer: Sie dienen dazu, dem Benutzer Abkürzungen, Notationskonventionen (s.o. Stichwort Beispiel) usw. zur Verfügung zu stellen und zu erklären. Sie sollten nach einem eventuellen Vorwort deutlich gekennzeichnet stehen, eventuell in einem Rahmen. Man sollte sie sofort finden, wenn man beim Lesen auf eine Notation trifft, die man nicht versteht.

Inhaltsangabe, Inhaltsverzeichnis: Die Inhaltsangabe gehört an den Anfang eines Textes, mit formalem Ordnungsschema (s.u. Pkt. 5.3), mit aussagekräftigen Kurztiteln für die Kapitel und Abschnitte, mit Seitenangaben. Alles gehört dazu, auch das Literaturverzeichnis. Ein Inhaltsverzeichnis gehört zu jeder Hausarbeit, Examensarbeit usw. In Referaten kann man sie als Thesenpapier verteilen oder in der Einleitung kurz vorstellen (s.o. Einleitung). Das Inhaltsverzeichnis verweist auch auf die Seitenzahlen (vgl. auch das Stichwort Paginierung).

Kapitel 1 usw.: Umfangreichere Bücher haben Kapitel; diese sollten – jedenfalls in informativen Texten – Überschriften haben, an denen sich der Leser orientieren kann (s.o. 5.1). Die Kennzeichnung *Kapitel* usw. schreibt man nicht immer dazu, aber man spricht über „die Kapitel eines Buches". Und die Zahlen oder andere Ordnungskennungen schreibt man sehr wohl vor die Überschrift eines Kapitels. (Zu Ordnungsschemata s.u. 5.3.)

Laufende Kolumne (Kopfzeile): In Wörterbüchern und Lexika, in Lehrwerken, aber auch in anderen Sach- und Fachbüchern werden in einer Kopfzeile, meistens über einem Strich, Informationen über den Text der Seiten angegeben, so daß man sich beim schnellen Durchblättern orientieren kann. Bei Lexika, in denen das erste und letzte Wort der Doppelseite angegeben wird, muß man eine Regel festlegen, wie man mehrteilige Begriffe behandelt. In Lehrwerken und Fachbüchern kann man z.b. auf die linke Seite das Hauptkapitel und auf die rechte das Unterkapitel schreiben. In einseitig beschriebenen Examensarbeiten kann man eine links- und eine rechtsbündig geschriebene Information geben. Dann setzt man die Paginierung in die Mitte.

Literaturverzeichnis: Das alphabetisch nach Namen von Autoren oder Herausgebern geordnete Verzeichnis aller benutzten Literatur mit vollständigen Angaben gehört an den Schluß jeder Arbeit. In den Anmerkungen sind Kurzfassungen üblich; in manchen Fächern wird beim ersten Nennen der Quelle eine vollständige bibliographische Angabe erwartet. Bei mehreren Titeln desselben Autors schreibt man in aufsteigender Reihenfolge der Jahre der Veröffentlichung; bei mehreren Veröffentlichungen in einem Jahr notiert man *1994a, 1994b* usw.

Marginalspalte (Marginalie): In Sachbüchern und insbesondere in Lehrwerken können Marginalienspalten (Randspalten) sehr hilfreich sein. Man notiert auf den Rand einer Seite kurze Stichwörter, hält Begriffe und Kurzdefinitionen fest, gibt Worterklärungen, führt eine Vokabelliste usw. Man kann den linken oder rechten Rand nehmen, bei Doppelseiten auch jeweils den äußeren Rand.

Motto: Ein Motto ist meistens ein Zitat, eine knappe geistreiche Formulierung, die auf den Sachgehalt des folgenden Textes hinweist und zugleich den Leser erfreut und neugierig macht. Siehe dazu auch das Stichwort *Widmung*. In manchen Arbeiten lohnt es sich, vor größeren Kapiteln ein Motto in Form eines Zitats einzufügen, das einen laufenden Kommentar, eine – wissenschafts- oder kulturgeschichtliche – Einbettung bringt.

Vielleicht könnten Sie hin und wieder das folgende Motto verwenden, das aber auch als Nachwort zu einem Nachwort geeignet ist; es zeigt immerhin Problembewußtsein im Hinblick auf die Kommasetzung:
,,,,,,,,,,,,,,, *marsch, marsch, auf eure Plätze!*

Nachwort: Ein Nachwort ist eine umfassendere sachliche zusätzliche Information, zu umfangreich für ein Vorwort. Zum Beispiel haben Texteditionen häufig ein Nachwort über die Textlage.

Paginierung: Die Seitenzählung ist eine Selbstverständlichkeit, aber es gilt, einige Regeln zu beachten. In einer Reihe von Fächern ist es üblich, in Monographien, und dazu zählen auch Examensarbeiten und Dissertationen, die Vorbemerkungen, Abbildungsverzeichnisse usw. mit römischen Ziffern zu paginieren und erst ab dem eigentlichen Text der Arbeit arabische Ziffern zu verwenden. Im Deutschen werden für die römischen Ziffern große Buchstaben verwendet: *I, II, III, IV, V, VI* usw. In englischen Texten findet man auch kleine

Buchstaben: *i, ii, iii, iv, v, vi* usw. Die Seitenzahlen sollten oben stehen, in der Mitte oder außen, das ist leserfreundlicher als unten. Bei wichtigen Briefen kann unten durch Angabe der Seitenzahl der Folgeseite angezeigt werden, daß noch ein Brief folgt. Bei Hausarbeiten und ausgearbeiteten Referaten wird vom Dozenten gewöhnlich eine Richtzahl für die Länge der Arbeit genannt. Man sollte sich erkundigen, wie der Dozent reagiert, wenn man Inhaltsverzeichnis, Literaturverzeichnis usw. mitzählt, und was er davon hält, wenn man Abschnitte im oberen Drittel enden läßt und den nächsten Abschnitt auf einer neuen Seite beginnen läßt, „weil das so gut aussieht".

Quellenangabe: Quellenangaben werden in vielen Fächern die Verweise auf benutzte Sekundärliteratur genannt, in den historischen Wissenschaften sind die Quellen Originaltexte. (Siehe dazu Kapitel 4.2.)

Register: In Monographien und Handbücher usw. gehören Register mit Seitenverweisen oder Verweisen auf Kapitel, wenn diese Kapitel nicht zu lang sind. **Sachregister** enthalten wichtige Begriffe; man muß gut überlegen, ob man Unterbegriffe in die alphabetische Folge einsortiert oder unter den Oberbegriff. Ziel muß sein, daß der Leser sich schnell orientieren kann. Man kann auch auf andere Stichwörter des Registers verweisen, aber vieles Umherblättern im Register verärgert einen Leser. In Monographien über gesellschaftliche oder historische Zusammenhänge und in Handbücher, in denen auf Personen oder Autoren verwiesen wird, gehört ein zusätzliches **Personenregister**. Es kann Arbeiten geben, in denen es sinnvoll ist, den Personen biographische Daten hinzuzufügen. In sprachwissenschaftlichen und philologischen Arbeiten kann es sinnvoll sein, ein **Wortregister** anzubieten. Wort- und Sachregister können auch ineinandersortiert sein. Dann ist es für den Leser gut, wenn durch Drucktypen, z.B. Steilschrift und Kursivschrift, zwischen Sachbegriffen und Wörtern unterschieden wird.

Schluß: Dies ist der allgemeine Ordnungsbegriff der guten alten Aufsatzdidaktik; in wissenschaftlichen Arbeiten sollte man differenziertere Begriffe verwenden wie Schlußbetrachtung oder Zusammenfassung.

Schlußbetrachtung: So kann man einen Abschluß nennen, der mehr ist als eine Zusammenfassung, der Zusammenfassung und Ausblick vereint.

Teil 1 usw.: Deutlicher noch als bei *Kapitel* ist ein solcher Ordnungsbegriff ein Hinweis, daß es sich um mehrere klar unterschiedene Teile handelt, die in deutlich markierter Reihenfolge stehen.

Verzeichnisse: Wenn die Arbeit viele Abbildungen, Schaubilder usw. hat, sollte man ein **Abbildungsverzeichnis** anlegen, für Tabellen ein **Tabellenverzeichnis**. In Lehrwerken enthält das Abbildungsverzeichnis oft die genaue Quellenangabe. Seit man fotokopieren kann, kann man Abbilder und Schemata ablichten und einfügen. Auch dann ist eine genaue Quellenangabe unerläßlich. Wenn man Literaturangaben aus Zeitschriften macht, notiert man im laufenden Text mit Kürzeln. Dann muß ein **Zeitschriftenverzeichnis** Auskunft über die Kürzelkonvention geben. Wenn man viele fachlich übliche Abkürzungen verwendet, müssen sie in einem **Abkürzungsverzeichnis** aufgeschlüsselt werden. Informative Verzeichnisse wie die letzteren sollten vorn hinter dem Inhaltsverzeichnis stehen. Verzeichnisse, die reine Quellenangaben zusammenfassen, können als Anhang angefügt werden.

Vorbemerkung: Eine Vorbemerkung enthält eine zwar nützliche, aber inhaltlich nicht allzu gewichtige Information zur Sache, zum Kontext eines Textes. Bei einem Referat zum Beispiel kann man in einer Vorbemerkung auf ein voriges Referat oder den thematischen Zusammenhang eingehen. In einer Vorbemerkung für ein mündlich gehaltenes Referat kann man eine kurze Vorschau auf das geben, worüber man reden will, also was bei einem schriftlichen Text als *Inhaltsangabe* stehen würde; dann wissen die Zuhörer jeweils, woran sie sind.

Vorwort: Ein Vorwort ist eine persönliche Stellungnahme des Verfassers zu seinem Text und zum Arbeitskontext, in dem er entstanden ist. Man kann sich bei Förderern oder Personen bedanken, die geholfen haben. Ein Vorwort ist keine Einleitung, führt also nicht unbedingt sachlich auf das Thema hin. Ein Vorwort kann aber sehr wohl Elemente einer Einleitung enthalten, indem der Arbeitszusammenhang als Sachzusammenhang dargestellt wird.

Widmung: Eine Widmung ist eine sehr persönliche Danksagung oder ein Gruß. Der amerikanische Kommunikationswissenschaftler Colin Cherry hat sein Buch *On Human Communication* von 1956, eines der ersten wichtigen Bücher zu diesem Thema, mit der Widmung *To my dog Pym* versehen.* Und dann war da der Privatdozent, bekannt als eingefleischter Junggeselle, dessen bahnbrechendes Buch die Widmung hatte *Für Lian . . .* Groß war das Rätseln unter den Freunden und Bekannten, wo er diese Freundin versteckt habe, und er amüsierte sich über das gelungene Akronym (Buchstabenwort aus Anfangsbuchstaben) *Lieber ich als niemand . . .*

*Deutsch „Für meinen Hund Pym". Cherry, Colin: Kommunikationsforschung – eine neue Wissenschaft. Hamburg 1963.

Zitat: Auf das Zitieren wird ausführlich in Kapitel 4.3 eingegangen.

5.3 Textuale Gliederungen durch formale Ordnungsschemata

Ebenso wichtig wie eine klare inhaltliche Gliederung sind die formalen textualen Gliederungen eines Textes. Gerade wissenschaftliche Texte und Fachtexte zeichnen sich durch ein hohes Maß an formaler textualer Gliederung aus. Einzelne Fächer haben hier teilweise strenge Regeln, siehe dazu unten das Beispiel eines juristischen Gesetzestextes. Wir gehen die Gliederungsmöglichkeiten im einzelnen durch. Für alle gilt: Zwischenüberschriften sind für einen Leser immer eine gute Orientierung. Und: Zwischenüberschriften sind für den Schreiber ein hervorragendes Mittel zu überprüfen, ob er einen inhaltlich konsistenten Abschnitt geschrieben hat. Selbstverständlich sollte sein, daß man im laufenden Text Zwischenüberschriften schreibt, wenn man sie im Inhaltsverzeichnis hat. Daß wir es hier besonders anmerken, beruht auf der Erfahrung, daß es nicht immer getan wird.

5.3.1 Reihung und Hierarchie 1: Ziffern und Buchstaben

Vorbemerkung
Ziffern sind Schreibzeichen für Zahlen: Die Zahl *221* kann auch mit Buchstaben als Zahlwort geschrieben werden: *zweihunderteinundzwanzig*. Wir sprechen die Zahlen ja auch als Lautfolgen aus, wobei wir im Deutschen bei den Zehnern und Einern die Reihenfolge vertauschen, vergleiche dagegen Englisch *twohundred-twentyone*. Wenn man Zahlen als Ziffern schreibt, ist die Wertigkeit in der Reihe jeweils deutlich Teil der Bedeutung.

In einer traditionellen Gliederung geben die Ziffern in der Folge der Zahlenwertigkeit und die Buchstaben in der Folge des Alphabets die Reihung innerhalb einer Hierarchie an. Römische und arabische Zahlen, große, kleine und griechische Buchstaben stellen eine fünffach abgestufte Hierarchie zur Verfügung, die nicht auf jeder Stufe nach unten ausgeschöpft werden muß, wohl aber von oben.

In den Beispielen sind gängige Schlußmarkierungen durch Punkte und Klammern enthalten. Die runde Klammer sollte man nicht hinter die arabischen Ziffern setzen, siehe dazu weiter unten zu Reihungen von Beispielen.

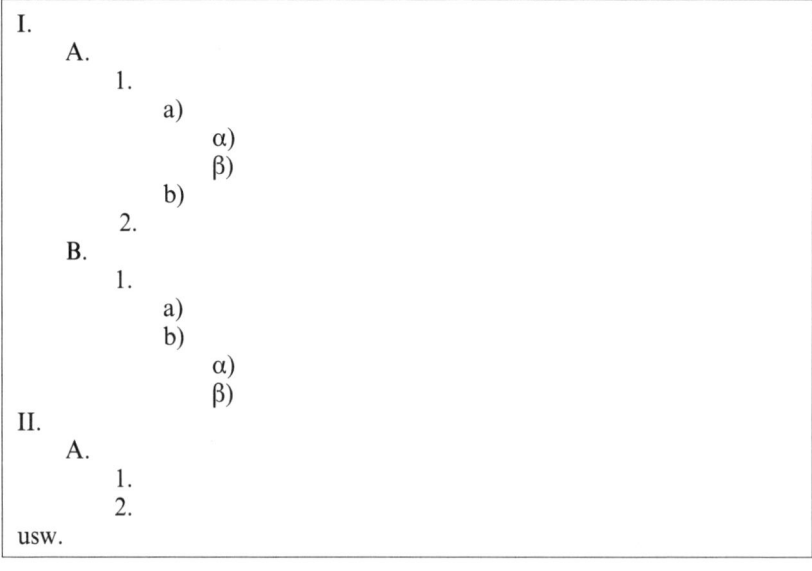

Man wird nur selten solch komplizierte Abstufungen benötigen. Wenn nicht, läßt man die römischen Zahlen, die griechischen Buchstaben und auch noch die Großbuchstaben fort.

5.3.2 Reihung und Hierarchie 2: Ziffern

Die folgende Ziffernnotation funktioniert gut bei dreistufigen, allenfalls noch bei vierstufigen Ordnungen; darüber hinaus wird sie etwas unübersichtlich. Innerhalb der einzelnen Stufen kann man ohne weiteres höher als 9 zählen, also zweistellige Ziffernfolgen verwenden. Hinter der letzten Ziffer setzt man gewöhnlich keinen Punkt mehr, außer auf der ersten Ebene. Wer es dennoch tut, muß es dann aber immer tun. Man sollte höchstens dreistellige Ordnungen in dieser Weise gliedern, weil längere Reigen unübersichtlich sind, vgl. *1.1.1.1, 1.1.1.2* und *1.1.2.1* usw.

```
1.
1.1
1.1.1
2.
2.1
2.1.1
. . .
2.1.10
3.1
usw.
```

Häufig werden heute beide Muster auch gemischt, wie die Beispiele unten sogleich zeigen werden.

5.3.3 Paragraphen §, §§

Gesetzestexte sind nach Paragraphen geordnet (siehe dazu weiter unten), aber auch andere Fächer benutzen Paragraphen; man findet sie zum Beispiel in Grammatiken. Paragraphen sind eine gute Möglichkeit, zusätzlich zu einer hierarchischen Ordnung noch eine durchlaufende Ordnung einzuführen, die den gesamten Text von *§ 1* bis *§* . . . zusätzlich markiert. Man hat dann ein gutes Referenzsystem. Wenn man fortlaufende Paragraphen zitiert, schreibt man *§§ 7-9* (vgl. auch unten 5.3.5).

5.3.4 Beispiele zu Ordnungsschemata

Im folgenden werden als Beispiele Auszüge aus den Inhaltsverzeichnissen verschiedener wissenschaftlicher Bücher gegeben. In vielen Büchern werden formale Teile wie *Vorwort, Abbildungsverzeichnis, Tabellenverzeichnis, Abkürzungsverzeichnis* mit römischen Seitenangaben vorweg notiert, und die Paginierung mit arabischen Ziffern folgt ab dem Haupttext. Diese Konvention aus dem angelsächsischen Raum setzt sich auch bei uns mehr und mehr durch, allerdings nur für Fachbücher, nicht für Sachbücher, wo sie der deutsche Leser nicht erwartet.

Buchtitel: Grundzüge der Unternehmensbesteuerung
A. Unternehmensbesteuerung als ökonomische Analyse des Steuerrechts
  I. Das Problem der Steuerlast
    a) Ein Beispiel zur „Steuerlast" des Einzelnen und der Volkswirtschaft im ganzen
    b) Vorentscheidungen für die einzelwirtschaftliche Untersuchung der Steuerlast
      1. Die Beschränkung auf den ökonomischen Aspekt des Steuerrechts
      2. Die persönliche Steuerzahlung als alleiniger Bestimmungsgrund der Steuerbelastung
      3. Die persönliche Steuerzahlung als Opfer, nicht als Äquivalent für die persönliche Bereitstellung öffentlicher Güter
    c) "Steuerliche Leistungsfähigkeit" als Bezugsbasis
      1. . . .
      2. . . . usw.
  II. Das Problem der Steuerwirkungen
    a) . . . usw.
  III. Aufgabe und Standort der Wissenschaft von den Unternehmensberatungen

B. Das Besteuerungsverfahren
usw.

Quelle: Dieter Schneider: Grundzüge der Unternehmensbesteuerung. Wiesbaden 1985.

Kommentar
Eine klare Gliederung, die allerdings in ihrer Reihung I A a) 1. von der in vielen Fächern üblichen Reihung I A 1. a) abweicht.

Buchtitel: Organisatorische Effektivität von Unternehmungen

I. Einleitung
   A. Problemstellung
   B. Gang der Untersuchung
II. Grundlegende Begriffe
   A. System
   B. Unternehmung
   C. Organisation
      1. Begriffsabgrenzung
      2. Organisation als Subsystem der Unternehmung
III. Ziele
   A. Allgemeiner Zielbegriff
   B. Unternehmungsziele
      1. Allgemeiner Ansatz einer Zielordnung
      2. Zielebene
      3. Konkreter Ansatz einer Zielordnung für Unternehmungen
      3.1 Grundlagen
      3.2 Die übergeordnete Zielsetzung der Unternehmung
      3.3 Das Zielsystem der Unternehmung
   C. Organisationsziele
usw.

Quelle: Hans F. Bünting: Organisatorische Effektivität von Unternehmungen - Ein zielorientierter Ansatz. Wiesbaden 1995.

Kommentar

Eine übersichtliche Gliederung, die beide Systeme verbindet. Auf diese Weise kann die Dezimalgliederung mit Ziffern auf zwei Stellen reduziert werden, und man hat trotzdem eine vierstufige Hierarchie. Es wäre leicht, eine fünfte Stufe 1.1.1 einzuführen, ohne die Übersichtlichkeit zu gefährden.

Buchtitel: Gotische Grammatik
Lautlehre
Kapitel I. Die Schrift (§ 1-2)
Kapitel II. Die Vokale (§ 3-27)
Kapitel III. Übersicht über den gotischen Vokalismus (§ 28-36)
    A. Phonetisches System (§ 28)
    B. Historisches System (§ 29-36)
Kapitel IV. Übersicht über den gotischen Vokalismus (§ 28-36)
    A. Sonore Konsonanten (§ 38-50)
    B. Geräuschlaute (§ 50a-78)
      1. Labiale (§ 51-56)
      2. Gutturale (§ 57-68)
      3. Dentale (§ 69-78)
    Anhang: Allgemeines über die Konsonanten (§ 79-82)
    Flexionslehre
Kapitel V. Deklination der Substantive (§ 83-120)
usw.

Quelle: Wilhelm Braune/Karl Helm: Gotische Grammatik - Mit Lesestücken und Wörterverzeichnis. Tübingen 1956.

Kommentar
Ein älteres Buch, entsprechend werden die *Kapitel* noch so benannt. Das Buch gliedert sich darüber hinaus in Teile, die nur benannt, aber nicht in die Ordnung einbezogen sind: *Lautlehre, Flexionslehre* usw. Außerdem werden die Paragraphen nur mit einem § eingeführt (*§ 1-2*), auch wenn es mehrere sind. Heute übernimmt man auch in nichtjuristischen Texten statt dessen das Doppelzeichen *§§ 1-2*.

Das nächste Beispiel nutzt nur die numerische Ordnung. Man sieht an diesem Beispiel, daß man allenfalls bis zu vier Abstufungen vornehmen sollte. Heute würde ich ein Mischsystem wählen; ich zitiere hier mein eigenes Buch, weil ich diese Kritik bei mir selbst und nicht bei anderen anbringen möchte.

Buchtitel: Einführung in die Linguistik

0.	Vorwort zur ersten und zur siebten Auflage
1.	Grundbegriffe
1.1	Allgemeine Vorbemerkungen
1.1.1	Linguistik, eine Wissenschaft von der Sprache
1.1.2	Linguistische Terminologie
1.2	Linguistische Grundbegriffe
1.2.1	Linguistisches Vorgehen
1.2.1.1	Abstrahieren und Individualisieren
1.2.1.2	Klassifizieren
1.2.1.3	Regeln
1.2.1.4	Modell

Quelle: Karl-Dieter Bünting: Einführung in die Linguistik. Frankfurt/Main 1993.

Der Kommentar wurde schon vorweg gegeben.

Eine weitere Gliederungsmethode sei kurz vorgestellt, die für ein **Ringbuch** sinnvoll ist, bei dem einzelne Teile ergänzt werden. Sie ist dem *Handbuch Microsoft Word. Arbeiten mit Word Version 5* entnommen, wo sie, weil ungewohnt, am Anfang ziemlich verwirrt. Es handelt sich auch nicht um ein Ringbuch mit laufenden Ergänzungen, ist aber vielleicht aus solcher Werkstattpraxis entstanden. Die Zahlen vor dem Punkt stehen für die Kapitelnummer, die Zahlen nach dem Punkt sind Seitenangaben, wobei jedes Kapitel wieder mit Seite 1 beginnt.

1 Einrichten und Starten des Word-Textverarbeitungsprogrammes

Man scheint bei der Firma Microsoft Einsicht in die Lesergewohnheiten gefunden zu haben, denn das Handbuch für Word 5.5 ist von S. 1 bis 824 durchpaginiert.

Quellen: *Handbuch Microsoft Word. Arbeiten mit Word Version 5*. Microsoft Corporation 1989 und *Handbuch Microsoft Word. Arbeiten mit Word Version 5.5*. Microsoft Corporation 1990-91.

5.3.5 Gliederung von Gesetzestexten, Satzungen, Ordnungen usw.

Juristen gliedern ihre Gesetzestexte nach *Paragraphen, Absätzen* und *Sätzen*. Auch für Satzungen von Vereinen, Verbänden, Hochschulen, Asten usw., für Prüfungs- und Studienordnungen gilt dieses Gliederungsmuster. Es ordnet nach:
Paragraph: § 1, § 2 usw.
Absatz: (1), (2) usw., auch als hochgestellte Ziffer, im BGB (Bürgerliches Gesetzbuch) z.B. hochgestellte römische Ziffern I, II, III.
Satz: Grammatischer Satz im Text eines Absatzes.

Beispiel aus dem Bürgerlichen Gesetzbuch (BGB) zum Vereinsrecht:

§ 27 Bestellung und Geschäftsführung des Vorstandes
I Die Bestellung des Vorstandes erfolgt durch Beschluß der Mitgliederversammlung.
II Die Bestellung ist jederzeit widerruflich, unbeschadet des Anspruchs auf die vertragsmäßige Vergütung. Die Widerruflichkeit kann durch die Satzung auf den Fall beschränkt werden, daß ein wichtiger Grund für den Widerruf vorliegt; ein solcher Grund ist insbesondere grobe Pflichtverletzung oder Unfähigkeit zur ordnungsgemäßen Geschäftsführung.
III Auf die Geschäftsführung des Vorstandes finden die für den Auftrag geltenden Vorschriften der §§ 664 bis 670 entsprechende Anwendung.

Paragraph mit Nummer und geregelter Sache, die nicht zum Gesetzestext gehört und deshalb oft in [] steht, wie im Beispiel auf S. 137
Absätze I bis III
In den Absätzen I und III jeweils nur ein Satz. In **Absatz II** gibt es **Satz 1** *Die Bestellung . . . Vergütung.* und **Satz 2** *Die Widerruflichkeit . . . Geschäftsführung.*

Quelle: Palandt: Bürgerliches Gesetzbuch. München 1992, S. 28.

Noch ein Beispiel, jetzt aus einer Studienordnung.

Studienordnung für den integrierten Studiengang Maschinenbau an der Universität – Gesamthochschule – Essen vom 1. Oktober 1990

Aufgrund des § 2 Abs. 4 und des § 85 Abs. 1 des Gesetzes über die wissenschaftlichen Hochschulen (WissHG) vom 20. November 1979 (GV.NW.S. 144) hat die Universität – Gesamthochschule – Essen die folgende Studienordnung erlassen.

Inhaltsübersicht

1 Geltungsbereich
2 Qualifikation
[. . .]

§ 1
Geltungsbereich

Diese Studienordnung regelt Inhalt, Form und Verlauf des Studiums [. . .]

§ 2
Qualifikation

(1) Zugangsvoraussetzungen für den integrierten Studiengang Maschinenbau ist:
- das Zeugnis der Hochschulreife (allgemeine oder einschlägige fachgebundene Hochschulreife) oder
- das Zeugnis der Fachhochschulreife oder
- eine vom Kultusminister als gleichwertig anerkannte Vorbildung.

(2) Zum Studium berechtigt auch das Abschlußzeugnis des Oberstufenkollegs des Landes Nordrhein-Westfalen an der Universität Bielefeld. [. . .]

(3) Zum Studium berechtigt auch eine Einstufungsprüfung gemäß § 66 WissHG. [. . .]

Erläuterung: GV.NW. ist Abkürzung für Gesetze und Verordnungen des Landes Nordrhein-Westfalen.

Quelle: Univ. GHS Essen: Bereinigte Sammlung von Satzungen und Ordnungen, Ziffer 9.23, S. 1.

Ein letztes Beispiel: Das **Grundgesetz für die Bundesrepublik Deutschland** ist nicht nach Paragraphen geordnet, sondern nach Abschnitten mit römischen Zahlen, dann nach *Artikeln*, nach Absätzen und in diesen nach grammatischen Sätzen. Wiederum ein Ausschnitt:

I. Die Grundrechte
Artikel 1 [Schutz der Menschenwürde]

(1) Die Würde des Menschen ist unantastbar. Sie zu achten und zu schützen ist die Verpflichtung aller staatlichen Gewalt.

(2) Das Deutsche Volk bekennt sich darum zu unverletzlichen und unveräußerlichen Menschenrechten als Grundlage jeder menschlichen Gemeinschaft, des Friedens und der Gerechtigkeit in der Welt.

(3) Die nachfolgenden Grundrechte binden Gesetzgebung, vollziehende Gewalt und Rechtsprechung als unmittelbar geltendes Recht.

Quelle: „Grundgesetz für die Bundesrepublik Deutschland", hg. von der Bundeszentrale für politische Bildung, Bonn.

5.4 Absätze im Druckbild und ihre Gliederung

5.4.1 Der Absatz als gedankliche Einheit

Der Absatz im Gesetzestext ist ein numerierter Absatz und auch im Druckbild als Absatz gekennzeichnet. Absätze beginnen mit einer neuen Zeile und häufig mit einem Zeilenabstand, der größer ist als zwischen einzelnen Zeilen. In Textprogrammen wie z.B. *Word* in allen Fassungen gibt es einen Unterschied zwischen der **Absatzmarkierung** (Zeichen ¶, über die RETURN-Taste geschrieben) und der **Zeilenmarkierung** (gekennzeichnet durch den nach unten weisenden Pfeil ↓ über die SHIFT-RETURN-Kombination geschrieben).

Hinweis für Anfänger mit dem Computer
Es ist ein typischer Fehler für den Anfänger, ständig die Absatzmarkierung zu setzen, auch wenn nur eine neue Zeile gemeint ist. Das liegt wahrscheinlich daran, daß die RETURN-Taste der *Zeilenschaltung* auf der Schreibmaschine entspricht. Für Textprogramme ist allerdings der Absatz eine sehr wichtige Einheit, da man viele Möglichkeiten hat, den Absatz zu formatieren. Man kann Abstände davor und danach angeben, kann Rahmen setzen, kann positive und negative Einrückungen mit oder ohne erste Zeile angeben usw. Letzteres ist für die Spiegelstriche, für Beispiele usw. wichtig, die sogleich angesprochen werden.

Absätze gliedern den Text für das Auge. Absätze sind gewissermaßen der ‚Punkt über dem Punkt‘. Man macht durch einen Absatz deutlich, daß ein Gedanke in gewisser Weise abgeschlossen ist. Beim Formulieren ist es eine gute Hilfe, wenn man für einen Absatz eine Überschrift formuliert. Sie steht zunächst nur im Manuskript und muß nicht in der Endfassung erscheinen. Wenn man eine Marginalspalte hat, können solche Zwischenüberschriften dort stehen. Beim Schreiben kann man mit diesem Verfahren selbst kontrollieren, ob der Absatz eine gedankliche Einheit bildet.

5.4.2 Optische Gliederungen innerhalb von Absätzen

Absätze werden in Sachtexten im Druckbild optisch gegliedert, wenn man etwas aufzählt, Themen nennt, Argumente anführt, Beispiele gibt usw. In diesem Buch ist das häufig der Fall. Hier wird dann der normale Zeilenabstand (Durchschuß) beibehalten, nicht der größere wie zwischen den Absätzen.
Es gibt zwei Reihungsprinzipien:
–   Reihung ohne Wichtung durch Spiegelstriche wie jetzt in diesem Fall
–   Reihung mit Wichtung durch Numerierung 1., 2., 3. oder a), b), c) oder (1), (2), (3) usw.

Ein Beispiel für das zweite Reihungsprinzip:
Die Arbeit gliedert sich wie folgt:
1. Einleitung mit einer Hinführung zum Thema „Schaubilder in Texten"
2. Hauptteil in drei Abschnitten
    Abschnitt 1: Schematische Zeichnungen
    Abschnitt 2: Abstrakte Graphiken für Statistiken
    Abschnitt 3: Graphiken für Statistiken mit bildhaften Elementen

Setzt man Spiegelstriche – der Begriff verweist auf den Satzspiegel, also den lin-ken Zeilenrand –, dann zeigt man an, daß die Reihenfolge sachlich und logisch beliebig ist. Man kann die „Einlassungen" – so nennt der Jurist sie – natürlich kommunikativ in eine bestimmte Reihe bringen, weil man eine bestimmte Wir-kung erzielen will. Auf solche Spiegelstriche kann man sich, wenn man über den Text spricht, schlecht beziehen. Sie sind also für einen reinen Lesetext gut geeignet, aber nicht für Lehrwerke und Arbeitsblätter.
Gibt man eine Numerierung durch Ziffern oder Buchstaben an, dann hat man eine Reihung, auf die man sich gut beziehen kann. Wenn die Reihung sachlogisch beliebig ist, kann man das in einem Hinweis anmerken.

5.4.3 Reihungen von Beispielen

Beispiele sollte man – je nach Text – in einem Abschnitt, einem Kapitel oder so-gar im ganzen Text, etwa einer Examensarbeit oder Dissertation, durchnume-rieren. Ob man die Beispiele für den ganzen Text oder nur für einzelne Kapitel oder Abschnitte oder Aufgaben in Lehrwerken durchnumeriert, hängt vom Typ der Arbeit ab. In Examensarbeiten und Dissertationen ist das vollständige Durchnumerieren zu empfehlen, weil man dann von jeder Stelle der Arbeit auf jedes Beispiel verweisen kann. Dabei sollte man die Zahlen in runde Klammern setzen, dann kann man im laufenden Text ohne weitere Sonderzeichen auf die Beispiele verweisen wie im folgenden Ausschnitt aus einer Dissertation.
Andere Konstruktionen mit Adjektiven, die für uns unpersönlich sind, hat man nicht einbeziehen können, besonders solche mit nicht-deverbativen Adjektiven, oder in denen die Subjektgröße semantisch Patiens ist, obwohl sie formal nicht das Objekt der verbalen Basis ist (B. 710), oder wenn die Subjektgröße zwar der Ausgangspunkt des Geschehens, aber nicht dessen initiale Instanz, sondern dessen Instrument ist (B. 711).
(B. 710) *Wir haben durch die Auflösung des West-Ost-Antagonismus einfach eine neue Situation, durch die bisherige Kriegsverhinderungs-mechanismen **hinfällig** geworden sind.* (TAZH 19.2.90, 12)
(B. 711) *Verlangt wurde außerdem eine radikale Änderung der EG-Agrar-politik, denn sie sei **umweltschädlich**.* (TAZH 19.9.91, 9)

Quelle: El-Sayed Madbouly Selmy: Die unpersönlichen Ausdrucksweisen im Deutschen und Arabischen: eine funktional-semantische Betrachtungsweise der agensabgewandten Konstruktionen in beiden Sprachen. Heidelberg 1993, S. 250.

Man kann dann Varianten zusätzlich durch kleine Buchstaben kennzeichnen, wie im folgenden jetzt selbstgemachten Beispiel:
Folgende Beispiele zur Kommasetzung sind zu behandeln:
(1a) ein erfahrener, alter Hase
(1b) ein erfahrener alter Hase
(2a) ein alter, schlauer Fuchs
(2b) ein alter schlauer Fuchs
   Hinweis: Beispiele (1a) und (1b) nennen Tiere, Beispiele (1b) und (2b) nennen Menschen, *alter Hase* und *schlauer Fuchs* sind in übertragener Bedeutung gebraucht.

5.5 Gliederungen und Markierungen auf Arbeitsblättern, Thesenpapieren usw.

In Hausarbeiten und auf Arbeitsblättern – dazu gehören auch Thesenpapiere – muß man sorgfältig darauf achten, formale Gliederungen so vorzunehmen, daß man sich jederzeit eindeutig darauf beziehen kann. Jede Fragestellung, jeder Hinweis muß den Leser sofort an die richtige Stelle führen. Das bedeutet: keine Markierungen in Form von Spiegelstrichen, Asterisksternen oder sonstigen Symbolen, jedenfalls nicht ohne zusätzliche Kennzeichnung durch Ziffern oder Buchstaben.
   Für das gesamte Werk oder auch nur ein Arbeitsblatt sollte man ein klares Konzept entwickeln, ehe man die Materialien und Aufgabenstellungen substantiell ausarbeitet. Mit dem PC kann man sie natürlich später einarbeiten und ändern, aber das macht mehr Arbeit, als sich vorher ein System zu überlegen. Außerdem hilft diese Planungsphase, das Thema zu analysieren und zu gliedern. Dazu einige Hinweise:

1. Längere Abschnitte mit römischen Ziffern oder Großbuchstaben kennzeichnen.
2. Aufgaben durchnumerieren.
3. Teilaufgaben alphabetisch a), b), c) kennzeichnen, und zwar jeweils unter einer Ziffer neu mit a) beginnen.
4. Bei Materialien und Beispielen arabisch durchnumerieren; entweder beginnt man jeweils neu innerhalb einer Aufgabe – aber nicht Teilaufgabe! –, oder man zählt von vorn bis hinten durch. Bei Hausarbeiten und Examensarbeiten ist das Durchnumerieren häufig von Vorteil, weil man sich dann von jeder Stelle aus auf die Beispiele beziehen kann ohne komplizierte Kennzeichnungen vom Typ *Aufgabe 6 a) (3)*. Man kann sich eine Liste aller Beispiele machen und muß nicht im Manuskript blättern oder die ganze Datei durchsuchen. Aufgaben sollte man dabei mit runder Klammer abschließen, Beispiele ganz in runde Klammern einschließen, wie das oben gemacht ist: *6 a) (3)*

5. Bei Multiple-Choice-Aufgaben empfehlen sich eckige Klammern für die Lösungskreuze.
6. Bei Arbeitsblättern darauf achten, daß der Platz für die Lösungen ausreicht. Linien vorsehen, doppelten Zeilenabstand, mindestens 1,5 wählen.
7. Man kann über Linien, unterbrochene Linien, Kästchen usw. Lösungshilfen geben, wenn man für die Anzahl möglicher Lösungen gleich viele Linien oder Kästchen vorsieht.

In Arbeitsblättern unbedingt selbst die Aufgaben lösen, um zu sehen, ob der Platz ausreicht. Überhaupt muß man Aufgaben, die man stellt, lösen oder besser noch lösen lassen, ehe man sie für Prüfungszwecke einsetzt.

8. Insgesamt gilt für das Layout: Man sollte darauf achten, wie viele Anschläge man jeweils für die höchste Zahl benötigt, damit man eine klare linke Grenzlinie hat. Beim PC muß bei Proportionalschrift (ein *i* nimmt weniger Platz ein als ein *m*) mit Tabulator gearbeitet werden. Bei Schreibmaschinenschrift kann mit Anschlägen gearbeitet werden, weil jeder Buchstabe als ein Anschlag zählt und gleich viel Platz einnimmt.

5.6 Grammatische Gliederung aus dem Sprachsystem

Die äußere Erscheinungsform der Sprache ist eine lineare Kette von Lauten, in schriftlichen Texten umgesetzt in Buchstaben, in unterschiedlichen Schreibkulturen dann von rechts nach links oder von links nach rechts und auch von oben nach unten geordnet. Der Grund: Wir können alle unsere Artikulationsorgane (Sprechwerkzeuge) nicht gleichzeitig einsetzen, um Schallwellen zu erzeugen. Das wäre nicht artikuliertes Sprechen, sondern unartikuliertes Kauderwelsch.

Hier folgen zwei Beispiele für Texte verschiedener Schreibrichtungen: auf deutsch von links nach rechts, auf arabisch von rechts nach links.

Prof. Dr. Nabil Kassem
Leiter der Deutschen Abteilung
Pädagogische Fakultät
[Ain Schams Universität]
Kairo
Heliopolis - Roxy

أ.د. نـبـيـل قاسـم
رئيس قسم اللغة الالمانية
كلية التربية
[جامعة عين شمس]
القاهرة
هيليوبوليس - روكسى

Den Zusammenhang zwischen der Schreibrichtung und dem Sprechen kann man sich besonders klar machen, wenn man Zahlen in Ziffern und als Wörter in Buchstaben nebeneinanderstellt; im Deutschen ergibt sich für Zahlen ab *13* ein Widerspruch: Die Zahl *13* wird aus den Ziffern *1* und *3* zu *13* zusammengesetzt, aber als Wort in umgedrehter Folge *dreizehn* gesprochen, desgleichen *25*, aber als Wort *fünfundzwanzig*. Bei höheren Zahlen springt man hin und her: *136*, aber *einhundertsechsunddreißig*.

In Fachtexten verwendet man häufig Symbolzeichen, die für einen Begriff stehen: $+, -, \S$ usw.

Die Sprache selbst hebt nun die Linearität der Lautfolge (Buchstabenfolge) immer wieder auf:

-   Wörter sind Einheiten höherer Ordnung, in geschriebenen Texten durch Zwischenräume kenntlich gemacht. Jedes Wort ist eine Einheit in sich, in welche die Buchstabenfolge als Ganzheit eingegangen ist:
    Wir behandeln die lineare Kette von Buchstaben, Wörtern, Satzgliedern und Sätzen.
    Dieser Beispielsatz enthält elf Wörter, die wir als solche wahrnehmen; wir nehmen nicht mehr wahr, daß er aus 68 Buchstaben, 2 Kommas, einem Punkt und 10 Zwischenräumen (Leertasten) besteht.

-   Satzglieder sind die Bausteine der Sätze; sie enthalten mindestens ein Wort, häufig mehrere; mehrteilige Prädikate werden sogar aufgeteilt und bilden eine Klammer. Die Satzglieder sind im folgenden Beispiel durch | getrennt.
    *Prädikate | aus mehreren Wörtern | **werden** | in Teile | **zerlegt;** | aus diesen Teilen | **wird** | eine Klammer | gebildet.*
    Diese Klammer kann für das gute Formulieren längerer und komplizierter Sätze wichtig sein, siehe dazu Satzbau Kap. 8.6.4.

-   Sätze wiederum sind Einheiten einer noch höheren Ordnung, wobei es hier einfache Sätze und komplizierte Sätze aus Teilsätzen gibt, die durch Konjunktionen und andere Einleitewörter markiert und durch Satzzeichen gegliedert werden. Im folgenden Beispielsatz sind die Einleitewörter fett markiert. Im Kasten darunter ist das Muster der Über- und Unterordnung schematisch angezeigt:
    *Dieses Satzgefüge, das als Beispiel dient, **enthält** als tragendes Element einen Hauptsatz, in den ein Gliedsatz eingebettet ist und dem zwei durch ,,und" verbundene Gliedsätze folgen, die deshalb nicht durch Komma abgetrennt werden, **während** die darauf folgenden zwei Gliedsätze jeweils untergeordnet sind und deshalb durch Komma abgetrennt werden.*

```
Satzgefüge,          enthält. . . Hauptsatz,
     das . . . dient,
                     in den . . . ist ,,und" dem . . . folgen,
                                   die . . . werden,
                                   während . . . sind und . . . werden.
```

Siehe dazu Kommaregeln Kapitel 9.5 und Satzbau Kapitel 8.6, bes. 8.6.2.

5.7 Logische Gliederungsmuster

Logische Gliederungsmuster lassen sich gut an Schlüsselwörtern wie *wenn...,
dann... – sowohl..., als auch... – einerseits..., andererseits...* festmachen. In
Kapitel 7.3 wird auf logische Texte, Argumentationsstrategien und Argumentationsketten genauer eingegangen, insbesondere auch auf den Fünfschritt als
wirksames Muster. Hier folgen deshalb nur drei Beispiele, die zeigen, wie solche
logischen Ordnungsmuster einen Text gliedern. Sie sind hier mit Schlüsselwörtern im Schema des Fünfschritts notiert, der S. 183 ff. genauer erläutert wird.
Es folgt eine Liste der Schlüsselwörter, geordnet nach logisch-semantischen
Leistungen.

Wenn erstens...
weil...   und wenn zweitens...
                       weil (nicht)...

dann...
denn...

Obwohl einerseits...
wie plausibel angenommen   ist doch andererseits...
                              wie gezeigt...
                              woraus folgt, daß...

X argumentiert, daß...
weil...   obwohl er einräumt, daß...
                   und Y argumentiert von vornherein, daß...
                   beide bedenken jedoch nicht, daß...
                   denn...

Wichtige Schlüsselwörter logischer Textgliederung sind zugleich Schlüsselwörter der Gliederung des Satzbaus, also der syntaktischen Gliederung. Es gibt
zwei syntaktische Grundmuster (vgl. dazu auch Kap. 8.6, wo gut und weniger
gut verständliche Satzmuster vorgestellt werden):
1. **Unterordnung in Satzgefügen**
   *(1a) Das Gesamtziel kann verfehlt werden, **wenn** das Teilziel zu hoch gesetzt
   wird.*
   *(1b) **Auch wenn** das Teilziel zu niedrig angesetzt wird, kann das Gesamtziel
   verfehlt werden, **obwohl** das Teilziel erreicht wird.*
2. **Gleichordnung (Nebenordnung) in Satzreihen und Aufzählungen**
   *(2a) Das Teilziel wird erreicht, **aber** das Gesamtziel wird verfehlt, **denn** das
   Teilziel wurde systemfremd angesetzt.*
   *(2b) Das Gesamtziel wird **zunächst** global definiert, **dann** werden daraus Teil-
   ziele abgeleitet.*

In den folgenden Listen sind die unterordnenden Konjunktionen sowie gleichordnende Konjunktionen und Adverbien nach Bedeutungsgruppen geordnet.
Einige sind mehrteilig, d.h. sie gliedern bereits durch ihre Zusammengehörig-
keit den Text, denn **wenn** man ein *entweder* liest oder hört, **dann** wartet man auf
das *oder*, ein *solange* zieht häufig ein *als* nach sich, ein *dadurch* hinter dem
Komma ein *daß (dadurch, daß...)* usw. Ganz richtig, *wenn..., dann...* bilden
auch solch eine Zwillingsformel, die allerdings auf Nebensatz und Hauptsatz
verteilt ist. Die Wörter sind in der Liste durch Schrägstrich getrennt, weil das
Komma für Zwillingsformeln benötigt wird.

Unterordnende Konjunktionen (ergänzt durch Adverbien)
– zeitliche Ordnung und Abfolge betreffend (temporal), nicht selten auch mit
  konditionaler Bedeutung (s.u.)
  als | bevor | ehe | bis | nachdem | sobald | solange ... wie | sooft ... wie |
  während | wenn | wenn..., dann | ...*

  *nachdem wird im alemanischen Sprachraum, besonders im Schwäbischen und Badi-
  schen, auch mit logischer Bedeutung gebraucht: *Nachdem das so ist, können wir daraus folgern, daß...*

– Begleitumstände, Art und Weise charakterisierend (modal)
  *als ob | als wenn | außer daß | dadurch, daß | dafür, daß | damit, daß | indem |
  je ... desto | nur daß, ohne daß | ohne zu* (leitet eine Infinitivkonstruktion
  ein) *| soweit | soviel, wie | ...*
– Grund angebend (kausal)
  da | weil* | zumal | ...

  *weil ist unterordnende Konjunktion; im mündlichen Sprachgebrauch wird *weil* häu-
  fig wie ein gleichordnendes Adverb gebraucht; schriftlich ist das falsch. Also: *Das
  Grobziel wird später festgelegt, weil wir noch Eckwerte benötigen.*
  Nicht: ..., weil wir benötigen noch Eckwerte.

– Zweck und Ziel angebend (final)
  daß | damit | um zu (leitet eine Infinitivkonstruktion ein)
– Bedingung angebend (konditional), nicht selten auch mit temporaler Bedeutung (s.o.)
  *bevor | (nicht) ehe | falls | je nachdem, ob | ob ... oder | sofern | wenn (je)-
  doch | ...*
– Folge(n) angebend (konsekutiv)
  derart(ig), daß | so daß | zu ... als | ...
– eine Einräumung machend (konzessiv)
  obgleich | obschon | obwohl | trotzdem | soviel, wie | wenn auch | wie auch |
  ...*

  *trotzdem wird von manchem nur gleichordnend gebraucht; unterordnender Gebrauch ist zulässig

- Gegensätze angebend (adversativ)
  als daß / *anstatt daß* / *anstatt zu* (leitet eine Infinitivkonstruktion ein) / *während* / ...
- vergleichend (komparativ)
  als, wie, als ob / *als wenn* / *wie wenn*

Achtung! Es heißt *so groß* **wie** ... aber *größer* **als** ... Mündlich und in bestimmten Regionen wird auch *größer wie* oder sogar *größer als wie* gesagt, aber in der Standardsprache ist das nicht zulässig.

Gleichordnende (nebenordnende) Konjunktionen und Adverbien
- verbindend, reihend, auch mit negativer Bedeutung (kopulativ)
  beziehungsweise (Abkürzung *bzw.*, und das bedeutet nicht ‚bezwecks!' / *das ist, das heißt (d.h.)* / *nicht nur... sondern auch* / *sowie* / *sowohl... als auch* / *weder... noch* / *und* / *zum Beispiel* / ...
- mehrere Möglichkeiten nennend (alternativ)
  bald... bald / *beziehungsweise* / *einerseits ... andererseits* / *entweder... oder* / *oder* / *nein* / *teils... teils* / ...
- Gegenteil nennend (adversativ)
  aber / *allein* / *dennoch* / *doch* / *gleichwohl* / *indessen* / *nein* / *sondern* / *trotzdem* / *vielmehr* / *zwar* / ...
- Begleitumstände nennend (modal)
  aber / *also* / *das bedeutet* / *geschweige denn, daß* / *genau so* / *ja* / *nur* / *(in)sofern* / *(in)soweit* / *so... wie* / *trotzdem* / *und... zwar* / *will sagen* / ...
- Grund, Ursache angebend (kausal)
  denn / *nämlich...*
- Folgerungen und Schlußfolgerungen nennend (konsekutiv)
  also / *daher* / *darum* / *demnach* / *deshalb* / *deswegen* / *folglich* / *mithin* / *letztendlich* / *schlußendlich* / ...
- einräumend (konzessiv)
  trotzdem / *zwar... aber*
- Bedingungen angebend (konditional)
  andernfalls / *sonst* / ...
- zeitliche Ordnung und Abfolge betreffend
  da / *dann* / *darauf* / *eher* / *zuerst* / *zuvor* / ...

Der Unterschied zwischen gleichordnenden Konjunktionen (im Beispiel *denn*) und Adverbien (im Beispiel *dann*) liegt darin, daß die Konjunktionen keinen Platz im Bauplan des Satzes beanspruchen, die Adverbien aber sehr wohl, wie das folgende Satzpaar zeigt:

Wir machen das Manuskript heute fertig, **denn** *es soll noch in die Post.*

Wir machen das Manuskript heute fertig, **dann** *soll es noch in die Post.*

5.8 Lexikalische Gliederungsmuster

Nicht nur durch Konjunktionen und Adverbien, also durch Wörter mit verknüpfender und anaphorischer (in den Text verweisender) Bedeutung und entsprechender grammatischer Funktion, gliedert man seinen Text, sondern auch durch andere lexikalische Mittel. In Texten werden Themen angesprochen und entwickelt. Dabei werden Wörter wiederholt oder variiert. In den Wiederholungen wird das im Wort Benannte durch den neuen Kontext angereichert. In den Variationen wird das Thema zugleich durch die Wortvariationen entfaltet. Über die syntaktischen Mittel des Satzbaus und die lexikalischen Mittel des Wortschatzes finden Sie im Kapitel über den Sprachstil (Kap. 8) gründlichere Ausführungen. Hier sei nur auf eine für wissenschaftliche Texte wichtige Regel und ein wichtiges Gliederungsmuster kurz verwiesen. Zu Fachbegriffen finden Sie Hinweise in Kapitel 6.4 (Fachsprache) und Kapitel 7.2 (Definieren).

1. In wissenschaftlichen Texten werden überwiegend Fachbegriffe verwendet. Diese haben eine festgelegte, definierte Bedeutung. Die Stilregel journalistischer und fiktionaler Texte, daß man nicht immer dieselben Wörter verwenden, sondern variieren soll, gilt in Fachtexten nicht. Ausnahme: logische und klassifikatorische Gliederungen, wie unter 2. besprochen.

2. Ein Ordnungsschema des Wortschatzes ist es, daß Wörter allgemeinere oder speziellere Bedeutungen haben können. Dieses gilt in ganz besonderer Weise für die Klassifikationen der Wissenschaften und somit für Fachbegriffe. In einem Fachtext werden Definitionen nach Ober- und Unterbegriffen entwickelt, man stellt Ordnungsschemata und Begriffsnetze vor, die gewöhnlich hierarchisch geordnet sind. Beim Darstellen solcher Begriffsnetze und wenn man über sie spricht, ist es wichtig, daß man sich jeweils klar ist über die Stufe, auf der man sich bewegt. Dabei wirken zwei Relationen (Bedeutungsbeziehungen) zwischen den Fachausdrücken zusammen, die auch sonst in der Sprache gelten, aber nicht in gleicher Strenge:
    Es herrschen einerseits klare **Über- und Unterordnungen** und innerhalb der Unterordnungsstufen dann **Nebenordnungen.**

„Weißt du, wieviel *Sternlein* stehen . . .?" heißt es im Kinderlied, und von den *Sternen* sprechen wir, wenn wir den Nachthimmel sehen, und unterscheiden die *Himmelskörper* allenfalls nach „*Sonne, Mond* und *Sterne[n]*. . .", wie es in einem anderen Kinderlied heißt. Aber die Astronomen machen da genaue Unterschiede. *Himmelskörper* (Oberbegriff) sind sie alle, aber dort gibt es die *Sterne* (Unterbegriff 1. Ebene), die zugleich *Sonnen* sind (paralleler Begriffsname), und die *Planeten* (keine Sterne, also Unterbegriff 1. Ebene) mit ihren *Monden* (weder Sonnen noch Planeten, also ebenfalls Unterbegriff 1. Ebene). Zu den Planeten gehören in unserem Sonnensystem die *Erde* (Unterbegriff 2. Ebene) sowie *Merkur, Venus, Mars, Jupiter, Saturn, Uranus, Neptun* und *Pluto* (alles Nebenbegriffe zu *Erde* und damit Unterbegriffe 2. Ebene). Dann vagabundieren noch die *Asteroiden* (Kleinplaneten, zwischen Neben- und Unterbegriff zu Planet je nach systematischer Einordnung von

Planet), *Kometen* und *Meteore* (eigentlich Kometenstaub) durch den Weltraum (Ebenfalls Unterbegriff 1. Ebene). Bei den *Sternen* unterscheiden die Astronomen noch vielerlei Typen, denen sie hübsche metaphorische Namen gegeben haben (alles Unterbegriffe 2. Ebene): So ist der *Beteigeuze* (Eigenname, also 3. Ebene wie die folgenden Eigennamen) ein *Roter Überriese*, unsere *Sonne* (hier wird ein allgemeiner Begriff zum Eigennamen) ein *Zwerg*, *Sirius B* ein *Weißer Zwerg*, *6 Wolf 339* ein *Dunkler Roter Zwerg*. Weiter gibt es noch die *Novae* (Einzahl *Nova* von lateinisch *nova* = ‚neu‘), das sind Sterne, die hell leuchten, wo vorher noch kein Stern gesehen wurde; und es gibt besonders hell strahlende *Supernovae*, aber das sind dann Sterne in der Endphase, in der ein *Weißer Zwerg* zerplatzt und zu einem *Schwarzen Loch* wird.

Es gibt noch einen anderen Sternentod, aber wir wollen es gut sein lassen, denn das System der Ober- und Unterbegriffe mit den Nebenbegriffen dürfte klar geworden sein. Und auch die Sternendeuterei der Astrologen mit ihren Horoskopen soll uns hier nicht beschäftigen.

Die Begriffe und Informationen sind entnommen dem Buch von Patrick Moore „Großer Atlas der Sterne". Chur 1995, S. 9, 58, 102, 108, 135, 142-145.

🖉 Trainingseinheit

Formulieren Sie einen knappen Text, in dem Sie ein Begriffsnetz Ihres Faches erläutern.

Sie können auch folgende Begriffsnetze ausformulieren:
1. Pflanzen, Bäume, Laubbäume, Koniferen, Palmen, Eiche, Buche, Birke, Tanne, Fichte, Kiefer, Zeder, Dattelpalme, Kokospalme, Yucca, . . .
2. Pferde, Araber, Hannoveraner, Trakehner, Haflinger, Islandpony, Shetlandpony, Rappe, Schimmel, Fuchs, Apfelschimmel, Ackergaul, Reitpferd, Traber, Galopper, . . .

Bei Gruppe 2 müssen Sie eine Begriffsstufe einführen und selbst Begriffe nennen.

6. Warum spricht und schreibt man wann wie?

Deutsch sprechen und schreiben wir alle, aber in verschiedenen Situationen sprechen wir verschieden, und unterschiedliche Texte schreiben wir verschieden. Die Sprachwissenschaft nennt und ordnet die Vielfalt der Sprachgebrauchsweisen als **Sprachvarietäten**. Das Kapitel wird einen Überblick über die Varietäten geben und so helfen zu entscheiden, welcher Sprachgebrauch in welcher Situation und für welchen zu schreibenden Text angemessen ist.

Die Sprachvarietäten stehen dem einzelnen Sprachteilhaber als **Register** zur Verfügung. Nicht jeder kann alle Register ziehen, aber je mehr Register man zur Verfügung hat, desto besser kann man seinen Text formulieren und desto eher wird man in einer Gesprächsrunde oder als Vortragender akzeptiert.

Wir behandeln in diesem Kapitel nicht alle Varietäten, sondern nur diejenigen, die für das Schreiben im Studium und den Sprachgebrauch in der Universität und im Arbeitsfeld der Wissenschaft eine besondere Funktion haben.

Bei den Varietäten werden sprachliche Merkmale und außersprachliche Gegebenheiten korreliert:
– Politische Grenzen und Großräume: **Arealsprachen** und **Nationalsprachen** wie das Deutsche, Österreichische und Schwyzerdütsche.

- Geographische Grenzen und regionale Aspekte: **Mundarten (Dialekte)** wie Bairisch (den Dialekt schreibt man mit *i*), Schwäbisch, Fränkisch mit Varianten, wozu auch das Rheinländische gehört, Sächsisch, Platt (Niederdeutsch) mit seinen vielfältigen Varianten, wo das Hochdeutsche *nicht wahr?* zu *woll? – gelle? – ja? – wa? – ha noi?* usw. wird.
- Soziale Gruppen: **Gruppen- und Sondersprachen** wie die Jugendsprache *boa ey!*
- Arbeitsfelder und Berufe: **Fachsprachen**; dieses Varietätenfeld ist für das Schreiben im Studium natürlich das weitaus wichtigste.
- Historisch gegliederte **Sprachstufen** wie Althochdeutsch *gân, guoti, scrîban, sunu* (z.B. Zeit Karls des Großen), Mittelhochdeutsch *gên, güete, schrîben, suon* (Zeit Friedrich Barbarossas), Frühneuhochdeutsch *gehen, Güthe, schreyben, Son* (Zeit Luthers) und Neuhochdeutsch (ab dem 17. Jahrhundert) mit unserer **Gegenwartssprache** *gehen, Güte, schreiben, Sohn.*
- Durch besondere poetische Merkmale charakterisiert, durch Reim, Versmaß und ausdrucksstarke Bilder und Symbole: die **Literatursprache.**

Wünschelrute

Schläft ein Lied in allen Dingen,
Die da träumen fort und fort,
Und die Welt hebt an zu singen,
Triffst du nur das Zauberwort.
Ludwig Freiherr von Eichendorff. Quelle: Otto Conrady (Hg.): Das große deutsche Gedichtbuch. Kronberg/Ts. 1977, S. 382.
- Nach der Art des Sprachverhaltens: gesprochene und geschriebene Sprache, letztere als **Schriftsprache** besonders wichtig, weil die Hochsprache (s.u.) sich an der Schriftsprache orientiert.

Gemeinsamer Bezugspunkt all dieser Varietäten ist die **Hochsprache**, die mit allen Varietäten im Austausch steht, so wie diese selbst auch keineswegs scharf gegeneinander abgegrenzt sind, sondern untereinander ständig Wörter und Formen austauschen.

6.1 Gemeinsprache – Standardsprache – Hochsprache – Umgangssprache

Die deutsche Sprache, das ist eine Vielfalt unterschiedlicher Sprachgebrauchsweisen. Die Sprachwissenschaft schafft hier Ordnung, indem sie sprachliche Formen und Verwendungsbereiche miteinander in Beziehung setzt. Man spricht hier von verschiedenen **Sprachvarietäten.** Wenn einzelne Sprachteilhaber solche unterschiedlichen Sprachvarietäten beherrschen, spricht man auch davon, daß sie verschiedene **Register** beherrschen. Für gutes und angemessenes Formulieren von Texten ist es wichtig, sich über den Zusammenhang zwischen der Textsorte und die für diese Textsorte wichtige Sprachvarietät oder Sprachvarietäten klar zu sein; anders ausgedrückt: zu wissen, welches Register man zieht. (Das Bild vom Register ist der Orgel entlehnt, bei der durch das Ziehen von Registern die Klangfarbe verändert werden kann.) Für Texte, die man in der Universität schreibt, ist natürlich die jeweilige Fachsprache von besonderer Bedeutung. Aber für den Sprachgebrauch in der Hochschule selbst spielen die regional geprägten Umgangssprachen und die sondersprachenähnliche Studentensprache eine wichtige Rolle. Deshalb werden hier die Varietäten kurz vorgestellt, wobei die Fachsprachen genauer behandelt werden.

Für die verschiedenen Varietäten gibt es einen gemeinsamen Bezugspunkt: die Hochsprache, auch Gemeinsprache oder Standardsprache genannt. Die Begriffe meinen folgendes:

Hochsprache meint in gleicher Weise eine überregional verstandene Schriftsprache, die auch mündlich gesprochen werden kann, aber dann ohne regionale Einsprengsel und in korrekt durchformulierten Sätzen so wie in den – schriftlich vorformulierten – Texten der Nachrichtensprecher in Radio und Fernsehen. Diese Hochsprache stellt im Vergleich zur Standardsprache so etwas wie eine **Wertenorm** dar, während die Standardsprache so etwas wie eine **DIN-Norm** der Korrektheit darstellt. Das heißt, in der Hochsprache werden Fragen des Sprachstils wichtig, und es gibt häufig Streit über den Sprachverfall, wenn allzu viele Modernismen oder internationale Wörter in die Sprache kommen oder wenn schludriger Sprachgebrauch aus der Mündlichkeit auch in das Schriftliche eingeht.

Gemeinsprache meint eine allgemein im deutschen Sprachraum und dort, wo Deutsch gesprochen und geschrieben wird, verstandene Sprache, deren Hauptziel es ist, kommunikative Verständigung zu erreichen. Das bedeutet, daß diese Sprache im Wortschatz sehr offen ist für Neuerungen, das kann man in den Medien besonders beobachten. Diese Gemeinsprache hat einen sehr weiten Verbreitungsbereich im mündlich gesprochenen öffentlichen Sprachgebrauch. Beim einzelnen Sprecher kommen hier dann durchaus auch Elemente mundartlichen Sprechens mit zum Tragen (siehe dazu unten). In Sprechstunden und Seminardiskussionen kann die etwas laxere Umgangssprache, ein mit Dialekteinfärbung versehener Sprachgebrauch, richtig sein, wenn der Dozent nicht Anstoß nimmt. In Prüfungssituationen sollten Sie allerdings eine mündliche Standardsprache (s.u.) sprechen. Für nicht wenige dürfte es wichtig sein, das bereits vor der Prüfung gründlich zu üben. Anders ausgedrückt: *dat* und *wat, gelle, woll* und e*y, ha noi* und *wa* gehören nicht in ein Prüfungsgespräch.

Standardsprache ist eine gleichermaßen überregional verbreitete Sprache, die eher der Schriftsprache entspricht. Diese **Schriftsprache** unterscheidet sich von der gesprochenen Sprache nicht unwesentlich in grammatischen Mustern und Strukturen; schriftliche Texte müssen **grammatisch korrekt** durchformuliert sein, während in mündlichen Texten sehr häufig die Sätze nur unvollständig sind, weil durch Gestik und Mimik sowie durch den Blickkontakt mit dem anderen sichergestellt wird, daß die Verständigung klappt. Auch die einzelnen grammatischen Formen müssen in geschriebenen Texten ausformuliert sein und können nicht in den Endungen weggemurmelt werden; nur handschriftlich kann man sie in ungenauen Strichen gewissermaßen ebenfalls „murmeln".

Auch die **Rechtschreibung und Zeichensetzung**, die in der Mündlichkeit ja gar nicht vorhanden sind, sind für diese Standardsprache wesentlich. Für den Wortschatz und insbesondere aktuelle moderne internationale Wörter bedeutet das, daß die **Fremdwortschreibung** eine besonders wichtige Rolle spielt. Die Standardsprache wird ständig durch Fachausdrücke und Formeln aus den Fachsprachen angereichert und ergänzt, wenn fachliches Wissen, neue Produkte, Aussagen über die Gesellschaft, die Politik, die Kultur, den Sport, die Technologien, die Wirtschaft usw. öffentliches Interesse wecken: *FCKW, Ozon, PVC, Ozonwert* und *Katalysator* gehören genauso dazu wie *Controlling* und *Bruttosozialprodukt, Einheitswert, Tiebreak, Jogging, Leggins* und *postmodern.*

Die drei Begriffe **Gemeinsprache** als allgemeine Verkehrssprache, **Standardsprache** als Richtigkeitsnorm und **Hochsprache** als Wertenorm sind häufig austauschbar zu verwenden. Für das Schreiben im Studium sind die grammatischen Normen und die festgelegten Regeln der Rechtschreibung maßgebend, wie sie für die Standardsprache und die Hochsprache gelten. Für das Schreiben im Studium selbst werden jedoch die sogleich zu beschreibenden Fachsprachen sehr wichtig. Für alle im folgenden kurz charakterisierten Varietäten bildet die Hoch- bzw. Standardsprache einen zentralen Bezugspunkt.

Die Hochsprache ist weitgehend **Schriftsprache**. Die Grammatiken sind an geschriebener Sprache orientiert. Sprechen wird man diese Sprache nur in förmlichen Situationen. Die Sprache der Nachrichtensprecher ist gesprochene Hochsprache, wenn auch die Sprachmuster einfach gehalten sind, damit sie gut verstanden werden. Im alltäglichen Gespräch benutzen wir eine andere Sprache, die **Umgangssprache**. Sie mag mehr oder weniger dialektale Anklänge enthalten (s.u.), das entscheidende ist, daß diese mündliche Rede sich an der Gesprächssituation orientiert. Und das heißt:
– Wir denken beim Sprechen, wir suchen nach Worten, wir führen die angefangenen Satzmuster oft nicht zu Ende.
– Wir ergänzen die Sprache durch Mimik und Gestik.
– Wir nehmen unsere Gesprächspartner wahr und reagieren auf deren Reaktionen; wir bemerken, daß sie etwas nicht verstehen, und setzen neu an; wir bemerken, daß sie längst verstanden haben, und brechen ab usw.
– Wir reichern die Rede durch Kontakt-, Bestätigungs- und Kommentarwörter an. Die Sprachwissenschaft nennt sie Abtönungspartikel: *na, also, hm, hmhm, eben, eigentlich, ja doch!, ach nein, wirklich? . . .* Diese Schmier- und Gleitmittel der mündlichen Verständigung kommen nur sehr reduziert in geschriebenen Texten vor, und in sachlich informierenden fast gar nicht.

In Fachgesprächen entspricht dieser Umgangssprache die Werkstattsprache, wie weiter unten ausgeführt wird.

Der deutsche Sprachraum: Deutsch, Österreichisch, Schwyzerdütsch – Grenz-gebiete und Auslandsdeutsche
Deutsch wird nicht nur in Deutschland gesprochen, sondern in Österreich und der Schweiz, in Südtirol und im Elsaß, von deutschen Minderheiten in den Beneluxländern, in Polen, Tschechien, der Slowakei und Dänemark, von den Siebenbürgendeutschen in Rumänien wie von den Wolgadeutschen in Rußland und einer deutschen Minderheit in Kasachstan. Ein seltsamer alter Dialekt wird von der Religionsgemeinschaft der Amischen in den USA und Kanada gesprochen. Außerdem wird **Deutsch als Fremdsprache** in der ganzen Welt gelernt. Bezugssprache ist die Hochsprache.
  Aber für manchen Deutschen mag es überraschend sein, daß Österreicher und Schweizer ihre Sprachen als **Nationalsprachen** ansehen, sehr wohl als Varietäten in der großen deutschen Sprache, aber eben als eigenständige. Der Beitritt Österreichs zur Europäischen Union hat das – auch für andere Europäer oft überraschend – deutlich gemacht, denn Österreich bestand darauf, daß neben dem *Blumenkohl* der *Karfiol* erscheint, neben dem *Quark* der *Topfen* und neben den *Johannisbeeren* die *Ribiseln* u.a.m. Und bei der anstehenden Rechtschreibreform werden die Schweizer weiterhin auf das *ß* verzichten und *ss* schreiben, so wie sie ja viele eigenständige Wörter haben: *gemäss (gemäß), einbüssen (einbüßen), dass (daß), Grösse (Größe), Schluss (Schluß)* und weiter *Spital (Krankenhaus), Kehrplatz* (nicht zum Kehren mit dem Besen, sondern *Wendeplatz* für Autos) und zumindest mündlich *Unterbruch (Unterbrechung), Unterhaltig (Unterhaltung)* und natürlich *Grüezi wohl!* und *Auf Wiederluege!* An dieser Stelle ein kurzes Wort zur Sprache in der DDR und der BRD: Natürlich gab es Wörter für die jeweilige politische und gesellschaftliche Wirklichkeit, nicht nur das *Zentralkomitee* statt des *Parteipräsidiums*, die *Datsche* statt des *Wochenendhäuschens* und den *Broiler* statt des *Hähnchens* (das die Österreicher sowieso lieber *Hendl* nennen, und die Bayern auch); aber die Sprache als solche hatte sich wenig auseinanderentwickelt zwischen den beiden deutschen Staaten. Etwas anderes sind die Inhalte in den Köpfen der Menschen und die Gefühle, die in den Nebenbedeutungen mitschwingen.

6.2 Dialekte (Mundarten) und regionale Umgangssprachen

Ausländer, die die deutsche Sprache, also Hochsprache, gelernt haben, überrascht es immer wieder, daß sie in Deutschland viele unterschiedliche Sprechweisen hören. Gewöhnlich handelt es sich um die mündliche Umgangssprache (Gemeinsprache), aber nicht selten ist sie durch mundartliche Merkmale angereichert. Dialekte sind Spielarten des Deutschen, die an regionale Räume gebunden sind. Schon der Name *Mundarten* weist darauf hin, daß die Dialekte gesprochene Sprache sind. Die Namen sind hergeleitet von alten Landesnamen und von Volksstämmen, die in diesen Regionen lebten oder leben. Dialekte waren der Ausgangspunkt unserer hochdeutschen Standardsprache; es hat hunderte von Jahren gedauert, bis aus den verschiedenen Dialekten die gemeinsame Sprache wurde. Etwa zur Zeit Karls des Großen begann man, die deutsche Sprache mit lateinischen Buchstaben aufzuschreiben. Damals wurde ganz eindeutig immer nur dialektal gesprochen, denn es gibt nur dialektal geschriebene Texte. Der Weg zu einer gemeinsamen Standardsprache war lang und weit und wurde im Grunde erst im 17. Jahrhundert abgeschlossen. Eine einheitliche Rechtschreibung haben wir erst seit 1901; ab dem 1. August 1998 sollen mit einer Übergangszeit bis 2005 teilweise neue Regeln gelten.

An Dialekten fällt gewöhnlich zweierlei besonders auf: die charakteristische Lautung und ein charakteristischer Wortschatz. Im Norden ißt man *Kohl*, im Süden ißt man *Kraut*, und dann gibt es den *Rotkohl* oder das *Rotkraut* oder auch das *Blaukraut*. Und der *Kohl* heißt im Rheinland dann sowieso noch *Kappes*. *Brötchen* ißt man in ganz Deutschland, aber im Norden ißt man *Rundstücke*, in Berlin ißt man *Schrippen*, in Hessen ißt man *Wecken* und im Süden *Semmeln*. Im Norden begrüßt man sich mit *Guten Tag* und im Süden mit *Grüß Gott* und in der Schweiz mit *Gruezi* und an der Nordseeküste *Moin Moin*, und das auch am Nachmittag. Überhaupt gibt es neben den alten dialektgeprägten regionalen Sprechweisen noch deutliche Unterschiede im Sprachgebrauch in der Bundesrepublik Deutschland, in der Schweiz und in Österreich, darauf wurde oben bereits hingewiesen.

In der Sprachwissenschaft unterscheidet man noch genauer zwischen **Dialekten**, wie sie etwa Anfang des Jahrhunderts gesprochen wurden, und heute gesprochenen **regionalen Umgangssprachen**, die zwar deutlich von den Dialekten geprägt, aber durch die moderne Welt und den ständigen Kontakt mit der gesprochenen Standard- und Gemeinsprache in den Medien beeinflußt sind. Man muß sich verdeutlichen, daß die Hochsprache zunächst eine reine Schriftsprache war. Noch Goethe hat gefrankfurtert und Schiller mächtig geschwäbelt. Eine Art Hochsprache sprachen damals die Bühnenschauspieler. Erst gegen Ende des 19. Jahrhunderts, als die Rechtschreibung normiert wurde – die Diskussionen zur Vereinheitlichung der Rechtschreibung dauerten von 1876 bis 1901 –, wurde zunächst für Schauspieler in Preußen eine gemeinsame Hochlautung festgelegt, die sich dann langsam durchsetzte. Der Konrad Duden der Hochlautung wurde Theodor Siebs* mit seinem Buch „Deutsche Bühnensprache" von 1898. Und erst durch das Radio im 20. Jahrhundert und ab Mitte unseres Jahrhunderts zusätzlich durch das Fernsehen finden die Hochlautung und Standardsprache auch mündlich allgemeine Verbreitung.

* Das Werk erschien 1969 als „Deutsche Aussprache. Reine und gemäßigte Hochlautung mit Aussprachewörterbuch", hrsg. von Helmut de Boor, Hugo Moser und Cristian Winkler. Seit 1922 steht der Begriff „Hochsprache" im Titel.

6.3 Gruppen- und Sondersprachen

Gruppen- und Sondersprachen sind ein weiterer großer Bereich. Hier handelt es sich um einen Sprachgebrauch, der von einer gesellschaftlichen Gruppe geprägt wird und diese wiederum selbst prägt. Im Studium ist z.b. die Sprechweise von Studierenden untereinander stark geprägt von gruppensprachlichen Elementen; die Sprechsituationen und der gesellschaftliche Status spielen eine große Rolle. Die lockere Sprechweise der studentischen Gruppensprache, durchmischt mit regionalen Umgangssprachen und mit Fachsprachen, beherrschen die Flure, Fahrstühle, Mensen, Cafeterien und nicht selten sogar Seminarräume der Universitäten, wenn sie auch in Seminardiskussionen eher als auflockernde Einsprengsel erscheinen. Aber da die meisten Menschen mehrere Varietäten beherrschen, mehrere Register ziehen können, durchmischt sich der Sprachgebrauch ständig. Und gerade die Kontaktwörter des Gesprächs sind häufig regional geprägt, *wa? - woll? - gelle? - oder?* Und überall in Deutschlands Schulen und Hochschulen beginnt etwa jedes zweite Referat mit dem Kontaktwort *also: Also mein Thema ist . . .*

Für das Schreiben im Studium spielen diese sozialen Varietäten wiederum keine Rolle. Einen Übergang von diesen Gruppensprachen zu den Fachsprachen gibt es im Bereich der Hobbys, wo fachliche Dinge verhandelt werden.

6.4 Fachsprachen

Fachsprachen haben sich mit der Arbeitsteilung entwickelt. Sie unterscheiden sich von Gruppensprachen dadurch, daß eine Gruppe von Menschen sich nicht um der Gruppenbildung willen zusammengefunden hat, sondern um gemeinsame Aufgaben zu erledigen, über die sie sich dann verständigen. Außerdem soll Wissen verbreitet, für längere Zeit aufgehoben, dokumentiert und archiviert werden. Die alten **Berufssprachen** und **Handwerkersprachen** sind in gleicher Weise Fachsprachen wie die **Sprachen der wissenschaftlichen Disziplinen**. Zur Beschreibung der Fachsprachen nutzt die Sprachwissenschaft verschiedene Modelle, die hier kurz vorzustellen sind, weil sie für das Schreiben im Studium ganz wesentliche Orientierungspunkte darstellen. Insgesamt zeichnet sich die Fachsprache durch hohe Funktionalität aus. Gegenstände, Begriffe, Merkmale, Verfahren werden präzise durch einen Fachbegriff ausgedrückt. Fachleute verständigen sich untereinander schnell und genau. Häufig entwickeln die Fächer eigene Notationssysteme, z. B. die Formelsprache der Chemie oder aller mathematisch operierender Fächer oder das ganze Notationssystem des Schreibens von Noten in der Musik.

Beispiel 1: Definition von Frequenz in Physik und Technik
Perioden-F., Schwingungszahl, Formelzeichen f oder v, bei period. Vorgängen, z.B. Schwingungen oder Wellen, der Quotient aus der Anzahl n der Pe-

rioden (volle Schwingungen) und der Zeit t, in der sie erfolgen: $f = n/t$. Die F. ist der reziproke Wert der Periodendauer T, d.h. es gilt: $f = 1/T$. Einheit der F. ist das Hertz (Einheitszeichen Hz); es ist 1 Hz = 1s-1.

Quelle: Brockhaus Enzyklopädie 7, S. 648.

Beispiel 2 : Definition von Kreis in der Mathematik
K.-Linie, Peripherie, der geometr. Ort aller Punkte der Ebene, die von einem festen Punkt M den gleichen Abstand r haben; hierbei bezeichnet man M als **Mittelpunkt** oder **Zentrum** und r als **Radius** oder **Halbmesser** des K. [. . .] **Durchmesser** *(d)* nennt man sowohl diejenigen Strecken, die zwei K.-Punkte verbinden und M enthalten, als auch deren Länge. Es gilt $d = 2r$, wenn man den Durchmesser und den Radius als Längen betrachtet. Der K. begrenzt die **K.-Fläche** (häufig ebenfalls einfach K. gen.). Für die Länge U des K-Umfanges ist $F = \pi r^2$. Die Gleichung einer K. um M *(xM; yM)* mit dem Radius r lautet $(x - xM)^2 + (y - yM)^2$.

Quelle: Brockhaus Enzyklopädie 7, S. 466.

Beispiel 3: Definition von Symbolen in der generativen Transformationsgrammatik
Für den Anfang werden 4 Symboltypen benötigt:
1. Ein Anfangssymbol S für Satz, mit dem die Generierung eines Satzes beginnt.
2. Kategorialsymbole, die von den Wortartkategorien hergeleitet sind und zur Kennzeichnung der Phrasenstruktur (Konstituentenstruktur) dienen:
   NP für Nominalphrase
   VP für Verbalphrase [. . .]

Quelle: Karl-Dieter Bünting: Einführung in die Linguistik. Frankfurt/Main 1993, S. 176.

Beispiel 4: Die Kunst der Fuge (BWV 1080)
[. . .] In 14 Fugen (einfachen, Doppel- und Tripelfugen) und 4 Kanons über ein Thema und seine Veränderungen – es erscheint zunächst in Umkehrung, dann rhythmisch, metrisch, melodisch abgewandelt, einmal auch in Dur – stellte Bach noch einmal die Formvarianten der Fuge und ihre Möglichkeiten tonaler Polyphonie systematisch dar. [. . .]

Quelle: Hans Renner/Klaus Schweizer: Reclams Konzertführer. Stuttgart 1976, S. 36.

6.4.1 Gliederung der Fachsprachen

Bei Fachsprachen gibt es verschiedene Modelle, wie man die Vielfalt gliedert und ordnet. Daran kann man sich für vernünftigen Gebrauch orientieren. Zwei Ordnungsschemata seien vorgestellt:

1. Vertikale und horizontale Gliederung
Die **vertikale** Gliederung bezieht sich auf die Abgrenzung zwischen Disziplinen und Fächern. Insofern für komplexe Phänomene mehrere Disziplinen zur Erhellung und zum Verständnis von Vorgängen und Abläufen beitragen können, wird man sich multidisziplinär oder sogar interdisziplinär über Fachgrenzen hinweg verständigen und entsprechend Begriffe aus verschiedenen Disziplinen verwenden. Schon Fachkennzeichnungen wie *Bauphysik, Wirtschaftsinformatik, Siedlungswasserwirtschaft, Biochemie, Psycholinguistik, Kommunikationsdesign, Sprachsoziologie* usw. dokumentieren das.

Die **horizontale** Gliederung bezieht sich auf den Sprachgebrauch in einem Fach und orientiert sich an Verwendungssituationen:
- Fachmann/-frau und Fachmann/-frau verständigen sich untereinander **schriftlich** auf der **Theorieebene**; sie benutzen das ganze Arsenal der Begriffe, Formeln, Notationssysteme usw. und setzen voraus, daß sie ohne weitere Erläuterungen verstanden werden.
- Fachmann/-frau und Fachmann/-frau verständigen sich untereinander **mündlich** in der sogenannten **Werkstattsprache**; der Begriff ist aus dem Handwerk entlehnt, bezieht sich aber in gleicher Weise auf das Labor, die Fachtagung, das Oberseminar, soweit es nicht um Vorträge geht, sondern um schnelle, wechselseitige Verständigung. Man spricht mehr oder weniger umgangssprachlich, also mit direktem Situationsbezug: *Das hier . . . Wie eben gesagt . . . Vorhin . . .*; man benutzt Fachausdrücke ohne Erläuterungen. Die anderen werden schon Signale geben, wenn sie nicht verstehen. Sehr charakteristisch für diese Werkstattsprache sind die Pausen, bei vielen durch *äh, äh* gefüllt: Es sind **Pausen der Sprechplanung**. Während man schon spricht, denkt man weiter. Oft führt das dazu, daß die Satzmuster grammatisch nicht zu Ende geführt werden. Wenn man das zu weit treibt, wird man nicht mehr verstanden, zumindest verliert man die Aufmerksamkeit der Gesprächspartner, denn es ist ihnen zu anstrengend, dem verwikkelten und durch Satzbrüche verstümmelten Satzbau zu folgen. (Vergleiche dazu das Buch „Reden im Studium" von Marita Pabst-Weinschenk.)
- Fachmann/-frau und Laie verständigen sich. Man spricht von der **Verteilerebene**. Hierzu gehören die Werbung und der Verkauf, hierzu gehört das Beratungsgespräch und das Sachbuch, hierzu gehört nicht zuletzt die Lehre in Schulen und Hochschulen mit den Lehrbüchern und Studienbüchern. Begriffe müssen erläutert, definiert, mit Beispielen versehen werden, wenn man sie einführt.

2. Sprach- und Textfunktionen

Man unterscheidet nach den Funktionen von Texten, nach denen der Sprachgebrauch sich richten sollte (vgl. dazu Dieter Möhn/Roland Pelka: Fachsprachen. Eine Einführung. Tübingen 1984):

- Deskriptive, informative Funktion mit sachbezogener Sprache; sie ist die vorherrschende Textfunktion in der Hochschule.
- Direktive, instruktive Funktion mit ebenfalls sachlicher Sprache und Handlungsanweisungen. In Studien- und Prüfungsordnungen kann man entdecken, wie fachsprachlich diese Texte ausfallen können und teilweise müssen, wenn sie Rechte und Pflichten so regeln, daß sie einklagbar sind. Solche Ordnungen enthalten die Fachsprache des betreffenden Faches und die Fachsprache des Juristen- und Verwaltungsdeutsch. Auf S. 136 f. finden Sie als Beispiel den Anfang einer Studienordnung.
- Expressive Funktion, die Gefühle des Sprechers/der Sprecherin wiedergeben. Hier werden häufig Wörter mit stark emotionalen Nebenbedeutungen verwendet. In der Hochschule hört man sie ständig, denn sie sind ein typisches Merkmal der Jugend- und Studentensprache. Lesen kann man sie an Wänden, auf Toiletten usw. Seit der Erfindung von Filzstiften und Spraydosen hat sich hier eine Subkultur schriftlicher Texte aus den Toiletten und von Schul- und Hörsaalbänken eine breitere Öffentlichkeit gesucht.
- Appellative Funktion, welche die Aufmerksamkeit der Angesprochenen und Leser/-innen wecken soll. Für sie gilt mit geänderter Perspektive ähnliches wie für die expressive Funktion. In der Hochschule sind es die Texte, die für politische, weltanschauliche oder gesellschaftliche Positionen werben. Es sind Ankündigungen von Veranstaltungen und Aufrufe zu ASTA- und Gremienwahlen.

6.4.2 Fachbegriffe der Fachsprachen

Anders in den Fachsprachen. Jede Fachsprache hat ihre Fachbegriffe. Sie haben eine genau definierte Bedeutung im Rahmen des Faches. Jeder, der diesen Fachbegriff benutzt, benutzt ihn mit der genauen und präzisen Bedeutung. Beim Fachbegriff ist es wichtig, zwischen **Begriffsinhalt** und **Begriffsnamen** zu unterscheiden. Siehe dazu und zu Definitionswegen S. 168 ff. Die Begriffsinhalte sind es, die definiert sind. Der Begriffsname kann, wenn das Fach eine lange Tradition hat, unterschiedlich sein. In der Sprachwissenschaft hat man z.B. für Wortarten konkurrierende Begriffe, einmal die lateinische Begrifflichkeit und einmal die deutsche, also *Verb* oder *Tätigkeitswort/Tuwort/Zeitwort*, *Adjektiv* oder *Eigenschaftswort/Wiewort*; aber auch konkurrierende Begriffe der lateinischen Begrifflichkeit *Nomen/Substantiv* usw. In Berufssprachen gibt es regionale Unterschiede, das sieht man schon an Berufsbezeichnungen wie *Klempner* oder *Spengler*. Der Begriffsinhalt ist jeweils derselbe, die Begriffsnamen sind unterschiedlich. Sehr häufig sorgen allerdings Berufsgenossenschaften oder sogar DIN-Normenausschüsse dafür, daß Begriffsinhalt und Begriffsname festgelegt werden. Für den Maler und Gestaltungstechniker werden Farben mittels eines Kennungssystems durch Zahlen gekennzeichnet. Rot RAL 3000 ist zum Beispiel als Autofarbe verboten, weil es den Feuerwehren vorbehalten ist. In solchen Fällen spricht man auch von Fachtermini. In den Wissenschaften gibt es oft Unterschiede, die aus verschiedenen Methodiken oder verschiedenen Schulen herkommen.

6.4.3 Zum Gebrauch der Fachsprachen in Hochschultexten

Studieren heißt unter anderem, mit neuen Kenntnissen die Sprache zu erlernen, mit denen sich die Fachleute verständigen. Dazu gehören Formeln und andere Notationssysteme, Zeichentechniken, schematische Darstellungen, Tabellen usw. Von Fach zu Fach ist das verschieden. Aber zum Gebrauch der Fachausdrücke usw. lassen sich einige allgemeine Praktiken feststellen und also Ratschläge geben.

Als Beispiele für charakteristische Textsorten werden Texte eines der Autoren verwendet. Sie betreffen Wortbausteine (*Um + Leit + ung, ab + leit + en* usw.), die jedem Leser verständlich sein sollten, so daß die Fachspezifik nicht die Anschaulichkeit des Beispiels verdeckt.

1. Reine Fachtexte wie Dissertationen, Monographien, Artikel in Fachzeitschriften, Forschungsberichte
Solche Texte richten sich an Fachleute, und darin werden Fachbegriffe ohne weitere Erläuterungen benutzt. Erläutern muß man sie nur, wenn in unterschiedlichen Theorien unterschiedliche Begriffsinhalte damit verbunden sind oder wenn man neue Begriffe oder modifizierte Begriffsinhalte selbst entwickelt. Der Beispieltext ist einer Dissertation entnommen.

Zusammenfassung der theoretischen und terminologischen Voraussetzungen für die Untersuchung

Ausgegangen wird von der Annahme, daß sprachliche und linguistische Einheiten durch Sprachkörper und Bedeutungen bestimmt werden. Als Sprachkörper wird die Graphemfolge angesetzt. Als zu untersuchende sprachliche Einheiten werden Wörter definiert als ausgezeichnete Graphemfolgen. Ihre Bedeutungen sollen auf Grund der morphologischen Strukturen bestimmt werden. Dazu werden als linguistische Grundeinheiten die Morpheme als kleinste bedeutungstragende Sprachkörper, repräsentiert in Graphemfolgen, angesetzt [. . .] Für die Untersuchung werden Kerne, Affixe und Flexionsmorpheme herausgehoben, mit deren Hilfe die morphologischen Strukturen einfacher, abgeleiteter und zusammengesetzter Wörter beschrieben werden können. Die Kerne, als wichtige Morpheme der Sprache, werden nach Bedeutungsbündeln aus verschiedenen Kategorien und nach ihren graphematischen Eigenschaften (Allostatus und Homographie) in Klassen eingeteilt.

Quelle: Karl-Dieter Bünting: Morphologische Strukturen deutscher Wörter. Ein Problem der linguistischen Datenverarbeitung. Phil Diss. Bonn 1969, S. 39. (Auch erschienen als: Forschungsberichte des Instituts für Kommunikationsforschung und Phonetik der Universität Bonn 19, Hamburg 1970.)

2. Einführende Texte und Lehrwerke
Hier müssen die Fachbegriffe erläutert werden, wenn man sie das erste Mal einführt. Es geht darum, die noch nicht kundigen Studierenden kundig zu machen. Es folgen zwei Texte. Der erste wendet sich an Studierende philologischer Fächer. Der zweite ist einem Sachbuch entnommen, das sich an ein allgemeines Lesepublikum wendet.

Es gibt eine Reihe von Morphemen, deren Funktion im Sprachsystem gewöhnlich mit *Wortbildung* bezeichnet wird. [. . .]
Die bisher kurz erläuterten morphologischen Termini seien vor einer detaillierten Behandlung der deutschen Morphologie nach verschiedenen Gesichtspunkten zusammengefaßt und charakterisiert.
Allgemeinlinguistische Eigenschaften:
Wörter: empirisch gegebene sprachliche Einheiten
Wortformen: Allovarianten der Wörter
Morpheme: linguistisch definierte Einheiten des Sprachsystems
„kleinste bedeutungstragende Sprachelemente"
Allomorphe: phonematisch unterschiedliche Realisierungen eines Morphems [. . .]
Quelle: Karl-Dieter Bünting: Einführung in die Linguistik. A.a.O., S. 103.

Aus einem Sachbuch zu Grammatik, Stil und Rechtschreibung:
Wortbausteine
Die Wörter bestehen aus kleineren Teilen, den **Wortbausteinen**.
Anmerkung: Die Wissenschaftler nennen diese Wortbausteine **Morpheme** (von griechisch *morphe* ‚Gestalt'). Die Wortlehre heißt deshalb auch **Morphologie**.
Zentraler Baustein eines Wortes ist der **Wortstamm**. Viele Wörter bestehen nur aus einem Wortstamm:
– alle «kleinen» Wörter, z.B. *und, oder, mit, wenn, dann, als, wie, sehr, gern, . . .*
– ungebeugte Formen wie *Haus, Hof, Tür, Mensch, Frau, . . . als, neu, groß, klein, dick, dünn, . . .*
An den Stamm werden Endungen angefügt, die auch **Suffixe** genannt werden (von lateinisch *suffixus* ‚angeheftet'); es gibt zwei Typen:
– die **Flexionsendungen der Beugung**
schreib**e**, schreib**st**, die Brief**e**, dem freundlich**en** Mensch**en**, . . .
– die **Wortbildungsendungen,** mit denen neue Wörter gebildet werden
Tag – täg**lich**, tag**en**, Tag**ung**
bieg(en) – bieg**sam**, Bieg**ung**
Mensch –mensch**lich**, Mensch**heit**
Quelle: Karl-Dieter Bünting: Auf gut deutsch. Köln 1986, S. 76.

3. Fachlexika und allgemeine Enzyklopädien

Sie dienen dazu, Begriffe zu erläutern. Sie enthalten Verweise, so daß man sich ein Begriffsnetz aufbauen kann. Man sollte übrigens auch in allgemeinen Enzyklopädien wie *Brockhaus Enzyklopädie, Meyers Enzyklopädie, Encyclopedia Britannica* usw. nachschlagen, die meistens ausgezeichnete Artikel zu den Grundbegriffen eines Faches mit Literaturhinweisen haben. Zur Zeit gibt es bereits Datenbasen, und es werden CD-ROMs und auch Disketten entwickelt, in denen die Querverweise als sogenannte Hypertexte angelegt sind; Hyptertext bedeutet, daß man über Icons (kleine Bildsymbole) oder Begriffe mit der Maus oder über die Tastatur die entsprechenden Begriffe aufrufen kann, die dann in Fenstern oder in einer anderen Form auf dem Bildschirm erscheinen. (Zu Datenbanken siehe S. 85 ff.)

4. Referate

In Referaten muß man entscheiden, welches Vorwissen vorausgesetzt werden kann und welche Fachbegriffe im Referat eingeführt werden und eben gerade durch das Referat vorgestellt und erläutert werden sollen. Auf jeden Fall muß man in der Lage sein, verwendete Begriffe auf Fragen hin genau zu erläutern. Gute **Beispiele** sind dabei genauso wichtig wie genaue Definitionen, die ihrerseits nicht auf Begriffe zurückgreifen dürfen, welche nicht verstanden werden.

5. Seminararbeiten, Hausarbeiten

Hier wird zwischen Arbeiten im Grundstudium und im Hauptstudium zu unterscheiden sein. Im Grundstudium wird man die meisten Fachbegriffe zu erläutern haben, denn man soll zeigen, **wie** man sie verstanden hat. Im Hauptstudium wird man die grundlegenden Begriffe des Faches ohne weitere Erläuterungen benutzen, denn man soll zeigen, **daß** man sie kennt. Spezielle Begriffe, welche Thema der Arbeit sind, wird man jedoch erläutern und definieren. Man kann und sollte die Fußnoten bzw. Anmerkungen nutzen, um den Haupttext von Definitionen zu entlasten, wenn man trotzdem sicherstellen will, daß deutlich wird, wie man die Fachbegriffe versteht.

6. Prüfungsarbeiten, zum Beispiel Examensklausuren

Hier wird man ähnlich verfahren wie in Seminarbeiten. Man will und soll zeigen, daß man im Studium etwas gelernt hat, daß man Fachfrau oder Fachmann ist. Aber die Fragestellung der Klausur wird nahelegen, einige für das Thema zentrale Begriffe zu definieren. Häufig ist genau das die Fragestellung einer Klausur.

7. Mündliche Prüfungen

Hier sollte man die Fachbegriffe einfach benutzen; man muß aber jederzeit darauf gefaßt sein, daß die Prüfenden nachfragen, Definitionen oder Beispiele verlangen, das ganze Umfeld eines Begriffes thematisieren.

8. Journalistische Texte

In solchen Texten wird man unterscheiden müssen, ob man allgemein informiert oder populärwissenschaftliche Texte und Sachbücher schreibt, also Texte, in denen man die Wissenschaft interessierten Laien verständlich machen will. In Sachbüchern müssen Begriffe immer erläutert werden. Ein Glossar im Anhang oder als Kasten auf einer Seite ist leserfreundlich. Das gilt auch für journalistische Texte, welche über aktuelle Tagesereignisse berichten und bei denen man ohne Fachausdrücke nicht auskommt. Texte für wissenschaftliche Beilagen oder Wissenschaftsseiten können auf die Definition von Grundbegriffen verzichten.

9. Fachbuch und Sachbuch

Fachbücher wenden sich an Fachleute. In Fachbüchern wird Fachsprache ohne weitere Erläuterungen benutzt. Erklärt wird nur, was neu eingeführt wird. **Sachbücher** wenden sich an interessierte Laien. Sie können natürlich auch von Fachleuten gelesen werden, aber zunächst einmal sind die Laien als Leser im Bewußtsein des Autors. Deshalb werden in Sachbüchern Begriffe und fachliche Notationssysteme erläutert. Das kann im laufenden Text geschehen, aber nicht selten werden durch das Layout gekennzeichnete besondere Erklärungstexte eingefügt, Kästen, Rasterblöcke usw.

7. Formulieren 1: sachlich und logisch schreiben

Wissenschaftlich zu schreiben heißt, sachlich zu schreiben, heißt, „die Dinge auf den Begriff zu bringen", und heißt, sachlich zu argumentieren. Auf drei Textbereiche gilt es besonders zu achten:
-   Wie bringe ich mich als Schreibenden in meinen Text ein? „Der Esel nennt sich selbst zuerst" heißt ein Sprichwort. Darf man sich *ich* nennen? Welche Möglichkeiten unpersönlichen Formulierens gibt es? Und wie beziehe ich Leser und – bei Referaten – Zuhörer ein? Was ist mit dem pädagogischen *Wir*? Und wie geht man damit um, daß man Leser und Leserinnen, Zuhörer und Zuhörerinnen hat?
-   Wie legt man Begriffe fest? Welche Definitionstechniken gibt es?
-   Wie kann man wirkungsvoll argumentieren? Hier werden wir den Fünfschritt des Argumentierens und wirkungsvolle Muster erläutern.

7.1 Ich, wir, man oder wer?

Wissenschaftliche Texte sind zwar von Individuen geschrieben, aber sie sind Teil der Texte der *scientific* und *scholarly community*, und das heißt, das Individuum nimmt sich in den Texten zurück. Das ist gar nicht so einfach; schließlich hat man sich längere Zeit intensiv mit einem Thema beschäftigt. Wenn man ein Referat hält, will man zudem die Zuhörer und Zuhörerinnen mit einbeziehen, und diese Sprechperspektive kann man nicht so ohne weiteres vergessen und tilgen, wenn man die schriftliche Fassung anfertigt. Aber beim wissenschaftlichen Schreiben sind Formulierungen wie *Mein Thema lautet . . .* und *Ich habe folgende Fragestellung bearbeitet . . .* nicht üblich. Im Vorwort bringt sich *der Verfasser* zwar durchaus als *ich* oder – bei mehreren Verfassern – als *wir* ein, aber im Haupttext eher selten. Deshalb geben wir* zunächst einige Formulierungsvorschläge und erörtern dann anhand von Beispielen weitere Formulierungsmöglichkeiten.

*Über dieses *wir*, mit dem wir als Autoren uns in diesem Buch melden, wird weiter unten einiges gesagt.

> Das Thema dieser Diplomarbeit lautet: . . .
> In dieser Magisterarbeit geht es um die Fragestellung, . . .
> Anglizismen sind in der deutschen Werbung ohne Frage „in". Eine vergleichende Untersuchung . . .
> Methoden der Inhaltsanalyse werden schon seit den 1960er Jahren für vielerlei Themen und an vielerlei Texten eingesetzt. Für das Thema . . .

✍ Trainingseinheit

Sie können die folgenden Originalzitate (1) bis (16) gut als Trainingstexte nehmen. Suchen Sie heraus:
– Wörter und Formulierungen, die auf den Autor verweisen;
– Wörter und Formulierungen, die den Leser/die Leserin einbeziehen; differenzieren Sie dabei, ob der Autor sich und den Leser gemeinsam anspricht oder ob er sich selbst nicht mit einbezieht;
– Wörter und Formulierungen, die das Thema und die Fachdisziplin nennen.

Unpersönliche Formulierungen

Unpersönliche Formulierungen herrschen in der Wissenschaft vor.
– **Passivwendungen:** *Im ersten Teil der Arbeit wird . . . – Schon seit langem werden in der Forschung . . .* usw.
– **Das unpersönliche *Es*:** *Es gibt . . . – Es findet sich . . . – Es ist Aufgabe dieser Untersuchung . . .*
– **Das unpersönliche *Man*:** *Schon seit geraumer Zeit vermutet man . . .*

In den Formulierungen kommt dann oft das rückbezügliche *sich* vor, das wie das Man die Leser einbezieht. Es folgen einige Beispiele aus verschiedenen Disziplinen, die diese unpersönlichen Formulierungen demonstrieren. Die Beispiele sind jeweils den Anfangskapiteln, Einleitungen usw. entnommen, in denen die Schreibperspektive entwickelt wird.

(1) Ursprung und Entwicklung der menschlichen Intelligenz fesseln mehr denn je die Forschung. Die stets neuentdeckten Funde von überlieferten Zeugnissen menschlichen «Denkens» häufen sich wie Einzelteile eines Zusammensetzspieles, an dessen logischer Reihung unaufhörlich gearbeitet wird. . .

Adrian Frutiger: Der Mensch und seine Zeichen. 2. Band: Die Zeichen der Sprachfixierung. Echzell o.J., S. 13.

(2) Das Individuum befindet sich in einer tiefen Krise. Diese Krise bildet sich u.a. in einer Art von seelischem Leiden ab, das nicht Krankheit im üblichen Sinne ist. Sie bildet sich aber auch in der Art der sich wandelnden Heilserwartungen der seelisch Leidenden ab. Der Psychoanalytiker kann versuchen, diese Abbildungen zu interpretieren...

Horst E. Richter: Die Gruppe. Reinbek bei Hamburg 1972, S. 11.

(3) Kaum ein Beruf gilt nach Art und Betätigung dem Außenstehenden als so außergewöhnlich schwierig wie der des Mathematikers. Auf den ersten Blick scheint es sich um eine geradezu phantastisch schwere Angelegenheit zu handeln, die offenbar eine ganz besondere Geistesverfassung fordert [...] Was aber dem Laien oft noch eigenartiger vorkommt als die Fähigkeit des Mathematikers, seine komplizierten Dinge zu tun, ist der Wunsch, sie zu tun...

Walter R. Fuchs: Knaurs Buch der modernen Mathematik. München, Zürich 1966. Geleitwort von Hermann Bondi, S. 8.

(4) Die Sprache ist wie jedes Erzeugnis menschlicher Kultur ein Gegenstand der geschichtlichen Entwicklung; aber wie in jedem Zweige der Geschichtswissenschaft so muss [sic!] auch der Sprachgeschichte eine Wissenschaft zur Seite stehen, welche sich mit den allgemeinen Lebensbedingungen des geschichtlich sich entwickelnden Objektes beschäftigt [...] Es fehlt für diese Wissenschaft eine allgemein gültige und passende Bezeichnung. Unter Sprachphilosophie versteht man in der Regel noch etwas anderes...

Hermann Paul: Prinzipien der Sprachgeschichte. Tübingen 1975, S. 2 (1. Aufl. 1880).

(5) Über den Ursprung der Musik gibt es verschiedene Theorien. So glaubt man in der Nachahmung von Liebeslockrufen der Vögel, in anfeuernden Rufen bei gemeinschaftlicher Arbeit, in Jagd- und Kampfrufen, in Ausdrücken des Entzückens oder Totenklagen Urimpulse der Musik zu erkennen. Manches scheint dafür zu sprechen, doch sind Rufe noch nicht Musik...

Hans Renner: Geschichte der Musik. Stuttgart 1965, S. 7.

(6) Eine wesentliche Eigenschaft des Menschen ist sein lebenslang vorhandener Explorationsdrang. Das ständige Bedürfnis, Objekte der Umwelt sowie ihre Beziehungen untereinander erkennen zu wollen, zeichnet nur den Menschen aus. In direktem Zusammenhang zu diesem Explorationsverhalten stehen zwei weitere typisch menschliche Eigenschaften: das Bewußtsein und die Sprachfähigkeit. Sie ermöglichen es dem Menschen, sich selbst zu erkennen. Geht man davon aus, daß sich diese drei Eigenschaften im Laufe der Evolution nacheinander herausgebildet haben, dann mußte die weitere Entwicklung dazu führen, daß nun die Bedingungen des Selbsterkennens zum Gegenstand der Exploration wurden. Die Frage nach den Ursachen von Bewußtsein und Sprachfähigkeit gehört daher nahezu zwangsläufig zu den interessantesten Beschäftigungen für den Menschen...

Horst H. Müller: Evolution, Kognition und Sprache. Berlin, Hamburg 1987, S. 9.

(7) Soll eine Liebe oder eine Passion, eine Affäre oder eine «Traumnummer» beginnen, müssen zuvor die richtigen Worte fallen. Unmögliche Worte. Denn sie sollen verführerisch klingen und aufrichtig sein, schön und vertrauenerweckend, verlangend und wahr. Stets nistet in den Bedingungen des Gelingens ein Betrug. Wer der Wirkung von Worten verfallen soll, den muß Verlangen hypnotisieren und der Schein der Wahrheit blenden. Das Paradox dieses Gesetzes brachte Nietzsche auf die Formel: «Was als wahr wirken soll, darf nicht wahr sein». . .

Manfred Schneider: Liebe und Betrug. Die Sprachen des Verlangens. München, Wien 1992, S. 9; das *Wer* im Satz *Wer der Wirkung von Worten* . . . hat hier eine andere Dimension als in Texten, in denen die lesenden Kollegen auf diese Weise einbezogen werden, wie weiter unten in Text (11).

Wir . . . und *uns* . . .

Das Personalpronomen *wir* mit seinen grammatischen Formen, besonders mit dem *uns,* wird in zweierlei Weise verwendet:

1. Mehrere Autoren bringen sich selbst so in den Text ein. Dieses *wir* ist nicht so direkt wie ein *ich* und wird deshalb durchaus häufig verwendet. In diesem Buch tun wir das zum Beispiel, weil wir Sie hin und wieder direkt ansprechen wollen und auf diese Weise eine Beziehung zwischen uns als Autoren und Ihnen als Lesern und Leserinnen herstellen möchten.
2. Ein *Wir* wird als pädagogisches *Wir* verwendet, das heißt, die Leser und alle Betroffenen werden einbezogen. Es handelt sich um das *Wir* der Klassenzimmer und Seminare: *Wir beschäftigen uns heute mit* . . . *Wir schlagen jetzt Seite 25 auf* . . . *Wir schreiben heute einen Test.* (Derjenige, der das sagt, schreibt gar nicht mit!)

In den folgenden Texten finden Sie beide Gebrauchsweisen des *Wir.*

(8) Es ist klar, daß es sich hier um eine Sitzung in Makroökonomik handelt; gleichwohl stellen wir dieses Kapitel voran, weil wir ein wenig Methodologie für wichtig halten. Wir haben uns bemüht, dieses Kapitel kurz und – sozusagen – praxisnah zu halten. Der Leser wird nur mit wenigen Methodenfragen bekannt gemacht und nur mit denjenigen, die für die weitere Lektüre unerläßlich sind. . .

Bernhard Felderer/Stefan Homburg: Makroökonomik und neue Makroökonomik. Berlin, Heidelberg, New York, Tokyo 1985, S. 7.

(9) Unter Berufsplanung verstehen wir die Präzisierung beruflicher Zielvorstellungen, d.h. sich Klarheit zu verschaffen über berufliche Präferenzen, deren Realisierungschancen, aber auch über Alternativen. . .

Joerg E. Staufenbiel: Berufsplanung für den Management-Nachwuchs. START 89/90, Köln 1989, S. 25.

(10) Zu jeder Zeit und in allen kulturellen Epochen finden wir – soweit wir die menschliche Gesellschaft zurückverfolgen können – so etwas wie Philoso-

phie und so etwas wie Wissenschaft, nämlich den Mythos und Kult. In den
frühen Gesellschaften haben sie ungefähr die Bedeutung von Theorie und
Praxis...

George Herbert Mead: Philosophie der Sozietät. Frankfurt/Main 1969, S. 39 (hier beginnt Meads Text, das Buch hat eine längere Einleitung).

(11) Wer von uns, sei es auch nur in seiner Jugend, die Jahre nach 1919 mit
Bewußtsein miterlebt hat, der besinnt sich auf den ungeheuren pädagogischen Enthusiasmus, der damals weite Kreise des deutschen Volkes ergriffen hatte...

Otto Friedrich Bollnow: Existenzphilosophie und Pädagogik. Stuttgart 1959, S. 9.

(12) Wenn wir eine Sache klarer sehen wollen, setzen wir unsere Brille auf
die Nase und schauen genauer hin. Es kommt vor, daß wir dennoch nicht
klar sehen. Manchmal beschleicht uns der Verdacht, daß wir eigentlich nicht
klar sehen, ohne daß wir ihn begründen könnten. In diesen Fällen werden
wir überlegen, ob es an unserer Brille, unserem Sehen oder unserem Verstehen liegt oder daran, daß alle drei schlecht aneinander angepaßt sind. Ein
derartiger Geisteszustand wird häufig als ein philosophischer verstanden,
und der Zweck der Philosophie besteht in der Klärung der Verwirrung – besonders dann, wenn es sich um ernste Betrachtungen handelt und die Brille
etwa die analytische Apparatur einer Wissenschaft ist...

Helmut Schnelle: Sprachphilosophie und Linguistik. Prinzipien der Sprachanalyse a priori und a posteriori. Reinbek bei Hamburg 1973, S. 11.

Leser (und Leserinnen), Studenten und Studentinnen, Studierende
In nicht wenigen der Texte werden die Leser in der einen oder anderen Form direkt angesprochen. Insofern es sich um Texte aus nicht allerneuster Zeit handelt, ist die Frage der Anrede unter dem Gesichtspunkt *Leser und Leserin* (noch) nicht relevant, weil die Sprachbewußtheit und das Sprachbewußtsein gegenüber einem „sexistischen Sprachgebrauch" noch nicht entwickelt waren. Heute muß man sich bei direkter Anrede sehr wohl Gedanken machen, wie man seine *Leser und Leserinnen* anredet. Die Doppelform ist dabei umständlich und lästig, die Schreibweise mit Schrägstrich *Leser/-in* für formale Texte wie Stellenanzeigen geeignet, nicht aber für laufende Texte. Die Form *LeserIn(nen)* gehört zur Zeit (noch?) zur Gruppen- und Sondersprache gewisser Medien und wohl auch des öffentlichen Sprachgebrauchs der Universitäten (nicht jedoch der Wissenschaften).

Als Sprachwissenschaftler kann man sich zwar auf die Position zurückziehen, die generische Form (Form des grammatischen Geschlechts = Genus) *der Leser* sei eben nur eine grammatische, weil alle Bildungen auf *-er* maskulinum sind; aber damit mogelt man sich an der Sprachbewußtheit eines Teils der Leserinnen vorbei. Vielleicht genügt am Anfang eines Textes der Hinweis, daß man Doppelformen aus stilistischen Gründen vermeiden will und sie deshalb nur dann benutzt, wenn man *den Leser und die Leserin* in direkter Weise anredet,

nicht jedoch, wenn man allgemein die Adressaten meint. Die folgenden beiden
Texte sprechen direkt Studenten und Studierende an. Es mag überraschen, daß
Wolfgang Kayser (Text 13) schon 1948 den Begriff *Studierender* verwendet,
aber er benutzt ihn mit maskulinem Genus, während Joachim Stary und Horst
Kretschmer 1994 den Plural benutzen.

(13) Das Studium der Literatur setzt bei dem Studierenden eine gewisse
theoretische Begabung voraus. Ohne die Fähigkeit, theoretische Probleme
als solche zu erfassen, wissenschaftliche Methoden bei ihrer Arbeit zu verstehen und sie selber bei der Lösung wissenschaftlicher Fragen anzuwenden, bleibt der Zugang zu der Wissenschaft von der Literatur verschlos-
sen...

Wolfgang Kayser: Das sprachliche Kunstwerk. Eine Einführung in die Literaturwissenschaft. Bern, München 1959, S. 11.

(14) Unsere Erfahrungen im Rahmen der universitären Lehrerausbildung sowie der hochschuldidaktischen Aus-, Fort- und Weiterbildung haben immer
wieder gezeigt, daß viele Studierende Schwierigkeiten beim Lesen haben.
Lesen bleibt **die** Tätigkeit im Studium jeder Wissenschaft. [...] Es wird aber
leider und auch zum Erstaunen der betroffenen Studierenden immer wieder
von vielen Hochschullehrern lieber vorausgesetzt als vermittelt.

Joachim Stary/Horst Kretschmer: Umgang mit wissenschaftlicher Literatur. Frankfurt
am Main 1994, S. 7.

Und nun doch noch *ich*

Es wurde bereits darauf hingewiesen, daß das *Ich* des Autors oder der Autorin
in wissenschaftlichen Texten zwar im Vorwort, nicht aber im Haupttext einer
schriftlichen Arbeit üblich ist. Hier dennoch zwei Beispiele, die zeigen, daß eine
persönliche Schreibperspektive dann angebracht ist, wenn ein Autor persönliche Erfahrungen als solche deutlich zur Grundlage der Arbeit macht.

(15) *Vor langer Zeit habe ich ein Zimmer besessen, spärlich möbliert. Ich
habe auf den Kölner Dom hinausgeschaut, ich habe das Geräusch der ein-
fahrenden Züge gehört, ich habe die Gäste des Domhotels über den Platz
spazieren sehen. Nachts, manchmal, ist mir aufgefallen, daß die Glühbirne
im Zimmer etwas schwankt. Auf der einzigen Photographie, die ich noch
von diesem Zimmer besitze, ist das Fenster eine verschwimmende Weiße,
ebenso wie der Bildschirm des Fernsehers auf eine beunruhigende Art und
Weise kein Bild ist, sondern bloß eine abstrahlende Helligkeit. Bett, Stuhl,
Schrank. Der Tisch, überbordend. Papier und Schreibzeug, Bücher überein-
andergestapelt [...]*
   Nein, es ist nicht wahr. Ich habe nie in diesem Zimmer gelebt (obwohl das
Zimmer, das ich zu dieser Zeit bewohnt habe, durchaus so hätte aussehen
können). Das Zimmer, das ich beschrieben habe, ist eine fiktive Photographie...

Martin Burckhardt: Metamorphosen von Raum und Zeit. Eine Geschichte der Wahrnehmung. Frankfurt/Main, New York 1994, S. 7.

(16) Der Frieden mit der Natur ist zu einem Thema der Politik geworden. Mir hat dies Mut gemacht, und ich sehe, daß es anderen ebenso ergeht. So weit entfernt wir auch von diesem Frieden noch sind, ist es doch ein Grund zur Hoffnung, wenn er als ein politisches Ziel überhaupt wahrgenommen wird...

Klaus Michael Meyer-Abich: Wege zum Frieden mit der Natur. Praktische Naturphilosophie für die Umweltpolitik. München, Wien 1984, S. 11.

7.2 Definieren

Der wichtigste Unterschied zwischen den Fachsprachen und der Standardsprache, zwischen Fachtexten und anderen Texten, liegt darin, daß die wichtigsten Wörter in Fachtexten **Fachbegriffe** und nicht einfach nur Wörter sind. Wenn man eine wissenschaftliche Arbeit schreibt, muß man also Fachbegriffe benutzen. In vielen Arbeiten muß man sicherstellen, daß die Leser und Leserinnen wirklich das gleiche verstehen wie man selbst, und das bedeutet, man muß die Fachbegriffe definieren.

Gerade in studentischen Texten, seien es Hausarbeiten oder erst recht Referate, muß die jeweils bearbeitete Fragestellung durch Fachbegriffe dargestellt werden, die im Rahmen der Arbeit definiert und erläutert werden. Beim Erläutern wird man Beobachtungen oder Untersuchungen beschreiben, durch Vergleiche veranschaulichen, Beispiele geben usw. Beim Definieren gibt es verschiedene in der Logik und Wissenschaftstheorie entwickelte Definitionsweisen. Man muß das Definieren nicht erst erfinden, im Gegenteil, man muß den jeweils der Fragestellung angemessenen, im Fach üblichen Definitionsweg wählen.

Im folgenden Kapitel wird zunächst der Unterschied zwischen Wörtern der Gemeinsprache und Fachbegriffen erläutert. Sodann werden verschiedene Definitionsweisen vorgestellt und vorgeführt.

7.2.1 Wörter der Gemeinsprache und definierte Fachbegriffe

Die Bedeutung von Wörtern – im Wörterbuch nachzulesen, wo auch grammatische und rechtschreibliche Angaben stehen – ist meistens vieldeutig und wird in Texten durch den Kontext präzisiert. Die Vieldeutigkeit gewährleistet, daß wir mit unserer Gemeinsprache stets neue und andere Situationen sprachlich bewältigen können. Die Bedeutung der Fachbegriffe ist eindeutig, festgelegt in einer Definition. Die Eindeutigkeit gewährleistet, daß jeder genau das gleiche versteht, sei es innerhalb der fachlichen Verständigung oder außerhalb, aber in vom Fach bestimmten Zusammenhängen.

Wörterbuch

Ab|satz, der; -es, Absätze: Teil des Schuhs; Abschnitt; Warenverkauf; -umsatz; *Absatzbereich; -gebiet; -markt; -möglichkeit; -organisation; absatzorientiert EW.; Absatzplanung; -politik; -prognose; -quelle; -schwierigkeit; -zeichen*
ab/satz/wei/se

EW. bedeutet Eigenschaftswort.
Quelle: Neues deutsches Wörterbuch. Bergisch Gladbach 1994, S. 23.

Wirtschaftslexikon

Absatz 1. Überlassung (meist Verkauf, aber auch Vermietung/Verpachtung) einer Ware oder Dienstleistung gegen Entgelt.
2. Menge der anderen Personen überlassenen Waren oder Dienstleistungen.
3. Letzte Stufe im betrieblichen Leistungsprozeß nach den Hauptstufen Beschaffung und Produktion. Manchmal benutzt man statt des Begriffes „Absatz" auch den Begriff „Marketing". [. . .]

Der Artikel ist noch erheblich länger.
Quelle: Frank W. Mühlbradt: Wirtschaftslexikon. Frankfurt/Main 1989, S. 15.

Nun sind Fachbegriffe durchaus auch sprachliche Elemente. Als „Wörter" haben sie grammatische und rechtschreibliche Eigenschaften. Aber ihre Bedeutung ist festgelegt (definiert), und der Zusammenhang zwischen der definierten Bedeutung und dem „Wort", das für diese Bedeutung benutzt wird, ist fest.

Wort der Standardsprache
Bedeutung + Lautfolge/Buchstabenfolge
Fachbegriff (Terminus)
Begriffsinhalt + Begriffsname (= Wort)

Als **Begriffsnamen** werden in den Wissenschaften sehr häufig Wörter aus dem Griechischen und/oder Lateinischen genommen. Das ist in der abendländischen Wissenschaftstradition begründet. Die Wissenschaftssprache des Mittelalters bis weit in die Neuzeit hinein war Latein, wobei man im Lateinischen selbst wiederum häufig auf das Griechische zurückgriff. Noch heute werden Doktorurkunden an Traditionsuniversitäten in Latein geschrieben. Auch die Kürzelnamen solcher europäischen Austausch- und Forschungsprogramme wie **ERASMUS** und **TEMPUS** stehen in dieser Tradition, d.h. man hat die Programme so benannt, daß diese Kürzelwörter dabei herauskamen, die zugleich Wörter mit einer Bedeutung sind.

> **ERASMUS:** European Community's Action Scheme for the Mobility of University Students
> **TEMPUS:** Trans European Mobility Programme for University Students

Diese griechisch-lateinischen Begriffsnamen haben zwei große Vorteile für die wissenschaftliche Verständigung:

1. Sie sind international, wenn auch in den verschiedenen Ländern der Rechtschreibung und Grammatik dieser Sprachen angepaßt: *Kapital – capital* (Englisch) – *capital* (Französisch) – *capitale* (Italienisch) – *capital* (Spanisch) – *kapital* (Polnisch).

2. Solche Wörter sind zwar in den Ursprungssprachen ‚sprechende‘ Begriffsnamen, aber da man diese Sprachen nicht für den normalen Text benutzt, erkennt man den Fachterminus sofort als solchen: *Phon* heißt im Griechischen ‚Laut‘, aber das weiß nur derjenige, der sich um die Etymologie (sprachliche Herkunft) dieses Wortes bemüht. Bei Begriffsnamen aus der deutschen Sprache weiß man nicht unbedingt sofort, sondern nur aus dem Zusammenhang, ob der Fachbegriff gemeint ist oder das Wort in einer seiner Bedeutungen, so wenn vom *Besitzer* gesprochen wird, der aber juristisch ganz und gar nicht der *Eigentümer* sein muß, obwohl man das in der Standardsprache so versteht.

In modernen Technologien und in anderen Lebensbereichen hat man häufig andere Ausgangssprachen, aber hinter dem *Computer* steckt das Wort *computare* ‚rechnen‘, wie hinter dem *Bit* das *binary digit* steht, also ebenfalls lateinische bzw. griechische Grundwörter, nur haben wir sie über das Englische übernommen. Das gilt z.B. ganz ähnlich für die Fachsprache der klassischen Musik, wo die italienischen Wörter auf lateinische und griechische zurückgreifen, und das nicht nur, weil das Italienische sowieso aus dem Lateinischen hervorgegangen ist: *Orchester, Kapelle, Konzert, Dirigent, Chor, Solist, Sopran, Alt, Tenor, Baß, forte, piano, diminuendo, crescendo* usw. Dafür kommen Begriffe einer anderen Musikkultur aus dem Englischen: *Rock, Pop, Jazz, Beat, Song, Band,* . . .

7.2.2 Definitionsweisen und Definitionsregeln

Nun gibt es nicht wenige unterschiedliche Definitionsweisen und -regeln, abhängig von Fachdisziplinen, vom zu definierenden Phänomen oder Begriff, von den Methoden des Faches usw. „Eine einheitl[iche], allen Aspekten und Anforderungen genügende Theorie der D[efinition] gibt es nicht." (Brockhaus Enzyklopädie, Bd. 5, S. 195.) Aber eine Reihe wichtiger Definitionsweisen und -regeln sind in vielen Fächern üblich, und die in ihnen enthaltenen Techniken, für ein Phänomen oder einen theoretisch entwickelten Begriff den Begriffsinhalt festzulegen und ihm einen Namen zu geben, finden sich in der einen oder anderen Variation auch in speziellen fachspezifischen Definitionsweisen wieder. Deshalb werden im folgenden einige Definitionsregeln vorgestellt. Dabei geht es nicht um ein philosophisches Kolleg über das Definieren und die Begriffe, sondern um grundsätzliche Vorgehensweisen bei der Begriffsbestimmung und Definition, die in wissenschaftlichen Hausarbeiten von Nutzen sind.

In den Einführungskursen und Propädeutika der Fächer werden diese Techniken zwar gewöhnlich behandelt, aber nicht selten wird die Erklärung der Formalia verbunden mit der Einführung von Grundlagenwissen, und als Studierender ist man häufig vollauf mit dem Sachwissen beschäftigt, auf das man sich konzentriert, und achtet nicht auf die abstrakten Formalia der Begriffsdefinition.

Als Beispielbereich für die Definitionen soll das Schachspiel dienen. Bei diesem Spiel lassen sich die unterschiedlichen Definitionsweisen gut vorführen. Gleichgültig, ob Sie Schach spielen können oder nicht, Sie werden die Beispiele verstehen. (In ähnlicher Weise in *Beruf und Sprache, Ausgabe Baden-Württemberg*, hg. von H.J. Badziong u.a., Hannover 1989, S. 56 ff.)

Definition, definieren von lateinisch *definire, definitum* ‚abgrenzen, bestimmen‘: die Bestimmung der Bedeutung eines Begriffs durch Angabe des Wesens, der wesentlichen Eigenschaften/Merkmale eines Begriffs bzw. der durch den Begriff bezeichneten Sache. Eine Definition ist eine Gleichsetzung des Begriffs mit den zur Bestimmung herangezogenen Erklärungen und Hinweisen. Definitionen werden deshalb sprachlich häufig mit dem Verb *sein* in der Form *Ein X ist...* ausgedrückt.

Technisch: Ein **Definiendum** (zu Definierendes) wird durch ein **Definiens** (das Definierende) erklärt; eines ist jederzeit durch das andere ersetzbar.

Da im Definiens häufig längere Erklärungen, eine Reihe von Merkmalen usw. erscheinen, ist der Begriff zugleich eine Zusammenfassung und dient der schnellen, präzisen und ökonomischen Verständigung.

Wenn Merkmale und Eigenschaften genannt werden, dann nicht alle denkbaren bzw. wahrnehmbaren oder durch Experiment ermittelbaren, sondern nur die wesentlichen. Insofern ist ein Begriff immer auch eine Verallgemeinerung, eine Abstraktion, und die Begriffsbildung ein Prozeß des Abstrahierens.

---

1. Hinweisende (ostensive) Definition und sprachliche (diskursive) Definition
Ein grundlegender Unterschied besteht zwischen einer Definition, bei der auf etwas verwiesen wird, und einer solchen, bei der Worte oder andere Symbole benutzt werden. Hier im Buch werden Bilder benutzt, um die ostensive Definition vorzuführen.

Hinweisende, ostensive Definition
*Dies ist ein **Schachbrett**.*

*Dies ist ein **romanischer Kirchenbogen**.*

*Dies ist ein **gotischer Kirchenbogen**.*

Sprachliche, diskursive Definition
*Ein **Schachbrett** besteht aus 8 mal 8 quadratischen Feldern, die jeweils abwechselnd schwarz und weiß eingefärbt sind.*
*Ein **romanischer Kirchenbogen** ist oben abgerundet.*
*Ein **gotischer Kirchenbogen** läuft aus einer Rundung oben spitz zusammen.*

Hinweisende Definitionen sprechen die Sinne an. Man zeigt auf eine Pflanze und sagt: *Das ist Pfefferminz. Das ist Salbei.* Man zeigt auf einen Vogel und sagt: *Das ist ein Buchfink.* Man zeigt auf Wolken und sag: *Das sind Zirren.* Man kann dieses Verfahren auch auf Merkmale der betreffenden Sachen anwenden; dann hat man eine Art Mischverfahren zwischen dem ostensiven Verweis und einer Bestimmung durch ein charakteristisches Merkmal, welches man zugleich sprachlich benennt.. Man reibt an den Blättern einer Pflanze, riecht die ätherischen Öle und sagt: *So riecht Pfefferminz, so riecht Salbei, also sind das Pfefferminz und das Salbei.* Man hört das Zwitschern eines Vogels und sagt: *Das ist ein Buchfink.* Man meint aber eigentlich: *So zwitschert ein Buchfink.* Man zeigt auf Wolken und sagt: *So sehen Zirren aus, die hohen, dünnen, strichartigen Eiswolken.*

In schriftlichen Arbeiten kommen solche hinweisenden Definitionen nur in Abbildungen vor, obwohl man Abbildungen meistens zusätzlich zu einer sprachlichen Beschreibung zur Veranschaulichung einsetzt. Aber in vielen Anweisungstexten, zum Beispiel zur Ersten Hilfe oder für Spielzüge im Sport, werden die Erläuterungen durch Bilder gestützt oder überhaupt erst durch sie verständlich. Siehe dazu Kapitel 9.3.

2. Oberbegriff und unterscheidende Merkmale
Dieser Definitionsweg dient der Einordnung in ein System von Begriffen bzw. Phänomenen. Diese klassische Art der Definition hat schon Aristoteles standardisiert.

Man nennt einen **Oberbegriff** (*genus proximum*) und dann **einzelne, genauere Merkmale** (*differentia specifica*), die das Definierte von anderem, was unter den Oberbegriff fällt, unterscheiden. Man wird nicht alle Merkmale nennen, sondern nur die wesentlichen.

Schach **ist ein Brettspiel** (Oberbegriff) für zwei Spieler, in dem mit schwarzen und weißen Spielfiguren nach Regeln auf einem Brett mit 8 x 8 schwarzen und weißen, kariert geordneten Feldern gezogen wird mit dem Ziel, den gegnerischen König „matt" zu setzen.

In der Definition wird auf Realien, in diesem Fall ein Spiel mit Spielbrett, Figuren und dem Hinweis auf Regeln, verwiesen. Deshalb nennt man solche Definitionen **Realdefinitionen**. Es wird aber auch ein Fachwort *matt* eingeführt, das nicht weiter erläutert wird. Es wird auch von einem schachunkundigen Leser in seinem für den Spielausgang entscheidenden Sinn – wer *matt* ist, hat verloren – verstanden, weil das Fachwort *schachmatt* in die Standardsprache eingegangen ist (siehe dazu Pkt. 5 Nominaldefinitionen).

3. Definition durch Aufzählung von Elementen (extensionale Definition)
Man zählt die einzelnen Elemente auf oder nennt sie nach gezählter Menge. Eine Äußerung *Fritz, Friederike und Petra sind Geschwister* definiert die Geschwister über die Aufzählung der als bekannt vorausgesetzten Elemente, also der drei Kinder.
Jeder Spieler hat 16 Spielfiguren, einer alle weißen und einer alle schwarzen.

In seiner Erzählung „Schachnovelle" schreibt Stefan Zweig über einen Mann, der von der Gestapo für Monate in Einzelhaft gehalten wurde. Es war ihm gelungen, ein Buch in die Zelle zu schmuggeln. Zu seiner großen Enttäuschung war es ein Schachbuch. Aber in seiner Isolation und Verzweiflung begann er, sich mit dem Schachbuch zu beschäftigen.
. . . Ich versteckte also zunächst das Buch unter der Matratze und riß nur die erste Seite heraus. Dann begann ich aus kleinen Krümeln, die ich mir von meinem Brot absparte, in selbstverständlich lächerlich unvollkommener Weise die Figuren des Schachs, König, Königin und so weiter, zurechtzumodeln; nach endlosem Bemühen konnte ich es schließlich unternehmen, auf dem karierten Bettuch die im Schachbuch abgebildete Position zu rekonstruieren. Als ich aber versuchte, die ganze Partie nachzuspielen, mißlang es zunächst vollkommen mit meinen lächerlichen Krümelfiguren, von denen ich zur Unterscheidung die eine Hälfte mit Staub dunkler gefärbt hatte als die andere. . .
Quelle: Stefan Zweig: Gesammelte Werke in Einzelbänden. Buchmendel. Erzählungen. Frankfurt/Main 1990, S. 290.

4. Definition nur nach Eigenschaften (intensionale Definition)
Man erklärt eine Sache nur mit Eigenschaften; wiederum wird man nur solche einführen, die zum Verständnis ausreichen.

Die „weißen" Figuren müssen nicht weiß und die „schwarzen" nicht schwarz sein, obwohl sie traditionell diese Farbe haben. Das Entscheidende ist, daß sie sich in der Farbe voneinander unterscheiden.

5. Worterklärung
Dieser Definitionstyp heißt im Gegensatz zur Realdefinition (s.o.) **Nominaldefinition**, weil hier auf den Begriffs**namen** hin definiert oder von ihm ausgegangen wird. So ist zum Beispiel das Wort *Schachbrettmuster* im Grunde eine Nominaldefinition, die vom Schachbrett abgeleitet ist.

Typ 1:
Man gibt etwas einen Namen, damit man sich darüber verständigen kann.

Die größte Figur ist der „König", die zweitgrößte die „Dame"; es folgen die „Offiziere": je zwei „Läufer", zwei „Springer" (auch „Pferde" oder „Rößl" genannt, und so sehen sie auch aus) und zwei „Türme", schließlich acht „Bauern"

Typ 2:
Man erklärt eine Sache aus der Herkunft und der Wortgeschichte.

Das Schachspiel stammt aus Indien; der Name kommt aus dem Persischen **sâh** und bedeutet ‚Herrscher, König' wie noch heute das Wort Schah.

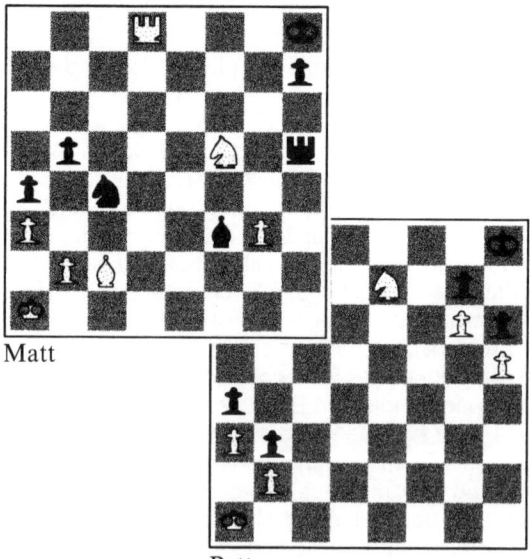

Matt

Patt

6. Handlungsanweisungen (operationale Definition)
Man gibt Handlungsanweisungen. Eine Handlungsanweisung ist zum Beispiel
die Regel *berührt - geführt*; sie bedeutet: Wenn ein Spieler eine Figur anfaßt,
muß er seinen Zug mit dieser Figur ausführen.

Im untenstehenden Beispiel sind auch einige Nominaldefinitionen enthalten:
Rößlsprung, schlagen, en passant, matt.

Der **König** darf in jede Richtung ein Feld weiter ziehen, aber die beiden Kö-
nige dürfen nicht nebeneinander stehen. Die **Dame** zieht gerade und diagonale Linien, die **Türme** ziehen gerade Linien, die **Läufer** ziehen diagonale Linien, und der **Springer** zieht jeweils ein Feld voraus und eins diagonal, wobei er andere Figuren überspringen darf. Diesen Zug nennt man auch Rößlsprung Die **Bauern** ziehen von ihrer Grundlinie aus ein oder zwei Felder geradeaus, von da an nur noch ein Feld geradeaus. Außer dem Springer kann
keine Figur eine andere überspringen. Wenn man ein Feld erreichen kann,
auf dem eine gegnerische Figur steht, darf man sie schlagen, das heißt man
nimmt sie aus dem Spiel und stellt seine Figur an ihre Stelle. Bauern dürfen
einen Gegner nur diagonal schlagen (s.u.). Stehen sich zwei Bauern gegenüber, blockieren sie sich gegenseitig. Von der Grundlinie aus kann ein Bauer
einen diagonal vor ihm stehenden Bauern „en passant" (im Vorbeigehen)
schlagen und trotzdem zwei Felder geradeaus vorgehen; er muß aber nicht,
er kann auch das Feld des Geschlagenen einnehmen. Eigene Figuren kann
man nicht vom Feld verdrängen, und nur der Springer kann auch sie überspringen. Wenn man den König schlagen kann, ist er matt, und das Spiel ist
aus, der Spieler des mattgesetzten Königs hat verloren.

Wie wichtig es ist, zwischen dem **Begriffsnamen** und dem **Begriffsinhalt** zu unterscheiden, kann man gerade am Schachspiel sehen: Der Begriffsinhalt für die
Schachfiguren der *Läufer* ist durch ihre *Aufstellung neben Dame bzw. König, einer jeweils auf weißem Feld und einer auf schwarzem Feld,* und durch die Zugre-
gel *diagonal* festgelegt (s.u. übernächster Abschnitt); die Begriffsnamen *schwarzer Läufer* und *weißer Läufer* werden nun aber nicht durch die Figurenfarbe
festgelegt, sondern durch die in der Diagonale jeweils zur Verfügung stehenden
Felder, d.h. es gibt auch einen schwarzfarbigen *weißen Läufer* und einen weiß-
farbigen *schwarzen Läufer.* Alle anderen Figuren werden immer nach der Figurenfarbe benannt: *weißer und schwarzer König, weiße und schwarze Dame* usw.
Noch einmal: **Realdefinition** und **Nominaldefinition**
Für das Sprechen über das Schachspiel in Regelbüchern und Schachaufgaben
müssen nun die real definierten Figuren und Regeln und ihre Bewegungen auf
dem Spielfeld „aussprechbar", beschreibbar gemacht werden. Dazu gibt es eine
Notation, was wiederum eine Nominaldefinition ist. Zu ihrer Erklärung werden
zunächst operationale Regeln benötigt:

Man stellt das Schachbrett so auf, daß jeder Spieler links unten ein schwar-
zes Feld hat. Nun werden die Felder vom weißen Spieler aus – man sagt einfach „von Weiß" – definiert: Die waagerechte Reihe wird von links mit den

kleinen Buchstaben a - h gezählt, und in der senkrechten von der „Grundlinie" von Weiß aus nach oben 1 - 8

Die Figuren werden durch Kürzel ihrer Anfangsbuchstaben benannt: K = König, D = Dame, T = Turm, L = Läufer, = Springer. Die Bauern werden gar nicht benannt, man benennt die Position eines Bauern, indem man das Feld ohne weitere Kennung nennt. Wenn eine Figur geschlagen wird, schreibt man „x". „Sxh7" bedeutet also, daß ein Springer einen Bauern auf dem Feld h7 schlägt; welcher Springer das ist, ergibt sich aus der Position; wenn zwei Springer in Frage kommen, wird notiert „Sg6xh7". Kommt noch ein Pluszeichen hinzu, „Sh7+", bedeutet das, daß er nun den König bedroht, was durch den Ausspruch „schach" angezeigt wird; „schachmatt" wird durch doppeltes Pluszeichen „++" angezeigt.

Bei der Lösung von Schachaufgaben werden entscheidende Züge durch ein Ausrufezeichen markiert: „Sh7!"

Eine Bedrohung der gegnerischen Dame kann durch den Ausspruch „Gardez!" (französisch für ‚Achtung') angesagt werden; in Turnieren ist das heute allerdings nicht mehr üblich.

Fast könnten Sie nun Schach spielen, aber da fehlen noch die Grundaufstellung und die Regelung, wer mit welchen Figuren spielt und wer anfängt. Was für Definitionstypen verbergen sich hinter den folgenden Regeln?

Es wird ausgelost, wer die weißen und wer die schwarzen Figuren erhält. Gewöhnlich nimmt ein Spieler in verdeckt in eine Hand einen weißen und in die andere einen schwarzen Bauern, und der andere Spieler wählt. Weiß wird das Spiel beginnen.

Auf der jeweiligen Grundlinie wird die weiße Dame auf das weiße mittlere Feld gestellt, die schwarze entsprechend auf das schwarze. Zur Mitte daneben steht der König, jeweils rechts und links folgen zunächst die Läufer, dann die Springer, und an den Écken stehen die Türme. In der Reihe davor stehen die Bauern.

7.2.3 Zusammenfassung der Definitionstypen

Fassen wir die Definitionen noch einmal knapp zusammen:
Hinweisende, ostensive Definition:
*Das ist ein **gleichschenkliges Dreieck**.*

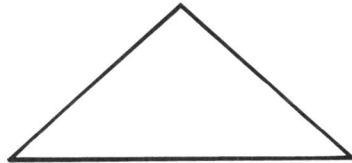

Die folgenden Definitionen sind **sprachlich formulierte, diskursive Definitionen.**

Realdefinitionen, das Wesen der Sache benennend:
*Ein **gleichschenkliges Dreieck** hat zwei gleich lange Seiten.*

Nominaldefinitionen, den Namen der Sache erklärend:
***Gleichschenklige Dreiecke** nennnen wir Dreiecke mit zwei gleich langen Seiten.*

Oberbegriff und spezielle Merkmale (genus proximum und differentia specifica):
*Der **Gemeine Delphin** (Delphinus delphis) gehört zur weit verbreiteten Art der Delphine. Er hat einen dunkelbraunen bis schwarzen Rücken, hellere, wellige Flankenbänder, einen weißen Bauch und eine schnabelartige, deutlich von der Stirn abgesetzte Schnauze.*

(Nach: Brockhaus Enzyklopädie, a.a.O., S. 226; von dort auch die folgenden Angaben zu Delphinen.)

Extensionale Definition durch Aufzählung von Elementen:
*Zur Art der Delphine gehören der **Gemeine Delphin**, der **Große Tümmler**, aber auch der **Schweinswal** und der **Schwertwal** oder **Mörderwal**.*

Intensionale Definition nach Eigenschaften:
Der Gemeine Delphin hat einen dunkelbraunen bis schwarzen Rücken, hellere, wellige Flankenbänder, einen weißen Bauch und eine schnabelartige, deutlich von der Stirn abgesetzte Schnauze. Er wird ca. 2,1 bis 2,6 m lang. Delphine leben in Gruppen in allen warmen und gemäßigt warmen Gewässern. Eine vielfältige Lautgebung dient der Verständigung von Gruppen unter Wasser.

Worterklärung:
*Der Name **Delphin** kommt von griechisch **delphys** ,Gebärmutter' und hat seinen Ursprung möglicherweise in der ähnlichen Körperform.*

Operationale Definition als Handlungsanweisung:
Ein Bier ist, wenn man es bestellt, und der Ober bringt es.

Ernsthafter: *Beim Schach ist ein Spieler patt, wenn er nur noch mit dem König ziehen kann und wenn dieser nur noch die Möglichkeit hat, sich selbst ins Schach zu stellen.*
In der Philosophie und anderen Fächern, besonders in Erkenntnistheorie und Logik, werden noch weitere Unterscheidungen wichtig. (Vgl. dazu Brockhaus a.a.O., S. 195. Körners Philosophisches Wörterbuch, Stuttgart 1957, S. 29 f. Philosophisches Wörterbuch, Freiburg 1951, S. 19.)

✍ Trainingseinheit

Abgesehen davon, daß Sie sich mit den in ihrem Studienfach, in Ihrer Disziplin üblichen und angebrachten Definitionsweisen vertraut machen müssen, können Sie die verschiedenen Typen an einem Spiel ähnlich wie dem Schachspiel üben.

Nehmen Sie ein Ihnen bekanntes Kartenspiel, und formulieren Sie die Definitionen verschiedener Spielregeln.

Hier einige Tips:
–   Genus proximum *Kartenspiel* und differentia specifica *genauerer Typ*.
–   Nominal: Wie heißen welche Karten?
–   Real: Was kann man mit Trumpfkarten im Spiel machen?
–   Extensional: Welche Karten sind bei welchem Spiel Trumpfkarten?
–   Intensional: Was kann man mit den Trumpfkarten tun?
–   Operational: Wer bestimmt nach welchen Voraussetzungen den Trumpf?

7.3 Argumentieren

Argumentieren kommt von lateinisch *arguere, arguo* mit der Bedeutung ‚erhellen, veranschaulichen‘; davon abgeleitet ist dann die Bedeutung ‚dartun, beweisen, behaupten‘ und eine weitere Bedeutung ‚(vor Gericht) anklagen, beschuldigen‘.

Das Wort findet sich auch in den *Argusaugen* der griechischen Mythologie, benannt nach dem vieläugigen scharfsichtigen Riesen *Argus*, dem von Hera, der nicht zu unrecht eifersüchtigen Frau des Zeus, die Bewachung der hübschen Io aufgetragen war; Hermes hat ihn getötet. *Argus* hieß auch der alte, treue Hund des Odysseus, der seinen Herrn wiedererkannte nach dessen langer Abwesenheit im Krieg vor Troja und seinen daran anschließenden Irrfahrten. Der arme Hund starb vor freudiger Aufregung.

Viele Texte werden geschrieben, weil man etwas erreichen, jemanden überzeugen will. Viele Gespräche werden geführt, Reden werden gehalten, weil man ein Anliegen hat, einen Standpunkt vertritt, eine Meinung gegen eine andere verteidigen will. Kurz: Man setzt sich ein Ziel und versucht, andere zu überzeugen; man argumentiert, man begründet. Dafür gibt es **Strategien**, und dafür gibt es wirkungsvolle **Argumentationsketten**, die in ihrer Struktur zugleich gute **Gliederungsmuster** für wissenschaftliche Arbeiten darstellen. Beiden wenden wir uns in diesem Kapitel zu.

Außerdem werden in Argumentationen wie in informierenden Texten eine ganze Reihe von Begriffen wie *These, Hypothese, Annahme, Axiom, Struktur, System, Analyse, Synthese, Stereotyp* usw. verwendet, die für einen wissenschaftlichen Disput oder Text grundlegende Charakterisierungen von Argumenten oder den Stellenwert von Arbeiten oder Teilen einer Arbeit darstellen. Solche Begriffe sind in Form eines Exkurses in alphabetischer Folge erläutert.

7.3.1 Strategien der Argumentation

Das Grundmuster: Man nennt sein Ziel und gibt eine Begründung. Es kann Einwände geben. Man hat zusätzliche Argumente bereit, es entwickelt sich ein Hin und Her aus Pro und Kontra.

Ziel: *Ich will meine Hausarbeit erst in den Semesterferien schreiben,*

Begründung: *denn in diesem Semester soll ich zwei Referate halten.*

Einwand: *Aber du mußt den Schein in diesem Semester machen, sonst bekommst du Probleme mit dem Bafög.*

Entgegnung: *Das Semester dauert bis Ende September, da kann ich die Arbeit doch fertig haben.*

Einwand: *Aber wir wollen doch im September Urlaub machen.*

Entgegnung *Bis dahin habe ich die Arbeit bestimmt fertig.*

Einwand: *Aber der Dozent muß die Arbeit lesen, ehe du den Schein bekommst.*

Entgegnung: *Ich werde die Arbeit Ende August abgeben.*

Einwand: *Und wenn der Dozent im September Urlaub macht oder sonst verreist?*

Entgegnung: *Dann bitte ich ihn, den Schein jedenfalls in den September zu datieren, auch wenn er die Arbeit erst im Oktober liest.*

Einwand: *Macht der das?*

Entgegenung: *Petra sagt, bei Gaby habe er das so gemacht. Schließlich habe ich sie ja im Sommersemester geschrieben.*

Einwand: *Du hast die Arbeit überhaupt noch nicht geschrieben. Du planst und gehst eben ein Risiko ein. Wenn du den Schein nicht mit Datum vom September vorlegst, sind die auf dem Bafögamt gnadenlos.*

Entgegenung: *Sie sind nicht gnadenlos. Sie haben gesetzliche Bestimmungen. Das weiß ich.*

Einwand: *Na gut, es ist dein Bafög und nicht meins.*

In diesem Für und Wider werden eine Reihe von Strategien deutlich, die in der Alltagsargumentation wie in wissenschaftlichen Auseinandersetzungen üblich sind. Beim Argumentieren und beim Abwägen verschiedener Definitionen oder Positionen wird man immer den konkreten Fall beachten und ansprechen müssen, wie das in dem Beispiel geschehen ist, aber die Strategien und Typen des

Argumentierens lassen sich hier gut beobachten. Wenn man sie kennt, kann man sie bewußt verfolgen. Die Reihenfolge der Liste ist nicht wichtig.

1. Man beruft sich auf **Tatsachen:**
... denn ich muß ... zwei Referate halten.
... du mußt den Schein bis Ende September machen, sonst bekommst du Probleme mit dem Bafög.
Schließlich habe ich sie ja im Sommersemester geschrieben.
Du hast sie noch gar nicht geschrieben!
Hier werden Fakten, Statistiken usw. vorgebracht. Hierzu gehören valide Ergebnisse von Experimenten usw.; das ist je nach Fachdisziplin unterschiedlich.

2. Man beruft sich auf (gemeinsame) **Ziele:**
Aber wir wollen doch im September Urlaub machen.
Ich werde die Arbeit Ende August abgeben.
Hier kann es um Erkenntnisziele oder Handlungsziele gehen, das kommt auf die Fragestellung einer Arbeit an.

3. Man beruft sich auf **Erfahrungen:**
... bei Gaby habe er es so gemacht.
Wenn du den Schein nicht mit Datum vom September vorlegst, sind sie auf dem Bafögamt gnadenlos.
Erfahrungen sind etwas anderes als Tatsachen, denn sie beruhen auf Einzelfällen, die Zufallscharakter haben könnten. Natürlich sind sie gerade als Ausgangspunkt einer Untersuchung, als Anlaß einer wissenschaftlichen Arbeit, als ,,Aufhänger" für eine Darstellung oder ein Referat wichtig, weil sie Neugier auslösen können.

4. Man beruft sich auf anerkannte **Werte, Normen, Regeln, Gesetze:**
Sie haben gesetzliche Bestimmungen.
In den verschiedenen Fachdisziplinen werden hier unterschiedliche Begriffe, Traditionen und Gewohnheiten vorherrschen: Statistische Werte sind etwas anderes als ethische Werte; Gebrauchsnormen sind etwas anderes als DIN-Normen und wiederum etwas anderes als soziale Normen; Regeln des Versmaßes und Reimregeln sind etwas anderes als grammatische Regeln, und diese sind etwas anderes als mathematische oder logische Regeln; Naturgesetze sind etwas anderes als in Gesellschaften geltende rechtliche Gesetze usw. Man muß also in der Tradition und den in einem Fach anerkannten Begriffen von Wert, Norm, Regel und Gesetz argumentieren. Der Stellenwert in einer Beweisführung, in einer Argumentation ist jedoch in den meisten Disziplinen ähnlich.

In öffentlichen Diskussionen wie zum Beispiel in Kommentaren in den Medien (gleichgültig, ob in Zeitungen, Radio oder Fernsehen) werden regelmäßig allgemein anerkannte Volksweisheiten und Handlungsanweisungen in der Form von **Sprichwörtern und sprichwörtlichen Redensarten** angeführt. Sie sind bildhaft und damit gut zu verstehen, und sie transportieren meistens eine ,anerkannte'Norm. Gut, daß es nicht selten die Gegenregel als Sprichwort gibt:

Frisch gewagt ist halb gewonnen.
Aber: *Eh' wäg's, dann wag's.*
Wer rastet, rostet.
Aber: *Eile mit Weile, denn gut Ding will Weile haben.*
Diese Argumentationstechnik wird nicht selten mit der in Punkt 5 genannten verbunden, wenn man ein Geflügeltes Wort verwendet, wie sogleich am Beispiel von Goethe gezeigt wird.

5. Man beruft sich auf **Autoritäten:**
Petra sagt, ...
Petra ist eine persönlich bekannte Person als Autorität. Häufig werden in der Gesellschaft und der Geschichte anerkannte Persönlichkeiten als Autoritäten angeführt, z.B. mit Begriffen oder in einem Zitat oder einem Geflügelten Wort:
Schon Goethe hat gesagt: „Der Worte sind genug gewechselt, laßt mich auch endlich Taten sehn!" Also, setz dich hin und schreib deine Arbeit! (Das Goethe-Zitat stammt aus Faust I, Vers 214-5; Literaturangabe S. 216.)
Das Berufen auf Autoritäten ist in allen Disziplinen üblich, jedoch teilweise mit anderem Stellenwert. In einigen Fächern werden anerkannte Gesetze, Verfahren oder Begriffe nach Autoritäten benannt: *das Ohmsche Gesetz* (Physik), *die Fourier-Transformation* (Mathematik), *Kilowatt* (nach James Watt) usw. In anderen Disziplinen beruft man sich auf Autoritäten, so wie in einer langen Tradition Aristoteles oder die Kirchenväter, etwa Augustinus, als unbestrittene Autoritäten galten. Das ist dann in den Fächern verschieden: Max Weber ist für die Soziologen so wichtig wie Kant für die Philosophen, Wilhelm von Humboldt hat für Sprachwissenschaftler einen großen Stellenwert, und für Schriftsetzer und Typographen gilt die Schrift der Trajans-Säule in Rom als Musterschrift.
Solche Autoritäten stehen nicht selten für ein wissenschaftliches Paradigma, also einen theoretischen Rahmen, wie zum Beispiel Niklas Luhmann in der Systemtheorie, Linné in der Biologie, Chomsky in der Linguistik, Keynes in der Wirtschaftswissenschaft und „das Bauhaus" in Architektur und Design. In den Religionen und den Religionswissenschaften gibt es grundlegende Texte wie die Bücher Moses im Alten Testament oder die Bibel als Altes und Neues Testament, weiter den Koran oder die Schriften des Konfuzius usw. In anderen Gesellschaften und Staaten beruft oder berief man sich auf Karl Marx oder auf Mao Tse Tungs „Kleines Rotes Buch".
Auch in wissenschaftlichen Auseinandersetzungen werden Positionen gegeneinandergesetzt, wird das Für und Wider erörtert. Dehalb noch ein zweites Beispiel einer solchen Argumentation, jetzt an einer Aufgabe, wie sie in einem Referat oder einer Hausarbeit im Bereich der Sprachwissenschaft in jedem philologischen Fach vorkommen kann.

Ziel: **Definieren, was ein Wort ist.**
Definition 1:   Wörter sind sprachliche Einheiten, die im Text durch Zwischenräume getrennt sind. (Tatsache)

1. Einwand: Was ist mit Sonderzeichen wie in *gibt's, Müller-Müllersen,*
                   Müller/Müllersen? (Tatsache)
Entgegnung: Das ist es ja, das sind Sonderfälle, die gesondert zu behan-
                   deln sind (Norm). Das Apostroph markiert eine Auslassung
                   (Regel), der Bindestrich eine Zusammenfassung zu einer
                   neuen Einheit, also hier: Jemand hat einen Doppelnamen
                   (Regel). Der Schrägstrich markiert eine Zusammenfassung
                   zweier getrennter Teile zu einer Einheit, bei der beide Teile
                   erhalten beiben, also hier: Das Buch hat zwei Autoren (Re-
                   gel).
2. Einwand: Und was ist, wenn man Wörter aufteilt wie *abfahren,* aber
                   fährt... ab? (Tatsache)
Entgegnung: In der Tat muß wohl eine zweite Eigenschaft von Wörtern
                   bedacht werden: Sie bilden eine Sinneinheit, die in gramma-
                   tisch unterschiedlichen Formen erscheint (Tatsache), wobei
                   manche Wörter auseinandergenommen werden können
                   (Erfahrung).
3. Einwand: Und was ist, wenn Wörter ineinander rücken wie *bei dem* =
                   beim, in das = *ins*? (Erfahrung)
Entgegnung: Hier haben wir wiederum Sonderfälle (Norm), das betrifft
                   immer ein Pronomen und einen eingeschlossenen Artikel
                   (Regel). Das heißt, es geht auch um grammatische Eigen-
                   schaften.
Folgerung: Wir haben also Wörter unter drei Gesichtspunkten zu defi-
                   nieren, wie das auch in den modernen Grammatiken ge-
                   schieht (Autorität):
                   – als Einheiten in geschriebenen Texten (technisch: graphe-
                   matische Wörter),
                   – als Sinneinheiten (lexikalische Wörter),
                   – als grammatisch verschiedene Wortformen.

In einer solchen Definitionsargumentation, bei der es um zugrundeliegende Regeln geht – hier die Grammatik und Sprachbeschreibung – werden Werte und
Normen sowie Ziele kaum eine Rolle spielen, es sei denn, man setzt als Ziel einen Rahmen, wie genau man definieren will und wie viele Sonderfälle die Definition erfassen soll. Eine allgemeine Erfahrung, die als eine Art Volksweisheit
ein Autoritätsargument darstellt, ist z.B. „Keine Regel ohne Ausnahme". Di-
daktisch gewendet würde das heißen: Ich definiere zunächst die allgemein geltenden Fälle und klammere Sonderfälle aus. Schon der Begriff „Sonderfall"
stellt einen Normbegriff dar mit der Markierung: kann zunächst ausgeklammert werden.

Solche didaktische Reduktion auf das Wesentliche beherrscht der Physik-
lehrer Bömmel in Heinrich Spoerls „Feuerzangenbowle" meisterhaft. Er erklärt die Dampfmaschine und das Ventil (Text auf die Definitionen ge-
kürzt):

> Wo simmer denn dran? Aha, heute krieje mer de Dampfmaschin. Also,
> wat is ein Dampfmaschin? Da stelle mer uns janz dumm. Und da sage
> mer so: En Dampfmaschin, dat is eine jroße schwarze Raum, der hat hin-
> ten und vorn e Loch. Dat eine Loch, dat is de Feuerung. Und dat andere
> Loch, dat kriejen mer später. [...]
> Und wenn de jroße schwarze Raum Räder hat, denn es et en Lokomotiv.
> Vielleicht aber auch en Lokomobil. [...]
> Wat is e Ventil? Da stelle mer uns wieder janz dumm. E Ventil is, wo wat
> erein jeht, aber sein Lebjotstag nix erauskömmt...
>
> Quelle: Heinrich Spoerl: Die Feuerzangenbowle. Düsseldorf 1968, S. 52.

Gegenargumente
Neben den Argumenten für ein Anliegen gibt es Strategien des Bestreitens.

Zu 1:   Tatsachen widerlegen oder für falsch erklären. Andere Tatsachen dagegensetzen.

Zu 2:   Andere Ziele dagegensetzen bzw. den Zielen nur zum Teil zustimmen
und sie abwandeln: *Ja, das ist richtig, zumindest teilweise, aber ...*

Zu 3:   Andere Erfahrungen dagegensetzen und sie mit den angegebenen vergleichen: *Dort ist die Sache ganz anders ausgegangen.*

Zu 4:   Werte und Normen nicht anerkennen, Regeln für nicht passend oder
ungültig erklären, Gesetze für den verhandelten Fall ausschließen.

Zu 5:   Autoritäten nicht anerkennen; eigene Autoritäten, eine andere Schule
oder Denkrichtung dagegensetzen; einen *Paradigmenwechsel* postu-
lieren oder konstatieren.

Weitere Gegenstrategien:
– Unterscheiden und gliedern, Argumentationsketten auseinanderbrechen
und anders montieren.
– Ursache und Wirkung umkehren: *Nicht weil...., sondern obwohl...*

7.3.2 Argumentationsketten und Gliederungsmuster

Als sehr wirksam haben sich Argumentationsketten erwiesen, die aus etwa fünf
Schritten aufgebaut sind. Der **Fünfschritt** war schon in der Antike bekannt,
denken Sie an die fünf Akte des aristotelischen Dramas. Er mag etwas mit den
fünf Fingern zu tun haben, an denen man auch optisch dem Zuhörer die Gliederung deutlich machen kann (und selbst die Finger als Gedächtnisstütze nutzen). Man kann den Fünfschritt gut als Gliederungshilfe für längere Texte nutzen. In seiner knappsten Form ist er auf fünf Sätze reduziert.

Auf den Fünfsatz nachdrücklich hingewiesen und ihn in ähnlichen Schemazeichnungen
wie hier dargestellt hat Hellmut Geißner in dem Aufsatz „Der Fünfsatz. Ein Kapitel Redetheorie und Redepädagogik" in der Zeitschrift Wirkendes Wort 18, 1968, S. 258-278.
Der Artikel ist, z.T. überarbeitet, in Sammelbänden nachgedruckt, z.B. in „Rhetorik in
der Schule", herausgegeben von Joachim Dyck, Kronberg/Ts. 1974, S. 32-48.

Noch ein Hinweis. Beim Ausarbeiten eines Textes ist es hilfreich, wenn man den Schlußsatz zuerst formuliert, dann hat man ihn für die anderen Formulierungen vor Augen. Die Anordnung der Sätze soll nämlich immer auf ein Ziel ausgerichtet sein. Hier einige wirkungsvolle Muster.

Muster 1: Dreifache Begründung
(1) Ich stelle folgende Hypothese auf, und dafür nenne ich drei Gründe:
(2) Erstens zeigt eine einfache Beobachtung, daß...
(3) Zweitens haben wir folgende Tests gemacht: ...
(4) Drittens ergibt die Teststatistik, daß ...
(5) Es scheint also lohnend, eine umfassende Untersuchung vorzunehmen.

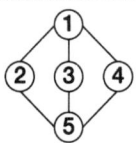

Muster 2: Einerseits und andererseits
(1) Das ist die Interpretation von A.:
(2) Einerseits spricht dafür, daß ...
(3) Andererseits spricht dagegen, daß ...
(4) A. hat folgendes übersehen: ...
(5) Wird es berücksichtigt, führt das zu folgender Interpretation: ...

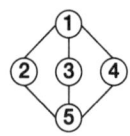

Muster 3: Nicht A, nicht B, sondern C
Für dieses Muster sind sechs Schritte nötig, aber der Fünfschritt ist kein stur auszufüllendes Schema, sondern eine Orientierung.
(1) Hypothese A besagt, daß ...
(2) Sie ist wie folgt begründet: ...
(3) Hypothese B hingegen besagt, daß ...
(4) ..., weil ...
(5) In beiden Hypothesen ist nicht berücksichtigt, daß ...
(6) Daraus folgt nunmehr, daß ...

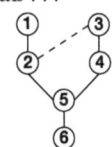

Muster 4: Gründe und Gegengründe abwägen
(1) A schlägt folgenden Lösungsweg vor: ... (These)
(2) Er begründet das mit ...
(3) Dagegen spricht jedoch, daß ... (Antithese)

(4) Wägt man beides ab, dann ... (Prozeß der Synthese)
(5) Daraus läßt sich also schließen, daß ... (Synthese als Ergebnis)

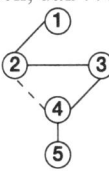

Muster 5: Zusammenfassung und Kompromiß
(1) These A besagt, daß ..., und zielt dabei auf ...
(2) These B besagt, daß ..., und zielt dabei auf ......
(3) Beide liegen im Kern richtig, denn ...
(4) Im Hinblick auf die von uns verfolgte Fragestellung kommt es darauf an, daß ......
(5) Da können wir wichtige Teile von A und B miteinander verbinden, indem wir ...

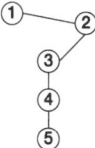

Die Begriffe und das Muster **These – Antithese – Synthese** als Dreischritt entsprechen dem klassischen Muster dialektischen Argumentierens und Darstellens. Die dialektische Methode geht genau so vor, daß Widersprüche aufgedeckt und durch Abgleichen zusammengeführt werden. Auch das Muster 5 geht so vor. Die Begriffe **dialektisch** und **Dialektik** gehen zurück auf das griechische Wort *dialégestai* ‚sich unterhalten, Rede und Gegenrede führen‘. Diese Begriffe dürfen nicht mit dem Begriff **Dialekt** = ‚Mundart‘ verwechselt werden, der auf das griechische Wort *dialéktos* ‚Sprechweise‘ zurückzuführen ist.

Da haben also das treue Mitglied der einen Partei und die nicht minder treue Anhängerin der anderen Partei geheiratet. „Na", fragt der Hausfreund nach einigen Wochen, „schon Krach wegen der Parteien gehabt?" – „Kein bißchen", lautet die Antwort, „wir sind zu sehr damit beschäftigt, eine dritte Partei zustande zu bringen."

7.3.3 Klassische Argumentationsschemata

Die klassische Rhetorik hat eine Reihe von formallogischen Argumentationsschemata entwickelt, die in den Fünfsatzmustern teilweise enthalten sind. Sie werden im folgenden kurz vorgestellt.

In diesem Zusammenhang sei darauf hingewiesen, daß die moderne Logik und Rhetorik für die Argumentation, also den Prozeß und Vorgang des Argumentierens, über das Formallogische hinausgehende Überlegungen einbringt. So legt S. Toulmin dar, in konkreten Argumentationen würden nicht nur formallogische Schlüsse, sondern zusätzliche substantielle Informationen einfließen. C. Perelmann weist darauf hin, daß nicht nur die logischen Muster, sondern der pragmatische Kontext und insbesondere das Verhalten der Zuhörer wesentlichen Anteil am Erfolg einer Argumentation haben.

S. Toulmin: Der Gebrauch von Argumenten. 1975. C. Perelmann: L'empire rhétorique. Rhétorique et argumentation. 1977. Einen knappen Überblick über die folgenden Schemata findet man in Brockhaus Enzyklopädie, 2. Band, S. 103.

Doch nun zu klassischen formallogischen Schemata.

Begründung aus dem Gegenteil (*argumentum e contrario*): Als Beispiel kann das erste Axiom zur menschlichen Kommunikation von Watzlawick/Beavin/Jackson dienen, das lautet: „Man kann nicht nicht kommunizieren", woraus abzuleiten ist, daß er immer kommuniziert, wenn andere ihn wahrnehmen. (Paul Watzlawick/Janet Beavin/Don Jackson: Menschliche Kommunikation. Bern u. a. 1974, S. 50 ff.)

Begründung durch logische Gründe, die nicht von der Erfahrung abhängen (*argumentum a priori*): Wenn A gleich B ist und A gleich C, dann ist auch B gleich C und C gleich B.

Begründung als Schlußfolgerung aus der Erfahrung, dazu gehört auch das (statistisch) valide Experiment *(argumentum a posteriori*): Als Beispiel mag der berühmte Ausspruch des Archimedes gelten. „Heureka - ich habe es gefunden!" soll er gerufen haben, als er in die Badewanne stieg und das Wasser überschwappte. So entdeckte er das Prinzip der Verdrängung eines Körpers durch einen anderen. Als weiteres Beispiel mag der nicht minder berühmte Apfel von Newton dienen, der vom Baum fiel und Newton auf die Spur des Gravitationsgesetzes gebracht haben soll. In Krimis dient die Spurensicherung dazu, solche Beweise zu erhalten. Ein schönes Beispiel: Jemand hat eine krakelige Notiz geschrieben und behauptet, der Tisch in dem Straßencafé, an dem er geschrieben habe, habe gewackelt. Der Detektiv weist nach, daß der Tisch nicht gewackelt haben könne, denn in dem Café stünden nur dreibeinige Tische, und die könnten nach aller Erfahrung nicht wackeln.

Begründung aus einem „starken", also schon bewiesenen anderen Argument *(argumentum a forteriori*): Voriges Jahr sind die Dahlien schon beim ersten Frost erfroren (ein „starkes" Argument aus der Erfahrung), also hole ich die Knollen dieses Jahr vor dem ersten Frost aus dem Boden, damit sie nicht wieder erfrieren (zielgerichtetes abgeleitetes Argument).

Begründung durch den Augenschein *(argumentum ad oculos*): Der Satz des Thomas Hobbes: „Go straight to the horse's mouth!" Also: Wenn du wissen willst, wie viele Zähne ein Pferd hat, schau ihm ins Maul!

Im Mordprozeß gegen den amerikanischen Footballstar O.J. Simpson wurde dieser von der Staatsanwaltschaft aufgefordert, die am Tatort gefundenen Handschuhe anzuziehen. Er versuchte es, und sie paßten ihm nicht.

Begründung aus einer Person heraus *(argumentum ad hominem*): Das oben genannte Beispiel mit den Handschuhen zielt in auch auf den Menschen. Im

Mordprozeß spielte auch die physische Konstitution des Angeklagten eine Rolle; die Verteidigung warf die Frage auf, ob er physisch überhaupt in der Lage gewesen sei, den Doppelmord zu begehen. Ein klassisches Argumentationsfeld ist häufig der Charakter von Menschen, wie im Sprichwort festgehalten: „Wer einmal lügt, dem glaubt man nicht, . . ." Das Sprichwort wird nun durch ein Argument aus der Erfahrung ergänzt: „. . . und wenn er auch die Wahrheit spricht."

Begründung aus einer allgemein anerkannten Tatsache, einem Naturgesetz, einer Norm *(argumentum e consensu gentium):* Als Beispiel mögen die ersten beiden Hauptsätze der Thermodynamik gelten, die in unserer heutigen Diskussion über den Zusammenhang zwischen der Umwandlung fossiler Energie und der Produktion von Atomenergie und der Aufheizung der Atmosphäre eine solch große Rolle spielen; zur Demonstration werden zwei mögliche, einfach zu verstehende Varianten angegeben:

1. Energie kann umgewandelt werden, aber sie bleibt erhalten.

2. Wenn Wärme in Arbeit umgewandelt wird, wird der Wärmespeicher von einem Zustand höherer in einen Zustand tieferer Temperatur übergehen, aber nicht alle verbrauchte Wärme wird in Arbeit umgewandelt, ein Teil verbleibt im Wärmespeicher und wird bei tieferen Temperaturen abgegeben. (Darum werden Motoren heiß und erhitzen das Kühlwasser und die Luft. Das tun Atomkraftwerke auch.)

Eine Variante ist die Begründung aus einem allseits anerkannten Ziel, wobei man sich natürlich über den Weg dorthin streiten kann und in einer Demokratie auch streiten wird. „Wir alle wollen soziale Sicherheit, Sie wollen es, wir wollen es. Darüber müssen wir doch nicht streiten."

Begründung aus der Berufung auf eine Tradition, auf Gebräuche und Gewohnheiten *(argumentum ad traditionem):* „Es ist in unserem Fach üblich, daß . . ." - „Das haben wir schon immer so gemacht, das ändern wir auch nicht." - „Der alte Brauch soll nicht verwesen, am letzten Tag wird vorgelesen." (Ich fürchte, dieser alte Schulbrauch ist inzwischen verwest, am letzte Tag werden heute eher Videos gezeigt.)

Begründung aus der Unschädlichkeit eines Vorhabens oder einer Annahme; wörtlich: ,aus dem Ganzen', gemeint ist das unversehrte Ganze *(argumentum a tuto):* Der Volksmund dreht diese Argumentation ins Gegenteil, wenn er sagt: „Schadet ja nichts, aber was soll's?" Genau das kann für jemanden, der ein Experiment vorschlägt, ein wichtiges Argument sein, denn es besagt im Grunde, daß kein Risiko gegeben ist.

✍ Trainingseinheit

In der großen französischen Radrundfahrt *Tour de France* verunglückte 1995 ein italienischer Fahrer, Fabio Casartelli, bei einem Sturz tödlich. Er fuhr ohne Helm. In der Wochenzeitung DIE ZEIT vom 28. Juli 1995 (Nr. 31, S. 23) erschien dazu der folgende Artikel. In diesem Artikel werden viele Argumentationsmuster und viele Arten von Argumenten angeführt. Der im Artikel erwähnte Fahrer Miguel Indurain gewann die Tour de France 1995, damit hatte er als erster Fahrer die Tour zum fünften Mal hintereinander gewonnen.

Analysieren Sie den Artikel von Wolfgang Blum im Hinblick auf die Argumente und die Argumentation.

Strohköpfe ohne Helm

Jährlich rund tausend Bundesbürger teilen das tragische Schicksal des Radprofis Fabio Casartelli. Sie verunglücken tödlich mit dem Fahrrad. Viele von ihnen könnten noch leben, hätten sie nur einen Sturzhelm getragen.

Zugegeben, ob ein Kopfschutz Casartelli bei seinem Sturz das Leben gerettet hätte, ist nicht sicher. Nur ein schwerer Motorradhelm mit Kinnschutz hätte ihn vor Frakturen bewahren können. Fahrradhelme stellen Kompromisse dar: Einerseits sollen sie den Kopf möglichst rundum schützen. Andererseits muß der Träger noch bequem radeln können. Sie dürfen nicht Sicht, Atmung und Luftzirkulation beeinträchtigen. Das führt zu Abstrichen an der Sicherheit. Dennoch: Moderne Fahrradhelme dämpfen einen Aufschlag enorm und verteilen den Druck auf dem ganzen Schädel. Bei Unfällen verhüten sie rund die Hälfte aller Hirnverletzungen und mehr als drei Viertel der Schädelbrüche. Die Schale auf dem Kopf sollte daher genauso selbstverständlich sein wie das Anlegen des Sicherheitsgurtes im Auto.

Was aber tun die meisten Profis bei der Tour de France? Sie radeln oben ohne. Bei fast vierzig Grad im Schatten einen Helm zu tragen – das sei unzumutbar, sagt etwa der deutsche Bergspezialist Udo Bölts. Eine gegenstandslose Behauptung, hält Ernst von der Osten-Sacken dagegen. Er ist Deutschlands einziger Maschinenbauprofessor, der sich mit Fahrradtechnik befaßt, und überzeugt: „Bei Hitze ist es weniger heiß, mit Helm zu fahren als ohne." Um das zu beweisen, machte er in seinem Labor an der TH Aachen ein Experiment. Er erwärmte Wasser in einer Kugel, die er unter eine Lichtquelle in einen Luftstrom stellte. Einmal ließ er den Wasserkopf „barhäuptig" und maß die Wassertemperatur. Dann setze er ihm einen gut belüftenden Fahrradhelm auf. Das Wasser blieb darunter kühler als ohne Schutz. Für die Haltung der Radprofis hat von der Sacken-Osten daher nur Sarkasmus übrig: „Der Versuch ist wohl nicht übertragbar auf Strohköpfe."

Ob Stroh- oder Wasserkopf: Die Tour-Fahrer argumentieren weiter, während der Bergabfahrten erreichten sie neunzig Stundenkilometer, und bei solchen Geschwindigkeiten sei es egal, ob man einen Helm trage. Doch auch diese Behauptung entlarvt der Fahrradprofessor als faule Ausrede: „Dann müßten ja die bei der Formel 1 nackt am Steuer sitzen." Der Sturz von Olaf Ludwig vom Team „Deutsche Telekom" auf der vierten Etappe der Tour straft die Profi-Treter Lügen. Dank Sturzhelm erlitt Ludwig trotz hohen Tempos nur eine Gehirnerschütterung.

Es sei alles Quatsch, was die Rennfahrer sagen, schimpft von der Osten-Sacken, der selbst vor zwei Jahren mit dem Fahrrad nur überlebt hat, weil er einen Kopfschutz trug. Indurain und Co. hätten bloß Angst, als Feiglinge dazustehen. Bei Autorennen sträubten sich die Piloten aus dem gleichen Grund lange davor, Helme zu tragen. Soviel zu den Motiven der Profis.

Aber warum verweigert Otto Normalradler den Helm? Es ist immer dieselbe alte Leier von Gewohnheit und Bequemlichkeit. Auch bei den Motorradfahrern dauerte es Jahrzehnte, bis sich der Kopfschutz durchsetzte. Ebenso waren die Gurtmuffel eine zählebige Spezies.

Eigentlich sollten die Stars von der Tour de France Vorbilder sein. Doch trotz Casartellis Tod werden sie nächstes Jahr wohl wieder barhäuptig antreten. Mit Argumenten scheint ihnen da nicht beizukommen zu sein. Wahrscheinlich hilft da wieder nur mal eins: Geld, viel Geld. Wenn die Summe stimmt, würde Miguel Indurain bestimmt seinen Kopf dafür hergeben, für einen Helmhersteller Reklame zu fahren und damit einigen seiner Nachahmer das Leben zu retten.

7.3.4 Ordnungsbegriffe wissenschaftlichen Argumentierens

Beim Argumentieren im wissenschaftlichen Bereich stützt man sich auf Argumente, deren Substanz aus der wissenschaftlichen Arbeit gewonnen wurde, aus Literaturrecherche, Beobachtung, Test, Experiment, Befragung, Statistik, Analyse, Interpretation usw. Dabei verwendet man Begriffe und Begriffssysteme, Merkmale, Bewertungen, Urteile usw. (vgl. auch Abschnitt 7.2), die im jeweiligen Rahmen definiert und somit begründet sind. Soweit sie noch nicht ausreichend begründet sind, deklariert man sie als Thesen, Hypothesen, Annahmen, Axiome, welche vorausgesetzt oder eben gerade untersucht und verifiziert oder falsifiziert bzw. plausibel erläutert werden sollen.

In vor- und nichtwissenschaftlicher Argumentation werden solche Begriffe, Begriffsrahmen, Merkmale bzw. Eigenschaften und insbesondere Bewertungen und Urteile häufig ohne genaue Überprüfung verwendet. Man hat es hier mit Vorurteilen, Stereotypen und Klischees zu tun. Solche Stereotypen haben eine wichtige Funktion als Ordnungsbegriffe, denn man kann die ganze Komplexität der Welt nicht durchschauen. Man muß sich nur Rechenschaft darüber ablegen, woher man sie übernommen hat und welchen Stellenwert für eine Urteilsbildung sie haben können. Oben wurde schon auf die nicht hinterfragten Volksweisheiten der Sprichwörter hingewiesen. Und auch in wissenschaftlichen Arbeiten werden solche Ordnungskategorien verwendet, gerade wenn man anschaulich werden will. (Vgl. dazu auch das Kapitel 8 zum Stil, insbesondere den Abschnitt zu Metaphern und sprachlichen Bildern.)

Im folgenden werden wichtige Ordnungsbegriffe wissenschaftlicher und allgemeiner Texte kurz in alphabetischer Folge erläutert.

ad hoc: Lateinisch ‚zu diesem, dazu'; Kennzeichnung für kleinere Untersuchungen, die nicht umfassend systematisch und das heißt zugleich nicht methodisch vorbereitet sind, sondern *aus dem Augenblick heraus, für die gerade anliegende Fragestellung, zu diesem Zweck* – eben **ad hoc** – vorgenommen werden und entsprechend keine umfassende Gültigkeit für die Ergebnisse und Problemlösungen beanspruchen, sondern nur eine für das konkrete Anliegen ausreichende.

analog, Analogie: Aus dem Griechischen; **analog** bedeutet ‚dem Logos entsprechend‘, also eine unmittelbar einsichtige Gleichartigkeit; der Begriff wird in verschiedenen Fächern benutzt, insbesondere in der Zusammensetzung **Analogieschluß** als sinngemäße Anwendung einer Problemlösung auf ähnliche, gleichartige Fälle. In manchen Fächern ist der Begriff genau festgelegt.

In der Informatik und praktischen Datenverarbeitung hat man die **Analogrechner**, in denen nicht, wie in den üblichen **Digitalrechnern** (von *digit* ‚Ziffer, Zahl‘), Abläufe durch mathematische Formeln dargestellt, sondern durch physikalisch analoge Prozesse verarbeitet werden. Man mag sich den Gegensatz zwischen **analog** und **digital** an Uhren verdeutlichen: Digitaluhren zeigen die Zeit in Ziffern an; in Uhren mit einem Zeiger ist ein analoges Moment enthalten, denn der Zeiger läuft stetig voran wie die Zeit; allerdings ist das Ziffernblatt dann digitalisiert, d.h. in Felder aufgeteilt, welche durch Zahlen gekennzeichnet sind. Noch deutlicher wird das Prinzip vielleicht bei der Sanduhr: So wie der Sand aus dem oberen in den unteren Behälter rinnt, so verrinnt die Zeit.

In der Semiotik (Zeichenlehre) unterscheidet man digitale Zeichen, z.B. die Sprache, und analoge Zeichen, wie z.B. Lachen, Weinen und spontane Gesten, welche in direkter Weise wiedergeben, was jemand mitteilt. Kopfschütteln oder Kopfnicken sind digitale Zeichen, weil sie in Kulturen mit Bedeutungen belegt sind; die Heftigkeit, mit der genickt oder geschüttelt wird, ist ein analoges Zeichen, das auf die emotionale Einstellung gegenüber der mitgeteilten Ablehnung oder Zustimmung verweist.

Analyse: Aus dem Griechischen, bedeutet ‚Auflösung‘; in den Wissenschaften ist die Analyse das Zergliedern, Zerlegen eines Ganzen in seine Teile, eines komplexen Zusammenhanges in seine Teilaspekte, eines Computerprogrammes in Unterprogramme, eines Problemlösungsverfahrens in Teilschritte, die in manchen Fächern Module genannt werden usw. Der Gegensatz ist die Synthese (s.u.).

In verschiedenen Wissenschaften gibt es dazu feste Begriffe wie zum Beispiel die **Analytische Chemie**, die **Mathematische Analysis**, die **Textanalyse** in den Sprach- und Literaturwissenschaften, wo es auch die **Strukturanalyse** gibt usw. (Siehe auch analytische und synthetische Begriffe in Kapitel 7.2.)

Annahme: ,,Gesetzt den Fall, daß. . .‘‘ oder ,,Angenommen, daß . . .‘‘ Solche Formulierungen weisen darauf hin, daß man auf Grund einer Beobachtung und/oder Überlegung einen Gedanken oder eine Aussage über ein Phänomen machen will, um diese ,,Annahme‘‘ zu überprüfen oder um sie als stützendes Argument in einen Argumentationszusammenhang oder ein Untersuchungsdesign einzubringen. Man wird eine Annahme zumindest als ,,plausibel‘‘, also nicht völlig abwegig, kennzeichnen. Gerade eine ungewöhnliche Annahme kann eine überraschend andere, bisher nicht bedachte oder als nicht bedenkenswert bewertete Sicht einbringen. Indem man sie als ,,Annahme‘‘ charakterisiert, bleibt sie im Gewicht schwächer als eine These, die es allemal zu beweisen gilt, oder als eine Hypothese, die es erst recht in größerem Stil auszuführen und zu begründen gilt.

Antithese: Gegenthese beim dialektischen Verfahren s.o. S. 185.

Axiom: wörtlich ‚was für wichtig erachtet wird'; ein unmittelbar einleuchtender Grundsatz, der nicht begründet oder bewiesen werden muß und wird und der nicht aus anderen Sätzen abgeleitet wird. In der Mathematik gilt zum Beispiel das Axiom $1 + 1 = 2$. In der Kommunikationswissenschaft haben Watzlawick/Beavin/Jackson in dem vielbeachteten Buch „Menschliche Kommunikation. Formen, Störungen, Paradoxien" fünf Axiome aufgestellt, deren erstes lautet: *Man kann nicht nicht kommunizieren* (Literaturhinweis s. S. 186). In einer axiomatischen Methode werden einige solcher Grundsätze – eben Axiome – formuliert, aus denen alle anderen Aussagen als rein logische Schlüsse hergeleitet werden.

Beispiel: Beispiele veranschaulichen, und Beispiele zeigen, daß die Begriffe zu dem Bereich, über den man etwas aussagen will, passen. Bei Textanalysen müssen die Beispiele selbst aussagekräftig sein. Ob man also Zufallsbeispiele wählt, um zu demonstrieren, daß der theoretische Rahmen zu jedem beliebigen Beispiel paßt, oder ob man charakteristische Beispiele wählt, um zu vermeiden, daß man gerade besonders problematische Fälle anführt, während man noch die Grundlagen erläutert, muß genau bedacht werden. Man muß jedenfalls mit Gegenbeispielen rechnen und umgehen können.

In manchen Fächern ist es von methodischem Belang, ob die Beispiele vom Autor zur Veranschaulichung gemacht sind oder aus einem vorhandenen Text stammen, ob es konstruierte Fallbeispiele sind oder „echte" Fälle, die der aktuellen Situation entnommen sind, etwa einer aktuellen Zeitung.

Begriff: Ein aus Begriffsname (s.u. Terminus) und Begriffsinhalt definierter Fachausdruck. Siehe dazu Abschnitt 7.2.

Dogma: Lehrmeinung, gegen die im Rahmen einer Denkschule oder Religion kein Widerspruch akzeptiert wird; dogmatisches Vorgehen ist im Grunde unwissenschaftlich, da wissenschaftliches Vorgehen prinzipiell das Befragen nach Richtgkeit und Wahrheit einschließt und nicht voraussetzt.

Eigenschaft: Anderer Ausdruck für Merkmal, siehe dort.

Exegese: Auslegung religiöser Texte im Rahmen der in einer Religion üblichen Dogmen und Lehrmeinungen.

Hypothese: Aus griechisch *hypotithénai* ‚darunterstellen'; in der allgemeinen Wissenschaftstheorie ein Satz, der als wahr/richtig/zutreffend angenommen wird und aus dem theoretische Überlegungen abgeleitet werden können. In empirischen Wissenschaften müssen Hypothesen einen substantiellen, empirischen Gehalt haben, den man an Erfahrungen (s.o. Argumentationsmuster) überprüfen kann. Hypothesen müssen in sich und im Verbund mit anderen widerspruchsfrei sein. In der Logik gelten Hypothesen als Grundannahmen, aus denen man richtige andere Sätze ableitet, wenn die Ableitung bzw. Folgerung logisch richtig ist. Man spricht dabei in der Logik von „wahr" und vom „Wahrheitswert einer Aussage", meint aber keine empirische Wahrheit. In der Statistik gibt es noch einen speziellen Hypothesenbegriff in Testverfahren, wo mit Wahrscheinlichkeiten und Zufallsvariablen oder einem Zufallsgenerator gearbeitet wird.

„Ein Kreter sagt, alle Kreter lügen".
  In dieser oder ähnlichen Formen (sie wird dem kretischen Philosophen Epimenides zugeschrieben) – die kürzeste Fassung wäre natürlich „Ich lüge." – wird ein logisches Problem deutlich. Wenn alle Kreter lügen, kann der Satz des Kreters, daß er lüge, ja nicht wahr sein, also lügt er nicht, also lügen doch nicht alle Kreter usw.
  Es handelt sich um ein Problem verschiedener Ebenen.
  Die Blutleere logischer Schlußfolgerungen wird auch im folgenden Satz deutlich:
  „Der Satz *Es regnet* ist dann und genau dann wahr, wenn es regnet."
  So wird es wohl sein.

Interpretation: Aus dem Lateinischen mit der Bedeutung ‚Auslegung, Erklärung'; in den verschiedenen Fächern gibt es jeweils unterschiedliche, aber klar festgelegte Verfahren und einen Stellenwert der Interpretation als Deutung von durch Analyse oder Datensammlung und -untersuchung gewonnenem Material. In der Literaturwissenschaft werden literarische und poetische Texte interpretiert, in den Kunstwissenschaften Kunstwerke; in den Wirtschafts- und Gesellschaftswissenschaften werden statistisch erhobene Daten oder Abläufe wirtschaftlicher Prozesse interpretiert, und eventuell werden Prognosen abgeleitet; in der Geschichtswissenschaft werden Dokumente und Urkunden sowie Abfolgen von Geschehnissen interpretiert, in der Mathematik Modelle; in der Meteorologie werden Wetterverläufe und erhobene Daten interpretiert, und aus der Interpretation werden Prognosen hergeleitet usw.

  In nichtwissenschaftlichen Bereichen spricht man von Interpretationen bei der Aufführung musikalischer Werke oder bei Theaterinszenierungen.

  Interpretieren bedeutet allemal, daß – im Rahmen der in einem Fach üblichen Methoden und Verfahren – über die Analyse hinaus Deutungen vorgenommen werden, die zum Sinngehalt eines Ganzen vordringen.

  Die Interpretation sollte nicht verwechselt werden mit der **Exegese** (s.o.).

Klischee: Der Druckstock, von dem immer wieder die gleichen Bilder gedruckt werden; davon abgeleitet die – oft modische – Redewendung, die zugleich eine stereotype Charakterisierung und Bewertung enthalten kann, z.B. über die Deutschen als *Krauts* = ‚Sauerkrautesser' oder *Hunnen* = ‚gefährlich kriegsbereit und dabei dizipliniert und obrigkeitshörig'.

Merkmal: Eigenschaft des Untersuchungsgegenstandes, die ihn von anderen unterscheidet. (Siehe Kapitel 7.2.)

Methode: Von griechisch *méthodos* ‚Weg zu etwas'; Methoden legen planmäßig in Fächern erprobte Untersuchungsabfolgen und Verfahren fest; sie sind jeweils in der **Methodologie** eines Faches zusammengefaßt. Man unterscheidet zum Beispiel empirische und theoretische Methoden, induktive (z.B. von der Beobachtung und Analyse zum Begriff) und deduktive (vom Begriff zur Demonstration und Anwendung) Methoden usw. Im Rahmen der **Methodik und Didaktik** eines Faches bezeichnet man mit Methoden die Vorgehensweisen, wie man den Lehrstoff präsentiert und den Lernern die Lernwege zu eröffnen versucht, sie anleitet usw.

Modell: Zu lateinisch *modulus* ‚Maß, Maßstab'; Modelle sind verallgemeinerte Muster der unterschiedlichsten Art; der Begriff deckt das *Modell* einer neuen Maschine, eines Gerätes oder Bauwerks genauso wie eine *Modellrechnung*, einen *Modellfall*, ein *Grammatikmodell* oder ein *Kommunikationsmodell.* Entscheidend ist, daß bei einem Modell einerseits die für eine Fragestellung und Problemlösung wichtigen Aspekte herausgearbeitet und herausgestellt werden, und daß andererseits andere Aspekte fortgelassen und nur am Rande bedacht werden. Ein Modell eines Hauses kann entweder eine Außenansicht darstellen oder – aufgeschnitten – die Innenaufteilung der Räume. Modelle klären und veranschaulichen Zusammenhänge, aber Modelle verleiten auch dazu, nur eine Sichtweise für die einzig richtige Sichtweise zu halten.

Paradigma: Aus dem Griechischen mit der Bedeutung ‚Muster, Beispiel für gleichartige Fälle' (Plural *Paradigmen* oder *Paradigmata*); in manchen Fächern mit besonderer Bedeutung. In der Sprachwissenschaft sind Paradigmen die tabellarisch zusammengefaßten Muster der Beugung (Deklination der Nomen/ Substantive mit Artikeln, der Pronomen und der Adjektive; Konjugation der Verben).

In der heutigen Wissenschaftstheorie bedeutet der Begriff **Paradigma** die Gesamtheit der für einen gewissen Zeitraum geltenden Untersuchungsgegenstände, Theorien und Methoden eines Faches; wenn sich etwas ändert, spricht man vom **Paradigmenwechsel** wie beim Übergang von der klassischen zur relativistischen Physik (so von T.S. Kuhn, der den Begriff des Paradigmenwechsels geprägt hat).

Der Begriff spielt auch in der öffentlichen Diskussion eine wichtige Rolle, zum Beispiel bei Auseinandersetzungen um ökonomisch orientiertes und/oder ökologisch orientiertes Handeln.

Schon bei Platon spielten die Paradigmen als Urbilder der wahrnehmbaren Dinge eine zentrale Rolle: ,,der" Baum, ,,der" Mensch usw.

Prozedur: siehe Verfahren

Stereoptyp: Feststehendes, oberflächliches Urteil über eine Gruppe, Region, einen Künstler usw., z.B. *die Deutschen, die Amerikaner, die Bayern, die Ossis, die Wessis, die Punker, das Ruhrgebiet, Mainhattan* (für *Frankfurt am Main*) usw. Stereotype sind auf Grund weniger, meist nicht geprüfter Merkmale entstanden oder übernommen; man braucht sie zunächst einmal in einer komplizierten Welt zur Orientierung; aber wenn sie sich verfestigen und wenn man sich gegen Überprüfung sträubt, führen sie zu Vorurteilen.

Struktur: Von lateinisch *structura* ‚Zusammenfügung'; ein in fast allen Wissenschaften grundsätzlicher Begriff, der die Anordnung der Teile eines komplexeren Ganzen bezeichnet. In manchen Wissenschaften wie im allgemeinen öffentlichen Denken spielt der **Strukturalismus** eine wichtige Rolle als Denkrichtung, die ein Analyseverfahren für gesellschaftliche Zusammenhänge, literarische Werke usw. entwickelt, das dem nachprüfbaren, intersubjektiven Vorgehen der Naturwissenschaften nachgebildet ist.

Der Begriff *Struktur* ist ein statischer Begriff, der wie ein Skelett die Zusammenhänge der Teile darstellt, während im sogleich erläuterten Begriff *System* ein dynamischer Aspekt enthalten ist.

Nachgesagt wird der folgende Ratschlag dem amerikanischen Kommunikationswissenschaftler Colin Cherry, aber er mag auch von jemand anderem stammen.

If you don't know, what it is, call it a structure. If you don't know, how it works, call it a system. If you have no idea whatsoever, call it a multistructured systemoid.

Wenn du nicht weißt, was es ist, nenn es eine Struktur. Wenn du nicht weißt, wie es funktioniert, nenn es ein System. Wenn du überhaupt keine Ahnung hast, nenn es einen multistrukturierten Systemoiden.

System: Von griechisch *systema* ‚ein gegliedertes Ganzes, das aus mehreren Teilen zusammengesetzt ist‘; System ist wie *Struktur* ein grundlegender Ordnungsbegriff. Von **Systemen** spricht man, wenn nicht nur – wie beim Strukturbegriff – die Zusammenfügung der Teile zu einem Ganzen beschrieben wird, sondern wenn die Ordnungsprinzipien und das Funktionieren und das Zusammenwirken der Teile im Ganzen erläutert werden. Das Adjektiv **systematisch** zur Kennzeichnung von Untersuchungen und Analysen weist darauf hin, daß die Analyse den Ordnungen nachgeht und nicht spontan, ad hoc oder einer plötzlichen Eingebung folgend, vorgenommen wird.

In vielen Fächern werden Systeme im Sinne von Klassifikationen untersucht und aufgebaut: zum Beispiel in der Biologie für Pflanzen und Lebewesen, in der Sprachwissenschaft für das *Sprachsystem*, in den Gesellschafts- und Wirtschaftswissenschaften für die Gesellschaft, das politische System oder die Ökonomie usw. In einigen Fächern gibt es Teildisziplinen mit der Kennzeichnung systematisch, z.B. **Systematische Theologie.** In der Informatik nimmt man bei Untersuchungen mit dem Computer zunächst eine **Systemanalyse** vor. Wenn beim Arbeiten mit dem Computer unbeabsichtigt ein falscher Befehl gegeben wird, kann es zum **Systemabsturz** kommen. (Deshalb soll man regelmäßig speichern, was man erarbeitet hat, damit es nicht verschwunden ist.)

Welche Systembegriffe im jeweiligen Fach verwendet werden, müssen Sie sich erarbeiten. Halten Sie als wichtigen Unterschied zum Strukturbegriff fest, daß der Systembegriff die Ordnungsprinzipien und funktionalen Zusammenhänge einschließt.

Terminus: das Fachwort, der Fachausdruck, in dem Begriffsinhalt und Begriffsname eine Einheit bilden. Die Termini eines Fachgebietes bilden dann die **Terminologie.** Man spricht auch vom **Terminus technicus,** wenn man deutlich machen will, daß ein Fachausdruck, der möglicherweise allgemeine und unscharfe Bedeutungen haben kann, jetzt im genau definierten Sinn gebraucht wird (siehe auch Kapitel 7.2 und 6 zu Fachsprachen).

Theorem: Lehrsatz, in einem Fachgebiet häufig verwendete und als richtig angesehene These im Rahmen eines theoretischen Zusammenhanges.

Theorie: aus griechisch *theorein* ‚anschauen, betrachten‘; Theorien sind Erkenntnisse, die man durch Nachdenken gewinnt und nicht – nur – aus praktischer Erfahrung. In Wissenschaften sind Theorien aufeinander bezogene Systeme von Aussagen und Sätzen; nicht selten sind sie mit dem Namen von Personen oder Denkschulen verbunden.

Der Gegensatz zwischen Theorie und Praxis (als Anwendung) und theoretischem und praktischem Vorgehen bestimmt so manche Diskussion.

Theorien werden in den verschiedenen Fächern unterschiedlich entwickelt. Über die Vorgehensweisen wacht die Wissenschaftstheorie und über dieser die allgemeine Erkenntnistheorie.

Wichtige Unterschiede sind zum Beispiel, ob empirisch und induktiv (von Fakten ausgehend und abgeleitet) oder deduktiv (von theoretischen Überlegungen und Axiomen ausgehend und hergeleitet) vorgegangen wird.

These: eine Behauptung, die als Grundannahme und Ausgangspunkt für eine Untersuchung gilt, die aber am Ende bewiesen sein muß: „Quod erat demonstrandum. – Was zu beweisen war“. In hermeneutischen, auf das Verstehen und Interpretieren von Texten zielenden Fächern muß die These einsehbar, verstehbar geworden sein.

Im dialektischen Verfahren ist die These der Ausgangspunkt des Prozesses einer Erklärung aus dem Dreischritt These – Antithese – Synthese (s.o. S. 185).

Verfahren: In der Methode festgelegte und begründete Vorgehensweise(n) bei einer Untersuchung; in manchen Fächern **Prozedur** (aus englische *procedure*) genannt.

Vorurteil: Übernahme von Meinungen und Ansichten anderer ohne eigene Erfahrung und ohne genauere Begründung. Vorurteile führen häufig im Zusammenhang mit dem äußeren Erscheinungsbild (Haarfarbe, Hautfarbe, Augenform, Kleidung, Sprechweise) zu negativen Einstellungen gegenüber einzelnen Menschen oder ganzen sozialen oder landsmannschaftlichen Gruppen, Völkern, Nationen, Ländern – Einstellungen, die zu überheblichem, aber auch feindseligem, aggressivem Verhalten gegen solche Menschen führen können. Seltener sind positive Vorurteile, etwa gegenüber gewissen Berufsgruppen, zum Beispiel Ärzten und Geistlichen.

7.3.5 *Normalerweise, in der Regel, häufig, selten,...*

In Referaten und Hausarbeiten wie in vielen Lehrwerken, Monographien usw. werden Aussagen über Phänomene gemacht, die einen gewissen Anspruch auf Allgemeingültigkeit erheben. Aber schon der Volksmund sagt: „Keine Regel ohne Ausnahme.“ Beim Formulieren werden deshalb als Warnsignale und Einschränkungen eine Reihe von Ausdrücken verwendet, die jedoch nur bei ungenauem Lesen und schlampigem Schreiben beliebig austauschbar zu sein scheinen. Wichtige solcher Ausdrücke sind in der folgenden alphabetisch geordneten Liste kurz erläutert.

gewöhnlich: bedeutet, daß auf Gewohnheiten, einen allgemeinen Gebrauch (**Usus** in manchen Fächern) hingewiesen wird, nicht auf Gesetzmäßigkeiten oder Regeln

grundsätzlich: nimmt Bezug auf eine zugrundegelegte Aussage, sei es eine Regel oder Theorie oder ein Gesetz usw.

häufig: eine statistische Angabe, nicht auf eine Regel oder Norm bezogen, sondern auf Beobachtungen

in der Regel: eine systematische Aussage, die – wie der Wortlaut sagt – auf eine Regel verweist, also eine ausformulierte und für gültig angesehene Gesetzmäßigkeit; in rechtlichen Texten bedeutet *in der Regel*, daß ein Abweichen begründet werden muß

in diesem Fall: beansprucht Gültigkeit nur für den geschilderten Fall, der allerdings dann später häufig verallgemeinert wird als Beispiel, als Modell usw.

in diesem Fall und ähnlich gelagerten Fällen: erweitert die Aussage *in diesem Fall* von vornherein

Liste (abgeschlossene): Eine abgeschlossene Liste von Beispielen, die etwa durch einen Punkt abgeschlossen wird, besagt, daß die Aussage für alle diese Fälle gilt, aber nicht für weitere; es kommt auf den Status der Aussage an – ob beschrieben wird oder vorgeschrieben – wie stark die Aussagekraft dieser Liste ist. Man sollte geschlossene Listen mit Vorsicht behandeln und im Zweifelsfall lieber offene Listen verwenden.

Liste (offene): eine Liste, die durch ein Komma und drei Punkte (, . . .) oder durch ein *usw.* abgeschlossen wird, weist darauf hin, daß die genannten Beispiele und Fälle nur einen Teil der insgesamt betroffenen meint

normalerweise: bedeutet den Verweis auf eine Norm, also eine nicht in Gesetzen festgeschriebene, sondern in allgemein anerkannten Verhaltensweisen oft ungeschriebene Grundannahme

selten: eine statistische Angabe, komplementär zu *häufig,* nunmehr Ausnahmen betreffend

unter anderem: weist darauf hin, daß nur eine mehr oder weniger beliebige Auswahl getroffen wird

usw.: siehe oben Liste (offene)

zum Beispiel, beispielsweise: signalisiert, daß ein passendes, anschauliches, aber beliebiges Beispiel gewählt wird; es geht um die Veranschaulichung der theoretischen Ausführungen, nicht um die Analyse des Beispiels

8. Formulieren 2: Wie schreibe ich verständlich und gut? Tips zum Werkstoff Sprache und zum sprachlichen Stil

Tagtäglich sprechen wir, hören wir zu und lesen wir. Schreiben tun wir seltener. Schreiben ist eine viel kompliziertere Tätigkeit. Und beim Schreiben eines Textes wird uns unser eigener Sprachgebrauch viel bewußter, denn er steht „schwarz auf weiß" vor uns, wie auch immer der PC eingestellt ist, welcher Stift benutzt wurde. Schon bei der Tintenfarbe allerdings zeigt sich, daß zum reinen Sprachtext etwas hinzukommt: Bevorzugen Sie einen schwarzen, blauen, grünen oder lilavioletten Stift? Rot wohl kaum, oder? Studentische handgeschriebene Hausaufgabentexte kommen in den unterschiedlichsten Farben daher, sogar in Rot. Da macht jemand eine Aussage über sich. Wir nähern uns dem Begriff Stil auf diese Weise zwar aus einem entfernten Winkel, aber so ist es. Wenn wir einen Text aus der Hand geben, wirkt schon der erste, äußere Eindruck.

Zum sprachlichen Stil, zum gut und verständlich geschriebenen Text kommt natürlich viel mehr hinzu. Damit beschäftigt sich dieses Kapitel. Worauf kann man und sollte man beim Formulieren achten, um einen gut zu lesenden Text zu schreiben?

Eines vorweg: Schreiben lernt man nur durch Schreiben. Besser Schreiben lernt man durch stetiges Schreiben.
In einem Buch, welches Sie lesend durcharbeiten, wird das Schreiben selbst zunächst nicht direkt geübt. Aber der kritische, analysierende Blick auf den eigenen Text kann geschult werden. Und Tips und Hinweise, worauf man beim Schreiben achten kann, lassen sich in den unterschiedlichsten Bereichen des sprachlichen Ausdrucks befolgen. Achten sollte man:

- auf den Wortschatz, wo es in wissenschaftlichen Texten natürlich besonders auf Fachausdrücke und präzise charakterisierende Wörter ankommt;
- auf den Satzbau, der den Rhythmus und die Lesbarkeit eines Prosatextes maßgeblich bestimmt;
- auf den sorgfältigen Gebrauch des richtigen Konjunktivs bei der zitierenden, die Positionen anderer zusammenfassenden indirekten Rede;
- auf Vergleiche und sprachliche Bilder, die der Veranschaulichung dienen können;
- auf Stilmittel und rhetorische Figuren, die in Sachtexten zwar nur mit Zurückhaltung zu gebrauchen sind, die aber eine überzeugende Argumentation sehr wohl unterstützen können.

Ein Zweites vorweg: Zum Beschreiben der sprachlichen und stilistischen Eigenschaften von Texten benötigt man Begriffe, welche die Muster ordnen und die Eigenschaften „auf den Begriff" bringen. Dazu gehören Grundbegriffe der Grammatik. Die Begriffe werden anhand der Muster jeweils erklärt, aber ein Buch über das Schreiben ist kein Abriß der deutschen Grammatik. Wenn Sie da grundsätzliche Probleme haben, hilft vielleicht ein Blick in eine solche. Es gibt zahlreiche Grammatiken und Schulgrammatiken; sie werden es uns nicht verübeln, daß wir vornehmlich Titel nennen, an denen wir selbst nicht unbeteiligt sind.

Karl-Dieter Bünting/Wolfgang Eichler: Grammatiklexikon. Kompaktwissen für Schule, Ausbildung, Beruf. Frankfurt/Main 1993. Zugriffswissen in einem Nachschlagewerk in ABC-Form.
Wolfgang Eichler/Karl-Dieter Bünting: Deutsche Grammatik. Form, Leistung und Gebrauch der Gegenwartssprache. 5. Auflage Weinheim 1994. Eine systematische Darstellung, geschrieben für Studierende.
Karl Dieter Bünting/Henning Bergenholtz: Einführung in die Syntax. Grundbegriffe zum Lesen einer Grammatik. Weinheim 1995. Ein Studienbuch, in dem grammatische Begriffe systematisch erklärt werden, nicht nur die Satzlehre, auch die Wortarten.
DUDEN 4: Grammatik der deutschen Gegenwartssprache. Hrsg. und bearb. von Günther Drosdowski. Mannheim 1995.

8.1 Sprachstil

Sprachstil ist eines der am schwierigsten zu fassenden und zu beschreibenden Phänomene der Sprache und des Sprachgebrauchs. Individuelles, Regionales, Gesellschaftliches, die Kulturgeschichte, das jeweilige Fach und seine Traditionen und Normen, die Textsorte und nicht zuletzt die Absichten der Schreibenden und Sprechenden sowie die Erwartungen und Leseerfahrungen der Lesenden spielen eine Rolle. Nun geht es in diesem Buch nicht darum, den Begriff *Stil* umfassend zu klären oder eine Stillehre – eine Stilistik – zu entwickeln, sondern um praktische Ratschläge für das Schreiben von Fachtexten. Deshalb vorab nur einige grundsätzliche Hinweise, wie die sprachliche Form den Inhalt beeinflussen kann.

Der Inhalt eines Textes ist nur dann für jemand anderen überhaupt wahrnehmbar, wenn er in eine materielle Substanz (Laute oder Buchstaben und zusätzliche Bilder und Zeichnungen) gebracht wird. Diese materielle Substanz der Sprache muß darüberhinaus zu Wörtern und Sätzen geformt werden. Das klingt trivial und ist es auch, aber es ist von enormer Konsequenz, denn diese sprachliche Form ist vom Schreibenden zu gestalten. Das heißt, der Schreibende kann und muß durch die Gestaltung des Textes den Inhalt mehr oder weniger verständlich machen, und die Lesenden werden ihrerseits aus den sprachlichen Formen des Textes den Inhalt wieder neu in ihren Köpfen entstehen lassen. Und dabei kann die sprachliche Form unterstützen oder hinderlich sein.

Auch beim Sprechen formt man seine Gedanken in Sprache, aber nur flüchtig; und man hat keine Kontrolle mehr über das, was man gesagt hat. Ganz anders beim Schreiben. Das geschriebene Wort ist objektiviertes Denken. Es steht da. Und man liest es selbst. Man kann korrigieren, wenn man die Zeit dazu hat. Und hier beginnt für den ungeübten Schreiber, die ungeübte Schreiberin oft ein wahrer Teufelskreis. Denn man korrigiert und korrigiert, schreibt um und um, vertraut dem geschriebenen Text weniger als dem gesprochenen Wort, weil man seine Verbindlichkeit fürchtet. Und das sowohl im Hinblick auf den Inhalt als auch im Hinblick auf die sprachliche Form. Ist das richtig, was ich geschrieben habe? Habe ich es verständlich und gut ausgedrückt? Erneut gilt: Ein Buch mit Tips zum guten Formulieren kann nicht ersetzen, daß Sie es ausprobieren und ausführen. Also schreiben Sie! Und lassen Sie andere lesen, was Sie geschrieben haben! Das gibt Sicherheit. Die anderen sind genauso unsicher wie Sie. (Zu Schreibblockaden und wie man sie überwindet siehe Kapitel 4.6.)

Kein Buch und kein wissenschaftlicher Aufsatz wird in einem Zug heruntergeschrieben. Die Autoren verbessern, ändern, werfen Teile fort, haben Tage, an denen gar nichts gelingen will. Aber: Sie haben ein Mindestmaß an Disziplin und Beharrlichkeit, und Sie oder die Herausgeber oder Verleger üben durchaus Zeitdruck aus, so wie die Dozenten oder Prüfungsordnungen einen Abgabetermin setzen.

In diesem Buch können wir über die konkreten Inhalte Ihrer Arbeit nichts sagen. Darüber müssen Sie konkret mit den Dozenten sowie mit Freunden und Freundinnen, mit Studienkollegen und der Familie reden. Wir können nur Tips zum Verhalten beim Schreiben und zur Wirkung sprachlicher Muster geben. Sie selbst werden den Text aber gestalten müssen.

Auf die sprachliche Form eines Textes sind zwei idealtypische Leserreaktionen üblich:

– Die sprachliche Form wird gar nicht wirklich wahrgenommen, man konzentriert sich beim Lesen auf Inhalt und Bedeutung. Der Text ist so formuliert, daß man die Formulierungen selbst gar nicht beachtet. Ein solcher Text ist im Spannungsfeld zwischen dargestellter Sache, Absichten des Schreibenden und Erwartungshaltungen des Lesenden hochgradig funktional formuliert. Als wissenschaftlicher Text ist das ein guter Text.

– An der sprachlichen Form fällt etwas auf. Hier ist nun ganz entscheidend, ob das, was auffällt, den Inhalt unterstützt (ein Vergleich, ein sprachliches

Bild, eine rhetorische Figur, klarer Satzbau, . . .) oder stört (schwierige Wörter, komplizierter Satzbau, ein schiefes Bild, . . .) In literarischen Texten ist die Form oft wesentlicher Träger der Wirkung, in Gedichten sowieso, aber auch in Prosatexten und dramatischen Texten.

Nicht selten wird es allerdings so sein, daß bei einem an sich funktional durchformulierten Text, bei dem man sich ganz auf den Inhalt konzentriert, hin und wieder eine formale Kleinigkeit auffällt. Aber in wissenschaftlichen Texten sollte die Form den Inhalt möglichst präzise und verständlich transportieren. Deshalb zielen die folgenden Tips und Ratschläge darauf, was zum Formulieren gut verständlicher Texte beitragen kann, und zwar auch dann, wenn die dargestellten Sachverhalte kompliziert sind. Damit das Ganze ein wenig vergnüglich wird, werden hin und wieder kleine Spielereien eingestreut. Das hat auch einen didaktischen Grund: An den Spielereien sieht man meistens schneller, um welchen formalen Baustein des Werkstoffes Sprache es geht.

8.2 Zum Werkstoff Sprache

Drei Bausteine des Werkstoffes Sprache nimmt man sofort wahr:
– die Laute bzw. Buchstaben,
– die Wörter, im Text durch Zwischenräume getrennt,
– die Sätze, im Text durch Satzzeichen gegliedert und getrennt.
In geschriebenen Texten gibt es darüber hinaus Zeilen und das gesamte Layout der Seite.

Wenn wir uns etwas genauer mit der Sprache beschäftigen, werden wir allerdings sehen, daß bei Wörtern und Sätzen einiges zu den Äußerlichkeiten hinzukommt. Die vielen Wörter des Wortschatzes – es sind mehrere hunderttausend, wenn man Eigennamen und Fachwörter einschließt, noch mehr– sind nach ihren Bedeutungen geordnet, zum Beispiel in sinnverwandte Synonyme wie *Hautarzt – Dermatologe, dick – mollig – fett – vollschlank – . . .* usw. oder in Ober- und Unterbegriffe mit allgemeinerer und speziellerer Bedeutung wie *Baum – Laubbaum – Obstbaum – Apfelbaum – Gravensteiner.* Es gibt noch weitere solche Ordnungen. Wenn es um den treffenden Ausdruck geht, werden wir also genauer hinschauen müssen. Auch grammatisch gibt es Ordnungen: Wortarten, von denen einige gebeugt werden und andere nicht usw. Wenn wir sprechen und schreiben, buchstabieren wir ja die Wörter nicht einfach aus dem Wörterbuch in beliebiger Reihenfolge hintereinander, sondern wir formen sie, stellen eine Wortfolge her, fügen sie in Satzglieder ein, stellen auch hier eine Reihenfolge her und kommen so zu Sätzen. *Du schreibst einen Text.* bedeutet etwas anderes als *Schreibst du einen Text?*, was wir in den Texten durch Punkt oder Fragezeichen zusätzlich markieren und beim Sprechen durch Senken oder Heben der Stimme kennzeichnen. Keine Sorge, wir werden keine ausführliche Grammatik der deutschen Sprache entwickeln, aber mit grammatischen Mustern muß man sich ein wenig beschäftigen, wenn man richtiges und gutes Deutsch trainieren will.

Wir orientieren uns bei den Tips und Ratschlägen an den Bausteinen Laut/ Buchstabe – Wort – Satz und gehen dann zu Stilfiguren und rhetorischen Mitteln über, welche über Satzmuster hinweg wirken.

8.3 Laute und Buchstaben

Für informative und für wissenschaftliche Texte sind die **Laute** kein Baustein für stilistische Effekte. Ganz anders ist das für poetische Texte, für Sprachspielereien, die schon in Kinderreimen und Abzählversen zu finden sind, und für die tägliche Umgangssprache, die ihre Kraft und Würze nicht selten aus Lauteffekten gewinnt *ohauaha, boa ey*. Auch in der Werbung, beim Entwickeln von Produktnamen sowie bei Titeln und Kapitelüberschriften auch wissenschaftlicher Werke kann man durch lautlich griffige und rhythmisch eingängige Formulierungen die Aufmerksamkeit des Lesers wecken, ihn zum Weiterlesen anregen.

Die Laute bilden Klangmuster, und die Sprechsilben bilden den Grundrhythmus im Wechsel von betonten und unbetonten Silben. An den Titeln von Fernsehsendungen kann man sehen und hören, wie mit den Lauten Aufmerksamkeit geweckt und das Erinnerungsvermögen unterstützt wird. Für viele Titel werden Wörter gewählt, die im Anlaut gleich klingen. Technisch sagt man, sie alliterieren: *Talk im Turm, Bios Boulevard* – Alfred Biolek hatte früher eine Sendung *Bios Bahnhof* und danach eine Sendung *Mensch Meier – Sportschau* (gesprochen *Schportschau), Sportspiegel* und schließlich sogar das Tripel *Titel, Thesen, Temperamente*. Unsere Alltagssprache macht uns vor, daß dieses sprachliche Mittel des Gleichklangs am Wortanfang eine gute Gedächtnisstütze ist. In vielen Zwillingsformeln und Redewendungen finden wir sie: *hin und her, rauf und runter, drunter und drüber, ganz und gar, im großen und ganzen* (nach der Rechtschreibreform: *im Großen und Ganzen), durch dick und dünn gehen, mit Mann und Maus untergehen, Tod und Teufel nicht fürchten, Kopf und Kragen riskieren, für Leib und Leben fürchten, alles kurz und klein schlagen, Roß und Reiter nennen, den Zahn der Zeit fühlen, Wind und Wetter nicht fürchten, mit Kind und Kegel kommen . . .* (Das ist übrigens nicht der Kegelklub auf dem Pfingstausflug, die *Kegel* waren in alter Zeit die anerkannten Kinder der Nebenfrau, im Erbrecht vorgesehen; die in unserem heutigen Sinne unehelichen Kinder waren die *Bankerte*, die mit der Magd auf der Bank gezeugten Kinder.)

Buchstaben dienen in unserer Schrift dazu, Laute wiederzugeben. Es gibt **Rechtschreibregeln,** wie die Laute in Buchstaben wiederzugeben sind, wann man große und kleine Buchstaben verwendet, wann man welche Satzzeichen verwendet.

In Sachtexten kann man durch das **Schriftbild** den Text gliedern. Außerdem werden Buchstaben, Ziffern und andere Schriftzeichen zur logischen Gliederung des Textes verwendet. (Siehe dazu Kapitel 5.3.)

Schließlich kann man mit Buchstaben Spielchen treiben. Berühmt dafür ist der Schriftsteller Arno Schmidt, der seine eigene Rechtschreibung entwickelte. Ein Textbeispiel, der Anfang des Buches „KAFF auch MARE CRISIUM":

Nichts Niemand Nirgens Nie!: Nichts Niemand Nirgens Nie! : (die Dreschmaschine rüttelte schtändig dazwischen, wir konnten sagen & denken was wir wollten. Also lieber bloß zukukken.)

Quelle: Arno Schmidt: KAFF auch MARE CRISIUM. Frankfurt/Main 1975, S. 9.

In Hausarbeiten usw. haben solche Spielereien nichts zu suchen, aber wenn zu Semesterparties, Feten oder auch Fachschaftssitzungen eingeladen wird, kann man den Plakaten oder Handzetteln durch Buchstabenspielchen durchaus einen Blickfang geben.

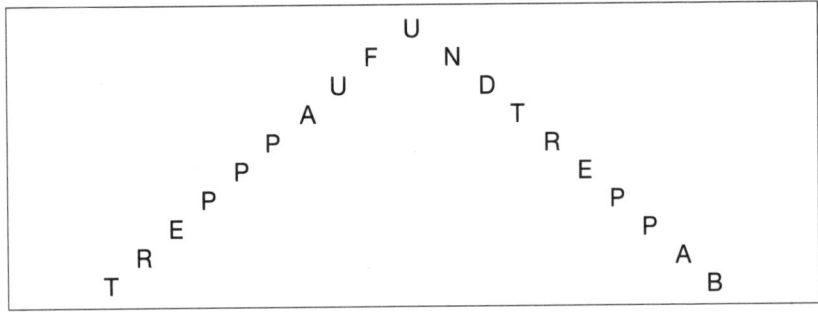

8.4 Wörter

8.4.1 Wirkungen von Wörtern

Wörter können verschiedenste Wirkungen erzielen. Diese Aussage ist einerseits nicht ganz richtig, aber andererseits auch nicht ganz falsch. Von sich aus können Wörter natürlich gar nichts, sie sind gar nicht vorhanden, wenn sie nicht von jemandem geäußert oder beim Nachdenken oder auch nur im Traum aktiviert werden. Aber danach sind sie vorhanden. Und nun können sie ihre Wirkung entfalten. Ob man diese Wirkung auf den Urheber bezieht oder nicht, spielt nur insofern eine Rolle, als man sich auf einen Urheber konzentriert oder nicht. Ein Dozent wird eine studentische Seminararbeit im Grundstudium kaum wegen der Sachinformationen lesen, sondern um die Leistung des Autors zu beurteilen. Im Hauptstudium mag das anders sein, bei Examensarbeiten lernt ein Dozent gewöhnlich auch dazu, und in Doktorarbeiten muß Neues stehen, sonst erfüllen sie die Anforderungen nicht.

Die Wirkungen der Wörter können eher den sachlichen Gehalt eines Textes betreffen und somit den Intellekt der Lesenden aktivieren, sie können aber auch Emotionen wecken. Einige charakteristische Wirkungen, die man mit Wörtern erzielen kann:

Mit Wörter kann man **präzis und genau** sein oder **allgemein und damit ungenau.** Beispiele:

(1) *Raubtier* ist allgemeiner als *Raubkatze*; jeweils noch genauer sind *Großkatze, Leopard* und *Schneeleopard.* Der biologische Name *Panthera unica* gehört nicht in diese Reihe, er ist ein wissenschaftlicher Fachbegriff.

(2) Nach welchem *Verfahren* (allgemein) wurden und werden im Deutschen Bundestag die Anzahl der Sitze für die Fraktionen in den Ausschüssen errechnet? 1. Antwort: nach einem *Berechnungsverfahren* (ebenfalls allgemein). 2. Antwort: bis 1970 nach dem *Höchstzahlenverfahren nach d'Hondt* (präzise) 3. Antwort: bis 1980 nach dem *mathematischen Proportionsverfahren nach Hare/Niemeyer* (präzise); ab 1980 (9. Sitzungsperiode) nach dem *Rangzahlmaßverfahren nach Schepers* (präzise).

Mit Wörtern kann man **verhüllen und verschleiern,** oder man kann **bloßstellen und enthüllen.** Beispiele:

(1) *Freisetzung von Arbeitnehmern für den Arbeitsmarkt* ist eine verhüllende Umschreibung für *Entlassung in die Arbeitslosigkeit.*

(2*) Nullwachstum oder gar negatives Wachstum* in der Wirtschaft ist ein weit verbreiteter sprachlicher Unsinn.

(3) *Frontbegradigung* ist eine verhüllende Umschreibung für *Rückzug und Flucht.*

(4) *Ethnische Säuberung* hat mit *sauber* zu tun, verhüllt *Vertreibung und Mord.*

(5) *Endlösung* klang wie endgültige Lösung eines Problems und bedeutete in der Sache bürokratisch organisierten und industrialisierten *Völkermord.*

Mit Wörtern kann man **anschaulich** oder **abstrakt** sein. Beispiele:

(1) *Sinnentnahme aus dem Text* (abstrakt) oder *einen Text lesen und verstehen* (normale Sprache).

(2) Eine höchst anschauliche Passage des Bibelübersetzers Martin Luther aus dem „Sendbrief vom Dolmetschen" (Wir würden sagen: „Essay über das Übersetzen") von 1530:

Lieber, nun es verdeutscht und bereit ist, kann's ein jeder lesen und meistern; lauft einer itzt mit den Augen durch drei, vier Blätter und stoßt nicht einmal an, wird aber nicht gewahr, welche Wacken und Klötze da gelegen sind, da er itzt darüber hingeht wie über ein gehoffelt Brett.

Quelle: H. H. Borcherdt/Georg Merz (Hg.): Martin Luther. Ausgewählte Werke. Band 6. München 1968.

Wörter kann man einer **einfachen, allen verständlichen Sprache** entnehmen oder der **Sprache von Spezialisten und Fachleuten,** man kann sich **volkstümlich** oder **gelehrt** ausdrücken. Beispiele:

Die Namen der Großkatzen (s.o.), wie wir sie aus dem Zoo kennen, und wie die Biologen sie nennen, was dann auch immer auf den Schildern mit vermerkt ist: *Löwe – Panthera leo, Tiger - Panthera tigris, Leopard* und *(schwarzer Panther – Panthera pardus, Schneeleopard – Panthera unica, Jaguar – Panthera onca, Gepard – Acinonyx jubatus, Nebelparder – Neofelis nebulosa.* Man sieht, daß einige der gemeinsprachlichen Namen aus den Fachbegriffen abgeleitet sind. (Zu Fachbegriffen und Fachsprache siehe auch Kapitel 6.4).

Mit Wörtern kann man **untertreiben** oder **übertreiben**. Beispiele sind etwa der gegensätzliche Sprachgebrauch von Amerikanern *great, fantastic (großartig, phantastisch)* und Engländern *not so bad (nicht ganz schlecht)*. In den Medien ist alles mindestens *super*, in der Waschmittelwerbung versucht man, das Farbwort *weiß*, das einen absoluten Wert bezeichnet, wenn es wirklich eine Farbe meint, *weißer, strahlend weißer* und zum *weißesten Weiß* zu steigern, was eigentlich nur bei der *weißen Weste* geht, die keine ist, sondern ein Bild dafür, daß jemand keine unlauteren Dinge getrieben hat.

Mit Wörtern kann man sich **gekünstelt** oder **derb** ausdrücken:
Die Offiziere transpirieren kolossal, und die Soldaten schwitzen wie die Schweine.
Dafür dinieren die einen im Kasino, und die anderen (fr)essen in der Kantine.

Mit Wörtern kann man sich **altertümlich, altmodisch, modern** oder **modisch** ausdrücken. Beispiele:
(1) *Autodroschke – Taxi; Rechenautomat – Computer, gefährlicher Torschütze – Goalgetter, Fernsehansager – Moderator, Seelenkunde –Psychologie, ...*
(2) Besonders deutlich wird der Wechsel des Sprachgebrauchs bei einem Beruf wie dem der *Friseurinnen* und *Friseure*, die als Modeberuf mit der Mode gehen müssen. Wie hießen sie nicht im Laufe der Geschichte, und welche Hinweise auf Tätigkeiten oder modische Länder enthalten die Namen? *Bader, Bartscher, Spankopf* (die Perücken wurden auf Holzköpfen frisiert), *Perückenmacher, Haarschmückerin, Barbier, Figaro, Haarschneider, Friseur* und *Friseurin (Friseuse* ist heute nicht mehr gebräuchlich und wird häufig abgelehnt), *Coiffeur, Hairstyler, ...*

Wir werden die Vielfalt etwas ordnen und dabei besonders auf Sachtexte achten.

8.4.2 Ordnungen in den Bedeutungen der Wörter des Wortschatzes

Von der Genauigkeit und von den allgemeinen Bedeutungen:

Kennen Sie *Gullivers Reisen* von Jonathan Swift? Im Jahr 1726 erschien dieses Buch, das keine Kindergeschichte war, sondern eine beißende Gesellschaftssatire. Bekannt ist meistens nur der Besuch bei den Liliputanern, deren brennende Häuser Gulliver auf sehr deftige Weise löscht. Vielleicht kennt man auch noch den Besuch bei den Brobdignags, diesen Riesen, bei denen Gulliver in ei-

nem Vogelkäfig gehalten wurde. Nun, Gulliver war auch im Lande Laputa.
Dort besuchte er . . .

„. . . die Fakultät für Sprachen, wo drei Professoren darüber berieten, die
Sprache ihres eigenen Landes zu verbessern.

Sie hatten einen Plan zur völligen Abschaffung aller Wörter überhaupt,
und man machte geltend, daß das außerordentlich gesundheitsfördernd
und zeitsparend wäre. Denn es ist klar, daß jedes Wort, das wir sprechen, in
gewissem Maße eine Verkleinerung unserer Lungen durch Abnutzung bedeutet und folglich zur Verkürzung unseres Lebens beiträgt. Es wurde deshalb folgender Ausweg vorgeschlagen: Da Wörter nur Bezeichnungen für
Dinge sind, sei es zweckdienlicher, wenn alle Menschen die Dinge bei sich
führten, die zur Beschreibung der besonderen Angelegenheit, über die sie
sich unterhalten wollten, notwendig seien. Viele der Gelehrtesten und Wei-
sesten sind Anhänger des neuen Projekts, sich mittels der Dinge zu äußern;
das bringt nur die eine Unbequemlichkeit mit sich, daß jemand, dessen An-
gelegenheiten sehr umfangreich und von verschiedener Art sind, ein entsprechend größeres Bündel von Dingen auf dem Rücken tragen muß, falls
er es sich nicht leisten kann, daß ein oder zwei starke Diener ihn begleiten.
Ich habe oft gesehen, wie zwei dieser Weisen unter der Last ihrer Bündel
fast zusammenbrachen, wie bei uns die Hausierer. Wenn sie sich auf der
Straße begegneten, legten sie ihre Lasten nieder, öffneten ihre Säcke und
unterhielten sich eine Stunde lang; dann packten sie ihre Utensilien wieder
ein, halfen einander, ihre Bürden wieder auf den Rücken zu nehmen, und
verabschiedeten sich."

Quelle: Jonathan Swift: Gullivers Reisen. Dt. von Franz Kottenkamp. Berlin, Weimar
1974, S. 262 f.

Ziemlich verrückt, diese Laputer, nicht wahr? So ist es eben nicht, daß die Wörter nur Namensschilder von Dingen sind. Sie leisten viel mehr und ganz anderes, und das auf mehrfache Weise.

Individualisierung und Verallgemeinerung:
Die Wörter der Sprache benennen genau und fassen zusammen.
Für Lebewesen und Dinge, die es nur einmal auf der Welt gibt, hat die Sprache
Namen, die **Eigennamen**. Wenn wir also über Individuen sprechen und schrei-
ben, benutzen wir die Eigennamen. Wenn über dasselbe Individuum in einem
Text viel gesagt wird, gilt es allerdings als Stilregel, nicht immer den Namen zu
wiederholen, sondern zu variieren: *Boris Becker, unser Tennis-As, der Leimener*
usw. **Genau diese Stilregel gilt für wissenschaftliche Texte nicht!** Wenn derselbe
Begriffsinhalt gemeint ist, soll derselbe Begriffsname verwendet werden.

Allerdings weisen die variierenden Bezeichnungen darauf hin, daß auch ein
Individuum vielerlei Aspekte hat. Und in diesem Sinne ist auch ein Eigenname
eine zusammenfassende Bezeichnung der Eigenschaften, die mit dem Menschen *Einstein*, der Stadt *Berlin*, dem Land *Baden-Württemberg* (ein Doppelna-
me!), dem Berg *Matterhorn* (der französisch *Cervin* heißt) oder dem Fluß *Rhein*
gemeint sind.

Was ist mit dem Namen *Rhein* nicht alles zusammengefaßt? Zunächst einmal nach der Regel der Geographen der Wasserlauf, der von der Quelle zur Mündung der längste ist, wobei der Durchfluß durch den Bodensee dazu zählt. So verliert die wasserreiche Mosel in Koblenz ebenso ihren Namen wie all die anderen Nebenflüsse, die Aare, der Neckar, der Main, die Nahe, Lahn, Ahr, Sieg und Ruhr. Der Rhein ist also vieles: Zwei Quellflüsse hat er, den *Vorderrhein* und den *Hinterrhein*. Daß sie jenseits der Wasserscheide zur *Rhône* entspringen und daß *Rhein* und *Rhône* fast gleich klingen, ist natürlich kein Zufall. *Quelle* ist er also, *Wildbach* und *Bach*, *Flüßchen* dann und *Fluß* und in Basel schon ein *Strom*, der nun seinen Weg weiternimmt durch Europa – aus der Schweiz kommt er, Österreich hat er berührt, nun trennt und verbindet er Deutschland und Frankreich, und in den Niederlanden wird er *Rijn* geschrieben und teilt sich ins Delta mit den beiden großen Armen *Waal* und *Lek*, aus dem sich noch die *Ijssel* abzweigt.

Daß Eigennamen von allgemeinen Wörtern abgeleitet sind, was man häufig noch merkt, ist eine ganz andere Sache, denn dieser Zusammenhang ist in der aktuellen Bedeutung verloren gegangen. Der Name *Becker* oder *Bäcker* in anderer Schreibung verweist nicht mehr auf den Beruf des *Bäckers*, Bundeskanzler *Adenauer* kam nicht mehr aus dem Städtchen *Adenau*, Bundeskanzler *Schmidt* und seine Namensbrüder *Schmitt, Schmied, Schmieder, Schmitz* usw. sind keine *Schmiede*, Herr *Klein* kann ein *großer* Mensch sein; und Frau *von Wiese* kann *in der Stadt* wohnen usw.

Lebewesen und Dinge, die mehr als einmal auf der Welt vorkommen, werden nicht als Individuen benannt, sondern als Gattung mit demselben Wort. Und das gilt auch für Gefühle, Gedanken und theoretische Konstrukte. Die Vielfalt der hierarchischen und anderweitigen Beziehungen zwischen all dem schafft ein Netz von Wörtern in unterschiedlichen Ordnungsverhältnissen. Ziel wissenschaftlichen Arbeitens ist es, die vielfältigen Beziehungen und Ordnungen in den Phänomenen der Natur, Gesellschaft, Geschichte, Kultur zu entdecken und zu benennen und auf der Basis der entdeckten Ordnungen und Regularitäten in den Anwendungen selbst neue Ordnungen zu schaffen, also zum Beispiel Kanäle und Brücken zu bauen usw. Wir werden die netzartigen Verbindungen zwischen Wörtern im folgenden vorstellen und im Hinblick auf stilistische Möglichkeiten abklopfen.

Als *Mensch* ist man so einiges: *Mann/Frau/Baby/Kind/Junge* oder *Bub/Mädchen* oder *Dirndl/Vater/Mutter/Onkel/Tante/Neffe/Nichte/Vetter/Kusine/Opa/Oma/Freund/Freundin/Schüler/Schülerin/Student/Studentin* und neuerdings *Studierender/Studierende* usw. Es gibt über 10 000 Wörter für Person

Hierarchie: Oberbegriffe und Unterbegriffe
Eines der wichtigsten Ordnungsprinzipien der Wissenschaft ist die Klassifikation in hierarchischen Verhältnissen. Inwieweit solche Klassifikationen in den Phänomenen vorgegeben sind oder aufgrund theoretischer Überlegungen geschaffen werden, ist vom Fach und Bereich abhängig. Aber das Prinzip gilt in allen Fächern als ein Hauptprinzip. In der Biologie werden die Tiere und Pflanzen entsprechend in große Klassen sortiert. In den Kulturwissenschaften sortiert man nach Zeitepochen und Stilrichtungen: *Barock, Rokoko, Klassik, Romantik* usw. Man hat manchmal Probleme, neue Namen zu finden, etwa wenn man die eigene Zeit schon *Moderne* genannt hat, und erfindet so die *Postmoderne*. Manche Fächer spiegeln die Ordnungsverhältnisse in ihren Terminologien wider: *Phon – Allophon – Phonem, Graph – Allograph – Graphem, Morph – Alllomorph – Morphem* usw. nennt die Sprachwissenschaft nach gleichen Prinzipien definierte Einheiten bei den Lauten, Buchstaben und Wortbausteinen. Sie werden die Ordnungen in Ihrem Fach selbst kennen oder kennenlernen.

Sehr häufig werden die hierarchischen Verhältnisse durch Mittel der **Wortbildung** ausgedrückt. Gerade im Deutschen ist dieses ein einfach zu handhabendes Muster, das sprachlogisch klar aufgebaut ist, allerdings zu Wortungetümen führen kann: Oben (S. 203) wurden die verschiedenen Verfahren aufgeführt, die im Laufe der Geschichte der Bundesrepublik angewendet wurden, um im Bundestag die Sitzverteilung der Fraktionen in Ausschüssen zu errechnen: *Höchstzahlverfahren – mathematisches Proportionsverfahren – Rangmaßzahlverfahren*. Das letzte Wort wird fast schon zum Wortungetüm, aber das Muster ist verständlich, wie im Kasten gezeigt:

Bestimmungswort + Grundwort	
Los + Glück	= Losglück = Glück mit einem Los
Glücks + Los	= Glückslos = das Los, das Glück bringt
Blumen + Topf	= Blumentopf = Topf für Blumen
Topf + Blume	= Topfblume = Blume im Topf

Also für die Verfahren:
Verfahren nach Zahlen, und zwar nach den höchsten = *Höchstzahlverfahren*.
Verfahren nach Zahlen, und zwar nach einem Maß, dem Maß des Ranges = *Rangmaßzahlverfahren*.

Die Umschreibungen zeigen deutlich, daß die langen Komposita (Zusammensetzungen) präzise und knapp das ausdrücken, was sonst nur kompliziert umschrieben wird. Es ist in wissenschaftlichen Texten (wie übrigens auch in Gesetzestexten und Verwaltungstexten) nicht einfach zu entscheiden, ob man längere Wörter gebrauchen oder sie auflösen soll. Dies um so mehr, als es sich häufig um sogenannte **Substantivierungen (Nominalisierungen)** handelt, das heißt um Nomen/Substantive, welche aus Verben oder anderen Wortarten abgeleitet wurden. Dieser **Nominalstil** hat seine Berechtigung, denn in den Wissenschaften und in Gesetzen wird das einzelne Geschehen auf den Begriff und den allgemeinen Fall gebracht, und die Begriffswörter sind nun einmal die **No-**

men/Substantive, die Sie gern auch Namenwörter oder Hauptwörter nennen dürfen. Aus unseren Beispielen: *Verfahren* vom Verb *verfahren* und *Maß* vom Verb *messen.*

Substantivierungen soll man also nicht zwanghaft vermeiden, aber gewisse Formulierungen sollte man besser unterlassen. Man sollte nichts *zur Durchführung bringen*, nicht *die Veranlassung herbeiführen, die Unterlassung begehen* usw. Solche „Streckverben" sind eine Zumutung.

> Die Untersagung der Bevorzugung von Nominalisierungen wird zur Durchführung gebracht.

✍ Trainingseinheit
Lösen Sie die folgenden Langwörter aus verschiedenen Bereichen einmal auf, und überlegen Sie, inwieweit die Verbindlichkeit des Fachwortes bei der Auflösung gewahrt bleibt.

Allgemein in der Wissenschaft: *Sonderforschungsbereich, Paradigmenwechsel, Qualitätsbeurteilungsmaßstab*

Wirtschaft: *Außenhandelsbilanz, Umsatzerlöse, Sondereinzelkosten, Verdrängungswettbewerb, Überbrückungskreditkonditionen, Terminüberwachung, Umsatzrentabilität*

Naturwissenschaften/Medizin: *Festkörperphysik, molekularbiologischer und gentechnologischer Methodenkanon, Forscherzulieferbetriebe, Gewebeverträglichkeit, Informationsträgertransplantationen, Raucherentwöhnung*

Technische Fächer: *Technikfolgeabschätzung, Sozialverträglichkeitsmaßnahmen, Informationstechnologierevolution, Hochfrequenztechnik*

Geistes- und Gesellschaftswissenschaften: *Bürgerbewegung, Grundsatzdebatten, Zeitgeschichtsmythos, Aktiv-Passiv-Transformationsregeln, Glückensbedingungen für Sprechakte, Diskursfeldvereinnahmung, Butzenscheibenlyrik*

Nun noch einige Beispiele für Komposita aus verschiedenen Fachgebieten mit Differenzierungen nach dem Muster Bestimmungswort + Grundwort. Die Beispiele sind dem Vorlesungsverzeichnis der Universität Gesamthochschule Essen vom Wintersemester 1995/96 entnommen.

1. Beispielgruppe aus dem Fach **Bauingenieurwesen**. Bereits die Kennzeichnung -*wesen* zeigt einen hohen Grad von Verallgemeinerung. Nun einige weitere Begriffe mit *Bau-* als Bestimmungswort: *Baustoffkunde, Baustofflehre, Bauphysik, Baukonstruktionen, Baumechanik, Bauzeichnen, Baustatik, Baumechanik, Baubetrieb, Bauwirtschaft, Baubetriebswirtschaft, Baubetriebslehre...* Und daneben dann Begriffe mit -*bau* als Grundwort: *Hochbau, Tiefbau, Massivbau, Stahlbau, Holzbau, Wasserbau, Verkehrsbau, Städtebau, Maschinenbau* (ein ganz anderes Ingenieurfach, das auch *Maschinenwesen* genannt wird), ...

2. Beispielgruppe aus dem Fach **Wirtschaftswissenschaften**. Schon im Bauingenieurwesen kam das Wort „Wirtschaft" als Teil von Fächern vor: *Bauwirtschaft, Baubetriebswirtschaft*; es gibt da auch noch die *Wassersiedlungswirt-*

schaft und die *Wasserwirtschaft.* Aber die gehören nicht zu den Wirtschaftswissenschaften, bei denen aber schon der Plural *-wissenschaften* ein Oberbegriff ist. Zunächst also wiederum Wörter mit *Wirtschaft-* als erstem Bestimmungswort: *Wirtschaftsrecht, Wirtschaftsinformatik, Wirtschaftslehre, Wirtschaftsprüfung, Wirtschaftsforschung, Internationale Wirtschaftsbeziehungen, Wirtschaftsenglisch;* weiter Begriffe mit *-wirtschaft-* als Teil des Bestimmungswortes: *Betriebswirtschaftslehre, Volkswirtschaftslehre, Volkswirtschaftstheorie, Volkswirtschaftspolitik;* schließlich Begriffe mit -wirtschaft als Grundwort: *Betriebswirtschaft, Volkswirtschaft, Finanzwirtschaft, Energiewirtschaft, Außenwirtschaft* usw.

Für das Formulieren von Texten ist es sehr wichtig, sich genau zu überlegen, auf welcher Ebene der Ordnungshierarchie man Aussagen über seinen Gegenstand macht.

Je abstrakter man formuliert, desto größer ist die Reichweite des Begriffes, und desto geringer ist die Genauigkeit der Aussage. Dies sei an einem Beispiel aus der **Sprach- und Kommunikationswissenschaft** demonstriert, am *Kommunikationsmodell.* Dieses Modell ist an nachrichtentechnischen Modellen der *Übertragung* von *Nachrichten* eines *Senders* über einen *Kanal* an einen *Empfänger* orientiert. In der Nachrichtentechnik und Informatik ist die *Nachricht* ein in irgendeiner Weise fertiger Text, der nun für den Übertragungskanal technisch kodiert werden muß, so daß der *Sender* (ein Gerät, wie auch die weiteren Bestandteile des Übertragungsvorganges) ihn in den *Kanal* schicken und der *Empfänger* ihn technisch empfangen kann. Der Text wird also *kodiert,* z.B. in den Morsecode für das Funken oder Telegrafieren, als Folge elektrischer Impulse für das Telefon, das Radio und das Fernsehen. In der Kommunikationswissenschaft wendet man dieses Modell nun auf die zwischenmenschliche Verständigung an. Wir führen den Weg vom Konkreten zum Abstrakten und damit Allgemeinen vor.

Jemand spricht, er wird **Sprecher** genannt. Damit bleibt unberücksichtigt, ob Mann oder Frau, Kind oder Greis, welche soziale Rolle und psychische Befindlichkeit er oder sie hat. Entsprechend wird der Partner im Verständigungsvorgang **Hörer** genannt. Im Modell wird auf diese Konstellation reduziert. Es bleibt also unberücksichtigt, daß es sich nicht selten um mehr als zwei Menschen handelt. Im nächsten Schritt wird nun zusätzlich davon ausgegangen, daß es gleichgültig ist, ob gesprochen oder geschrieben, also gehört oder gelesen wird. **Sprecher/Schreiber** und **Hörer/Leser** werden gleichgesetzt als **Sprecher** und **Hörer.** Damit bleiben alle spezifischen Charakteristika des Sprechens, Schreibens, Hörens und Lesens aus dem Modell ausgeklammert, es geht nur noch um die Gemeinsamkeiten. Im nächsten Schritt wird nun weiter abstrahiert, Sprecher und Hörer werden beide zum Sprecher/Hörer, was man im Modell dann begrifflich erfaßt als **Kommunikationspartner 1** und **Kommunikationspartner 2.** Das wäre so, als ob man im ursprünglichen nachrichtentechnischen Modell den **Sender** und den **Empfänger** gleichsetzen würde. Das heißt, alle wei-

teren Aussagen gelten jetzt nur für die Vorgänge und Fähigkeiten zwischen-
menschlicher Verständigung, für die allgemeine Sprachfähigkeit des Menschen
(„des" Menschen als Abstraktion aller Menschen) und seine Fähigkeit, Zeichen zu äußern, wahrzunehmen und zu deuten.

Das Beispiel sollte deutlich machen, wie wichtig es ist, sich die Abstraktions-
ebene der jeweiligen Begriffe klar zu machen, denn in der Hierarchie gilt zwar
immer alles das, was weit oben angesiedelt ist, auch für die untergeordneten Bereiche, aber das Umgekehrte ist nicht der Fall. Alle *Frauen* sind *Menschen*, aber
nicht alle *Menschen* sind *Frauen*. Deshalb wollen auch nicht alle studierenden
Frauen in einem Hörsaal ohne weiteres *Studenten* genannt werden, sondern
vielleicht neben den *Studenten* als *Studentinnen* erscheinen oder in allgemeinen
Schreiben als *Studierende*, und ein *Studienausweis* ist ihnen sympathischer als
ein *Studentenausweis*.

Als Gott den Mann schuf, übte sie nur.

Im öffentlichen Sprachgebrauch gibt es eine weitere Verallgemeinerungstech-
nik, bei der allgemeine Wörter gebraucht werden, auch wenn gewöhnlich einzelne Individuen im konkreten Fall gemeint sind: *die Regierung, die Opposition,
die Partei XYZ, die Gesellschaft, die Wirtschaft, der Staat, das Gemeinwesen,
die Gewerkschaften, die Wirtschaft, die Arbeitnehmer, die Arbeitgeber* usw. Und
natürlich auch *die Deutschen, die Ausländer, die Polen, die Asylanten* (die in den
meisten Fällen *Asylbewerber* sind) und nicht zuletzt *die Ossis und die Wessis*.

Man muß verallgemeinern, aber muß man immer? Und weiß man jeweils,
daß man nun nicht mehr von Individuen spricht, sondern nur noch von bestimmten Charakteristika einer bestimmten Anzahl von Individuen? Und sind
diese Charakteristika im gegebenen Kontext überhaupt von Belang? Unser
Denken und Sprechen ist notwendig stark geprägt von Verallgemeinerungen,
weil wir Ordnung im individuell scheinbar Ungeordneten zur Orientierung benötigen, weil wir Muster und Verhaltensweisen wiedererkennen müssen, um
nicht orientierungslos zu sein, weil wir Erfahrungen gemacht haben und Erwartungshaltungen einnehmen. Aber Bewußtsein und Bewußtheit sind die Geschwister der Emotionen und Spontanreaktionen. Und wissenschaftlich arbeiten bedeutet allemal, Vorurteile – man nennt sie Thesen oder Hypothesen – in
begründete Schlußfolgerungen und Urteile zu überführen.

✍ Trainingseinheit
Werfen Sie einen Blick in die Geschichte Ihres Faches, und suchen Sie nach
„Lehrsätzen", die einmal als wahr galten und die heute falsifiziert sind, keiner
Lehrmeinung mehr entsprechen oder seltsam klingen. Etwa so: *Die Erde ist eine
Scheibe, über der sich der Himmel wie eine Glocke wölbt.*

Synonyme oder: „Abwechslung erfreut – aber nicht in der Wissenschaft!"
Eine Stilregel des „schönen Stils" besagt, man solle sich nicht immer wiederholen, sondern variieren. *Variatio delectat – Abwechslung erfreut* ist in der lateinischen Fassung zur sprichwörtlichen Redensart geworden. Das ist sicher nicht

falsch für literarische und journalistische Texte, aber für die Wissenschaft ist es falsch. Darauf wurde bereits oben bei Eigennamen hingewiesen. Fachbegriffe sind Fachbegriffe; man kann zwar Werkstattausdrücke in mündlicher Rede verwenden, aber im geschriebenen Text ist der Fachbegriff nötig.

Das bedeutet aber nicht, daß man nicht für vielerlei Textpassagen, in denen es nicht um Terminologie geht, präzise Ausdrücke suchen sollte. Natürlich kann man alles mögliche *perfekt* nennen, aber vielleicht paßt im Einzelfall *vollendet, vollkommen, fehlerfrei, vorbildlich* besser, und wenn eine Sache *perfekt* ist, ist das mehrdeutig, denn entweder ist sie *vortrefflich* oder *abgeschlossen*.

Man sollte ruhig einmal ein Synonymenwörterbuch zur Hand nehmen und seinen aktiven Wortschatz trainieren. Er bleibt allemal hinter dem passiven Wortschatz zurück, man versteht viel mehr Wörter, als man jemals selbst gebraucht; aber man kann trainieren, seinen aktiven Sprachgebrauch zu differenzieren und zu erweitern.

Sachliche Verweise und Stimmungsmacher
Halt den Mund! - Halt's Maul! - Halt den Schnabel! - Halt die Klappe! - Halt den Rand! - Halt die Schnauze! Halt die Fresse!

> Laß doch dein Mäulele
> noch a kleins Weilele
> auf meinem Mäulele,
> daß ich mit meinem Mäulele
> noch a kleins Weilele
> auf deinem Mäulele
> schlochzele kann.
>
> Schwäbischer Volksmund

Wörter verweisen auf Dinge in der Welt oder auf Gedanken, Begriffe usw. Dabei können sie sachlich und neutral auf etwas verweisen, so wie das Wort *Mund* auf diesen Teil des Kopfes/Gesichtes verweist. Es gibt aber viele Wörter, welche zusätzlich Bewertungen, Gefühle, Stimmungen ausdrücken, wie das bei der Kette von Aufforderungen im negativen Sinn und bei den Bemühungen um schwäbische Kußkultur (Küßkultur, demnächst Küsskultur?) im positiven Sinne mit ausgedrückt ist. Die Sprachwissenschaft spricht von der sachlichen **Grundbedeutung** (Denotation) und den **Neben- oder Mitbedeutungen** (Konnotationen).

In wissenschaftlichen Texten haben die sachlichen Grundbedeutungen Vorrang.

Im Alltagsgespäch in den Fahrstühlen, Mensen, Cafeterien usw. ist der Sprachgebrauch überwiegend von hoch konnotierten Wörtern geprägt. (Vgl. dazu auch S. 154 zur Jugend- und Studentensprache.)

Auch in der „Werkstattsprache" – so nennt man die mündliche Alltagssprache am Arbeitsplatz, also im Labor, vor dem Bildschirm, am Schnittplatz bei

der Videoarbeit und im Tonstudio, auf der Exkursion usw. – in dieser Werk-
stattsprache sind konnotierte Wörter durchaus zu Hause. Nicht selten sind es
Kürzel oder bildhafte Umschreibungen. Man muß nur wissen, daß es nicht die
Fachbegriffe für die schriftliche Arbeit sind.

Aber auch und gerade in den *Universitäten/Hochschulen*, in *Fakultäten/
Fachbereichen, Deutschen Seminaren/Germanistischen Instituten* und in akademischen Berufen spielen Konnotationen eine weitere wichtige Rolle, und zwar
bei den **Berufsbezeichnungen**. Das gilt nicht nur für *Friseure* und *Friseurinnen*,
sondern auch für *Hautärzte/Dermatologen, Wirtschaftswissenschaftler/Ökono-
men, Maschinenbauer/Ingenieure, Erziehungswissenschaftler/Pädagogen, Leh-
rer/(Ober)Studienräte/-innen*, für die *Erdkunde/Geographie, Hauswirtschafts-
lehre/Ökotrophologie*, die Studienfächer *Deutsch/Germanistik, Englisch/Angli-
stik, Französisch/Romanistik* usw. Dabei muß es durchaus nicht nur so sein,
daß der gelehrte lateinische Name der positiver konnotierte ist; die *Erziehungs-
wissenschaftler* zum Beispiel halten diese Bezeichnung für moderner, vielleicht
auch darum, weil die Bezeichnung *Pädagoge* für alle Lehrer verwendet wird. Es
mag auch eine Rolle spielen, daß die Schule und das Berufsbild der Lehrer nicht
überall positiv gesehen werden.

> Muß der Antek auf die Toilette. Als er zurückkommt, fragt ihn der Frantek:
> „Alles klar mit den Tüchern?" - „Na sicher, steht doch dran: **A** für *Arsch*
> und **G** für *Gesicht*." - „Bist du ungebildet: **A** für *Antlitz* und **G** für *Gesäß*!"

Genaue Beschreibung und Bewertung: die Adjektive

Die Kriminalstory *Spanisches Blut* von Raymond Chandler beginnt wie folgt:

> Big John Masters war groß, fett, ölig. Er hatte blaue Wangen und sehr dik-
> ke Finger mit Grübchen an den Knöcheln. Sein braunes Haar war gerade
> aus der Stirn zurückgekämmt, und er trug einen weinfarbenen Anzug mit
> aufgesetzten Taschen, eine weinfarbene Krawatte und ein lohfarbenes
> Hemd. Um die dicke, braune Zigarre zwischen seinen Lippen war eine breite
> Bauchbinde mit viel Gold und Rot.

Dieser „Big John Masters" (der Name wörtlich übersetzt lautet „Großer
Hans Meister") wird genau beschrieben. Chandler verwendet dazu viele Adjektive, zum Beispiel die Farbwörter; auch *Gold* und *Rot* sind Adjektivwörter, die
in der Übersetzung aus Gründen des Satzbaus zu Nomen gemacht werden, und
schon der Name enthält das Adjektiv *Big (Groß)* als Beinamen.

Die Adjektive sind für jeden Text eine kniffelige Wortart. Man benötigt sie
zur genauen Beschreibung wie *groß, fett, ölig*. Dabei fließen Bewertungen ein;
fett und *ölig* sind nicht nur beschreibende Kennzeichnungen. (Siehe dazu auch
unten die Konnotationen, die „Stimmungsmacher".) Aber nur präzise und genaue Adjektive sind ein gutes Stilmittel. Allerweltswörter wie *interessant, großartig, echt, toll* sollte man vermeiden. In Fachtexten sind Adjektive häufig
Fachwörter oder verdeckte Fachwörter. Man unterscheidet zum Beispiel *Organische, Anorganische, Physikalische, Technische* und *Theoretische Chemie*.
Schon die Großschreibung weist die Adjektive als Teile der Begriffe aus.

Die Partizipien (Mittelwörter) sind als Wortart wie Adjektive verwendbar. Die Sprache bietet uns hier die Möglichkeit, das, was ein Verb inhaltlich ausdrückt, als Eigenschaft auszudrücken und dabei noch anzugeben, ob es gerade andauert und geschieht (*kochend, glühend*) oder geschehen ist (*gekocht, verglüht*). Der folgende Text benutzt die verschiedenen Typen der Adjektive, grundständige Adjektive (*weiß, grau*), Partizipien (*rauschend, zischend*) und Wortableitungen (*wäßrig, breiig*), um damit ein vielen unbekanntes, im Ergebnis aber sehr beliebtes Geschehen zu schildern. Beschrieben wird, wie Bier gebraut wird. Es handelt sich um einen Ausschnitt aus einem Bericht von einem Besuch in der Guinness-Brauerei in Dublin/Irland.

Nach mehreren Bittgängen dürfen wir schließlich doch der Guinness-Küche in die riesigen Malztöpfe gucken. Wir sehen keimende Gerste, röstendes Malz, Hopfen und Hefe. Wir blicken in hausgroße Fässer; Geysire voller Guinness in allen Graden: Guiness weiß, grau, braun, schwarz, wäßrig, breiig, ölig, rauschend, zischend, blubbernd, schwitzend, schäumend, sprudelnd, kochend, glühend, ruhend, fließend. Keine alte Ratte. Kaum Menschen in Arbeitskleidung. Die alten Faßmacher gibt es nicht mehr. Alufässer kommen vom Band. Die alte Schmalspurbahn fährt nicht mehr. Pipelines rangieren heute die Säfte durch die Brauereistadt; „Silver Bullets" (Silbergeschosse), Fahrzeuge wie Heizöllaster, bringen das schwarze Gold am Kai des Liffey-Flusses, auf dem einst die Brauereikähne die Fässer zum Hafen brachten, zur guinness-eigenen Tankerflotte, Guinnessenergie für die Welt.

Quelle: Zeitmagazin Februar 1982, Nr. 9.

Die Stilistik unterscheidet für den Gebrauch der Adjektive vier Verwendungsweisen; sie spricht vom „Beiwort" (Epitheton, grammatisch Attribut). Außerdem gibt es einige weitere Dinge, auf die man beim Gebrauch der Adjektive achten sollte.

1. Das **typische, oft gebrauchte Adjektiv**, ohne große stilistische Wirkung, aber Teil des üblichen Sprachgebrauchs: *großer Mond, silberner Mond, intelligenter Zeitgenosse, interessantes Buch* aber auch *laues Lüftchen, steife Brise*. Gerade in Fachsprachen sind solche Adjektive zu Hause, wie die Chemiebegriffe oben zeigen. In der Meteorologie – für uns in den Wettervorhersagen und Wetterberichten nachvollziehbar – korrespondieren einige Adjektive in Verbindung mit den als Fachausdrücken verwendeten Begriffen *Zug, Brise, Wind, Sturm* und *Orkan* direkt mit Windstärken nach der Beaufortskala (in Klammern die Geschwindigkeit in m/sec):

0 = Windstille (0 - 0,2), 1 = leichter Zug (0,3 - 1,5), 2 = leichte Brise (1,6 - 3,3), 3 = schwache Brise (3,4 - 5,4), 4 = mäßige Brise (5,5 - 7,9), 5 = frische Brise (8,0 - 10,7), 6 = starker Wind (10,8 - 13,8), 7 = steifer Wind (13,9 - 17,1), 8 = stürmischer Wind (17,9 - 20,7), 9 = Sturm (20,8 - 24,4), 10 = schwerer Sturm (24,5 - 28,4), 11 = orkanartiger Sturm (28,5 - 32,6) 12 = Orkan (über 32,7).

2. Das **präzisierende Beiwort**. Wenn man zum Beispiel einen Unfallbericht schreibt, sollte er präzise sein: Die Straße war *feucht – naß – überflutet – lehmig – glitschig von nassen Blättern – reifglatt – schneeglatt – spiegelglatt.* Das präzisierende Beiwort ist typisch für Fachsprachen. Im folgenden Text aus einem Buch über den *montanen Fichtenwald* (in der Standardsprache: den *Bergfichtenwald*) Kärntens finden Sie eine ganze Reihe solcher präzisierender Beiwörter, teils für den Laien kaum zu verstehende Fachwörter mit entsprechend griechisch-lateinischen Termini, teils auch dem Laien verständlich in der Standardsprache. Die präzisierenden Beiwörter sind hier hervorgehoben, im Originaltext natürlich nicht. Die schwierigen Fachausdrücke werden erläutert. Das präzisierende Beiwort *Hohe* in den *Hohen Tauern* ist Teil des Eigennamens dieses Gebirgszuges der Alpen. Der Text enthält auch einige für die Fachsprache so typische lange Substantive (s.o)., z.B. die *Schlußwaldgesellschaft,* das *Buchen-Tannen-Anschlußgebiet* und die *Fichtenforstgesellschaft.*

Der *montane* Fichtenwald kommt als *klimabedingte* Schlußwaldgesellschaft auf *durchschnittlichen* Standorten (600-1400 m) im *inneralpinen niederschlagsarmen* Buchen-Tannen-Anschlußgebiet [. . .] vor, ist daher in Kärnten auf nur *wenige* Täler im Bereich der Hohen Tauern wie etwa auf das Mölltal beschränkt. *Uniforme fichtenreiche* Reinbestände bauen die Gesellschaft auf, in der die Lärche vor allem *anthropogen* bedingt *reichlicher* auftritt. In der *moos- und krautreichen* Mischvegetation dominieren Nadelwaldpflanzen, doch fehlen *charakteristische* Arten, so daß eine *große physiognomische* Ähnlichkeit mit Fichtenforstgesellschaften besteht. . .

Erklärungen: *montan* = gebirgig; *uniform* = gleichartig; *anthropogen* = vom Menschen geschaffen, also angepflanzt; *physiognomisch* = dem Aussehen nach
Quelle: F. Kahler, H. Meixner, F. Turnowsky, H. Hartl: Die Natur Kärntens, Bd. 1. Klagenfurt 1976, S. 238.

3. Das **schmückende Beiwort** (*Epitheton ornans* der Stilistik), das Gefühlswerte ausdrückt. Als Beispiel zwei Brieftexte aus ganz unterschiedlicher Stillage, im ersten Brief konventionell, im zweiten eher nicht.

Sehr geehrte gnädige Frau,
das stimmungsvolle Fest in Ihrem wunderschönen Haus, das in einer rauschenden Ballnacht endete, war ein großartiges Erlebnis. Sie haben sich unglaubliche Mühe auch in den Kleinigkeiten gegeben. Herzlichen Dank für die liebenswürdige Gastfreundschaft.
Mit freundlichen Grüßen

Hallo Heiner,
eine Superparty war das! Besonders die galaktische Garagendisco war friesisch herb. Bärenstarker Sound! Da habt Ihr echt korrekte Arbeit geleistet. Bleib cool!
Ciao . . .

4. Das **unerwartete Beiwort,** das in seiner stärksten Form zum geradezu para-
doxen **Oxymoron** wird (griechisch *oxys* = ‚scharf, spitz' und *moros* =
‚dumm'): *weißer Rabe, trockener Regen, beredtes Schweigen, alter Knabe.*

5. **Reihungen und bildhafte Ausdrücke: Wer ist Tier, wer Mensch?**
ein schlauer alter Hase – ein schlauer, alter Hase
ein alter schlauer Fuchs – ein alter, schlauer Fuchs
Ohne Komma sind *alter Hase* und *schlauer Fuchs* bildhafte Ausdrücke für
Menschen; das Komma steht nicht, weil *alter Hase* und *schlauer Fuchs* zusammen eine feste Wendung bilden. Mit Komma sind es Tiere, das Komma
signalisiert Gleichberechtigung der vorangestellten Adjektive. Wenn man
ganz sicher gehen will, sollte man allerdings besser die Reihenfolge ändern:
ein alter, schlauer Hase und *ein schlauer, alter Fuchs* – nun sind es sicher die
Tiere, die sich schon oft begegnet sind, ohne daß der Fuchs den Hasen gefangen hat, so schlau war er denn doch nicht, oder vielleicht eher nicht so
schnell und gut im Hakenschlagen.

6. **Steigern oder nicht steigern?**
Adjektive bilden Steigerungsformen. Die Sprache ist hier sehr logisch: Mit
Adjektiven bewertet und beschreibt man, also kann man auch vergleichen.
Und dafür hält die Grammatik die Steigerungsformen zur Verfügung: *
klein, kleiner , kleinste/am kleinsten – groß, größer, größte/am größten.* Auf
zweierlei muß man achten:
–   Es gibt Adjektive, die absolute Werte nennen oder Formen charakteri-
     sieren. Da kann man nicht steigern. *Einzig* ist *einzig,* da gibt es kein *ein-
     zigstes* – eine nicht selten zu hörende Sprachdummheit. Bei Wörtern
     wie *viereckig* oder *schwanger* käme man nicht auf solche Formulierun-
     gen, weil sie Zustände beschreiben, die so sind, wie sie sind, und damit
     Schluß. Bei Bewertungen gerät man dann leicht ans Übertreiben, aber
     das ist schlampiger Sprachgebrauch, in der mündlichen Umgangsspra-
     che schlimm genug, im Referat oder einem geschriebenen Text schlecht:
     Entweder etwas ist *die einzige, die einzig mögliche Lösung* oder nicht; die
     einzigste Lösung ist sprachlicher Unsinn.
In übertragener Bedeutung kann man manchmal steigern: *Die rundeste Sache* ist kein Fußball oder Tennisball, sie ist überhaupt kein Ball, sondern
ein anderes Geschehen. Und wenn Kurt Tucholsky in seinen Ratschlägen
für einen guten Redner sagt, auf dem Podium stehe der Redner *nackter als
im Sonnenbad,* dann schreibt er nicht über die Jahreshauptversammlung
des FKK-Vereins, sondern benutzt ein sprachliches Bild.
–   Es heißt: *so groß* **wie,** aber *größer* **als.** Im ersten Fall werden selten Feh-
     ler gemacht, aber im zweiten um so öfter. Das liegt daran, daß in vielen
     Teilen des deutschen Sprachgebietes in regional geprägter Umgangs-
     sprache – aus der Sprachgeschichte erklärbar – *wie* bei solchen Verglei-
     chen üblich ist. Aber in der Standardsprache und also der Schriftspra-
     che gilt: *Es heißt größer* **als.** Und auch die Doppelform **als wie** ist falsch,
     die zum Beispiel im Nordhessischen und Thüringischen durchaus zu
     hören ist.

Ob Goethe im „Faust I" die nicht mehr so ganz nüchternen Studenten in Auerbachs Keller wegen des Rhythmus *als wie* singen läßt, oder weil er die sächsische Redeweise im Ohr hatte oder gar seine eigene frankfurterische Umgangssprache? Jedenfalls läßt er die Studenten singen:

Uns ist ganz kannibalisch wohl,
Als wie fünfhundert Säuen!

Quelle: Johann Wolfgang von Goethe. Faust. Erster Teil. Hamburg 1954, S. 74, Zeilen 2293/4.

8.5 Exkurs: Zweifelsfälle in der Beugung (Deklination)

Die Deklination (Beugung) der Adjektive ist im Deutschen nicht ganz einfach. Wer mit Deutsch als Muttersprache aufgewachsen ist, wird es können. Wer Deutsch als zweite Sprache oder Fremdsprache lernt, hat hier ein dorniges Feld zu bearbeiten. In diesem Buch zum Schreiben kann die Adjektivdeklination nicht als grammatischer Stoff behandelt werden. Dazu gibt es Grammatiken (s. S. 198). Aber es gibt eine ganze Reihe von Zweifelsfällen, die auch einem guten Muttersprachler Probleme bereiten: wenn mehrere Adjektive hintereinander stehen, wenn ein Pronomen davorsteht usw. Die grammatischen Erklärungen sind ziemlich kompliziert, zudem gibt es teilweise schwankenden Gebrauch, d.h. verschiedene grammatisch richtige Möglichkeiten. Wir haben einmal Tests mit Studenten in Essen und Bochum gemacht und sehr unterschiedlichen Sprachgebrauch angetroffen.

Die Problemfälle sind im folgenden mit Beispielen aufgeführt. Wenn Sie mit den grammatischen Erklärungen Probleme haben, versuchen Sie, ein analoges Beispiel zu finden.

1. *nach intensivem, angestrengtem Nachdenken* oder *nach intensivem, angestrengten Nachdenken?*
Heute wird man in der Regel bei mehreren Adjektiven die gleiche Endung wählen, also die erste Form. Früher hat man eher die zweite Form gebraucht.

Erklärung: Grundsätzlich gilt, daß das *-m* des Artikel *dem*, welches den Dativ kennzeichnet, irgendwo stehen muß, wenn der Artikel ausfällt. Wenn nun das erste Adjektiv stark dekliniert wird und damit die Endung *-m* des bestimmten Artikels übernommen hat, hat man früher das zweite Adjektiv schwach dekliniert, so als wäre der bestimmte Artikel vorausgegangen. Falsch wäre **nach intensiven, angestrengten Nachdenken!*

Weitere Beispiele: *mit dünnem, spitzem Beistift – nach sorgfältigem, mehrmaligem Nachrechnen – aus gutem und wohlbegründetem Interesse*

Anders natürlich beim Plural: *nach sorgfältigen, mehrmaligen Berechnungen;* aber durchaus: *die Erhöhung sämtlicher, anfallender Kosten – aus guten und wohlbegründeten Interessen . . .*

im neuen *. . .* oder **in neuem . . . ?**

Richtig ist beides, falsch wäre **im neuem . . . .*

Erklärung: Wenn die Endung des Artikels schon in die Präposition eingeschlossen ist, wird schwach dekliniert: *im neuen, gestern erschienenen Artikel – vom letzten von uns durchgeführten Versuch, beim nächsten, für morgen geplanten Test . . .*

Aber: *in neuem Gewand – von neuem, sorgfältig geprüftem Material . . .*

Erklärung: Wenn der Artikel nicht in die Präposition eingeschlossen ist, muß das *-m* des nicht stehenden Artikels an das Adjektiv bzw. die Adjektive herantreten; vgl. *von neuem, sorgfältig geprüftem Material . . .*

2. unser jährlicher Bericht oder **unser jährliche Bericht?**

Das *-er* von *unser* verleitet dazu, das *-r* beim folgenden Wort auszulassen. Das ist falsch. Es muß heißen *unser jährlicher Bericht – euer voriger Versuch – Ihr gestriger Besuch . . .*

Erklärung: Diese Regel gilt bei den Possessivpronomen, also bei *unser, euer, ihr/Ihr,* bei denen das *-r* Teil der Wortform ist, und natürlich erst recht bei *mein, dein, sein* usw.: *mein neuer Versuch . . .*

Anders ist es bei den Demonstrativpronomen *dieser* und *jener:*

dieser jährliche Bericht – jener vorige Versuch . . .

Hier ist die grammatische Information, die am *-r* hängt, im Pronomen enthalten: *der, dieser, jener* als Nominativ Maskulinum Singular gegenüber Femininum *die, diese, jene* und Neutrum *das, dieses, jenes.*

Das gilt auch bei den Indefinitpronomen; wenn das Pronomen die Deklinationsendung hat, folgt ein schwach dekliniertes Adjektiv: *aller guten Dinge – manches guten Einwandes zum Trotz – solchem rigorosen Vorgehen gegenüber*

3. der Test, in dessen unvorhergesehenem Verlauf sich folgende Probleme ergaben . . . oder **der Test, in dessen unvorhergesehenen Verlauf sich folgende Probleme ergaben . . .?**

Nach *dessen* und *deren* wird stark gebeugt, also *in dessen unvorhergesehenem Verlauf sich folgende Probleme ergaben . . .*

Erklärung: *dessen* und *deren* sind Relativpronomen, keine Artikel.

Weitere Beispiele: *die Testserie, in deren geändertem Ablauf . . . – der letzte Versuch, bei dessen überraschendem Ergebnis . . .*

Aber: *der Text, in dessen überraschenden Verlauf wir eingreifen mußten . . .*

Erklärung: Hier handelt es sich um den Akkusativ – IN WEN mußten wir eingreifen? – *in den Verlauf,* also auch: *in dessen überraschenden Verlauf . . .*

4. mir als langjährigem Versuchsleiter oder **mir als langjährigen Versuchsleiter?**

Nach *als* wird grundsätzlich stark gebeugt, und zwar mit demselben Kasus wie vor *als:*

nach *mir, ihn* Dativ (WEM?): *mir als langjährigem Versuchsleiter – ihm als neu eingestelltem Mitarbeiter – ihr als erfahrener Dozentin . . .*

Anders nach *mich, ihn* Akkusativ (WEN?): *mich als neu eingewiesenen Mitar-beiter – ihn als verantwortlichen Redakteur* . . .

Nach der Lektüre dieser Problemfälle können Sie vielleicht Mark Twain verste-hen, der nicht nur „Tom Sawyer" und „Huckleberry Finn" geschrieben hat, sondern als Anhang zu seinem Buch „Unterwegs in Europa" *(A Tramp ab-road)* einige Überlegungen *Über die schreckliche deutsche Sprache* anfügte. So auch diese über die Adjektive (S. 532 f.).

Die Adjektive sind ein ewiges Kreuz in dieser Sprache, und man hätte sie besser weggelassen. Einfachheit wäre auch hier ein Vorzug gewesen, und nur aus diesem und aus keinem anderen Grund hat der Erfinder das Adjektiv so kompliziert gestaltet, wie es eben ging. Wenn wir in unserer eigenen auf-geklärten Sprache von unserem „good friend" oder unseren „good friends" sprechen, bleiben wir bei der einen Form, und es gibt deswegen keinen Är-ger und kein böses Blut. Im Deutschen jedoch ist das anders. Wenn einem Deutschen ein Adjektiv in die Finger fällt, dekliniert und dekliniert und dekli-niert er es, bis aller gesunde Menschenverstand herausdekliniert ist. Es ist so schlimm wie im Lateinischen. Er sagt zum Beispiel:

	Singular	*Plural*
Nominativ:	*mein guter Freund*	*meine guten Freunde*
Genitiv:	*meines guten Freundes*	*meiner guten Freunde*
Dativ:	*meinem guten Freund*	*meinen guten Freunden*
Akkusativ:	*meinen guten Freund*	*meine guten Freunde*

Nun darf der Kandidat fürs Irrenhaus versuchen, diese Variationen auswen-dig zu lernen – man wird ihn im Nu wählen. Vielleicht ist es leichter, in Deutschland ohne Freunde auszukommen, als sich all diese Mühe mit ihnen zu machen. Ich habe gezeigt, wie lästig es ist, einen guten (männlichen) Freund zu deklinieren; das ist aber erst ein Drittel der Arbeit, denn man muß eine Vielzahl neuer Verdrehungen des Adjektivs dazulernen, wenn der Ge-genstand der Bemühungen weiblich ist, und noch weitere, wenn er sächlich ist. Nun gibt es aber in dieser Sprache mehr Adjektive als schwarze Katzen in der Schweiz, und sie müssen alle ebenso kunstvoll gebeugt werden wie das oben angeführte Beispiel: Schwierig? Mühsam? Diese Worte können es nicht beschreiben. Ich habe einen Studenten aus Kalifornien in Heidel-berg in einem seiner ruhigsten Augenblicke sagen hören, lieber beuge er hundertmal beide Knie als auch nur einmal ein einziges Adjektiv, und es han-delte sich nicht etwa um einen Turner.

8.6 Sätze

Wenn wir sprechen und schreiben, holen wir die Wörter nicht einfach aus dem Wortschatz und schreiben sie beliebig hintereinander, sondern wir fügen sie zu Sätzen zusammen. Dabei beugen (flektieren) wir viele von ihnen. Beim Schreiben muß man dabei sorgfältiger als beim Sprechen auf die Regeln des Satzbaus achten, weil man keine Betonung einsetzen, keine Pausensignale geben kann, um die Gliederung einer Äußerung zu verdeutlichen; auch hat man keine Mimik und Gestik zur Unterstützung des sprachlichen Textes, kann allerdings durch das Layout einiges verdeutlichen (s. dazu S. 246 ff.). Man hat mehr Zeit zum Schreiben, kann das Geschriebene lesen und verbessern, was allerdings dazu führen kann, daß man sich nicht traut, etwas stehenzulassen und weiterzuschreiben (zu Schreibblockaden s. Kapitel 4.6).

Die Grammatiken orientieren sich in der Satzlehre an der Schriftsprache, nicht an gesprochener Sprache, die teilweise anderen Regeln folgt. Wir werden in diesem Buch zum Schreiben keine Einführung in die Satzlehre (Syntax) geben; aber wir werden gut und weniger gut verständliche Satzmuster vorstellen und erläutern. Und wir werden Hinweise geben, wie man komplexe Sachverhalte in komplexen Sätzen niederschreiben kann, die dennoch gut zu lesen und zu verstehen sind. Wer die grammatischen Grundbegriffe nicht beherrscht, kann anderswo nachschlagen, aber die Beispielsätze werden schon einiges deutlich machen.

Sprachrhythmus und Syntax

Nicht nur Gedichte haben einen Rhythmus, sondern auch Prosatexte und Sachtexte. Der Rhythmus trägt erheblich dazu bei, ob ein Text gut oder schlecht zu lesen und zu verstehen ist. Deshalb ist es eine gute Übung, einen geschriebenen Text einmal laut zu lesen. Wenn man dabei oft hängenbleibt, wird man auch beim stillen Lesen hängenbleiben. Zunächst zwei Tips:

1. So wenig **Wortungeheuer** wie möglich verwenden. In Fachtexten sind sie oft nicht zu vermeiden, weil sie der Fachausdruck sind: *Rentenanpassungsgesetz, Bundesausbildungsförderungsgesetz*; in den Fachsprachen wird dann häufig abgekürzt: *BAFöG*. Aber eine *Umstrukturierungsempfehlung* kann man auch anders formulieren: *Empfehlung zur Umstrukturierung* oder *Es wird empfohlen, neue Strukturen einzuführen*. (Siehe dazu auch S. 208.)
2. Zum Rhythmus des Sprechens und auch des Lesens trägt weiterhin das **Gesetz der wachsenden Glieder** bei. In Zwillingsformeln kann man beobachten, wie das kürzere Wort vor dem längeren steht: *Roß und Reiter nennen, Wind und Wetter standhalten, mit Kind und Kegel kommen, es geht drunter und drüber, hier und heute, . . .* (vgl. auch Kapitel 8.4).
Man kann dieses Gesetz gut an den Bundesländern mit Doppelnamen beobachten. Gleich lange Teilnamen haben *Schleswig-Holstein* und *Sachsen-Anhalt*. Bei beiden haben wir den Wechsel betonter und unbetonter Silben und im zweiten Namen jeweils zwei fast gleich betonte Teile: ***Schleswig-Holstein, Sachsen-Anhalt; Baden-Württemberg*** und ***Nordrhein-Westfalen*** folgen dem Gesetz mit der Anordnung zweisilbig-dreisilbig; *Rheinland-Pfalz* ist die Ausnahme, aber die Umkehrung

Pfalz-Rheinland klingt seltsam – das liegt daran, daß hier zwei betonte Silben aufeinanderfolgen: **Pfalz-Rheinland**; also ist die uns bekannte Abfolge rhythmischer: **Rheinland-Pfalz**; außerdem haben wir uns natürlich daran gewöhnt. Die rhythmische Durchgliederung der Wörter sitzt tief in unserem Sprachgefühl, sonst würden wir kaum umspringen in der Betonung, wenn wir die Einwohner von *Hannover Hannoveraner* nennen, und die dort gezüchtete Pferderasse ebenso.

Bei Aufzählungen sollte man dieses rhythmische Gesetz beachten, wenn keine sachlogischen Gründe eine andere Reihenfolge vorschreiben.

Natürlich trägt der Satzbau viel zum Rhythmus bei, dem wir uns sogleich zuwenden.

8.6.1 Satzbau – ein Überblick

Auch wenn wir keine Grammatik der Sätze entwickeln wollen, so wollen wir uns doch zu Anfang einen kurzen Eindruck verschaffen, wie einfach und wie kompliziert Sätze sein können. Die Tips zum Formulieren gut gebauter Sätze folgen in Abschnitt 8.6.2.

Wir entwickeln diesen Überblick nicht an einem Fachtext einer speziellen Fachsprache, sondern an einem Thema, das allen Lesern bekannt sein sollte, an einem Märchen; denn dabei können Sie sich beim Lesen mehr darauf konzentrieren, wie die Satzmuster nach und nach aufgebaut werden. Sie können dabei die grammatischen Begriffe mitlesen oder überlesen. Also beginnen wir, und zwar nicht mit *Es war einmal . . .*, denn wir wollen ja nicht wirklich ein Märchen erzählen, sondern einen komplexen Satz aufbauen.

In dem Buch von Karl-Dieter Bünting: Auf gut deutsch. Köln 1986, wird die Satzlehre S. 158 ff. ähnlich eingeleitet.

Dornröschen schlief.

Ein einfacher Satz aus zwei Teilen, die hier einzelne Wörter sind. Der Satz ist grammatisch richtig; die Teile sind Subjekt und Prädikat, das Grundgerüst aller Sätze. Und auch sonst stimmt es. Und wenn da nicht der Königssohn gewesen wäre und wenn die hundert Jahre nicht gerade verstrichen wären, während denen Dornröschen und ihr Schloß verzaubert waren, dann schliefe sie wohl heute noch. Aber so:

Der Königssohn suchte . . .

Ob das ein vollständiger Satz ist, darüber läßt sich streiten, jedenfalls weiß der Königssohn genau, wen er sucht, er hat ein Ziel:

Der Königssohn suchte Dornröschen.

Dornröschen als Ziel des Suchens ist im Satz Objekt, genauer Akkusativobjekt. Nun wissen wir aber bereits, daß Dornröschen schlief, und wir wissen noch mehr, wie auch der Königssohn:

Der Königssohn suchte das von einer alten Frau verzauberte, in einem einhundertjährigen Schlaf liegende Dornröschen.

Alles Erläuterungen, nähere Bestimmungen zu Dornröschen, grammatisch Attribute. Vielleicht kann man das aber etwas flüssiger und lesbarer formulieren:

Der Königssohn suchte Dornröschen, das – von einer alten Frau verzaubert – in einem hundertjährigen Schlafe lag.

Wir haben die Attribute umgewandelt in einen Attributsatz (Relativsatz *das . . . lag*) und einen eingeschobenen Partizipialsatz (*– von . . . verzaubert –*) und auf diese Weise dafür gesorgt, daß alle die Attribute erst dann genannt werden, wenn *Dornröschen* schon im Satz genannt ist. Auf diese Weise haben wir weiterhin Platz geschaffen, Dornröschen noch genauer zu beschreiben, und das müssen wir auch, denn der Königssohn sucht sie nicht unbedingt deshalb, weil sie verzaubert ist, sondern weil er von ihr gehört hat, daß sie „sittsam, freundlich und verständig ist"*, und wunderschön ist sie sicherlich auch.

* Diese Reihenfolge, die wörtlich bei den Brüdern Grimm so steht, folgt dem Gesetz der wachsenden Glieder: zweisilbig mit kurzer erster Silbe *sitt-*, zweisilbig mit langer erster Silbe *freund-* und dann dreisilbig *verständig*.

Der Königssohn suchte das sittsame, freundliche, verständige und wunderschöne Dornröschen, das – von einer alten Frau verzaubert – in einem hundertjährigen Schlafe lag.

Wir sehen, wie man Attribute voranstellen und nachstellen kann; aber nun sind es genug für Dornröschen. Der Königssohn ist schließlich auch nicht ohne: Mutig ist er ja, denn er läßt sich vom Schicksal der anderen Prinzen nicht abschrecken, die in der Dornenhecke hängenblieben und starben. Also:

Der mutige Königssohn, der sich vom Schicksal der anderen Prinzen nicht abschrecken ließ, die in der Dornenhecke hängengeblieben und gestorben waren, suchte das sittsame, freundliche, verständige und wunderschöne Dornröschen, das – von einer alten Frau verzaubert – in einem hundertjährigen Schlafe lag.

Ein ganz schön langer Satz ist das nun schon geworden, mit einem Subjekt *Königssohn*, das und der viele Attribute bei sich hat, und einem Objekt *Dornröschen*, das und die durch nicht weniger Attribute beschrieben ist. Aber wir und der Königssohn wissen ja noch mehr, nämlich wo zu suchen ist: im alten Schloß, über das die Dornhecke in all den Jahren gewachsen ist und wo alles schläft, Menschen, Tiere und selbst der Braten auf dem Herd.

Hinter der dichten Dornenhecke im Schloß, wo Menschen, Tiere und selbst der Braten auf dem Herd schliefen, suchte der mutige Königssohn, der sich vom Schicksal der anderen Prinzen nicht abschrecken ließ, die in der Dornenhecke hängengeblieben und gestorben waren, das sittsame, freundliche, verständige und wunderschöne Dornröschen, das – von einer alten Frau verzaubert – in einem hundertjährigen Schlafe lag.

Nun ist also noch eine Ortsangabe hinzugekommen, eine adverbiale Bestimmung. Wenn Sie genau hinschauen, sehen Sie, daß diese Ortsangabe den Königssohn mit allen seinen Attributen vor dem Verb *suchte* verdrängt hat. Ein ganz schön langer Satz ist das geworden. Und wir könnten nun noch Zeitangaben machen und hinzufügen, daß der Königssohn erfolgreich war usw.

Genau hundert Jahre nach jenem unglückseligen Tage, an dem ...
Aber wir wollen es gut sein lassen und noch einmal den Kern des Satzes in Erinnerung rufen, das Grundgerüst, das alles trägt:
Der Königssohn suchte Dornröschen.
Subjekt + Prädikat + Objekt.
Fügen wir noch die Ortsangabe und je ein Attribut in knapper Form hinzu, dann haben wir das ausgebaute Grundmuster:
Im Schloß suchte der mutige Königssohn das schlafende Dornröschen.
Adverbiale Bestimmung des Ortes + Prädikat + Subjekt mit Attribut + Objekt mit Attribut.
Und noch einmal mit Hinweis auf die Bedeutungsstruktur, welche durch die Satzglieder aufgebaut wird:

WER war es?	*der Königssohn*
WELCHER Königssohn?	*der mutige Königssohn*
WAS TAT er?	*er suchte*
WEN suchte er?	*Dornröschen*
WAS FÜR EIN Dornröschen?	*das schlafende Dornröschen*
WO?	*im Schloß*

Was wir hier gebaut haben, ist ein komplexes **Satzgefüge**. Wie man solche Satzgefüge baut, so daß sie verständlich bleiben, und was man vermeiden sollte, weil sie sonst zu verschachtelt werden, das wird uns sogleich beschäftigen. Bringen wir nur erst noch die Suche des Prinzen zum guten Abschluß, zum Happy End, das es in den Märchen genauso gibt wie in Hollywoodfilmen. Natürlich kämpft er sich durch die Hecke und findet Dornröschen. Im Originaltext, der jetzt folgt, wird Dornröschen mit *es* bezeichnet; da haben sich der Sprachgebrauch und das Sprachgefühl geändert.

Da lag es und war so schön, daß er die Augen nicht abwenden konnte, und er bückte sich und gab ihr einen Kuß. Wie er es mit dem Kuß berührt hatte, schlug Dornröschen die Augen auf, erwachte und blickte ihn ganz freundlich an. Da gingen sie zusammen herab, und der König erwachte und die Königin und der ganze Hofstaat und sahen einander mit großen Augen an. Und die Pferde im Hof standen auf und rüttelten sich; die Jagdhunde sprangen umher und wedelten; die Tauben auf dem Dache zogen das Köpfchen unterm Flügel hervor, sahen umher und flogen ins Feld; die Fliegen an den Wänden krochen weiter; das Feuer in der Küche erhob sich, flackerte und kochte das Essen; der Braten fing wieder an zu brutzeln; und der Koch gab dem Jungen eine Ohrfeige, daß er schrie, und die Magd rupfte das Huhn fertig. Und da wurde die Hochzeit des Königssohns mit Dornröschen in aller Pracht gefeiert; und sie lebten vergnügt bis an ihr Ende.

Quelle: Kinder- und Hausmärchen, gesammelt durch die Brüder Grimm. Jubiläumsausgabe, herausgegeben von R. Riemann, Leipzig 1907, S. 282.

Wir wollen die beiden dabei nicht mehr stören und auch nicht lange darüber nachdenken, welche Biedermeierwelt Wilhelm Grimm hier zum Kern des Märchens hinzugeschrieben hat, damit sie zu „Kinder- und Hausmärchen" werden konnten; denn eigentlich handelt das Märchen von dem Symbol der Dornhekke und der Symbolhandlung des ersten Kusses. Aus Küssen werden noch keine Kinder, soll Goethe gesagt haben. (Nachzulesen in Thomas Mann: Lotte in Weimar. Frankfurt/Main und Hamburg 1959, S. 77.) Aber schauen Sie sich die Satzmuster einmal an, die in diesem Text stehen: Hier wird aufgezählt, durch Kommas und Semikolons getrennt, mit *und* und *da* verbunden, wie das Kinder beim Erzählen tun. Hier haben wir das zweite wichtige Muster komplexer Sätze, die **Satzreihe**.

8.6.2 Wie schreibt man gut zu lesende Sätze?

Kurt Tucholsky parodiert in seinen „Ratschlägen für einen schlechten Redner" die Satzbaukünste schlechter Redner und stellt ihnen die „Ratschläge für einen guten Redner" gegenüber. Hier ein knapper Auszug aus dem ersten Text und der zweite komplett:

Ratschläge für einen schlechten Redner (Auszug)
[. . .] Sprich mit langen, langen Sätzen – solchen, bei denen du, der du dich zu Hause, wo du ja die Ruhe, deren du so sehr benötigst, deiner Kinder ungeachtet, hast, vorbereitest, genau weißt, wie das Ende ist, die Nebensätze schön ineinandergeschachtelt, so daß der Hörer, ungeduldig auf seinem Sitz hin und her träumend, sich in einem Kolleg wähnend, in dem er früher so gern geschlummert hat, auf das Ende solcher Rede wartet [. . .]

Ratschläge für einen guten Redner
Hauptsätze, Hauptsätze, Hauptsätze.
Klare Disposition im Kopf – möglichst wenig auf dem Papier.
Tatsachen oder Appell an das Gefühl. Schleuder oder Harfe. Ein Redner sei kein Lexikon. Das haben die Leute zu Hause.
Der Ton einer einzelnen Sprechstimme ermüdet; sprich nie länger als vierzig Minuten. Suche keine Effekte zu erzielen, die nicht in deinem Wesen liegen. Ein Podium ist eine unbarmherzige Sache – da steht der Mensch nackter als im Sonnenbad.
Merk Otto Brahms Spruch: Wat jestrichen is, kann nich durchfalln.

Quelle: Kurt Tucholsky: Ausgewählte Werke. Reinbek bei Hamburg 1965, S. 187-189.

Tucholskys Ratschläge sind für Redner und nicht für Schreiber gedacht, aber der Kontrast zwischen dem Schachtelsatz und den knappen Kurzsätzen ist beeindruckend. Otto Brahm war übrigens ein berühmter und einflußreicher Berliner Theaterkritiker und Theaterdirektor um die Jahrhundertwende.

Kurze Sätze und Satzreihen lesen sich besser und lassen sich beim Zuhören besser verfolgen als Schachtelsätze. In einer Rede sind Kurzsätze (grammatisch: Satzellipsen) wirkungsvoll, wie Tucholsky es vormacht. Aber in geschriebenen wissenschaftlichen Fachtexten wird man oft komplexere Sätze benöti-

gen, und auch die kann man so bauen, daß sie gut zu lesen sind. Gerade in Satzgefügen kann man einen Spannungsbogen aufbauen, insbesondere, wenn man
mit dem untergeordneten Gliedsatz beginnt: Wenn der Leser oder Zuhörer am
Satzanfang Wörter wie *wenn, obwohl, weil, als, bevor, nachdem, ...* wahrnimmt,
weiß er, daß ein übergeordneter Satz folgen wird.

*Wenn wir unsere Beobachtungen wirklich nächste Woche abschließen, dann
können wir noch dieses Jahr ...*

Strukturell betrachtet: *dann ...*

                                        Wenn ...,

Doch nun Schritt für Schritt.

8.6.3 Grundmuster

Wir beginnen damit, uns die Grundmuster der Sätze zu erarbeiten, denn sie liegen allen komplexen Sätzen zugrunde. Dabei wird es darauf ankommen her-
auszuarbeiten, daß zwischen der linearen Folge der Wörter und der syntaktischen Durchgliederung ein Spannungsverhältnis aufgebaut wird, das entweder
gut genutzt oder überfordert werden kann. (Das Thema ‚Vogelgesang‘ und die
Informationen sind folgendem Buch entnommen: Martin Lindauer: Botschaft
ohne Worte. Wie Tiere sich verständigen. München 1990, S. 183 ff.)

Sprachliche Äußerungen und damit Sätze sind zunächst eine linear geordnete Folge von Wörtern. Das liegt daran, daß Sprache durch unsere Sprechwerkzeuge wahrnehmbar gemacht wird, und die können wir nur nacheinander
einsetzen, um verschiedenartige Laute zu produzieren, nicht gleichzeitig. Also:

Vögel singen morgens.

Die Wörter als solche sind allerdings nicht die Bausteine der Sätze, sondern das
sind die Satzglieder, was wir daran sehen, daß wir die Satzglieder umstellen
und ausbauen können.

Morgens singen Vögel.

*Die meisten Vögel singen im Frühling morgens bereits vor der Morgendämme-
rung ihren Reviergesang.*

Ein Satzglied kann man nur unwesentlich ausbauen: das Prädikat mit dem
Verb. Denn das Prädikat enthält nur das Verb, das allerdings mehrteilig sein
kann. Dabei werden die Teile dann auseinandergestellt und bilden eine Klammer, die man gar nicht, mit wenigen oder mit vielen Wörtern füllen kann:

*Die meisten Vögel **werden singen.***

*Die meisten Vögel **werden** morgens **singen.***

*Die meisten Vögel **werden** im Frühling morgens bereits vor der Morgendämmerung ihren Reviergesang **singen.***

*Die meisten Vögel **pflegen** im Frühling morgens bereits vor der Morgendämmerung **zu singen.***

*Die meisten Vögel **haben** im Frühling morgens bereits vor der Morgendämmerung **gesungen.***

Diese Klammer ist ein wichtiges Strukturierungselement für die Sätze, wir werden sie deshalb weiter unten noch genau anschauen. Sie macht übrigens Simultandolmetschern großen Kummer, weil es diese Klammer in den meisten anderen Sprachen nicht gibt und sie eigentlich das Vollverb mit der Bedeutung schon nennen müssen, ehe es im Deutschen erscheint.

*Most birds **will sing** in the morning well before dawn.*

Das Prädikat mit seinem Verb ist der wichtigste Eckpfeiler im Satz, um den herum die anderen Satzglieder geordnet werden. Wenn wir von Fragesätzen *Singst du auch?* und Aufforderungssätzen *Sing doch mit!* absehen, steht an der zweiten Stelle im Satz das Verb oder das Hilfsverb mit den grammatischen Angaben (den jeweiligen Personalendungen), die es mit dem <u>Subjekt des Satzes</u> verbinden.

*<u>Die Vögel</u> sing**en** morgens ihren Reviergesang.*
*Morgens sing**en** <u>die meisten Vögel</u> ihren Reviergesang.*
*<u>Der Gartenrotschwanz</u> sing**t** meistens zuerst.*
*Zuerst sing**t** meistens <u>der Gartenschwanz.</u>*
<u>Ich</u> singe abends unter der Dusche.

Vor dem Verb steht normalerweise entweder das Subjekt oder eine Zeitangabe, wie in den Beispielsätzen zu sehen. Wenn ein anderes Satzglied als das Subjekt oder eine Zeitangabe nach vorn gestellt wird, wird dieses hervorgehoben:

***Ihren Reviergesang** singen die meisten Vögel morgens bereits vor der Dämmerung.*

***Bereits vor der Dämmerung** singen die meisten Vögel morgens ihren Reviergesang.*

Die Stelle vor dem Verb sollte man nutzen, wenn man etwas besonders hervorheben will.

Neben den Verben sind die Nomen/Substantive* die wichtigste Wortart des Wortschatzes und der Texte. Das gilt insbesondere für Fachtexte, weil die Nomen/Substantive die Begriffswörter sind. Die Nomen/Substantive können in alle Satzglieder außer in das Prädikat eingebaut werden. Und: In den Objekten, auf welche das im Verb ausgedrückte Geschehen zielt, muß ein Nomen oder ein dieses ersetzendes Pronomen stehen.

* Ob Sie als Begriff Nomen oder Substantiv benutzen, ist für die Sache unerheblich. Es handelt sich dabei um unterschiedliche Benennungstraditionen. In diesem Buch werden beide Begriffsnamen mit Schrägstrich verwendet, um Ihrer jeweiligen Gewohnheit zu entsprechen.

*Die meisten Vögel singen **einen Reviergesang**. Der Gartenrotschwanz beginnt **seinen Gesang/ihn** zuerst.*

Die Nomen haben ihre eigene strukturierende Kraft, und zwar in zweifacher Weise:

1. Gewöhnlich steht beim Nomen ein Artikel, welcher das grammatische Geschlecht, den Fall und den Numerus (Einzahl/Mehrzahl) anzeigt, gegebenenfalls zusammen mit einer Endung und einem Umlaut: ***der** Gartenrot-*

schwanz – des Gartenrotschwanzes – die Gartenrotschwänze. Der Artikel
kann auch durch ein Pronomen ersetzt werden: *unser Gartenrotschwanz ...*
Artikel bzw. Pronomen und Nomen/Substantiv bilden eine **Klammer**, in die
vielfältige Attribute eingebaut werden können. Artikel oder Pronomen öffnen für das Strukturgedächtnis die Klammer; man „weiß" beim Zuhören
oder Lesen, daß da noch ein Bezugsnomen kommt.

> *Der vom Frühjahr bis in die Sommermonate hinein frühmorgens bereits
> vor Sonnenaufgang zu hörende Reviergesang ...*

Diese Klammer wird gerade in wissenschaftlichen Texten oft überladen und
das Gehirn muß zu viele Informationen verarbeiten, ohne zu wissen, worauf sie sich eigentlich beziehen.

> *Der vom Frühjahr bis in die Sommermonate hinein frühmorgens in unse-
> ren Gärten, Feldern und Wäldern als Lockgesang zum Anlocken der
> Weibchen oder nach der Paarung als Kontaktgesang des Elternpaares der
> jungen Vögel zu hörende Reviergesang ...*

Hier sollte man die Möglichkeit nutzen, Attribute nachzustellen:

> *Der vom Frühjahr bis in die Sommermonate hinein frühmorgens in unse-
> ren Gärten, Feldern und Wäldern zu hörende Reviergesang, der als Lock-
> gesang zum Anlocken eines Weibchens dient oder nach der Paarung als
> Kontaktgesang des Elternpaares der jungen Vögel ...*

Die Klammer zwischen Artikel und Nomen/Substantiv sollte man für Charakterisierungen nutzen, aber nicht überladen. Man kann Attribute auch
nachstellen.

2. Die Nomen/Substantive können durch Attribute näher bestimmt werden,
    wie die Beispiele bereits zeigen. Man kann, wenn man vorangestellte und
    nachgestellte Attribute nutzt, viele Informationen zu einem Begriff geben.
    Insbesondere kann man hinten sehr viel anfügen, weil ja das Bezugsnomen
    genannt und somit bekannt ist. Allerdings sollte man versuchen, nicht zu
    viele nominale Gruppen anzufügen:

> *Der Reviergesang der Singvögel im Frühling und in den ersten Sommer-
> monaten noch vor Sonnenaufgang in unseren Gärten und Feldern ...*

Das ist fast zu viel, wenn auch der Bezug aller Angaben auf den Gesang hin klar
ist; man wartet auf das Verb, welches die Satzaussage einleitet und strukturell
der Angelpunkt des Satzes ist. Der Buchtitel *Die dampfenden Hälse der Pferde
am Turmbau zu Babel* nutzt allerdings diese Kettentechnik zu guter Wirkung.
Das liegt daran, daß hier stets überraschende Erweiterungen vorgenommen
werden, die geradezu neugierig machen.

Quelle: Franz Fühmann: Die dampfenden Hälse der Pferde am Turmbau zu Babel. Ein
Sprachbuch voller Spielsachen. Ein Spielbuch voller Sprachsachen. Ein Sachbuch der
Sprachspiele. Frauenfeld 1981.

Lineare Kette und Hierarchien

Die Ordnung der Sätze ist nicht die lineare Kette der Wortfolge und nicht einmal die lineare Kette der Satzglieder, sondern eine hierarchische Ordnung, welche in unterschiedlicher Weise in die lineare Folge eingebaut werden kann. Je nachdem, wie man die Hierarchie in der Abfolge unterbringt, ist ein Text mehr oder weniger gut zu verstehen. Dabei ist der simpel gebaute Satz immer gut zu verstehen, aber in einer Reihe simpel gebauter Sätze kann man komplexe Sachverhalte nicht in gleicher Dichte ausdrücken wie in komplexeren Mustern. Diese kann man jedoch so gestalten, daß sie ebenfalls gut zu verstehen sind.

Grundbaumuster sind:

Die Sätze: In den Grundmustern der Sätze sind Funktion und Stellung der Satzglieder und die Stellungsregeln für Wörter in Satzgliedern geregelt.

In diesem Satz | finden| Sie| am Anfang | eine adverbiale Bestimmung,| dann das Prädikat, dann noch eine adverbiale Bestimmung| und dann eine Reihe von Akkusativobjekten mit Attributen| und noch eine adverbiale Bestimmung| in genau dieser Reihenfolge.

Die Satzreihe: Gleichgeordnete Sätze werden aneinandergereiht, sie können mit Konjunktionen oder Adverbien verbunden werden, welche logische Verknüpfungen angeben:

*Wir sprechen jetzt über Satzmuster, **und zwar** sprechen wir über lineare Folge und hierarchische Ordnung.*

Das Satzgefüge: Über- und untergeordnete Sätze werden ineinander verschachtelt, wobei man linksverzweigte, eingebettete und rechtsverzweigte Konstruktionen basteln kann, die unterschiedlich verständlich sind, wie weiter unten gründlich ausgeführt wird. (Dieser Satz ist ein rechtsverzweigtes Muster und deshalb nicht schwer zu verstehen.) Die Gliedsätze werden durch Konjunktionen oder Relativpronomen eingeleitet, welche wiederum logische oder syntaktische Beziehungen ausdrücken.

***Damit** sie gut zu verstehen sind, müssen Satzgefüge, **welche** aus einem übergeordneten Hauptsatz und einem oder mehreren untergeordneten Gliedsätzen bestehen, sorgfältig gebaut werden.*

8.6.4 Stellung der Satzglieder

1. xxxx + Prädikat + xxxx

Die Grundstruktur bildet das Grundgerüst, das aus dem Subjekt und dem Prädikat sowie Objekten besteht, die vom Verb gefordert werden. Das finite (gebeugte) Verb markiert den Angelpunkt. Was davor steht, wird aus der Bedeutung in Verbindung mit der grammatischen Form sofort eingeordnet, und zwar:

– als Subjekt, also als Handlungs- und Geschehnisträger, wenn es ein Nomen im Nominativ (1. Fall) ist; dabei sorgen schon der Artikel oder das Pronomen dafür, daß das Strukturzentrum des Gehirns „Bescheid weiß"; wenn die Klammer bis zum Nomen/Substantiv dann nicht zu groß ausfällt, kann sich das Gehirn auf die Verarbeitung der Sachinformationen konzentrieren.

Der Buchfink . . .
Manche Männchen . . .
Manche besonders raffinierten, aus bestimmten Vogelarten stammenden Männchen . . .

Das ist unschön, besser also einiges nach hinten stellen, dann kann man zudem weitere Informationen anfügen:

Manche besonders raffinierten Männchen bestimmter Vogelarten, unter anderem die Buchfinken . . .

– als Zeitangabe oder Angabe der Dauer des Geschehens, Orts- oder Richtungsangabe, Angabe der Art und Weise:

Auch abends *ertönt der Reviergesang . . .*
Über eine Stunde *flötet und trillert . . .*
Auf der höchsten Baumspitze *sitzt die Amsel und . . .*
Noch höher auf die Fernsehantenne *fliegt . . .*
In raffinierter Weise *imitieren die Buchfinken andere Vogelarten.*

– als Objekt, wenn ein anderer Fall als der Nominativ angezeigt wird; das ist dann die oben erwähnte Betonungsstellung:

Den geschicktesten Imitator *wählen die Weibchen der Buchfinken meistens als Partner.*
Dem Rivalen gegenüber *dient der Reviergesang zugleich als Kampfruf.*

2. Klammern und Ausklammerung

Klammern – das wurde oben schon gesagt – darf man nicht zu sehr aufblähen. Das gilt für die Klammer zwischen Artikel oder Pronomen und Nomen/Substantiv, wie oben gezeigt. Man kann einen Teil der Informationen nachstellen; grammatisch ausgedrückt: Man kann die Vielfalt der Erscheinungsformen der Attribute mischen. Das gilt aber auch für die Verbklammer. Hier kann man ausklammern, das heißt, Teile herausnehmen und nach hinten stellen. Zunächst sind die Verbklammern markiert:

*Die akustischen Signale des Reviergesangs **werden**, anders als Duftsignale oder optische Reize, nur so lange, wie sie erklingen, **wahrgenommen** und **müssen** deshalb von den Männchen unaufhörlich, praktisch ohne Verzögerung in schneller Folge **hervorgebracht werden**.*

Diese Klammern sind nicht unbedingt überladen, aber man kann den Satz flüssiger gestalten, wenn man umbaut. In der folgenden Passage sind nicht nur die Klammern markiert, sondern auch die herausgenommenen und nachgestellten Teile:

*Die akustischen Signale des Reviergesangs **werden** nur so lange **wahrgenommen**, wie sie erklingen – anders als Duftsignale oder optische Reize; deshalb **müssen** sie von den Männchen unaufhörlich **hervorgebracht werden**, praktisch ohne Verzögerung in schneller Folge.*

Aus Klammern kann man Teile ausklammern, hinter die Klammer stellen. Das entlastet das Strukturgedächtnis und macht den Text lesbarer.

8.6.5 Satzreihen: Schritt für Schritt

Vom syntaktischen Muster aus gesehen ist es am einfachsten, Sätze einfach aneinanderzureihen. Ob man sie durch Punkte trennt oder durch Kommas oder Semikolons, ist für das Satzmuster gleichgültig. Das Komma zeigt an, daß die Sätze als Satzreihe zusammengehören; das Semikolon trennt die Aussagen, bezieht sie aber noch aufeinander; der Punkt trennt noch stärker. (Vgl. dazu S. 265.) Im folgenden Beispiel sind alle Möglichkeiten enthalten. Außerdem sind die verbindenden Konjunktionen und Adverbien markiert, welche die logischen Anschlüsse herstellen, hier die zeitliche Reihenfolge. Dazu finden Sie nähere Ausführungen und eine Liste im Kapitel zum Argumentieren S. 178 ff.

*Als erste Vogelart singt Mitte Mai etwa ab halb vier Uhr morgens der Gartenrotschwanz. Ihm folgt **sogleich** sein Artgenosse, der Hausrotschwanz. Amsel und Rotkehlchen stimmen **nun** ein. Sodann beginnt die Kohlmeise, **und** die anderen Meisen folgen. **Auch** der Zaunkönig meldet sich **kurz nach** vier Uhr, **und** der Buchfink folgt **etwas später**. **Schließlich** zwitschert **etwa** eine Stunde nach dem Frühaufsteher Gartenrotschwanz der Mauersegler seinen Reviergesang; **aber** die Morgendämmerung folgt **erst** eine viertel Stunde später **gegen** viertel vor fünf.*

Der Unterschied zwischen verbindenden Konjunktionen und Adverbien liegt darin, daß Konjunktionen die Sätze verbinden, ohne die Stellung der Satzglieder zu beeinflussen, während Adverbien die Stelle vor dem Verb besetzen und andere Satzglieder verdrängen; im folgenden Beispiel wird das Subjekt verdrängt.
*Der Gartenrotschwanz singt als erster, **und** <u>der Hausrotschwanz</u> folgt sogleich.*
*Der Gartenrotschwanz singt als erster, **dann** folgt sogleich <u>der Hausrotschwanz</u>.*
Bitte beachten Sie, daß vollständige Hauptsätze, die mit *und* verbunden werden, nach den noch geltenden Regeln durch Komma getrennt werden. Das wird sich bei einer Rechtschreibreform ändern. Zur Kommasetzung siehe Kapitel 9.5.

8.6.6 Satzgefüge: treppauf und treppab

In diesem Grundgerüst kann jedes Satzglied außer dem Prädikat durch einen Gliedsatz ersetzt werden, welcher dann dem Hauptsatz untergeordnet ist.

Gliedsätze werden in manchen Grammatiken auch Nebensätze genannt. Für uns ist das
hier nicht von Belang, aber der Begriff Gliedsatz gibt deutlicher wieder, daß es sich um
Sätze handelt, die im Grundmuster die Stelle eines Satzgliedes einnehmen: Gliedsatz für
Satzglied.

Gliedsätze sowie erweiterte Infinitive und Partizipialsätze werden grundsätzlich durch Kommas vom übergeordneten Satz abgetrennt. Die beiden
häufigsten Fehler:
- beim erweiterten Infinitiv wird das zweite Komma vergessen;
- das zweite, abschließende Komma eines eingeschobenen Gliedsatzes
  oder Infinitivs wird vergessen.

---

*Artspezifische Warnrufe warnen die Artgenossen im Falle der Gefahr vor Bo-
denfeinden.*
*Warnrufe, **die artspezifisch sind**, warnen* ... (Attributsatz)
***Was auch für unsere Ohren aufgeregt klingt**, sind Warnrufe vor Bodenfein-
den.* (Subjektsatz)
*Artspezifische Warnrufe warnen (diejenigen), **die der gleichen Art angehören**,* ... (Objektsatz für das Akkusativobjekt, in der Version mit *diejenigen* durch *diejenigen* angekündigt, siehe dazu „Platzhalter und Stellvertreter" S. 232 f.)
*Artspezifische Warnrufe warnen die Artgenossen, **wenn sich eine Gefahr nähert**, vor Bodenfeinden.* (Adverbialsatz)
*Artspezifische Warnrufe warnen die Artgenossen im Falle der Gefahr (da-
vor), **daß sich Bodenfeinde nähern**.* (Objektsatz für das präpositionale Objekt, in der Klammerversion mit *davor* als vorankündigendem Platzhalter)
Die Beispielsätze zeigen die drei Möglichkeiten, wie Gliedsätze in die lineare
Kette des Hauptsatzes eingebaut werden können. Diese drei Möglichkeiten haben sehr großen Einfluß darauf, wie lesbar ein Satzgefüge ist, besonders wenn
es sich um einen komplexen Schachtelsatz handelt.

GS + HS: linksverzweigt treppauf
                          xxxxxxxx.
xxxxxxxx,

Der untergeordnete Gliedsatz (GS) steht vor dem Hauptsatz (HS). Das Strukturgedächtnis muß gewissermaßen treppauf laufen, denn es weiß, daß der tragende Hauptsatz noch kommt.
*   **Wenn kurze, rhythmische Signale erklingen**, werden die Artgenossen vor Bodenfeinden gewarnt.*
Dieses Satzmuster eröffnet, wie oben schon angedeutet, einen Spannungsbogen, weil schon beim ersten Wort angekündigt ist, daß ein strukturell höheres
Bauelement kommen muß. Zugleich wird das Strukturgedächtnis belastet.
Man kann gut mit einem solchen Gliedsatz beginnen, eventuell auch mit zwei
aneinandergereihten (im Beispiel durch *und* verbunden), aber mehr sollte man
nicht gebrauchen.

*Wenn kurze, rhythmische Signale erklingen **und** wenn ein Vogel aufgeregt umherflattert, werden die Artgenossen vor Bodenfeinden gewarnt.*

Man kann sogar eine kurze Treppe nach unten bauen, d.h. einen zusätzlichen untergeordneten Gliedsatz einfügen. Man versteht einen solchen Satz ohne weiteres, auch wenn er etwas holprig klingt.

*Wenn kurze, rhythmische Signale erklingen, **die artspezifisch sind**, werden die Artgenossen vor Bodenfeinden gewarnt.*

H- + GS + -S: eingebettet treppab treppauf
xxxx,   xxxx.
              xxxxxxxx,

Der untergeordnete Gliedsatz unterbricht den übergeordneten Hauptsatz und wird in ihn eingebettet. Das ist eine typische Klammerstruktur, bei der das Strukturgedächtnis treppab und dann wieder treppauf laufen muß. In den Beispielen finden wir dieses Muster dreimal und bauen es erst je einmal ein, dann alle drei zugleich; das letzte ist ein Beispiel für einen schlecht gebauten Schachtelsatz, weil der tragende Hauptsatz arg zerstückelt ist.

*Warnrufe, **die artspezifisch sind**, warnen die Artgenossen im Falle der Gefahr vor Bodenfeinden.*

*Artspezifische Warnrufe warnen (diejenigen), **die der gleichen Art angehören**, im Falle der Gefahr vor Bodenfeinden.*

*Artspezifische Warnrufe warnen die Artgenossen, **wenn sich eine Gefahr nähert**, vor Bodenfeinden.*

*Warnrufe, **die artspezifisch sind**, warnen (diejenigen), **die der gleichen Art angehören, wenn sich eine Gefahr nähert**, vor Bodenfeinden.*

xxxx   xxxx,   xxxx.
            xxxxxxx,   xxxxxxxx, xxxxxxxx,

HS + GS: rechtsverzweigt treppab
xxxxxxxx,
              xxxxxxxx.

Der untergeordnete Gliedsatz folgt dem Hauptsatz. Das Strukturgedächtnis hat hier keine Arbeit. In diese Richtung treppab kann es mühelos vielen Gliedsätzen folgen. Aber dieses Muster bietet auch keinerlei Spannung. Im ersten Beispiel folgt nur ein Gliedsatz. Im zweiten wird eine längere Treppe gebaut.

*Artspezifische Warnrufe warnen die Artgenossen im Falle der Gefahr (davor), **daß sich Bodenfeinde nähern**.*

*Artspezifische Warnrufe warnen die Artgenossen im Falle der Gefahr (davor), **daß sich Bodenfeinde nähern, welche besonders den Jungen gefährlich werden können, wenn diese gerade erst flügge sind, weil sie dann noch nicht so schnell fliehen können**.*

Verkürzte Gliedsätze: Infinitivsätze und Partizipialsätze
Auch verkürzte Gliedsätze, die Infinitivsätze und Partizipialsätze, kann man nutzen. Sie machen einen Text noch dichter, aber man muß sie sorgfältig konstruieren.
  Um vor großen, hochfliegenden Tagesraubvögeln zu warnen, werden langgezogene, hochfrequente Laute ausgestoßen.
Solche Luftwarnrufe werden, *gleichgültig von welchem Vogel hervorgebracht, über die Artgrenzen hinaus wirksam.*
Bei manchen Arten piepen die Eltern zurück, *um ihrerseits die Jungvögel schon vor dem Schlüpfen auf sich zu prägen.*
Achtung: Partizipialkonstruktionen verdichten den Text, aber die Verben benötigen im übergeordneten Satz ein Subjekt.
  Richtig: *Noch nicht geschlüpft, piepen die Jungen, um die Eltern auf sich zu prägen.*
  Falsch: *Noch nicht geschlüpft, piepen die Elternvögel, um die Jungen auf sich zu prägen.*

Gliedsätze können anderen Gliedsätzen untergeordnet werden
Die Satzglieder in Gliedsätzen können ihrerseits durch Gliedsätze ersetzt werden, was dann zu den berüchtigten Schachtelsätzen führt. Hier muß man besonders darauf achten, daß die Anschlüsse deutlich sind und daß man nicht zu viele linksverzweigte und eingebettete Konstruktionen bastelt. Rechtsverzweigte Konstruktionen werden hingegen problemlos verstanden. Die folgenden beiden Beispiele machen das deutlich. Im ersten Beispiel sind die Schachtelungen kaum nachzuvollziehen, im zweiten hat man keine Probleme.
  (1) Weil nicht nur Bodenfeinde, das können umherstreunende Katzen, welche gern Nester ausräubern, sein, die Vögel bedrohen, sondern weil auch aus der Luft Gefahr von Tagraubvögeln, welche hoch oben ihre spezifischen Flugbilder in den Himmel zeichnen, droht, stoßen die Vögel, wenn sie solche Raubvögel wahrnehmen, Luftwarnrufe aus, die als langgezogene Laute, die eine hohe Frequenz haben, nicht artspezifisch sind und über Artgrenzen hinaus verstanden werden.
  (2) Weil nicht nur Bodenfeinde die Vögel bedrohen wie zum Beispiel umherstreunende Katzen, welche gern Nester ausräubern, sondern auch durch Luftfeinde Gefahr droht, stoßen die Vögel, wenn sie die charakteristischen Flugbilder solcher Raubvögel hoch am Himmel wahrnehmen, langgezogene, hochfrequente Luftwarnrufe aus, die nicht artspezifisch sind und über Artgrenzen hinaus verstanden werden.

Platzhalter und Stellvertreter
Komplizierte Schachtelsätze kann man gut entlasten, wenn man sogenannte **Platzhalter** oder **Stellvertreter** benutzt, die knapp ankündigen, daß da etwas kommt, und dabei die Grundstuktur mitbauen, die das Folgende sicher trägt. (Die Elsternthematik der Folgebeispiele ist nicht dem Buch von Martin Lindauer entnommen.)
Statt: *Daß die Elstern, welche große Nesträuber von Singvögelnestern sind,*

*selbst zu den Singvögeln gehören, bedeutet eine erhebliche Gefahr für die
Artenvielfalt in den Gärten und Parks, weil die Elstern ihrerseits geschützt
sind und sich in den letzten Jahren erheblich ausgebreitet haben.*
Mit dem ankündigenden Stellvertreterwort *es: Es bedeutet eine erhebliche
Gefahr für die Artenvielfalt in den Gärten und Parks, **daß** die Elstern, welche
große Nesträuber von Singvögelnestern sind, selbst zu den geschützten Sing-
vögeln gehören und sich in den letzten Jahren erheblich ausgebreitet haben.*
Weitere Platzhalter/Stellvertreter:
***Eines** ist bedauerlich, (nämlich)* daß auch die Elstern . . .*
***Etwas** ist bedauerlich, (nämlich)* **daß** . . .*
***Das** hatte man beim Beschließen des Gesetzes über den Schutz der Singvögel
nicht bedacht, daß auch die Elstern . . .*
***Daran** hatte man nicht gedacht beim Beschließen des Gesetzes über den
Schutz der Singvögel, daß auch die Elstern . . .*
***Darüber** herrscht in den Vorstädten und Schrebergärten im Frühling oft große
Aufregung, daß auch die Elstern . . .*

* Den Anschluß mit *nämlich* sollte man in wissenschaftlichen Texten nicht unbedingt
verwenden.

8.6.7 Zusammenfassung: Komplexe Sätze

In komplexen Sätzen werden nun die beiden Grundmuster der Satzgefüge und
Satzreihen gemischt. Wenn man für die Satzgefüge die linksverzweigten und
eingebetteten Muster spärlich benutzt und wenn man in den Satzreihen die logischen Anschlüsse sorgfältig formuliert, können auch sehr komplizierte und
lange Schachtelsätze gut zu verstehen sein. Zunächst wird ein langer Satz vorgestellt, dann wird er noch einmal notiert, und die Verknüpfungswörter werden
markiert. Der Beispielsatz orientiert sich wiederum am Buch von Martin Lindauer (s.o. S. 224 ff.).
*Um akustische Signale und die mit ihnen verbundenen Botschaften erfassen zu
können, müssen alle Empfänger – also hier die Vögel – sowohl die Frequenzen als
auch die zeitlichen Muster analysieren; dazu dienen zwei Filtersysteme, von denen
eines, das im Thalamus liegt, für die Tonhöhenanalyse sorgt und ein weiteres – es
liegt im Mittelhirn – die zeitlichen Muster erfaßt; es bleibt rätselhaft, ob und wie
solche spezifische Informationsverarbeitung genetisch festgelegt wird oder ob sie
erlernt wird, wobei sie im Lernprozeß moduliert wird.*
***Um** akustische Signale und die mit ihnen verbundenen Botschaften erfassen **zu**
können, müssen alle Empfänger – **also** hier die Vögel – **sowohl** die Frequenzen **als
auch** die zeitlichen Muster analysieren; **dazu** dienen **zwei** Filtersysteme, **von
denen eines, das** im Thalamus liegt, für die Tonhöhenanalyse sorgt **und ein weiteres** – es liegt im Mittelhirn – die zeitlichen Muster erfaßt; **es** bleibt rätselhaft, **ob
und wie** solche spezifische Informationsverarbeitung genetisch festgelegt wird
oder ob sie erlernt wird, **wobei** sie im Lernprozeß moduliert wird.*

8.7 Zitieren in der indirekten Rede: Konjunktiv 1

8.7.1 Direkte und indirekte Rede

In wissenschaftlichen Texten gibt man sehr oft wieder, was andere geschrieben haben. Neben dem wörtlichen Zitat (vgl. Kapitel 4.2.5) ist das Zusammenfassen in der indirekten Rede eine wichtige Schreibtechnik. Wenn man verschiedene Positionen darstellt, kann man dabei durchaus den Normalmodus Indikativ benutzen:

Die Volkswirtschaftslehre befaßt sich mit Tätigkeiten, die mit der Gewinnung und dem Gebrauch von knappen Gütern zusammenhängen. (Vgl. Felderer/ Homburg, a.a.O., S. 7.)

Wenn allerdings deutlich gemacht werden soll, daß man hier einen Text zusammenfassend referiert, ist nach Norm und Regeln der Grammatik der Konjunktiv 1 zu benutzen.

Die Volkswirtschaft befasse sich mit Tätigkeiten, die der Gewinnung und dem Gebrauch von knappen Gütern dienen, führen Felderer und Homburg als Ausgangspunkt ihrer Ausführungen zu Makroökonomik aus.

In der Grammatik gibt es beim Verb die Kategorie des Modus mit folgenden Formen:
- **Indikativ (Wirklichkeitsform),** die ausdrückt, daß etwas so ist: *Man befaßt sich mit . . . – Es ist so, daß . . . – X und Y haben untersucht, ob . . .*
- **Imperativ (Befehlsform),** unwichtig für wissenschaftliches Schreiben: *Befasse dich mit der Grammatik!*
- **Konjunktiv** mit zwei Formen :
  - **Konjunktiv 1 (Möglichkeits- und Zitierform):** *Er befasse sich mit . . . – Es sei so, daß . . . – X und Y haben/hätten (s.u.) untersucht, ob . . .* Diese Form ist für wissenschaftliches Schreiben sehr wichtig, weil sie die Form der indirekten Rede ist.
  - **Konjunktiv 2 (Irrealis, Nicht-Wirklichkeitsform):** *Er befaßte sich mit . . . – Es wäre so, wenn . . . – X und Y hätten untersucht, obwohl . . .* Diese Form drückt aus, daß etwas nicht so ist; sie ist nicht wichtig für wissenschaftliches Schreiben.

Nun ist aber die Formenwelt der Konjunktive in unserer Gegenwartssprache nicht klar ausgebildet, sondern etwas verwirrend. Deshalb werden immer wieder Fehler gemacht; insbesondere beim Sprechen wird der Konjunktiv 2 oft umschrieben mit *würde: Er würde sich befassen – Es würde so sein . . . – X und Y würden untersucht haben, ob . . .*

Und weil diese Formen zur Verfügung stehen, werden dann die Formen des Konjunktivs 2 statt der Formen des Konjunktivs 1 bei der indirekten Rede benutzt. In der Schriftsprache (Hochsprache) gelten hier jedoch ganz klare Regeln, an die man sich halten muß, um die Leser nicht zu verwirren.

Für die Verwirrung gibt es noch einen anderen Grund. Einige Formen des Konjunktivs 1 fallen mit den Formen des Indikativs zusammen; und in solchen Fällen soll man auf die Formen des Konjunktivs 2 ausweichen, aber nur in diesen Fällen; es wird aber oft auch in anderen Fällen getan. Die Tabelle gibt Aufschluß über die Verhältnisse, hier nur für die 3. Person ausgeführt, weil diese Formen für die indirekte Rede in wissenschaftlichen Texten wichtig sind:

Indikativ	Konjunktiv 1	Ausweichform Konjunktiv 2
er/sie befaßt sich	*er/sie befasse sich*	entfällt; **falsch** ist **er/sie befaßte sich*
es ist	*es sei*	entfällt; **falsch** ist **es wäre*
er/sie hat festgestellt	*er/sie habe festgestellt*	entfällt; **falsch** ist **er/sie hätte festgestellt*
sie haben festgestellt	*sie haben festgestellt*	Ersatzform: *sie hätten festgestellt*

Es hilft nichts, mit den Formen des Zitierkonjunktivs müssen Sie sich beschäftigen, diese Formen müssen Sie beherrschen beim wissenschaftlichen Schreiben. Der laxe Sprachgebrauch der mündlichen Rede ist in der Schriftsprache gegen Norm und Regel und wird vom Leser nicht toleriert.

Ich steh auf des Berges Spitze
Und werde sentimental.
„Wenn ich ein Vöglein wäre!"
Seufz ich viel tausendmal.

Wenn ich eine Schwalbe wäre,
So flög ich zu dir, mein Kind,
Und baute mir mein Nestchen,
Wo deine Fenster sind.

Wenn ich eine Nachtigall wäre,
So flög ich zu dir, mein Kind,
Und sänge dir nachts meine Lieder
Herab von der grünen Lind.

Wenn ich ein Gimpel wäre,
So flög ich gleich an dein Herz;
Du bist ja hold den Gimpeln
Und heilest Gimpelschmerz.

Heinrich Heine

Quelle: Otto Conrady, a.a.O., S. 466.

Das Zusammenwirken von Indikativ und Konjunktiv läßt sich gut an folgendem Zeitungstext nachvollziehen.

„Challenger" hätte nicht starten dürfen:	*hätte ... starten dürfen* Irrealis; sie ist gestartet
Die Direktion der US-Raumfahrtbehörde NASA hat wahrscheinlich einen „Fehler" begangen, als sie die Starterlaubnis für die verunglückte Raumfähre „Challenger" gab. Zu dieser Auffassung kam die unabhängige Untersuchungskommission.	Es folgen Indikative als Sachaussagen *hat ... begangen* *gab* *kam*
Der Vorsitzende der Kommission, William P. Rogers, erklärte am Samstag, „alle Aspekte der Entscheidungsbildung, die zum Start führten", seien in den letzten Tagen geprüft worden. Der Ausschuß habe daraus den Schluß gezogen, daß es sich „wahrscheinlich um einen Fehler gehandelt hat". Nach Angaben von Rogers werde der Ausschuß seine Untersuchung fortsetzen und Präsident Reagan einen detaillierten Bericht vorlegen.	*erklärte* Indikativ der direkten Rede *führten* Zitierkonjunktiv der indirekten Rede *seien ... geprüft worden* *habe ... gezogen* Indikativ der direkten Rede *gehandelt hat* Zitierkonjunktiv der indirekten Rede *werde ...* *fortsetzen (und) ...* *vorlegen*

✍ Trainingseinheit

Es folgen drei kurze Texte. Setzen Sie diese Texte aus der direkten Rede in die indirekte Rede. Im dritten Text müssen Sie Verben der Redeeinleitung hinzufügen. Dazu finden Sie im nächsten Abschnitt weitere Informationen.

Text 1
„Was sagst du? Deine Freundin sagt immer die Unwahrheit über dich? Sei froh, daß sie nicht die Wahrheit sagt!"

Text 2
Der Tünnes trifft den Scheel. „Sag mal, Scheel, du hast ja zwei verbundene Ohren. Was ist denn passiert?" – „Ach, Tünn", jammert Scheel, „du weißt doch, ich bin ein armer Junggeselle und muß mir meine Hemden selber bügeln. Gestern hat beim Bügeln das Telefon geklingelt, und ich habe das Bügeleisen ans Ohr gehalten." – „Mein Gott", bedauert ihn Tünnes „du armer Kerl. Und was ist mit dem anderen Ohr?" – „Na ja", meint der Scheel, „da habe ich den Notarzt angerufen."

Text 3
„Wo bist du gewesen?"
„Das siehst du doch, ich war angeln."
„Was hast du geangelt?"
„Ich habe Forellen geangelt."

„Wie viele hast du gefangen?"
„Leider hat keine angebissen."
„Woher weißt du denn dann, daß du Forellen geangelt hast?"

8.7.2 Exkurs: Das Zitat und die Verben des Sagens und Meinens

Mit den Verben, mit denen man ein Zitat oder auch die Wiedergabe in indirekter Rede einleitet, kann man das Wiedergegebene zugleich kommentieren und bewerten. Weil das so ist, gibt es Presseagenturen, welche ihren Korrespondenten und Journalisten strikt vorschreiben, nur das neutrale *sagen* zu verwenden. Vergleichen Sie folgende Äußerungen!
Der Pressesprecher sagte: „Das neue Modell wird in einem halben Jahr auf dem Markt sein."
Der Pressesprecher kündigte an: „Das neue Modell wird in einem halben Jahr auf dem Markt sein."
Der Pressesprecher räumte ein: „Das neue Modell wird in einem halben Jahr auf dem Markt sein."
Der Pressesprecher vermutete: „Das neue Modell wird in einem halben Jahr auf dem Markt sein."
Diese Verben – in den Grammatiken heißen sie Verben des Sagens und Meinens – können dazu dienen, die wörtlich oder indirekt wiedergegebene Äußerung in ganz unterschiedlicher Bedeutung erscheinen zu lassen. In Diskussionen des öffentlichen Sprachgebrauchs ist das ein beliebtes Mittel, insbesondere wenn man zusätzliche Angaben macht.
Der Pressesprecher verkündete triumphierend: „Das neue Modell wird in einem halben Jahr auf dem Markt sein."
Der Pressesprecher gab nach einigem Zögern und erst nach intensiven Nachfragen zu: „Das neue Modell wird in einem halben Jahr auf dem Markt sein."

Es lassen sich einige Typen der Verben des Sagens und Meinens unterscheiden; einige Verben passen zu mehr als einem Typ.
1. Sprechweise, Stimmlage, Artikulation kennzeichnend: *flüstern, nuscheln, schreien . . .*
2. Den Gang der Rede ordnend: *fragen, antworten, dazwischenrufen, . . .*
3. Ausdrückend, wie es gemeint ist, wie es aufgefaßt wird: *bitten, drohen, befehlen, . . .*

In der Linguistik, und zwar in der Sprechakttheorie, die davon handelt, daß sprachliche Verständigung oft soziales Handeln ist, nennt man diese Verben „performative Verben"; der Begriff drückt aus, daß die Verben eine sprachliche und zugleich soziale Handlung kennzeichnen. Manche solcher Handlungen kann man nur vollziehen, wenn man dabei das Verb ausspricht: *Ich schwöre. . . Ich verspreche dir . . .* Andere kann man auch anders ausdrücken: *Ich bitte dich, zu mir zu kommen. – Bitte, komm doch mal her!*

✍️ **Trainingseinheit**

Ordnen Sie die folgenden Verben den Typen zu; manche passen mehr als einmal:

anklagen, antworten, ansagen, anweisen, auffordern, befehlen, behaupten, belegen, berichten, bestreiten, bitten, brüllen, dazwischenrufen, donnern, drohen, einwerfen, erwidern, erzählen, flüstern, fortfahren, fragen, grölen, hauchen, hinzufügen, informieren, kommentieren, kreischen, lamentieren, lispeln, lügen, meinen, meckern, mitteilen, nachweisen, nölen, nörgeln, nuscheln, paraphieren, predigen, quäken, quengeln, raunen, raunzen, rufen, salbadern, sagen, schreiben, schreien, schwören, sich beschweren, sich versprechen, sprechen, stottern, streiten, unken, unterbrechen, unterschreiben, unterzeichnen, verbieten, versichern, versprechen, warnen, wettern, wispern, zanken, zugeben, zürnen, zurückweisen, zurufen, zwitschern.

Lösungshinweis:

1. Sprechweise, Stimmlage, Artikulation oder das Schreiben kennzeichnend: *brüllen, dazwischenrufen, donnern, flüstern, grölen, hauchen, kreischen, lamentieren, lispeln, meckern, nölen, nuscheln, paraphieren, predigen, quäken, quengeln, raunen, rufen, salbadern, schreiben, sich versprechen, sprechen, schreien, stottern, unterschreiben, unterzeichnen, wettern, wispern, zurufen, zwitschern.*
2. Den Gang der Rede ordnend: *antworten, ansagen, dazwischenrufen, einwerfen, erwidern, erzählen, fortfahren, fragen, hinzufügen, rufen, sagen, sprechen, unterbrechen, zugeben, zurückweisen, zurufen.*
3. Ausdrückend, wie es gemeint ist, wie es aufgefaßt wird: *anklagen, anweisen, auffordern, befehlen, begrüßen, bestreiten, bitten, drohen, befehlen, behaupten, belegen, berichten, bitten, drohen, erwidern, fragen, hinzufügen, informieren, kommentieren, lamentieren, lügen, meinen, meckern, mitteilen, nachweisen, nörgeln, paraphieren, predigen, quengeln, salbadern, schwören, sich beschweren, sich verbitten, streiten, unken, unterschreiben, verbieten, versprechen, warnen, zanken, zugeben, zürnen, zurückweisen.*

8.8 In Bildern und Gleichnissen reden

Aus einem SPIEGEL-Gespräch mit dem damaligen nordrhein-westfälischen Kultusminister Hans Schwier:

SPIEGEL: In der gymnasialen Oberstufe sollen Kernfächer wie Deutsch, Sprachen, Mathematik und Naturwissenschaften nicht mehr oder kaum abgewählt werden können.

SCHWIER: Das Menü, das sich jeder Schüler fürs Abitur zusammenstellen muß, enthält nicht nur Kuchen und Schlagsahne.

Quelle: Der Spiegel Nr. 22, 28.5.1984, S. 76.

Schwier propagiert hier nicht eine neue Ganztagsschule mit Café, sondern er redet „in Bildern und Gleichnissen", wie es in der Bibel heißt. Er redet über den Fächerkanon der Oberstufe. Im öffentlichen Sprachgebrauch werden veranschaulichende Vergleiche und Bilder ständig gebraucht, häufig in der Form von Sprichwörtern. Als Bundeskanzler Kohl zum ersten Mal Gorbatschow in Moskau besuchte, erklärten beide bei der Pressekonferenz, man habe „ein neues Blatt im Buch der Geschichte umgeblättert". Am nächsten Tag hatten viele Zeitungen diese sprichwörtliche Redensart als Titelzeile, und nicht wenige hatten dazu eine Karikatur, in der die beiden mit einem großen Buch beschäftigt waren. Achten Sie einmal auf Kommentare, gleichgültig ob in Presse, Funk oder Fernsehen: Fast keiner kommt ohne Redensart oder Sprichwort aus.

Sprichwörter sind in sich abgeschlossene bildhafte Äußerungen, die häufig eine Lebenserfahrung weitergeben: *Eile mit Weile.* Aber auch: *Wer rastet, rostet.* Und: *Wer zu spät kommt, den bestraft das Leben.* Mit diesem Sprichwort gab Gorbatschow im Herbst 1989 direkt vor laufenden Fernsehkameras zu verstehen, daß Honecker abgesetzt werde.

Redensarten sind unfertige bildhafte Äußerungen, die noch ergänzt werden müssen, wie das Bild vom Buch der Geschichte, in dem Kohl und Gorbatschow das Blatt umblätterten. Weitere Beispiele: *jemanden über den Tisch ziehen, jemandem einen Bären aufbinden, etwas an die große Glocke hängen, jemanden durch den Kakao ziehen, jemanden an den Pranger stellen, den Augiasstall ausmisten, . . .*

In wissenschaftlichen Texten werden solche Bilder und Vergleiche seltener gebraucht, weil man die Phänomene ja begrifflich und fachsprachlich erfaßt. Aber auch hier finden wir Bilder und übertragene Bedeutungen (Metaphern) unterschiedlicher Art.

8.8.1 Metaphern, die man nicht mehr bemerkt

Das Wort Metapher kommt von griechisch *metaphora* ‚Übertragung'. Ein Wort wird aus seinem eigentlichen Bedeutungsbereich in einen anderen übertragen. Unser Wortschatz ist voll von Wörtern, die übertragene Bedeutungen haben, welche wir oft kaum noch als solche wahrnehmen. Wer denkt schon beim Wort *begreifen* an die greifenden Finger einer Hand? Wir denken an den Verstand, der etwas versteht. Das Wort *Begriff* hat dann nur noch übertragene Bedeutung, während das Wort *Griff* zunächst nur konkrete Bedeutung hat, entweder als der Hand angepaßtes Teil eines Gerätes oder als Handlung des Greifens. Aber schon die Ableitung *Zugriff* wird wiederum als geistige Handlung verstanden und ist ein zentrales Wort wissenschaftlicher Texte: der erste Zugriff auf ein Thema, einen Stoff, ein Phänomen.

Weitere für den wissenschaftlichen Diskurs zentrale metaphorische Wörter sind zum Beispiel:

- die *Weg*-Metapher, besonders deutlich in der Buchreihe der Wissenschaftlichen Buchgesellschaft *Wege der Forschung*; eine Variante ist die *Feld*-Metapher, die wir im *Umfeld* und *Magnetfeld* antreffen wie im *Wortfeld*.
- die *Kern*-Metapher: *Kern des Problems* und *Kernaussage* (allgemein), *Atomkern* (mit allen damit verbundenen Wörtern wie *Kernspaltung, Kernkraft*); *Satzkern* in der Sprachwissenschaft
- die Gefäßmetaphorik von *Inhalt* und *Gehalt*, die jedes *Inhaltsverzeichnis* eines Buches „enthält"

Wir sind auf verfestigte Metaphern angewiesen, weil der Wortschatz im Laufe der Sprachgeschichte durch solche Umdeutungen ausgebaut wurde. Abstrakte Begriffe und Konzepte brauchten Begriffsnamen, neue Erfindungen mußten benannt werden, und so haben wir den *Wortstamm*, die *etymologische Wurzel* und die *Wortfamilie* (organische Vergleiche aus einer Zeit, als man die Sprache als lebendigen Organismus verstand); wir haben die *Motorhaube*, das *Stativbein* und das *Programmenu* eines Computerprogramms, das mit der *Maus* angeklickt wird. Siehe auch S. 147 die *Roten Riesen* und die *Weißen Zwerge* im Weltraum.

Eine moderne Forschungsrichtung in der Linguistik – die kognitive Linguistik – beschäftigt sich damit, daß und wie wir mit und durch solche Metaphern leben und denken. Unser öffentliches Leben wird zum Beispiel durch *Kampf- und Kriegsmetaphern* nachhaltig bestimmt: Wir erleben *Redeschlachten, Wahlkampagnen* und *Wahlkämpfe*; da wird *der Gegner ins Visier genommen* und dann *in die Knie gezwungen*, da werden *Feindbilder aufgebaut, der (politische) Gegner gejagt, Siege gefeiert* und *Niederlagen eingesteckt* usw.

8.8.2 Knappe Vergleiche und sprachliche Bilder

Die Neubearbeitung eines philosophischen Buches bereitet einem Autor bekanntlich oft größeres Kopfzerbrechen als die Abfassung eines gänzlich neuen Manuskriptes. Denn gewöhnlich wandelt sich der Denkstandpunkt im Laufe der Jahre ...
So beginnt das „Vorwort zur zweiten Auflage" des Buches „Hauptströmungen der Gegenwartsphilosophie" von Wolfgang Stegmüller (Stuttgart, zitiert nach der 3. Auflage 1965, S. XI). Nun müssen wir weder um den Kopf des Autors Angst haben, noch denkt er mit den Füßen. *Kopfzerbrechen* wird sofort als sprachliches Bild erkannt, der *Denkstandpunkt* ist eine der Metaphern, die man nicht mehr bemerkt.

Knappe Bilder veranschaulichen, machen einen Text lebendig. Man muß nur darauf achten, daß man keine inkonsistenten Bilder mischt, daß nicht *der Zahn der Zeit, der schon so manche Träne getrocknet hat, während er im Trüben fischte, auch über diese Wunde Gras wachsen lassen wird.*

Bilder können genutzt werden, um einen komplexeren Sachverhalt gründlicher zu veranschaulichen. Dafür folgen zwei Beispiele.

(1) Im Buch „Gödel, Escher, Bach" führt der Autor eine Entdeckung des Mathematikers und Logikers Kurt Gödel (1906-1978) wie folgt ein:

Dieser Einfall, die Mathematik „introspektiv" zu machen, erwies sich als ungeheuer fruchtbar, und seine vielleicht weitreichendste Folge war die, die Gödel fand: den nach ihm benannten Unvollständigkeitssatz. Was dieser Satz enthält und wie er bewiesen wird, sind zwei verschiedene Dinge. In diesem Buch werden wir beide recht ausführlich behandeln. Der Satz läßt sich mit einer Perle vergleichen, und die Beweismethode mit einer Auster. Man schätzt die Perle wegen ihres Glanzes und ihrer Einfachheit; die Auster ist ein komplexes Lebewesen, dessen Organe dieses geheimnisvolle einfache Kleinod hervorbringen.

Gödels Satz erscheint als Behauptung VI in seiner 1931 erschienenen Arbeit „Über formal unentscheidbare Sätze der Principia Mathematica und verwandter Systeme I". Er lautet:

Zu jeder ω-widerspruchsfreien rekursiven Klasse *K* von *Formeln* gibt es rekursive *Klassenzeichen r*, so daß weder *v*Gen *r* noch Neg(*v*Gen *r*) zu Flg (*K*) gehört (wobei *v* die freie Variable aus *r* ist).

Oder, einfacher gesagt:

Alle widerspruchsfreien axiomatischen Formulierungen der Zahlentheorie enthalten unentscheidbare Aussagen.

Das ist die Perle.

Quelle: Douglas R. Hofstadter: Gödel, Escher, Bach – ein endlos geflochtenes Band. Stuttgart 1985, S. 19. Die zitierten *Principia Mathematica* werden auf S. 20 eingeführt als „. . . gigantisches" Werk, „von Bertrand Russell und Alfred North Whitehead, das von 1913 bis 1919 veröffentlicht wurde".

Mit dem Bild von Perle und Auster hat der Autor sich und dem Leser einen Vergleich geschaffen, der auch einen Nicht-Mathematiker neugierig machen kann, was diesen Unvollständigkeitssatz zu einer *einfachen, schönen Perle* macht und warum der Beweis eine *komplexe Auster* ist.

(2) Das zweite Beispiel stammt aus der Einleitung des Buches „Über den Prozeß der Zivilisation" von Norbert Elias. Elias setzt sich mit einem Konzept von Talcott Parsons auseinander, dem „Mann, der in unseren Tagen weitgehend als der führende Theoretiker der Soziologie gilt".

Charakteristisch für Parsons' theoretische Einstellung ist der Versuch, die verschiedenen Gesellschaftstypen in seinem Beobachtungsfeld [. . .] analytisch in ihre elementaren Bestandteile zu zerlegen. [. . .] Man kommt seiner Vorstellung am nächsten, wenn man sagt, daß er sich eine Gesellschaft wie ein Blatt Karten in der Hand eines bestimmten Spielers vorstellt: Jeder Gesellschaftstyp, so scheint es Parsons zu sehen, stellt eine verschiedene Mischung der Karten dar. Aber die Karten selbst sind immer die gleichen; und die Anzahl der Karten selbst ist klein, wie mannigfaltig auch die Kartenblätter sein mögen.

Quelle: Norbert Elias: Über den Prozeß der Zivilisation. Soziogenetische und psychogenetische Untersuchungen. Erster Band: Wandlungen des Verhaltens in den westlichen
Oberschichten des Abendlandes. Frankfurt/Main 1981, S. XVI-XV.

Beide Beispiele demonstrieren, daß hier mit sprachlichen Bildern wesentliche
Teile der Aussage veranschaulicht werden. *Perle und Auster* stehen in der Natur
in eben dem Zusammenhang wie Gödels Satz und der Beweis: Die Perle ist wie
der Satz einfach, von geheimnisvoller Schönheit und als Ergebnis eines Prozesses vorhanden. Die Auster, in der die Perle im Verborgenen heranwächst, steht
für den komplexen Beweis, der erst erbracht und verstanden werden kann, wenn
bis dahin geltende Regeln der Mathematik aufgehoben werden. Bei Elias sind
die Karten in der Hand die Bestandteile, die nach Spielregeln ausgespielt werden; welche Spielregeln es sind, gilt es zu entdecken. In beiden Beispielen haben
die Autoren also sorgfältig darauf geachtet, daß die Bilder passen, daß die Vergleiche nicht „hinken", sondern erhellen. Im Bild und in der Aussage muß ein gemeinsamer Kern sein, der den Vergleich sinnvoll macht. Man nennt ihn das *tertium comparationis* (das Dritte, das dem Vergleich dient). Außerdem haben Hofstadter und Elias sorgfältig darauf geachtet, daß die Bilder nicht die eigentliche
Aussage überlagern, d.h. daß nicht das Bild am Ende das einzige ist, was man
verstanden hat. In Text (12) von Schnelle auf S. 166 ist *die Brille* ein solches *tertium comparationis* für die Methoden und Theorien einer Wissenschaft.

> Vergleiche und sprachliche Bilder dienen der Veranschaulichung abstrakter
> Zusammenhänge. Man muß aber sorgsam darauf achten, daß die Vergleiche
> das Wesentliche veranschaulichen und daß sie die Sachaussage nicht über-
> lagern.

8.8.3 Breiter ausgeführte Vergleiche und sprachliche Bilder

Sowohl Hofstadter als auch Elias haben mit ihren Bildern komplexe Aussagen
auf einen Kern reduziert und damit dann im Text so gearbeitet, daß sie das Bild
mehrfach zur Erläuterung der abstrakten Aussagen herangezogen haben.
    Im Textauszug aus Luthers „Sendbrief vom Dolmetschen" wird ein Bild
breiter ausgeführt: Das Übersetzen wird mit dem Roden des Waldes verglichen. Siehe dazu S. 203.
    Wie man ein Bild gründlich ausbauen kann, um eine abstrakte Aussage vor-
zubereiten und dann pointiert zu setzen, zeigt auch der folgende Text. Dabei
wird, während das Bild entfaltet wird, die rhetorische Strategie zugleich erläutert mit Hinweisen auf das „Beispiel" und mit der Warnung vor allzuschnellen
Schlußfolgerungen darauf, wovon eigentlich die Rede ist, was das *tertium comparationis* ist. Dieses dritte Beispiel ist also eine längere Textpassage. Sie
stammt von Klaus Michael Meyer-Abich und ist dem Abschlußbericht einer
Enquête-Kommission des 12. Deutschen Bundestages aus dem Jahr 1994 entnommen. In Enquête-Kommissionen erarbeiten Wissenschaftler und Politiker

grundlegende Positionen zu Fragen, die der Bundestag grundsätzlicher geklärt haben möchte.

[. . .] Ich schlage vor, der Frage nach dem relativ günstigsten und verfügbaren Energieträger drei andere voranzustellen, und veranschauliche die erste an einem Beispiel, dem die meisten Leser zunächst gar nicht anmerken werden, was das tertium comparationis zu den umstrittenen Energiesystemen ist: ein Segelschiff.

(a) Einbettung in das, was schon da ist.

Ein Segelboot fährt, aber es lärmt nicht, es stinkt nicht, es verschwendet keine Energie durch die Erregung von Bug- und Heckwellen. Es braucht für die Fahrt im herkömmlichen Verständnis schlechterdings gar keine Energie, nämlich in Gestalt von Energieträgern, die man in Behältern oder in Leitungen herbeischaffen muß. Trotzdem fährt es, und dazu braucht es natürlich Energie. Woher hat es diese? Daß es sich um Windenergie handelt, ist auf diese Frage nur eine etwas kunstlose Antwort. Ein Segelschiff fährt nämlich nur dann, wenn es (1) durch technische Intelligenz so gestaltet und getakelt ist, daß es sich in seine natürliche Mitwelt – den Wind und das Wasser mit seinen Wellen – einfügt, und wenn (2) ein Steuermann da ist, der diese Einbettung in Gestalt der Fahrt aktualisiert. Hinzu kommt, was dem Laien in der Regel zuerst einfällt, daß auch der Wind noch wehen muß; aber für ein gutes Boot und einen guten Segler genügt bereits eine ganz geringe Brise. Das Boot fährt also dadurch, daß es durch die Kunst des Steuermanns in seine natürliche Mitwelt eingebettet ist. Es gewinnt der Welt, so wie sie ist (insbesondere in der Umgebungsenergie) vermöge dieser Einbettung eine Ordnung ab, welche es ohne diese Kunst nicht gäbe. Diese Ordnung ist die gerichtete Fahrt in einer sonst keineswegs gleichermaßen geordneten Umgebung. Ein Motorschiff setzt dagegen auf kunstlos harte Technik: Ein Rumpf, dessen Gestalt sich den Elementen nicht einfügt, und ein Motor, der stark genug ist, auch die unförmigste Kiste noch über das Meer zu treiben, ohne Rücksicht auf Wind und Wellen. Ein extremes Beispiel bloß gewalttätiger Technik sind Tragflügelboote.

Ich schildere dieses Beispiel nicht, um das allgemeine Segeln, auch für die Frachtschiffahrt, zu propagieren, sondern weil man daran ein anderes Leitbild als das der energiebezogenen industriellen Wirtschaft erkennen kann: ein Leitbild, das ich – anders als das Segeln – einer künftigen Industriegesellschaft zur Verallgemeinerung empfehlen möchte. Es besteht darin, im Hinblick auf menschliche Bedürfnisse, sei es eine Fahrt oder ein gegenständliches Produkt, zunächst einmal zu fragen: **Was ist schon da? In welcher Welt, wie sie bereits besteht, soll das Ziel verwirklicht werden?** Und dann das Ziel möglichst weitgehend mit dem, was schon da ist, zu verwirklichen. Möglich wäre dies, wenn die hohe Intelligenz, die der heutigen Technik unter einem anderen Leitbild inkorporiert ist, dem neuen Leitbild folgen würde.

Quelle: Klaus Michael Meyer-Abich: Neue Ziele – Neue Wege: Leitbild für den Aufbruch zu einer naturgemäßen Wirtschaft und Abschied vom Energiewachstum. In: Deutscher

Bundestag (Hg.): Schlußbericht der Enquête-Kommission „Schutz der Erdatmosphäre –
Mehr Zukunft für die Erde – Nachhaltige Energiepolitik für dauerhaften Klimaschutz"
des 12. Deutschen Bundestages. Bonn 1995, S. 193-201, zitiert S. 196 f.

✍ **Trainingseinheit**
Dieser letzte Text eignet sich gut für eine Analyse. Ermitteln Sie:
– Aus wie vielen Bestandteilen ist das Bild aufgebaut?
– Welche Teile der Sachaussage werden durch welchen Teil des Bildes vorbe-
  reitet und gestützt?
– Welche Teile sind dem Bild und der Sachaussage gemeinsam, d.h. welche
  stellen das *tertium comparationis* dar?

8.9 Stilfiguren und rhetorische Figuren

Neben den Bildern und Vergleichen gibt es eine ganze Reihe weiterer Stilfiguren und rhetorischer Figuren, mit welchen man einem Text durch die sprachliche Form zu besonderer Wirkung verhelfen kann. Für wissenschaftliche, informative Texte sind sie weniger wichtig als für Überzeugungsreden oder für un-
terhaltsame Texte. Zudem wurden solche Techniken in den Abschnitten zum
Argumentieren (Kapitel 7.3) und zum Wortschatz (Kapitel 8.4) schon mit vorgestellt, weil sie sich aus dem Aufbau der Rede und den betreffenden sprachlichen Mitteln ergeben. Hier seien deshalb nur noch einmal in knapper Form
wichtige rhetorische Mittel aufgeführt, die – gezielt und sparsam verwendet –
auch in wissenschaftlichen Texten wirksam sein können.

**1. Die Übertreibung (Hypostase) und die Untertreibung (understatement,
Litotes)**
Übertreibungen gehören nicht in sachliche, informative Texte. Aber so manche
Verlautbarung über *sensationelle Forschungsergebnisse, bahnbrechende Entdek-
kungen, den endgültigen Durchbruch* wird nicht nur von den Journalisten so for-
muliert, sondern den Presseabteilungen von Instituten und Hochschulen.
   Wenn in den Wissenschaften ein Paradigmenwechsel eingeläutet wird, kön-
nen sich allerdings die Verfechter der neuen Wissenschaft mit denen der alten
Schule oft durchaus intensive rhetorische Gefechte (noch so eine Kriegsmeta-
pher, s.o. 8.8.1) liefern.
   Die Untertreibung ist wissenschaftlichen Veröffentlichungen schon eher angemessen. Da ist *ein erster Anfang gemacht, ein kleiner Schritt in die richtige
Richtung, ein ermutigendes Ergebnis erzielt worden.*

2. Der verhüllende Euphemismus: *Entsorgungspark* (also ein ‚Park, der uns alle
Sorgen nimmt', zumindest könnte man ihn auch so verstehen) für *Müllkippe*
oder *Atommülldeponie.* Euphemismen sind in Kapitel 8.4 ausführlicher behandelt.

3. Die Steigerung

Steigerungen sind in der Argumentation wirkungsvoll, ein *erstens – zweitens – drittens* wirkt eindrücklicher, wenn es nicht nur eine Reihung ist.

Als Beispiel mögen vier Zeilen aus Schillers „Lied von der Glocke" dienen, über deren sachlichen Gehalt man auch heute kaum Zweifel haben kann:

Gefährlich ist's, den Leu zu wecken,
Verderblich ist des Tiger's Zahn;
Jedoch der schrecklichste der Schrecken,
Das ist der Mensch in seinem Wahn.

Quelle: Friedrich Schiller: Die Glocke. Zit.n. Otto Conrady: Das große deutsche Gedichtbuch. A.a.O., S. 322.

4. Die Wiederholung und die Variation

Bei der Vorstellung der Fachsprachen und des Wortschatzes (Kapitel 6.4.3 und Kapitel 8.4.2) wird darauf hingewiesen, daß in Fachtexten Wiederholungen angemessen und unvermeidlich sind, weil Fachbegriffe nun einmal Fachbegriffe sind deshalb und nicht variiert werden dürfen. Die Stilregel des Schulaufsatzes, journalistischer und erst recht literarischer Texte, daß Wiederholungen langweilen und Abwechslung erfreut, gilt nicht in der Wissenschaft.

5. Die rhetorische Frage

Die Scheinfrage ist ein Stilmittel der öffentlichen Rede, also auch der Wissenschaftskongresse und Tagungen, wenn wissenschaftspolitische Richtungsentscheidungen anstehen. Diese Frage ist keine Frage, die eine Antwort erwartet, sondern die Antwort ist in ihr enthalten, aber die Zuhörer fühlen sich angesprochen und nehmen verstärkt Anteil.

6. Gegensätze und Antithesen

Im Argumentationskapitel (Kapitel 7.3) wird das Argumentationsmuster von These – Antithese – Synthese vorgestellt. Der Text von Meyer-Abich mit dem sprachlichen Bild der Segelboote (S. 243) enthält ein gutes Beispiel für das Argumentieren mit einem Gegensatz: Dem vom Wind angetriebenen Segelboot der ‚weichen' Technik wird das Wind und Wellen ignorierende Motorboot der ‚harten' Technik gegenübergestellt.

Die Stilistiken und Rhetoriken enthalten weitere Stilmittel und rhetorische Mittel und differenzieren auch genauer, aber für wissenschaftliches Schreiben ist nicht die rhetorische Aufbereitung eines Textes wichtig, sondern Sachangemessenheit, Klarheit, Verständlichkeit.

Viel Erfolg beim Verfassen Ihrer Arbeit! Und nicht vergessen:
Schreiben lernt man durch Schreiben!

9. Wie gestalte ich meinen Text?
Formale Textgestaltung

So, nun haben Sie Konzept und Manuskript Ihrer wissenschaftlichen Arbeit erstellt; Inhalt und Gliederung sind klar, der Text liegt in einer vorläufigen Form vor Ihnen. Nun gilt es, sich Gedanken über das Äußere, die Form zu machen. Wollen Sie mit Fußnoten oder mit einem Anmerkungsverzeichnis arbeiten, Zitate als Blöcke absetzen, Überschriften auch durch die Schriftgröße hervorheben? Überlegungen dieser Art bestimmen das Aussehen einer Seite, die Anordnung des geschriebenen Textes auf dem Papier. Nicht allein die Überschriften gliedern den Text. Innerhalb der Kapitel können Sie durch Absätze und Einrückungen ordnen, durch Unterstreichungen oder eine halbfette Schrift hervorheben. Ihr Schreibinstrument – Schreibmaschine oder Computer – hat Einfluß darauf, was möglich ist. Arbeiten Sie mit Bildern oder Tabellen? Wie also sollen die Seiten Ihrer Arbeit aussehen?

In diesem Kapitel finden Sie Hinweise auf das, was bei der Gestaltung von Texten bedacht werden muß. Sowohl Möglichkeiten der Textgliederung im allgemeinen als auch die automatischen Funktionen des Computers werden erläutert, Einsatzmöglichkeiten für Bilder, Tabellen und Diagramme skizziert. Darüber hinaus werden grundlegende Tips zum Tippen gegeben. Bei der Auswahl aus der Palette des Möglichen sollten Sie sich unbedingt an den Vorgaben Ihres Fachbereichs orientieren – nicht alles, was gefällt, ist erwünscht, nicht alles, was machbar ist, ist erlaubt.

9.1 Das Layout

Das Layout, die äußere Gestaltung einer einzelnen Seite bzw. eines ganzen Textes, hat für die Wirkung einer wissenschaftlichen Arbeit eine nicht zu unterschätzende Bedeutung. Die Anordnung der Überschriften, der Textzeilen, ggf. der Bilder, Tabellen und Diagramme, auch Kopfzeilen und Fußnoten steuern die Wahrnehmung des Lesers und beeinflussen sein intuitives Urteil über den Text. Das Auge ißt mit – auch beim Lesen wissenschaftlicher Arbeiten. Sie werden das kennen: Einige Bücher gefallen Ihnen schon auf den ersten Blick besser als andere. Sie sind übersichtlicher, wirken freundlicher. Woran liegt das? Obwohl es schwierig ist, für alle Leser aller Texte zutreffende Gründe zu nennen, lassen sich dennoch generelle Anhaltspunkte für gut lesbare Texte formulieren.

Wissenschaftliche Arbeiten werden auf DIN-A4-Papier geschrieben. Die Blätter werden nur auf einer Seite, also nicht beidseitig beschriftet. Eine Seite, die von oben links bis unten rechts engzeilig gefüllt ist, macht es dem Leser unnötig schwer, sich zu konzentrieren und bei der Sache zu bleiben. Aber auch, wenn ständig umgeblättert werden muß, ist es nicht leicht, dem roten Faden einer Argumentation zu folgen.

Die elementaren Bestandteile einer wissenschaftlichen Arbeit sind immer gleich:
- Titelblatt,
- Inhaltsverzeichnis,
- Text,
- Literaturverzeichnis und
- Selbständigkeitserklärung (bei einer Abschlußarbeit).

Ein Vorwort, eine Widmung, Personen- oder Sachregister und verschiedene Arten von Verzeichnissen (z.B. Legende, Abkürzungsverzeichnis, Quellenverzeichnis, Tabellenverzeichnis, ...) sind nicht obligatorisch. Hinweise dazu finden Sie in Kapitel 5.2. In manchen Fächern bzw. bei mancher Arbeit sind Ergänzungen dieser Art durchaus sinnvoll. Wie eine wissenschaftliche Arbeit im einzelnen aussieht, wird zuerst von den Konventionen des jeweiligen Fachs bestimmt. Wenn in Ihrem Fach keine Richtlinie über die Komponenten einer wissenschaftlichen Arbeit gegeben ist, dürfen Sie hier frei gestalten. Orientieren Sie sich an den Veröffentlichungen, die Ihnen bei der Lektüre besonders angenehm aufgefallen sind.

Bei mit der Schreibmaschine geschriebenen Texten wird geraten, das Geschriebene 1,5- oder sogar zweizeilig anzuordnen, um den Text besser lesbar zu machen. Wenn dazu noch ein breiter Rand links (5 – 6,5 cm) – wie ebenfalls häufig empfohlen – zum Binden gelassen werden muß, steht jedoch nur wenig Text auf einer Seite. Mit dem Computer können Sie auch ungewöhnlichere Zeilenabstände definieren, z.B. 1,3- bzw. 1,4zeilig schreiben. Außerdem können Sie auch durch die Wahl einer bestimmten Schriftgröße und Schriftart Einfluß darauf nehmen, wie viele Informationen auf eine Seite passen. Wahrnehmungspsychologen haben herausgefunden, daß etwa 50 Zeichen pro Zeile dem Leser die bestmögliche Wahrnehmung des Geschriebenen erlauben. Würden die Zeilen länger, falle es dem Auge schwer, von der gerade gelesenen zur nächsten Zeile umzuschalten, und der Leser ermüde sehr leicht.

Achten Sie bei der Auswahl von Rändern und Zeilenabständen darauf, daß nicht zuviel, aber auch nicht zu wenig Text auf den Seiten steht.

Wenn in einem Text jegliche Gliederungsmittel fehlen, kann der Leser bei der Lektüre nur schwer Denkpausen einlegen. Ein Text ohne Binnengliederung wirkt wie ein Satz,*beidemdieWörterohneZwischenraumaneinandergereihtsind.* Die Anordnung des Textes auf der Seite entspricht gewissermaßen den Pausen und Betonungen beim Sprechen: Auch wenn Sie reden, machen Sie genau dann Pausen, wenn der Sinn der Rede es erfordert. Sie machen Pausen, um Ihre Worte nachwirken zu lassen, bevor Sie etwas Neues beginnen – d.h. nicht nach jedem Satz. Wenn in einem Text jeder Absatz genau einen Satz enthält, ist das Gliederungsmittel nicht optimal ausgenutzt: Der Text wirkt genauso unstrukturiert, als hätte er keine Absätze. Dem Leser wird nicht mit Hilfe der Textgestalt optisch verdeutlicht, wo Zusammenhänge bestehen.

Setzen Sie die Mittel der Binnengliederung (Abschnitt, Absatz, Überschrift) planvoll ein.

Beginnen Sie für einen neuen Gedanken Ihrer Argumentation eine neue Zeile. So entstehen Absätze innerhalb eines Textblocks. Auf den ersten Blick wird dadurch an der äußeren Form des Textes seine inhaltliche Struktur erkennbar: Bei fünf Absätzen läßt sich beispielsweise vermuten, daß fünf Gründe oder fünf Theorien für oder gegen etwas sprechen.

Wenn ein Sinnabschnitt abgehandelt ist, beginnen Sie einen neuen Textabschnitt. Dadurch, daß Sie nicht nur eine neue Zeile beginnen, sondern auch eine Zeile frei lassen, gliedern Sie stärker. Sie signalisieren, daß das Folgende nicht dem bisherigen Argumentationsverlauf bzw. Gedankengang zuzurechnen ist.

Setzen Sie Überschriften, um dem Leser eine Orientierungsinformation zu geben.

Sie sollten in Ihren Überschriften das Thema oder die Fragestellung des im folgenden Textabschnitt (in den folgenden Textabschnitten) Behandelten fixieren. Entsprechend gibt es verschiedene Überschriftentypen:
– die Überschrift als Frage, z.B. *Warum soll man einen Text gliedern?,*
– die Überschrift als präpositionale Fügung, z.B. *Über die Notwendigkeit der Textgliederung* und
– die Überschrift als Substantiv(-gruppe), z.B. *Textgliederung* oder *Mittel der Textgliederung.*
Wie Sie Ihre Überschriften formulieren, hängt auch vom Thema ab. Überschriften dürfen nicht zu lang sein. Sie sollten zwei Zeilen nicht überschreiten.

Für welchen Typ Sie sich auch immer entscheiden, versuchen Sie, ihn generell beizubehalten.

Fachjargon, insbesondere Abkürzungen und Fremdwörter, die nicht ohne weitere Erklärung verstanden werden können, gehören nicht in Überschriften.

Damit Überschriften deutlich wahrgenommen werden, sollte man sie unterstreichen oder fett, gegebenenfalls größer als den übrigen Text setzen. Der Abstand zum folgenden Abschnitt sollte immer größer als der gewählte Zeilenabstand sein, zwei- bis dreimal so viel sind durchaus angemessen. Achten Sie darauf, daß Sie immer den gleichen Abstand zum folgenden Abschnitt einhalten. Werden in einem Text Hauptüberschriften und Unterüberschriften verwendet, können Sie hier variieren und die Hauptüberschriften stärker absetzen als die Unterüberschriften. Außerdem können die Hauptüberschriften, die in der Gliederung neue Kapitel kennzeichnen, größer als die anderen gesetzt werden.

Auch bei den Überschriften gilt das Prinzip der Sparsamkeit: Sie wirken nur dann gliedernd, wenn das Ganze überschaubar bleibt und der Leser nicht durch Unterkapitel der Unterkapitel der Unterkapitel verwirrt wird. Müßten mehr als vier Unterpunkte gezählt werden, sollten Sie Zwischenüberschriften ohne eigene Numerierung einfügen (zu Gliederungsmustern vergleichen Sie ausführlich Kapitel 5).

Lassen Sie neue Hauptkapitel auf einer neuen Seite beginnen – eine halbleere Seite ist keine Schande. Außerdem gilt: Sie schreiben nicht Seiten voll, sondern eine wissenschaftliche Arbeit. Die immer wieder gestellte Frage „Wie viele Seiten muß ich schreiben?", ist die, die gestellt wird, bevor sich jemand mit einem Thema auseinandersetzt. Später wird gefragt: „Wie viele Seiten darf ich abgeben?"

Sie können Hervorhebungen wichtiger Wörter und Begriffe dadurch vornehmen, daß Sie diese **fett** oder g e s p e r r t schreiben oder <u>unterstreichen</u>. Zitate, die länger als etwa zwei Zeilen sind, sollten Sie dadurch vom übrigen Text absetzen, daß Sie sie einrücken und gegebenenfalls den Zeilenabstand verringern. Kürzere Zitate stören den Lesefluß nicht so sehr, daß sie einen eigenen Abschnitt brauchen. Im Gegenteil – es würde den Lesefluß eher behindern, wenn halbe Sätze vom restlichen Text isoliert stehen. Zitate müssen jedoch immer als Fremdtexte kenntlich gemacht werden, Sie können Anführungszeichen verwenden oder eine andere Schriftart wählen. Wenn Sie mit vielen Beispielen arbeiten, bietet es sich an, diese durch Einrückung und/oder *Kursivschrift* vom Fließtext abzugrenzen. Häufig werden Autorennamen dadurch hervorgehoben, daß sie in GROSSBUCHSTABEN geschrieben sind. Mit dem Computer können Sie hier auch KAPITÄLCHEN verwenden. Ordnen Sie die Formate zu, bevor Sie mit dem Schreiben beginnen. Die Möglichkeiten sind vielfältig, achten Sie besonders darauf, daß sie einheitlich und gut unterscheidbar sind. Wenn Sie sich an diesen Richtlinien orientieren, machen Sie Ihren Text nicht nur le-

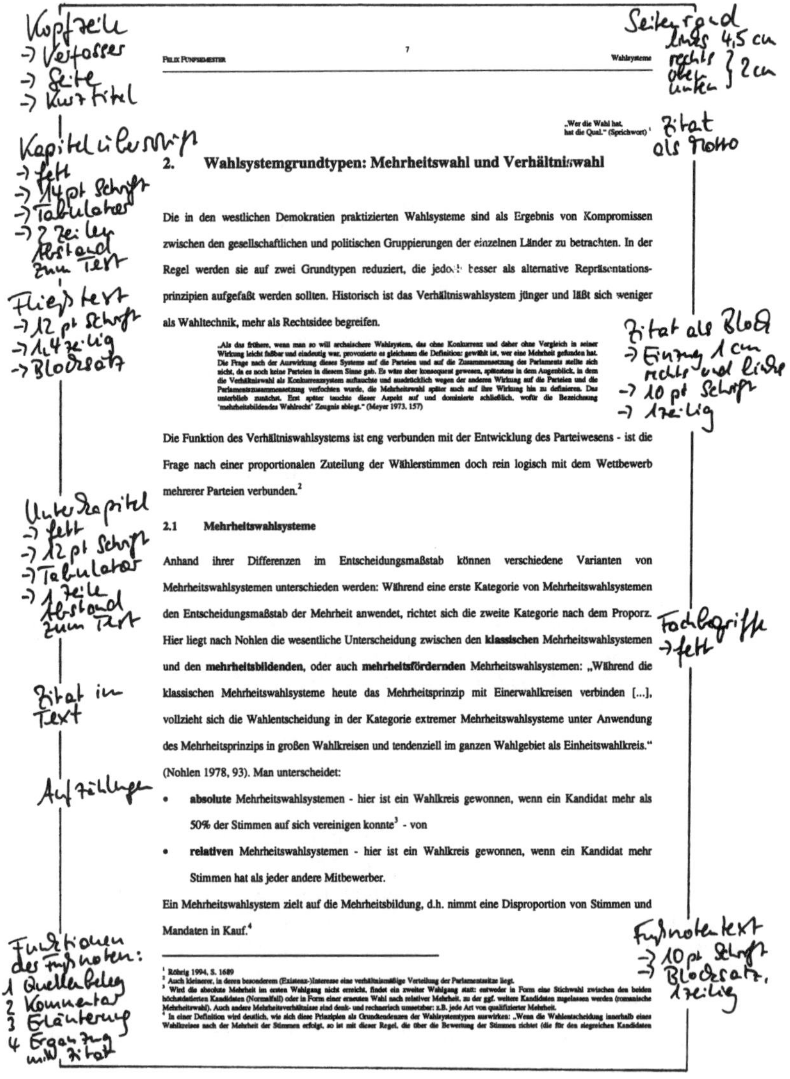

FELIX FÜNFSEMESTER 7 Wahlsysteme

„Wer die Wahl hat,
hat die Qual." (Sprichwort)[1]

2. Wahlsystemgrundtypen: Mehrheitswahl und Verhältniswahl

Die in den westlichen Demokratien praktizierten Wahlsysteme sind als Ergebnis von Kompromissen zwischen den gesellschaftlichen und politischen Gruppierungen der einzelnen Länder zu betrachten. In der Regel werden sie auf zwei Grundtypen reduziert, die jedoch besser als alternative Repräsentationsprinzipien aufgefaßt werden sollten. Historisch ist das Verhältniswahlsystem jünger und läßt sich weniger als Wahltechnik, mehr als Rechtsidee begreifen.

„Als das frühere, wenn man so will archaischere Wahlsystem, das ohne Konkurrenz und daher ohne Vergleich in seiner Wirkung leicht faßbar und eindeutig war, provozierte es gleichsam die Definition: gewählt ist, wer eine Mehrheit gefunden hat. Die Frage nach der Auswirkung dieses Systems auf die Parteien und auf die Zusammensetzung des Parlaments stellte sich nicht, da es noch keine Parteien in diesem Sinne gab. Es wäre aber konsequent gewesen, spätestens in dem Augenblick, in dem die Verhältniswahl als Konkurrenzsystem auftauchte und ausdrücklich wegen der anderen Wirkung auf die Parteien und die Parlamentszusammensetzung verfochten wurde, die Mehrheitswahl später auch auf ihre Wirkung hin zu definieren. Das unterblieb zunächst. Erst später tauchte dieser Aspekt auf und dominierte schließlich, wofür die Bezeichnung 'mehrheitsbildendes Wahlrecht' Zeugnis ablegt." (Meyer 1973, 157)

Die Funktion des Verhältniswahlsystems ist eng verbunden mit der Entwicklung des Parteiwesens - ist die Frage nach einer proportionalen Zuteilung der Wählerstimmen doch rein logisch mit dem Wettbewerb mehrerer Parteien verbunden.[2]

2.1 **Mehrheitswahlsysteme**

Anhand ihrer Differenzen im Entscheidungsmaßstab können verschiedene Varianten von Mehrheitswahlsystemen unterschieden werden: Während eine erste Kategorie von Mehrheitswahlsystemen den Entscheidungsmaßstab der Mehrheit anwendet, richtet sich die zweite Kategorie nach dem Proporz. Hier liegt nach Nohlen die wesentliche Unterscheidung zwischen den **klassischen** Mehrheitswahlsystemen und den **mehrheitsbildenden**, oder auch **mehrheitsfördernden** Mehrheitswahlsystemen: „Während die klassischen Mehrheitswahlsysteme heute das Mehrheitsprinzip mit Einerwahlkreisen verbinden [...], vollzieht sich die Wahlentscheidung in der Kategorie extremer Mehrheitswahlsysteme unter Anwendung des Mehrheitsprinzips in großen Wahlkreisen und tendenziell im ganzen Wahlgebiet als Einheitswahlkreis." (Nohlen 1978, 93). Man unterscheidet:

- **absolute** Mehrheitswahlsystemen - hier ist ein Wahlkreis gewonnen, wenn ein Kandidat mehr als 50% der Stimmen auf sich vereinigen konnte[3] - von
- **relativen** Mehrheitswahlsystemen - hier ist ein Wahlkreis gewonnen, wenn ein Kandidat mehr Stimmen hat als jeder andere Mitbewerber.

Ein Mehrheitswahlsystem zielt auf die Mehrheitsbildung, d.h. nimmt eine Disproportion von Stimmen und Mandaten in Kauf.[4]

[1] Röhrig 1994, S. 1689
[2] Auch kleinerer, in deren besonderem (Existenz-)Interesse eine verhältnismäßige Verteilung der Parlamentssitze liegt.
[3] Wird die absolute Mehrheit im ersten Wahlgang nicht erreicht, findet ein zweiter Wahlgang statt: entweder in Form eine Stichwahl zwischen den beiden höchstdatierten Kandidaten (Normalfall) oder in Form einer erneuten Wahl nach relativer Mehrheit, zu der ggf. weitere Kandidaten zugelassen werden (romanische Mehrheitswahl). Auch andere Mehrheitsverhältnisse sind denk- und rechnerisch umsetzbar: z.B. jede Art von qualifizierter Mehrheit.
[4] In einer Definition wird deutlich, wie sich diese Prinzipien als Grundtendenzen der Wahlsystemtypen auswirken: „Wenn die Wahlentscheidung innerhalb eines Wahlkreises nach der Mehrheit der Stimmen erfolgt, so ist mit dieser Regel, die über die Bewertung der Stimmen richtet (die für den siegreichen Kandidaten

Kopfzeile
-> Verfasser
-> Seite
-> Kurztitel
Seitenrand
links 4,5 cm
rechts
oben } 2 cm
unten
Kapitelüberschrift
-> fett
-> 14 pt Schrift
-> Tabulator
-> 2 Zeilen Abstand zum Text
Zitat als Motto
Fließtext
-> 12 pt Schrift
-> 1,4zeilig
-> Blocksatz
Zitat als Block
-> Einzug 1 cm rechts und links
-> 10 pt Schrift
-> 1zeilig
Unterkapitel
-> fett
-> 12 pt Schrift
-> Tabulator
-> 1 Zeile Abstand zum Text
Fachbegriffe
-> fett
Zitat im Text
Aufzählungen
Funktionen des Fußnoten:
1 Quellenbeleg
2 Kommentar
3 Erläuterung
4 Ergänzung mit Zitat
Fußnotentext
-> 10 pt Schrift
-> Blocksatz, 1zeilig

serfreundlich, sondern auch zu einer guten Gestalt: Form und Inhalt harmonie-
ren. So machen Sie es Ihrem Leser leichter, Ihren Text zu verstehen und mitzu-
denken.

9.2 Layoutgestaltung mit dem PC

Wer Routine im Umgang mit dem Computer hat, kann leicht Texte produzieren, die wie gedruckt aussehen. Viele Studierende verwenden viel Zeit für die
formale Gestaltung ihrer Arbeiten; vor allem das Entwerfen ungewöhnlicher
Layouts und das Abweichen von der Norm scheint für viele eine Herausforderung, die so groß ist, daß sie dabei den Inhalt vernachlässigen. Bitte vergessen
Sie nicht, daß Sie in erster Linie **über** etwas schreiben, daß Sie einen Text verfassen, der inhaltlich stimmig sein muß. Allein aufgrund der äußeren Form ist
noch keine Arbeit besser bewertet worden. Aber auch ein Zweites dürfen Sie
nicht unterschätzen: In einigen Fällen finden Mängel in der Form – seien Sie
auf den ersten Blick auch noch so nebensächlich – Niederschlag in der Note.
Man kann daher nicht oft genug darauf hinweisen: Erkundigen Sie sich nach
den in Ihrem Fachbereich geltenden formalen Bestimmungen. Und – last but
not least – ein harmonisches Verhältnis von Form und Inhalt beweist: Wer klar
gliedert, hat klar gedacht.

Die moderne Textverarbeitung mit dem Computer erlaubt es Ihnen, über die
Mittel der Textgliederung hinaus Layouts zu entwerfen, die Ihren Wünschen
entsprechen und den Anforderungen Ihres Faches genügen. Sie können
Schriftarten, Schriftgrößen, die Breite und Länge der Seiten und Abschnitte,
Zeilenabstände und Tabulatoren nach Belieben definieren und variieren. Die
automatische Erstellung von Seitenzahlen und Kopfzeilen, die Fußnotenver-
waltung und Fußnotentextberechnung sowie die Möglichkeit, Seitenumbrüche
auch von Hand einzugeben, erlauben es, beim Schreiben nicht um eine gute
Textgestalt kämpfen zu müssen. Sie können jederzeit auf den Inhalt Ihres Textes konzentriert bleiben, das Textverarbeitungsprogramm sorgt sich um Zeilenumbrüche etc.

Bei den meisten Programmen wird Ihnen am unteren Bildschirmrand angezeigt, wo auf der Seite (in welcher Zeile und Spalte und bei wieviel Zentimetern)
sich Ihr Cursor befindet. So können Sie ‚auf Seite schreiben‘, d.h. die Anordnung der Abschnitte und Überschriften auf einer Seite beobachten und ggf. sofort dort eingreifen, wo die letzten ein oder zwei Wörter eines Abschnitts auf
eine neue Seite rutschen (in der Druckersprache heißen solche Zeilen „Huren-
kinder") oder die erste Zeile eines Abschnitts allein unten auf der alten steht
(bei den Druckern ein „Schusterjunge"). Auch die Integration von Bildern, Tabellen und Grafiken ist problemlos möglich (s.u. Seite 256). Selbst wenn Ihnen
diese nicht als Dateien zur Verfügung stehen (die Sie in Ihre Textdatei integrieren könnten), können Sie, wenn Sie die Maße berechnet haben, millimeterge-

naue Abstände definieren und so den Raum schaffen, den Sie für das Einkleben der gewünschten Abbildung benötigen.

Nun zu den textgestalterischen Möglichkeiten der meisten Textverarbeitungsprogramme im einzelnen: Einige der im folgenden aufgeführten Befehle bewirken globale Änderungen, d.h. Änderungen des gesamten Dokuments (beispielsweise muß nicht jede neue Seite für sich eingerichtet werden), andere beziehen sich nur auf einen Abschnitt des Dokuments, beispielsweise Zeilenabstände. Veränderungen wie die Zuweisung von Schriftarten oder Schriftgrößen oder weiterer Markierungen (wie Unterstreichung, Fettung, ...) werden nur dann angenommen, wenn ein Einzelzeichen (Buchstabe oder Zahl), ein Wort, eine Zeile oder ein ganzer Abschnitt zuvor markiert wurde.

Wir können hier nicht alle Befehle und Routinen aller Textverarbeitungsprogramme erwähnen. Unsere Empfehlungen sind Erfahrungswerte, die bei der Arbeit mit Word für Windows 2.0 und 6.0 gewonnen wurden. Sie sind so formuliert, daß sie von Ihnen – ggf. mit Hilfe Ihres Handbuches – in konkrete Befehle oder Befehlsketten umgesetzt werden müssen. Mit Sicherheit ist mehr möglich, als hier erwähnt werden kann, wir haben eine Auswahl getroffen und möchten ausdrücklich warnen: Der PC verleitet zu unnötigen Spielereien und zur übermäßigen Häufung von Formatierungen. Bitte wenden Sie nicht immer alles an, was Sie können. Ziel des Computereinsatzes ist die optimale Gestaltung des Textes – orientiert an den Bedürfnissen eines Lesers und nicht an dem mit dem Computer Realisierbaren.

Bevor Sie anfangen zu schreiben, sollten Sie die **Seite einrichten**, d.h. bestimmen, wieviel oberen und unteren, rechten und linken Rand Sie lassen wollen. Es ist pragmatischer, wenn Sie diese Entscheidung vor dem Schreiben treffen – wenn Sie nachträglich ändern, müssen Sie alle Seitenumbrüche überprüfen. Bei universitären Haus- und Abschlußarbeiten gibt es bezüglich der Aufteilung der Seite zumeist Richtlinien, an die Sie sich halten sollten. Wie viele Informationen auf einer Seite stehen, kann beim Schreiben mit dem Computer auch dadurch variiert werden, daß Sie eine bestimmte Schriftart, Schriftgröße und einen größeren bzw. geringeren Zeilenabstand wählen. Im Gegensatz zum Befehl [Seite einrichten] müssen Sie immer den Abschnitt, dem Sie eines dieser Formate zuweisen wollen, zuerst markieren.

Schriftgrößen werden in Punkten (pt) gemessen. Wie groß ein Buchstabe ist, hängt dabei nicht nur von seinen Punkten, sondern auch von der gewählten Schriftart ab. Wenn Sie die Schriftgröße ändern wollen (z.B. für im Vergleich zur Textschrift größere Überschriften oder kleinere Zitate), markieren Sie den entsprechenden Textteil und geben die gewünschte Schriftgröße in Punkten ein. Für wissenschaftliche Arbeiten empfiehlt es sich für die Textschrift – je nach Schriftart – eine Größe von 11 oder 12 Punkten zu verwenden. Sie sollten auch dies festlegen, bevor Sie anfangen zu schreiben, damit Sie zu jedem Zeitpunkt einen realistischen Eindruck davon bekommen, wieviel Sie schon geschrieben haben.

Je nach Textverarbeitungsprogramm und Drucker (insbesondere seine Kapazität bestimmt das Angebot) können Sie zwischen unterschiedlich vielen **Schriftarten** wählen. Die Auswahl einer Schrift ist Geschmackssache; Sie sollten aber darauf achten, eine gut lesbare, deutliche Schrift einzusetzen. Eher schlichte Lettern wie die der Schriftarten Arial, Helvetica, Times und Times New Roman bieten sich für wissenschaftliche Arbeiten an. Nach dem Aussehen der Buchstaben werden Serifenschriften, wie Times und Times New Roman, von serifenlosen Schriften, wie Arial und Helvetica, unterschieden: Serifenschriften weisen am oberen und unteren Ende der Buchstaben kleine, abschließende Querstriche (die „Serifen") auf. Wer viele Beispiele hat, die er kommentieren will, kann seine Kommentare durch eine zweite Schrift abheben, wenn es sich um eine völlig andere Art von Informationen handelt, die den eigentlichen Text ergänzt. Insbesondere die Gegenüberstellung einer Serifenschrift und einer serifenlosen Schrift fällt gut ins Auge – daher ist der laufende Text dieses Buches in Times geschrieben, wörtliche Zitate sind durch Helvetica gekennzeichnet.

Sie sollten für das gesamte Dokument zu Beginn auch den **Zeilenabstand** festlegen – das ist mit dem Computer auf den Punkt genau möglich, so daß nicht nur ein- bzw. eineinhalbzeilige Abstände zur Verfügung stehen. 1,3- oder 1,4zeiliges Schreiben empfiehlt sich – so stehen mehr Zeilen auf einer Seite, ohne daß es gedrängt wirkt. Den engeren Zeilenabstand für Zitate und Beispiele sollten Sie abschnittsweise eingeben – einzeilig bietet sich an, der Unterschied zum restlichen Text muß deutlich werden.

Spätestens bevor Sie zum ersten Mal ausdrucken, sollten Sie die **Seitennumerierung** einstellen. Sie können beim Schreiben mit einem PC auch nachträglich die Seiten problemlos vertauschen, wenn Sie die automatische Paginierung Ihres Textverarbeitungsprogramms benutzen. Sie können zumeist wählen – die Seitenzahlen können oben, unten, rechts, links oder mittig auf der Seite angeordnet werden. Verwenden Sie unbedingt die automatische Seitennumerierung – von Hand eingegebene Seitenzahlen machen nachträgliche Veränderungen des Textumfangs problematisch und langwierig. Sie können bei fast allen Programmen die Seitenzahl der ersten Seite der Datei festlegen: Soll die erste Seite Ihrer Datei die Seite 27 Ihrer Arbeit sein, können Sie dies eingeben. Diese Funktion ermöglicht es, eine umfangreichere Arbeit, die in mehreren Dateien gespeichert ist, fortlaufend zu numerieren. Um Inkonsistenzen zu vermeiden, geben Sie die fortlaufenden Seitenzahlen Ihrer Textdateien am besten erst kurz vor dem endgültigen Ausdruck ein.

Wenn Sie eine feste **Kopf- oder Fußzeile** als Seitenüber- oder -unterschrift definieren, können Sie diese auch noch dann einfügen, wenn der Text schon fertiggestellt ist. Sie können den Abstand der Kopf- oder Fußzeile vom Rand eingeben und die automatische Seitennumerierung integrieren. Auch die Eingabe von Kopfzeilen und Fußnoten kann vom Computer verwaltet werden. Änderungen, die sich beim Schreiben ergeben, z.B. das Vertauschen von Fußnoten, sind kein Problem. Wahlweise kann die erste Kopf- oder Fußzeile eines Dokuments anders aussehen, z.B. leer sein.

Alle gängigen Textverarbeitungsprogramme verwalten auch die **Fußnoten** automatisch, d.h. die Fußnotenreferenz (Exponentzahl) und der Fußnotentext werden mit einem Druckformat versehen. Falls Sie mit den vom Programm vorgegebenen Standardformaten (bestehend aus Schriftart, Schriftgröße, Zeilenabstand und weiteren Formatierungen) nicht zufrieden sind, können Sie diese auch nach Ihren Wünschen definieren. Das Programm berechnet selbständig, wieviel Raum die Summe der Fußnoten auf einer Seite benötigt, und ordnet ggf. einen Teil auf der nächsten Seite an. Die Fußnotenreferenz wird automatisch hochgestellt und mit den zugehörigen Fußnoten durchnumeriert. Sie können bestimmen, wo die Fußnoten positioniert werden sollen: am Seitenende, am Ende eines Abschnitts oder am Ende des Dokuments.

Ordnen Sie die Fußnoten am unteren Seitenrand an – das ist leserfreundlicher. Die Erfahrung zeigt, daß Leser, die in ein Anmerkungsverzeichnis blättern müßten, lieber auf die Lektüre der Fußnotentexte verzichten.

Textverarbeitungsprogramme ermöglichen es, leichter und variantenreicher als mit der Schreibmaschine, Zeichenformate zur **Hervorhebung** von Einzelzeichen, Wörtern, Sätzen oder Textabschnitten zu verwenden. Sie können wählen zwischen **fetter** Schrift, *kursiver*, <u>unterstrichener</u> Schrift, Schrift in GROSS-BUCHSTABEN oder KAPITÄLCHEN und können darüber hinaus die Stilmerkmale miteinander ***kombinieren.*** Die Vielfalt des Möglichen – noch vergrößert durch den Wechsel von Schriftart und Schriftgröße – verleitet leicht zu Spielerei. Lassen Sie sich nicht verführen – definieren Sie logische, Ihrem Text angemessene Formate für bestimmte Zwecke. Wenn Sie sich eine Liste mit den für Ihre Arbeit geltenden Formaten mit Beispielen ausdrucken (genannt: Style-Sheet), ist das eine gute Orientierung.

✍ Trainingseinheit

Wofür haben wir in unserem Buch welche Formate eingesetzt? Skizzieren Sie unser Style-Sheet.

Mit dem Computer können Sie die **Ausrichtung** eines Absatzes bestimmen: Sie können wählen, ob Sie den bei Schreibmaschinentexten unumgänglichen linksbündigen Flattersatz, einen rechtsbündigen Flattersatz oder einen Blocksatz haben wollen. Der rechtsbündige Flattersatz bietet sich an für Zitate, die einem Kapitel als Motto vorangestellt werden. Ob Sie den Block- oder den linksbündigen Flattersatz wählen, ist eine Geschmacksfrage, es sei denn, in Ihrem Fachbereich gibt es eine Richtlinie. Beim Blocksatz entstehen häufig große Lücken, wenn lange Wörter nicht getrennt wurden – kontrollieren Sie Ihren Text daraufhin gründlich, wenn Sie den Blocksatz eingestellt haben.

Für jeden per Computer – durch ein Return-Zeichen – definierten Absatz können Sie **Einzüge** von rechts und/oder von links definieren. Diese Funktion erlaubt es, Zitate deutlich vom Fließtext abzusetzen, indem jeweils 1 oder 2 cm Einzug rechts und links definiert werden.

Sie können auch **Tabulatoren** in beliebigen Abständen definieren. Das ist beispielsweise dann von Vorteil, wenn Sie die Unterschriften unter Tabellen oder Grafiken gleich ausrichten möchten oder Ihr Inhaltsverzeichnis mit verschieden vielen Gliederungszahlen erstellen und genau untereinander einrücken wollen. Wenn Sie nicht selbst ausdrücklich einen bestimmten Abstand festlegen, bewirkt jedes Betätigen der Tabulatortaste eine Bewegung um einen Standardabstand (bei WinWord 1,25 cm) nach rechts.

A propos Gliederung des Textes: Viele Textverarbeitungsprogramme stellen Ihnen verschiedene **Aufzählungsformate** zu Verfügung. Das Programm numeriert von selbst und definiert einen Abstand zum Text, den Sie variieren können. Außer mit Zahlen und Buchstaben können Sie auch mit Symbolen aus den Sonderzeichensätzen (Rauten, Punkte, Sterne usw.) arbeiten – eine weitere Möglichkeit der Hervorhebung von Wörtern oder Sätzen, die sich insbesondere für Thesenpapiere anbietet. Sie sollten aber auch mit diesem Angebot des PCs sparsam umgehen – zuviel ist ungesund. Denken Sie daran, daß Ihre Formatierungen die textimmanente Logik unterstützen sollen. Sie sollten diese weder verdecken noch ihr entgegenarbeiten.

Sie können auch **Rahmen, Kästen** oder **Schattierungen** selbst definieren, eine gute Möglichkeit, Zusammenfassungen am Ende eines Kapitels oder Leitfragen zu Beginn hervorzuheben.

Sie sehen, das Angebot ist immens. Was auch immer Sie ausprobieren: Bedenken Sie, daß eine Seite übersichtlich bleiben muß. Wenn der Leser sich bei jedem neuen Format die Frage zu stellen hat, wofür es gut sei – außer daß es vielleicht gut aussieht, – haben Ihre Hervorhebungen das Maß überschritten. Mit Hilfe des PCs und Ihres Style-Sheets können Sie leicht Formatvorlagen definieren und so per Mausklick Zitate einrücken und engzeiliger setzen oder längere Beispieltexte in die von Ihnen erdachte Formatkombination bringen. Verwenden Sie nicht mehr als drei verschiedene Formate pro Seite.

Wenn Sie Ihren Text an einem anderen Computer weiterschreiben oder ausdrucken wollen, sollten Sie die von Ihnen definierte Druckformatvorlage mit auf Ihre Arbeitsdiskette kopieren, um Ihren Text mit ihr verbinden zu können. Wenn Sie die Möglichkeiten des PCs optimal nutzen wollen, gehen Sie wie folgt vor:

1. Entwerfen Sie ein Style-Sheet.
2. Legen Sie das Seitenformat, die Textschrift (Schriftart und Schriftgröße), den Zeilenabstand und die Ausrichtung (Block- oder Flattersatz) fest.
3. Definieren Sie ein Format für Zitate, wenn nötig weitere für Beispiele, Exkurse o.ä.
4. Verbinden Sie, während Sie schreiben, Zitate mit Ihrer selbst definierten Zitatformatvorlage, und geben Sie andere Hervorhebungen (Beispiele, zentrale Begriffe, Autorennamen, . . .) auch sofort ein.
5. Erst Ihr fünfter Arbeitsschritt widmet sich dem Rest: Sie kontrollieren die Überschriftenabstände (bei Haupt- und Unterüberschriften), die Numerierungen der Kapitel, die Kopfzeilen, fügen wo nötig Rahmen ein und bestimmen endgültige Seitenumbrüche.
6. Kontrollieren und verbessern Sie die Rechtschreibung, und wenden Sie die automatische Silbentrennung an.

9.3 Hinweise zum Umgang mit Bildern, Grafiken und Tabellen

Bilder, Schaubilder, Diagramme und Tabellen können helfen, Verteilungen, Entwicklungen, Größen- oder Zahlenverhältnisse o.ä. zu veranschaulichen. In der Geologie und der Geographie sind beispielsweise Karten tragende Elemente der Arbeit, in den Ingenieurwissenschaften sind es Konstruktionspläne, in der Anatomie Querschnittszeichnungen, in der Analysis Kurven. Aber auch in den Fächern, in denen zeichnerische Elemente nicht zum notwendigen Inventar einer wissenschaftlichen Arbeit gehören, können Tabellen, Diagramme und Abbildungen nützlich sein, wenn sie z.B. Zusammenhänge oder Begriffe illustrieren und den Text so sinnvoll ergänzen.

Mit Illustrieren ist hier nicht ein bloßes Mit-Bildern-Versehen gemeint: In wissenschaftlichen Arbeiten ist die Funktion der Bildelemente eine andere als beispielsweise in der Tageszeitung oder in einem Konversationslexikon – Bildelemente und Text müssen deutlich aufeinander abgestimmt werden. Zwar wird durch die Integration zeichnerischer Elemente der geschriebene Text nicht überflüssig, doch ist es in vielen Fällen durchaus angebracht, die Aussagen des Textes in einem Diagramm oder einer Tabelle zu fokussieren oder mit Hilfe von Abbildungen zu belegen. Eine wohldurchdachte Grafik kann auf einen Blick mehr Information als eine Seite Text bieten, und in einer übersichtlichen Tabelle lassen sich Ergebnisse hervorragend zusammenfassen. Doch die bedeutsamste Aufgabe textergänzender Elemente liegt in der Präsentation von Daten.

Verschiedene Typen von Textergänzungen sind denkbar:
- Bilder, Skizzen, Fotos, auf denen Lebewesen oder Gegenstände abgebildet sind;
- Karten und schematische Darstellungen, in denen Größenverhältnisse maßstabsgetreu zueinander in Beziehung gesetzt werden;
- Grafiken, in denen kausale Zusammenhänge mit Hilfe von Pfeilen visualisiert werden;
- Tabellen, in denen Zahlen leicht vergleichbar zusammengestellt werden,
- Diagramme verschiedener Art.

Integrieren Sie Bilder nur dann in Ihre wissenschaftliche Arbeit, wenn Sie im Text darauf Bezug nehmen.

Eine wissenschaftliche Arbeit ist kein Lehr- oder gar Bilderbuch. Gehen Sie mit Abbildungen und Skizzen sparsam um, auch wenn dank der Fotokopiertechnik Fotos und Skizzen leicht vergrößert oder verkleinert und dadurch problemlos in den Text integriert werden können.

Achten Sie darauf, daß alle Bilder ein in etwa gleiches Format haben.

Ein wilder Wechsel von sehr großen und sehr kleinen Bildern läßt eine Arbeit als ganzes unruhig erscheinen. Bilder und andere textergänzende Elemente sind kein Dekor; nicht-notwendige Darstellungen oder Tabellen wirken in einer wissenschaftlichen Arbeit nicht schmückend, sondern bestärken die Annahme, daß auf diesem Wege ein Mangel an Quantität ausgeglichen werden soll.

Geben Sie die Herkunft der verwendeten Bilder in einem Abbildungsverzeichnis an.

Der Einsatz von Scannern ermöglicht die Veränderung von Bildern auf dem PC. Haben Sie beispielsweise nur einen Ausschnitt abgebildet oder einen Teil des Bildes vergrößert, müssen Sie darauf hinweisen. Diese Regel gilt selbstverständlich für alles zitierte Material. Wenn Sie z.B. Karten, Schemata, Tabellen oder Diagramme nicht selbst entwickelt haben, müssen Sie auch deren Herkunft angeben.

Achten Sie bei Karten und anderen Darstellungen darauf, daß Sie den Maßstab und eine Legende angeben.

Machen Sie alle Typen von Textergänzungen für sich verständlich, d.h. geben Sie ihnen einen Titel (als Über- oder Unterschrift), erklären Sie verwendete Symbole, und beschriften Sie die Achsen oder Spalten deutlich. Da ein in den Text eingefügtes grafisches Element die Aufmerksamkeit des Lesers auf sich zieht, sollten Sie hier besonders sorgfältig arbeiten. Wichtig ist, daß das Bild, die Grafik oder Tabelle gut lesbar ist und ihren Zweck erfüllt, d.h. die Aussage des Textes verdeutlicht.

Machen Sie Grafiken nicht zu kompliziert.

Auch wenn Sie komplexe Zusammenhänge bildlich erläutern wollen, gilt das Prinzip „weniger ist mehr". Pressen Sie nicht zu viel Information in eine Graphik, entwerfen Sie lieber eine zweite. Bilden Sie das Wesentliche ab, vernachlässigen Sie Nebensächliches – modellhafte Darstellungen sollen dazu dienen, komlizierte Beziehungen durch Abstraktion zu vereinfachen. Wichtig ist die Perspektive, aus der Sie etwas betrachten. Machen Sie sich klar, was Sie mit Ihrem Schaubild aussagen wollen.

Numerieren Sie alle Abbildungen durch.

Sie können Tabellen, Abbildungen und Grafiken laufend durchnumerieren oder die verschiedenen Ergänzungselemente für sich zählen. Die Zahl der selbst entwickelten Diagramme, Tabellen und Schaubilder ist bedeutsamer als eine hohe Anzahl der gesamten Textergänzungen: Wenn 24 von 25 graphischen Elementen übernommene Abbildungen sind und gerade mal eine Tabelle selbst entwickelt wurde, bürgt die absolute Zahl allein nicht für Kreativität. Durch die getrennte Zählung verschiedener textergänzender Elemente können Sie übernommene Abbildungen und selbstentwickelte Tabellen und Schaubilder deutlicher abgrenzen und so Ihre eigene Leistung ins rechte Licht rücken.

Es gibt verschiedene Arten von Diagrammen, die für verschiedene Zwecke eingesetzt werden können. Die Namen der Diagrammtypen leiten sich von ihrem Aussehen ab. Die meisten dürften Ihnen aus der Wahlberichterstattung bekannt sein.

Die meisten Textverarbeitungssysteme stellen Ihnen in Form von Hilfsprogrammen Tabellen- und Graphikfunktionen zur Verfügung. Meistens sind in den Handbüchern auch Anregungen für den Einsatz von Diagrammen gegeben. So konzentrieren sich die Hinweise im folgenden auf grundsätzlichere Fragen der Verwendung verschiedener Typen.

Es ist von den darzustellenden Daten abhängig, welchen Diagrammtyp Sie wählen. Jeder Diagrammtyp betont bestimmte Aspekte der Daten. So kann die Wahl eines ungeeigneten Diagrammtyps die Daten völlig verzerren. Im folgenden werden kurze Hinweise gegeben, welche Diagramme wofür eingesetzt werden können.

Liniendiagramme machen es möglich, Entwicklungen aufzuzeigen; Sie haben diesen Diagrammtyp sicherlich in der Schule im Mathematik- und Physikunterricht kennengelernt. Insbesondere zeitliche Verläufe lassen sich sehr gut darstellen, betont wird weniger das absolute Maß einer Änderung, sondern deren Richtung und Stärke. In einem Liniendiagramm läßt sich beispielsweise festhalten, wie sich die Fernsehgewohnheiten einer Person in einem bestimmten Zeitraum verändern (oder nicht).

✍️ Trainingseinheit
Entwerfen Sie ein Liniendiagramm über Ihre Lesegewohnheiten, Ihren Zigaretten- oder Kaffeekonsum o.ä. Welche Werte haben Sie auf der x-, welche auf der y-Achse eingetragen? Welche Maßeinheiten haben Sie gewählt? Vergrößern (oder verkleinern) Sie die Maßeinheiten. Was verändert sich? Zeichnen Sie in ein zweites Diagramm, bei dem Sie die x- und die y-Achse vertauschen. Was verändert sich?

An **Balkendiagrammen** lassen sich Abweichungen von Soll-Werten, momentane Zustände oder Verteilungen verdeutlichen. Die x-Achse entspricht einem Nullpunkt, auf der y-Achse werden die Werte abgetragen. Sie kennen diese horizontalen Balkendiagramme aus der Darstellung von TED-Abstimmungen über die Kandidaten einer Quizshow. Es kommt nur darauf an, die Relation zwischen verschiedenen Meßreihen zu verdeutlichen. Kandidat A hat mehr Stimmen gewonnen als die Kandidaten B und C. Verläufe und Prozesse lassen sich mit einem Balkendiagramm nicht darstellen.

Flächendiagramme zeigen den zeitlichen Verlauf von Datenreihen und das Ausmaß von Veränderungen. In unserem TED-Beispiel könnte auch für jeden Kandidaten einzeln beschrieben werden, wann er wie viele Stimmen bekommen hat. Dazu müßten auf der x-Achse die Zeit und auf der y-Achse die Anzahl der Anrufe abgetragen werden. Die spontane Sympathie der Anrufer für einen Kandidaten kann daran abgelesen werden, daß im Diagramm eine hohe Amplitude auftaucht. Die größte Sympathie hat jedoch derjenige geerntet, dessen Diagramm die größte Fläche abdeckt.

Der Vergleich zwischen verschiedenen Diagrammen ist oft schwierig. Will man Daten vergleichen, müssen Messungen zu unterschiedlichen Zeitpunkten miteinander verglichen werden. Für diesen Zweck eignet sich besonders der folgende Diagrammtyp:

Säulendiagramme erlauben den Vergleich mehrerer Datenreihen. Sie zeigen statistische Zustände an. Die Verwendung von Hilfslinien macht besonders eindrucksvoll auf Abweichungen aufmerksam. Hier ein Hinweis, der eigentlich für alle Diagrammtypen gilt:

Achten Sie immer besonders auf den Maßstab. Diagramme können dazu beitragen, daß die Ergebnisse statistischer Analysen verzerrt werden. Der Maßstab, den Sie für die Darstellung Ihrer Daten wählen, ist der Schlüssel für den Eindruck, den der Leser Ihres Diagramms gewinnt.

Ähnlich wie bei einem halben Liter Bier, der einen Maßkrug halb füllt, in einem Putzeimer gerade einmal den Boden bedeckt: Viel kann wenig und wenig kann viel erscheinen – abhängig davon, wie Sie es verpacken.

Wählen Sie eine geeignete Einteilung der Achsen Ihres Diagrammes, und beschriften Sie sie entsprechend.

Kreisdiagramme bieten sich an, wenn man Proportionen von Anteilen im Verhältnis zum Ganzen darstellen will. Absolute Werte sind an keiner Skala abzulesen. Häufig werden Säulendiagramme, an denen die genauen Werte ermittelt wurden, in Kreisdiagramme umgewandelt, um die jeweiligen Anteile an der Gesamtheit zu verdeutlichen – wie Stücke einer Torte.

Die hier genannten Diagrammtypen sind Grundtypen, die auch dreidimensional dargestellt werden können. Für detailliertere Informationen über den Umgang mit diesen und weiteren, spezifischen Diagrammtypen, die für Ihr Fach relevant sind, wenden Sie sich bitte an Ihren Betreuer. Und wieder gilt: Erkundigen Sie sich nach den Anforderungen und Richtlinien Ihres Fachbereiches.

Denken Sie auch bei der Erstellung einer Tabelle an den Leser, den Sie informieren wollen.

Wie für Grafiken gilt auch für **Tabellen**, daß sie übersichtlich und auf das Wesentliche konzentriert sein sollen. Anders als Grafiken, die nicht in erster Linie präzise quantitative Informationen übermitteln, sondern durch ihre Anlage auch qualitative Aussagen machen sollen, dienen Tabellen dem Vergleich von Zahlen. Während Sie Ihre Daten durch die Wahl eines bestimmten Diagrammtyps in ein gewisses Licht stellen, d.h. aufbereiten, überlassen Sie mit einer Tabelle dem Leser selbst – wenn möglich – die umfassende Interpretation. Sie erlauben ihm, aus Ihrer Tabelle eigene Schlüsse zu ziehen, die mit Ihrem eigenen Kommentar der Daten im Text übereinstimmen können, aber nicht müssen.

> Ordnen Sie in einer Tabelle die zu vergleichenden Zahlen vertikal an.

Der Vergleich von Werten, die untereinander stehen, fällt leichter, weil die Zahlen nicht genau gelesen werden müssen – beim Überfliegen wird durch den Vergleich der Stellen und deren Ziffern die Größenordnung klar. Um große Ziffern leichter lesbar zu machen, können Sie die Werte in Ihrer Tabelle in Tausendern oder Millionen angeben – Sie ersparen Ihrem Leser so die Konzentration auf zu viele Nullen (Hinweise für die Gliederung von Zahlen finden Sie weiter unten in Kapitel 9.4).

> Auch Tabellen benötigen eine Überschrift und die deutliche Beschriftung von Spalten und Zeilen.

Gestalten Sie Ihre Tabelle so klar wie möglich – das bedeutet einerseits: „Seien Sie nicht zu präzise" und andererseits: „Stellen Sie relevante Werte dar". Wollen Sie komplexen Informationen gerecht werden, kommentieren Sie besser zwei kleinere Tabellen nacheinander als eine unübersichtliche. Umfassende Tabellen eignen sich jedoch gut zur Zusammenfassung von Ergebnissen, die der Leser bereits kennengelernt hat und hier wiederfinden und zueinander in Beziehung setzen kann.

9.4 Tips zum Tippen

Zur gelungenen äußeren Form einer wissenschaftlichen Arbeit gehört nicht zuletzt die Zeichensetzung. Hier kann Ihnen Ihr Textverarbeitungsprogramm nicht helfen – Syntax ist abhängig von Bedeutungen, vgl. Sie dazu Kapitel 8.6 und 9.5. Die Zeichensetzung gliedert den Text in grammatische Einheiten einerseits und Sinneinheiten andererseits. Meistens fallen beide zusammen, aber nicht immer. Nicht nur aus diesem Grund ergeben sich einige Schwierigkeiten. Man sollte sich bei der Zeichensetzung klar machen, daß die Satzzeichen den Text gliedern. Beim Schreiben hat man selbst die logische und rhythmische Gliederung des Textes im Gefühl. Aber wie soll der Leser in das Gefühl des Schreibenden hineinschlüpfen? Dazu braucht er die Satzzeichen. Und die dürfen nun gerade **nicht** nach dem Gefühl gesetzt werden, sondern müssen den Regeln entsprechen, denn über die Regeln wird der Leser sie aufschlüsseln.

Es folgt ein Überblick mit knappen Erläuterungen zu den Satzzeichen. Spezielle Konventionen einzelner Fächer wie beispielsweise die Paragraphenkennung der Juristen können hier nicht aufgeführt werden. Weil das Komma die größten Schwierigkeiten bereitet – es hat verschiedene Funktionen wahrzunehmen –, werden die Kommaregeln gründlicher im nächsten Kapitel (9.5) vorgestellt. (Eine solche schwierigere Kommaregel steht im vorangegangenen Satz, haben Sie sie entdeckt?)

Ebenso wichtig wie die grammatikalisch einwandfreie Kommasetzung sind auch ein logisch durchdachter Seitenaufbau und der typographisch korrekte

Einsatz der übrigen Satzzeichen sowie die richtige Schreibung von Abkürzungen. Im folgenden sind – alphabetisch geordnet – auch einige für das Tippen wichtige Hinweise zusammengestellt. Die Zusammenstellung orientiert sich zunächst an den Schreibzeichen, dann an Textproblemen. Rechtschreibprobleme sind immer dann mit aufgeführt, wenn sie sich auf das Schriftbild auswirken. Bei weiteren Rechtschreibproblemen, die keine speziellen Tippprobleme sind, sollte man im Wörterbuch nachschlagen. Dazu kann jedes Wörterbuch dienen, da sich alle gängigen Wörterbücher an die geltenden Rechtschreibregeln halten.

Eines vorweg: Die Satzzeichen (Punkt, Komma, Semikolon, Doppelpunkt, Fragezeichen, Ausrufezeichen) stehen direkt nach dem letzten Wort, gefolgt von einem Blank. Die Zeichensetzung bei der direkten, wörtlichen Rede ist nicht ganz einfach. Das Schema am Ende dieser Liste zeigt die Regeln besser als eine komplizierte Erklärung.

Abkürzungen können aus großen oder kleinen Buchstaben bestehen und werden meist mit, manchmal aber auch ohne Punkt geschrieben. Zwischen den Abkürzungspunkten bei mehrteiligen Abkürzungen steht kein Leerzeichen (Blank), vgl. *z.B., d.h., u.a., o.ä.* und nicht *z._B.* usw. Hinter dem letzten Abkürzungspunkt folgt immer ein Blank (Leerzeichen), es sei denn, ein Satzzeichen folgt. Der Abkürzungspunkt ersetzt allerdings den satzschließenden Punkt. Einige Abkürzungen wie die Maß- und Mengenangaben *cm, m, km, gr, kg* und die Himmelsrichtungen *N, NO, O, . . .* stehen ohne Abkürzungspunkt. Listen Sie fachspezifische, seltene oder selbstdefinierte Abkürzungen (Siglen) in einem Abkürzungsverzeichnis auf, das Sie Ihrer Arbeit voranstellen. Gängige Abkürzungen können als bekannt vorausgesetzt werden.

Doppelte **An- und Abführungszeichen** können der Kennzeichnung von Zitaten dienen. Ob Sie doppelte Anführungsstriche oben oder unten setzen (viele Textverarbeitungsprogramme setzen sie automatisch: „x") oder französische Anführungszeichen wählen (in den meisten Programmen als Sonderzeichen einzufügen: «y»), ist egal; Sie sollten jedoch bei einem Verfahren bleiben. Grundsätzlich gilt, daß sie ohne Leerzeichen vor bzw. hinter das erste bzw. letzte Zeichen des zitierten Wortes, Teilsatzes oder Satzes (Buchstabe oder Satzzeichen) gesetzt werden.

Einfache An- und Abführungszeichen stehen wie die doppelten direkt vor und hinter dem zu markierenden Wort, Satz oder Abschnitt. Sie werden zur Kennzeichnung von Zitaten im Zitat sowie zur Markierung uneigentlichen, ‚gnomischen' Sprechens eingesetzt. Besonders in journalistischen Texten werden Anführungsstriche benutzt, um einen Ausdruck besonders hervorzuheben und ihn „bemerkenswert" zu machen. Dafür sollte man sie in wissenschaftlichen Texten auf gar keinen Fall verwenden. Der Leser würde vermuten, daß es sich hier um ein Zitat bzw. einen zitierten Begriff handelt. Für Hervorhebungen dieser Art kann man andere Mittel nutzen: Fettdruck, Sperrung oder Unterstreichung, aber nicht die Anführungsstriche, auch nicht die einfachen!

Der **Apostroph** zeigt eine Auslassung in einem Wort oder bei einem engen Wortanschluß an und wird deshalb ohne Leertaste angefügt. Man sollte ihn nur verwenden, um mündliche Sprache wiederzugeben: *Ich find' das gut. Gib's her! Lang, lang ist's her* . . . Wenn die Auslassung am Satzanfang steht, schreibt man klein:

> *'s ist Krieg! 's ist Krieg! O Gottes Engel wehre,*
> *Und rede Du darein!*
> *'s ist leider Krieg – und ich begehre*
> *Nicht schuld daran zu sein!*

(So beginnt das Kriegslied von Matthias Claudius, das ein großartiges Anti-Kriegslied ist. Quelle: Conrady, a.a.O., S. 198.)

Der Apostroph steht zur Kennzeichnung des Genitivs bei Namen, die auf *-s, -ss, -ß, -tz, -z* und *-x* enden: *Obelix' Hinkelstein.* Der Apostroph steht nicht, wenn es sich um Verschmelzungen aus Präposition und Artikel (*ans, aufs, beim, zum,* . . .) handelt. Der Apostroph steht auch nicht bei Abkürzungen mit *-s* als Genitiv- oder Pluralform: *LKWs, PKWs, des Jh.s.*

Mit **Auslassungspunkten** kennzeichnet der Schreibende, daß er eine Lücke läßt, die der Leser sich denken und ergänzen soll. Man setzt drei Punkte, die einen Teil des Wortes, ein ganzes Wort oder einen Teil eines Satzes ersetzen. Auslassungspunkte werden außer bei abgebrochenen Wörtern durch Leertasten vom übrigen Text getrennt: *Ich hatte den Text getippt, formatiert, redigiert* . . ., *da ist mir in letzter Minute der sch. . . Computer abgestürzt.* Stehen die drei Auslassungspunkte am Satzende, wird kein zusätzlicher Satzschlußpunkt gesetzt. Wenn man einen fremden Text zitiert und dort eine Auslassung macht, kennzeichnet man diese Auslassung durch die drei Punkte und zusätzlich durch eckige oder, wenn man keine zur Verfügung hat, runde Klammern. Steht eine Auslassung nach einer Abkürzung, wird der Abkürzungspunkt weder weggelassen noch in die Abkürzungspunkte integriert: *Berlin, Köln, Frankfurt a.M._.* . . Beginnt ein Satz mit einer Auslassung, wird auch der den vorherigen Satz beschließende Punkt nicht ausgelassen.

Das **Ausrufezeichen** beschließt Ausrufe- und Befehlssätze und markiert Wörter bzw. Sätze, die nachdrücklich betont werden sollen. Das Ausrufezeichen steht eingeklammert innerhalb eines Satzes nach Angaben, die der Schreiber als beachtenswert kennzeichnen will: *Es waren zwölf (!) Versuchsreihen nötig.* In wissenschaftlichen Texten sind Ausrufezeichen deshalb sehr selten angebracht. Statt dessen müssen Sie in Ihrem Text kommentieren.

Der **Bindestrich** entspricht in seiner äußeren Form dem Trennstrich, unterscheidet sich von diesem jedoch in seiner Funktion und in der Notation: Der Bindestrich verbindet zwei Wörter zu einem Begriff, dieser Bindefunktion gemäß steht er ohne Blanks zwischen zwei Wörtern. Es steht also auch kein Leerzeichen, wenn der Bindestrich bei der Seitenangabe eines Aufsatzes o.ä. zwischen die erste und letzte Seite gesetzt wird: *S. 5-9.* Während er zwischen Wörtern nicht gelesen wird, wird er zwischen Zahlen als *bis* gelesen. Der Bindestrich kann zur Verdeutlichung von unübersichtlichen Wortzusammensetzungen und zur Vermeidung von Mißverständnissen gesetzt werden (vgl. *Mädchenhandelsschule* vs. *Mädchenhandels-Schule* vs. *Mädchen-Handelsschule*). Der Bindestrich wird bei Substantiven auch dort gesetzt, wo drei gleiche Vokale aufeinandertreffen (*Kaffee-Extrakt*). Der Bindestrich steht bei Aufzählungen zusammengesetzter Wörter, wenn ein Wortteil nur einmal genannt wird (*ein-* bis *zweimal, Buchproduktion* und *-verkauf*).

Direkt angeschlossene Bindestriche und durch Leertaste getrennte Gedankenstriche werden von Schreibern, die ungeübt sind im Maschineschreiben, sehr häufig verwechselt. Für einen Leser ist das ärgerlich und manchmal verwirrend. Es lohnt die Mühe, sich die Unterschiede einmal klar zu machen und beim Schreiben und Korrekturlesen darauf zu achten. Auch Trennstriche werden nicht selten fälschlich durch Leertaste vom Wortteil weggeschoben. Wenn mit der Hand geschrieben wird, werden die Unterschiede übrigens meistens beachtet (siehe auch „Trennstrich" und „Gedankenstrich").

Der **Doppelpunkt** leitet einen Satz oder eine Aufzählung ein: Er ist also kein Satzschlußzeichen, sondern ein Übergangszeichen. Aus diesem Grund müssen der Satz vor und der Satz nach dem Doppelpunkt logisch eng miteinander verknüpft sein. Folgt nach einem Doppelpunkt ein grammatisch vollständiger Satz, muß das erste Wort nach dem Doppelpunkt groß geschrieben werden. Folgt nach dem Doppelpunkt eine Aufzählung oder ein Satzfragment, werden nur Substantive groß geschrieben. Der Doppelpunkt leitet die direkte Rede ein (vgl. dazu den Kasten weiter unten).

Wenn Sie mit dem PC schreiben, können Sie eine **Druckformatvorlage** bestimmen, die als Prototyp für das äußere Erscheinungsbild Ihres Textes fungiert: Schriftart, Schriftgröße, Zeilenabstand und Seitenformat. Sie können so durch einen Mausklick oder eine Tastenkombination Ihrem Text automatisch alle diese von Ihnen definierten Merkmale zuweisen, ohne daß Sie die Arbeitsschritte nacheinander durchführen müßten. Vielen Computerbenutzern helfen Druckformatvorlagen, sich ausschließlich auf das Schreiben des Textes konzentrieren zu können und die gestalterischen Elemente nachträglich leicht einzuarbeiten. Sie können für einen Text verschiedene Druckformatvorlagen definieren, beispielsweise je eine für den laufenden Text, die Zitate, die Überschriften und die Fußnoten. Druckformatvorlagen lassen sich auf einer Diskette speichern, so daß Sie an jedem Computer Ihre Texte in gewohnter Form erstellen können.

Das **Fragezeichen** beschließt Fragesätze und dient beim lauten Lesen als Hinweis darauf, daß am Satzende die Stimme zu heben ist. Auch in Überschriften, Buchtiteln, Schlagzeilen, Filmtiteln u.ä. werden Fragesätze mit diesem Satzschlußzeichen beendet: *Quo vadis?* Innerhalb eines Satzes kennzeichnet das Fragezeichen eine eingeschobene Frage, nach dem Einschub wird klein weitergeschrieben: *Ich glaube, daß wir – Sie konnten mir doch folgen? – nun auf das Wesentliche gestoßen sind.* Ein eingeklammertes Fragezeichen im Anschluß an Wörter oder Satzteile signalisiert, daß der Schreibende hier zweifelt: *Die klügsten (?) Köpfe des Landes trafen sich bei dieser Konferenz.* Nach einem Fragesatz kann zusätzlich zum Fragezeichen auch ein Ausrufezeichen gesetzt werden, wenn der Fragesatz auch als Ausrufesatz aufgefaßt werden soll: *Das ist erlaubt?!* (Nicht jedoch in wissenschaftlichen Texten.)

Wählen Sie für die **Fußnoten** die gleiche Schrift wie für den Text, jedoch in einer kleineren Größe. Ordnen Sie sie möglichst unten auf der Seite und nicht nach jedem Kapitel oder am Ende der Arbeit an. Auch wenn der **Fußnotentext** keine vollständigen Sätze enthält, muß er mit einem Punkt beendet werden.

Als **Fußnotenzeichen**[1] stehen Ziffern als Exponent direkt hinter dem Wort oder dem letzten Wort des Abschnittes bzw. nach dem Satzschlußzeichen des Satzes, auf den sich die Fußnote bezieht.[2]

Der **Gedankenstrich** dient der Abgrenzung eines Satzes oder Teilsatzes – ob eingeschoben oder nach- bzw. vorangestellt. Er steht zwischen zwei Blanks. Der Gedankenstrich kennzeichnet auch eine größere Pause – zwischen einzelnen Wörtern oder innerhalb eines Satzes. Der Gedankenstrich muß genaugenommen etwas länger als der Bindestrich sein; häufig steht jedoch kein eigenes Zeichen zur Verfügung, so daß auch für diese Zwecke der Bindestrich eingesetzt wird. Der gehäufte Einsatz von Gedankenstrichen wirkt verwirrend und sollte daher vermieden werden. In vielen Fällen leistet ein Komma oder ein Semikolon denselben Dienst. Und noch eins – der Gedankenstrich ersetzt kein Komma: Wenn ein Satzzeichen zu setzen ist, wird es direkt hinter den zweiten Gedankenstrich gesetzt (siehe auch „Trennstrich" und „Bindestrich").

Klammern umschließen Wörter, Wortgruppen, Sätze oder Textteile und werden deshalb direkt ohne Leertaste um den eingeschlossenen Teil herumgesetzt. Eckige Klammern sind in wissenschaftlichen Texten für Auslassungen und Ergänzungen in Zitaten reserviert, runde Klammern für die Quellenbelege, Nebenbemerkungen, erklärende Zusätze (Ergänzungen) und Nachträge. Wenn Sie Klammern in Klammern verwenden (was [obwohl immer wieder {von autorisierter Seite} davon abgeraten wird] doch häufig getan wird), sollten Sie für die verschiedenen Ebenen verschiedene Klammern einsetzen und unbedingt darauf achten, daß jede einmal geöffnete Klammer geschlossen werden muß.

Zu den Regeln der **Kommasetzung** siehe unten Kapitel 9.5.

In einer **Kopfzeile** können die Seitenzahl (sofern Sie sie nicht unten auf der Seite in die Fußzeile setzen möchten) und weitere Angaben über den Typ der Arbeit, das Datum und den Verfasser stehen. Die Schrift der Kopfzeile sollte mit der der Fußnoten identisch sein. Je nach Text gehören andere Angaben in eine Kopfzeile – nicht immer ist der Verfassername wichtig. In umfangreicheren Arbeiten empfiehlt sich ein Kurztitel der Arbeit und eine mit den aktuellen Kapiteln wechselnde Kurzüberschrift – hier dient die Kopfzeile der Orientierung. Bei Thesenpapieren können Sie die Angaben der ersten Seite verkürzt in den Kopfzeilen der folgenden Seiten wiederholen: der Titel des Seminars, das Datum der Sitzung, das Thema des Referats und der Name des Referenten sind hier wichtig.

Die **Kopierzeichen** in Listen, auch Unterführungszeichen genannt, schreibt man jeweils unter den ersten Buchstaben des übernommenen Wortes. Für den PC-Benutzer ist das dank Tabulatoren kein Problem. Per Hand versucht man

---

[1] Der PC fügt sie automatisch ein.
[2] Das ist in der Regel unproblematisch. Schwierigkeiten würden auftreten, wenn Sie in der Mathematik eine Formel wie $a^2 + b^2 = c^2$ mit einer Fußnote kommentieren wollten.

immer, sie in die Mitte zu setzen, doch auf der Schreibmaschine ist es einfacher und sieht sauberer aus, wenn man die Position des ersten Buchstabens markiert.

Literaturbeschaffung	*5*	*Tage*
Einlesen	*10*	''
Exzerpieren	*20*	''

Paragraphen- und ähnliche Zeichen werden durch Leertasten getrennt: *Nach § 24 STVG wird Ihnen folgende Ordnungswidrigkeit zur Last gelegt . . .*

Prozent- und Promillezahlen werden durch Leertaste vom Prozentzeichen getrennt; man kann die Zeichen durch das kleine *o* und den Schrägstrich ersetzen: *10 %, 8 o/oo* oder *10 o/o, 8 o/oo.* Wenn die Prozentangabe in ein Wort eingebunden ist, schreibt man immer ohne Leertaste: *Die 98%ige Auszahlung der Hypothek* [. . .]

Der **Punkt** beendet vollständige Sätze (sowohl Satzgefüge aus Haupt- und Nebensatz als auch Satzreihen) und satzähnliche Gebilde. Beim lauten Lesen dient er dazu, dem Leser anzuzeigen, daß er die Stimme senken muß. Der Punkt steht bei vielen – aber nicht allen – Abkürzungen. Der Punkt kennzeichnet Ordinalzahlen (*das 20. Jahrhundert*) und trennt die Ziffern in Abschnittsgliederungen mit Hilfe arabischer Zahlen: *1., 1.1, 1.1.1, 1.1.2* usw. Hinter der letzten Teilnummer steht kein Punkt. Überschriften oder Schlagzeilen werden in der Regel nicht mit einem Punkt beschlossen.

Wenn Sie eine mathematische Rechnung in einen Text einbinden, werden die Ziffern durch Blanks von den **Rechenzeichen** getrennt: $4 + 2 = 6; 4 : 2 = 2$. Potenzzahlen werden hochgestellt und direkt angeschlossen: $4^2 = 16$. Bruchzahlen kennzeichnet man durch Schrägstriche ohne Leertaste: 1/2, 2/3, 3/4. Gradzahlen schreibt man bei Winkelangaben hochgestellt ohne Leertaste: *Die Winkelsumme im Dreieck beträgt 180 °.* (Siehe auch unten „Sonderzeichen".)

Der **Schrägstrich** verbindet Begriffe, die vorübergehend eine Einheit bilden. Er markiert mehrere gleichberechtigte Möglichkeiten und wird ohne Leerzeichen geschrieben, z.B. *und/oder.* Mehrere Autorennamen können mit Hilfe von Schrägstrichen aufgelistet werden: *Müller, Hermann/Meier, Friedrich*; ein Bindestrich wäre hier mißverständlich, ein Semikolon dem Komma zwischen Nach- und Vorname zu ähnlich.

Seitenrand: Optisch ansprechend ist eine Seite, deren Ränder oben, unten, links (trotz Heftung) und rechts gleich sind. Im Schnellhefter wirkt eine Seite mit oben, unten und rechts 2 cm, links 4,5 cm zentriert.

Das **Semikolon** trennt Sätze voneinander. Es steht in seiner Trennwirkung zwischen Punkt und Komma; grammatisch trennt es vollständige Sätze, Satzreihen oder Satzgefüge wie der Punkt; logisch zeigt es an, daß die Aussagen enger zusammengehören als solche, die durch Punkte getrennt werden. Der zweite Erklärungssatz selbst und dieser Nachsatz sind ein Beispiel für die Verwendung das Semikolons und des Punktes zur logischen Durchgliederung einer komplexen Aussage.

Außerdem ist das Semikolon Komma über dem Komma in Aufzählungen, wo es Gruppen trennt: In Aufzählungen kann ein Semikolon an die Stelle eines

Kommas gesetzt werden, um innerhalb der Aufzählung zu gliedern: *Äpfel, Birnen, Bananen; Milch, Eier, Joghurt; Blumenkohl, Spinat,* ... Das Semikolon gliedert einen mehrfach zusammengesetzten Satz: *Leider findet man in studentischen Abschlußarbeiten immer wieder sich über viele Zeilen erstreckende, wenig übersichtliche Satzgebilde; dabei wäre es leicht möglich, mit Hilfe eines Semikolons Lesepausen einzuräumen.*

Informieren Sie sich unbedingt über die in Ihrem Fach gültigen Notationskonventionen für **Sonderzeichen.** Erkundigen Sie sich nach den geltenden DIN-Normen, beispielsweise schreibt man in den Fachsprachen bei Temperaturangaben die Gradzahlen mit Leertaste von der Ziffer getrennt, aber ohne Leertaste vor der Maßeinheit: *0 °C entsprechen 32 °F.*

Wenn Sie häufig wiederkehrende Formulierungen oder Textabschnitte schreiben müssen und mit dem Computer arbeiten, ist es hilfreich, die häufig verwendeten Textelemente als **Textbaustein** zu speichern. Komplizierte Quellenbelege eines oft zitierten Werkes lassen sich so per Mausklick oder Tastendruck an die Stelle, an der sich der Cursor befindet, einfügen. Sie geben Ihrem Textbaustein einen Namen, um zwischen den verschiedenen abrufbereiten Textelementen unterscheiden zu können. Für Textbausteine bieten sich z.B. an: Begrüßungs- und Grußformeln für Briefe, Briefköpfe mit Adressen, Textabschnitte mit ungewöhnlichen Formatierungen. Wenn Sie sich bei Ihrer schriftlichen Arbeit entschieden haben, mit ausführlichen Quellenbelegen bei der ersten Nennung eines Titels zu arbeiten, können Sie leicht mit Hilfe von Textbausteinen Ihr Literaturverzeichnis erstellen: Sie gehen Ihren Text von vorne nach hinten durch, kopieren alle Belege, fügen sie in eine neue Datei ein und sortieren sie alphabetisch.

Auf das **Titelblatt** einer Abschlußarbeit gehören folgende Angaben: Thema und Art der Arbeit, Verfasser, Gutachter, Fakultät bzw. Fachbereich, Datum der Abgabe. Ergänzt werden kann die Adresse des Verfassers. Bei Studienarbeiten nennen Sie außerdem den Titel des Seminars, das Semester, in dem es stattgefunden hat, und Ihr Fachsemester (diese Angabe hilft dem Gutachter bei der Beurteilung Ihrer Arbeit).

Der **Trennstrich** am Zeilenende trennt ein Wort, er wird ohne Leertaste angeschlossen. Geben Sie, wenn Sie mit dem PC arbeiten, die Trennung nicht während des Schreibens von Hand ein. Sollten Sie Umstellungen des Textes vornehmen, kann es passieren, daß Sie dadurch Trenn-stri-che mitten in eine Zeile verschieben. Lassen Sie, nachdem Sie die Rechtschreibung geprüft haben, ein automatisches Silbentrennungsprogramm über Ihren Text laufen. Überprüfen Sie dabei sicherheitshalber jede Trennung – auch Maschinen können irren. Im Deutschen wird der Trennstrich als ein Sprechsilben trennendes Zeichen gesetzt. Bei Fremdwörtern gilt dennoch meist die in den Fremdsprachen übliche Trennung nach Morphemen (bedeutungstragenden Wortbausteinen). Nach der Einführung der vorgesehenen Neuregelung der Rechtschreibung wird es gestattet sein, viele häufig gebrauchte Fremdwörter, bei denen man die Wortbausteine oft nicht durchschaut, nach Silben zu trennen, also sowohl *Päd-ago-*

ge (Wortbausteine) als auch *Pä-da-go-ge* (Silben). (Siehe auch „Bindestrich" und „Gedankenstrich".)

Umlaute: *Ä, ö, ü* können, wenn sie auf der Tastatur nicht vorhanden sind, durch *ae, oe* und *ue* ersetzt werden, *ß* durch *ss*. Bei Schreibung in GROSS-BUCHSTABEN muß das *ß* durch *ss* ersetzt werden.

In der **wörtlichen Rede**, auch direkte Rede genannt, gelten folgende Regeln.

Wenn die Redeerklärung vor der wörtlichen Rede steht:

_____ : „ ~~~~~ ." 	**Er sagte:** „*Da kommt sie.*"
_____ : „ ~~~~~ ? " 	**Er fragte:** „*Kommst du mit?*"
_____ : „ ~~~~~ ! " 	**Er rief:** „*Komm doch her!*"

Wenn die Redeerklärung hinter der wörtlichen Rede steht:

„ ~~~~~ ", _____ . 	„*Da kommt sie*", **sagte er.**
„ ~~~~~ ? " _____ . 	„*Kommst du mit?*" **fragte er.**
„ ~~~~~ ! " _____ . 	„*Komm doch her!*" **rief er.**

Erläuterung: Im Aussagesatz wird die Redeerklärung durch Komma abgetrennt, das **hinter** den Abführungsstrichen steht;
im Fragesatz und im Aufforderungssatz steht das Fragezeichen bzw. das Ausrufezeichen in der wörtlichen Rede **vor** der Abführung.

Wenn die Redeerklärung eingeschoben wird:

„ ~~~~~ ", _____ , „ ~~~~~ ." 	„Morgen", **sagte**
sie, „fahre ich ab."

Erläuterung: Hier wird die Redeerklärung durch Komma abgetrennt; die Kommas stehen direkt um die Redeerklärung, also zunächst **hinter** der Abführung des ersten Teils der wörtlichen Rede, dann **vor** der Anführung des zweiten Teils.

Die **Zahl** ist der Wert, die **Ziffer** ist das Schreibzeichen. Man kann Zahlen in Ziffern oder in Buchstaben schreiben: 1, 2, 3, . . . 1 000 000 oder *eins, zwei, drei,* . . . *eine Million; 1., 2., 3.;* oder *erstens, zweitens, drittens.* In fortlaufenden Texten schreibt man Zahlen unter zwölf gewöhnlich in Buchstaben aus, darüber in Ziffern. Diese Regel sollte dann durchbrochen werden, wenn *zwölf bis 15 Gäste erwartet werden* – bei Kopplungen dieser Art sollte man sich für die Ziffer entscheiden. Bei vielen Angaben schreibt man gewöhnlich die Ziffern: beim Rechnen, in Rechnungen, im Datum usw. Bei Zahlen mit höheren Werten schreibt man in Dreiergruppen, von den Einerstellen aus gezählt: *1 110, 22 222, 333 000, 1 234 567.* Bei Zahlen mit Komma schreibt man ohne Leertaste: *10,55 DM; 8,37 cm weit.* In Rechnungen setzt man zwischen die Dreiergruppen vor dem Komma häufig einen Punkt: *16.575,50 DM, 325.000,00 DM oder einfach 325.000,- DM.*

International wird statt des im Deutschen üblichen Kommas häufig der Punkt verwendet; das kann man auf vielen Taschenrechnern beobachten. Man muß also aufpassen, ob man z.B. mit dem englischen Sprachraum korrespondiert, denn dort ist der Punkt statt des Kommas üblich; auch in der Schweiz ist der Punkt statt des Kommas gebräuchlich. *100.00 sfr* bedeutet dort soviel wie *100,00 sfr* in unserer Schreibweise, also *einhundert Schweizer Franken.*

Im **Datum** schreibt man mit Punkten ohne Leertaste: *6.1.1995* oder *06.01.1995* oder *06.01.95.* Bei ausgeschriebenem Monatsnamen wird mit Leertasten geschrieben: *6. Januar 1995.* Uhrzeiten schreibt man in Zweierblöcken mit Punkt, aber ohne Leertaste: *16.00 Uhr; 16.30.45 Uhr* (sechzehn Uhr, dreißig Minuten und fünfundvierzig Sekunden).

Kennzeichnen Sie wörtliche **Zitate** durch Anführungszeichen – auch wenn Ihnen der Computer andere Möglichkeiten zur Verfügung stellt. Heben Sie Zitate, die über zwei Zeilen hinausgehen, außerdem vom Text auch typographisch ab: Verwenden Sie dazu eine kleinere Schrift (z.B. 10 pt bei 12 pt Textschrift), einen einfachen Zeilenabstand (bei 1,3- oder 1,4zeiliger Textschrift) und einen Einzug von 1 cm rechts und links.

9.5 Die wichtigsten Kommaregeln im Überblick

Im folgenden sind die zur Zeit geltenden Regeln der Kommasetzung dargestellt. Dort, wo durch die Rechtschreibreform Änderungen vorgesehen sind, wird in den detaillierten Ausführungen darauf hingewiesen.

Ein Hinweis zu den Beispielen in der folgenden Übersicht: Soweit sich die Beispielsätze auf Entwicklungen im Bereich „Multimedia" beziehen, sind sie angelehnt an oder entnommen (dann als wörtliche Zitate in Anführungsstrichen) aus: Telearbeit im Cyberspace. In: Uni Magazin 6/95, S. 21 ff.; als Autor wird im Vorspann Werner Dostal genannt.

- Man trennt vollständige Hauptsätze in Satzreihen.
- Man trennt Gliedsätze von Hauptsätzen ab.
- Man trennt Gliedsätze von übergeordneten Gliedsätzen ab.
- Man trennt erweiterte Infinitive außer dem vorangestellten Subjektinfinitiv ab.
- Man trennt erweiterte Partizipien ab. (Hier wird es Änderungen geben.)
- Man trennt aufgezählte Elemente gleicher Ordnung ab, die nicht durch *und* oder *oder* verbunden sind. Das gilt für einzelne Wörter, Satzglieder und Gliedsätze.
- Man trennt Anreden, Ausrufe, Herausstellungen, Einschübe und Nachträge vom Satz ab.

Nun zu den einzelnen Regeln.

9.5.1 Das Komma in Satzreihen

Das Komma kann zwischen vollständigen Hauptsätzen (HS) stehen; dann ersetzt es ein Semikolon oder einen Punkt. Dabei ist es gleichgültig, ob ein Bindewort steht oder nicht!

HS, HS.

Mit Komma: Man drückt engen Zusammenhang aus.

In vielen Berufsfeldern muß man Einstellungstests machen, man kann sich auf solche Tests vorbereiten.

In vielen Berufsfeldern muß man Einstellungstests machen, und | aber man kann sich auf solche Tests vorbereiten.

(Vor *und* soll das Komma nach den neuen Regeln entfallen.)

HS; HS.

Mit Semikolon: Man drückt einen lockeren Zusammenhang aus.

In vielen Berufsfeldern muß man Einstellungstests machen; man kann sich auf solche Tests vorbereiten.

In vielen Berufsfeldern muß man Einstellungstests machen; und/ aber man kann sich auf solche Tests vorbereiten.

HS. HS. Mit Punkt: Man gibt jeder Aussage eigenes Gewicht.

In vielen Berufsfeldern muß man Einstellungstests machen. Man kann sich auf solche Tests vorbereiten. In vielen Berufsfeldern muß man Einstellungstests machen. Aber man kann sich auf solche Tests vorbereiten.

9.5.2 Das Komma in Satzgefügen

1. Untergeordnete Gliedsätze

Das Komma trennt einen untergeordneten Gliedsatz (Nebensatz) vom übergeordneten Satz ab; das kann ein Hauptsatz (HS) oder ein Gliedsatz (GS) sein. Im Schema ist die Hierarchie ausgedrückt.

(1) Nachgestellter Gliedsatz

HS,
 GS.

Man kann in Einstellungstests besser abschneiden,
 wenn man sich auf die Tests vorbereitet.

HS,
 GS,
  GS.

Man kann in Einstellungstests besser abschneiden.
 wenn man sich auf die Tests vorbereitet,
  die eine Reihe von Standardaufgaben enthalten.

(2) Vorangestellter Gliedsatz

Hier ändert sich die Stellung des ersten Satzgliedes im übergeordneten Hauptsatz; das Verb rückt direkt hinter das Komma.

       HS
GS,
     kann man in den Tests besser abschneiden.
Wenn man sich auf die Tests vorbereitet,

(3) Dazwischengeschobener, eingebetteter Gliedsatz
  H,   S.
    GS,
Man kann in solchen Tests,   durch Training besser abschneiden.
    die eine Reihe von Standardaufgaben enthalten,

  H   S.
    G,   S,
    GS,
Man kann in solchen Tests,   besser abschneiden.
   wenn man die Standardaufgaben,   vorher übt,
          die alle Tests enthalten,

Achtung: Das zweite Komma, das den eingeschobenen Gliedsatz abschließt, wird häufig vergessen!

2. Gleichrangige Gliedsätze
Das Komma steht auch zwischen gleichrangigen Gliedsätzen, die nicht durch *und* oder *oder* verbunden sind. Es handelt sich dann um eine Aufzählung von Gliedsätzen.

HS,
    GS, GS *und* GS.
Man bereitet sich auf Tests am besten vor,
    indem man sich auf die Testsituation einstellt, indem man Tests übt und indem man sich ausgeschlafen und pünktlich auf den Weg macht.

Ein Komma steht auch vor *aber* und *sondern*.

           HS, GS.
GS, *aber* GS,
    soll man sie nicht einfach übergehen, sondern die Anwort raten.
Wenn man eine schwierige Aufgabe vorfindet, aber die richtige Lösung nicht weiß,

9.5.3 Das Komma beim erweiterten Infinitiv

1. Erweiterte Infinitive werden durch Komma vom übergeordneten Satz abgetrennt.
    Erweitert sind alle Infinitive mit *als zu, anstatt zu, ohne zu, um zu.*

HS,
   INF.

Man sollte bei Tests die Aufgaben ruhig aber zügig bearbeiten,
   ***ohne** sich an einzelnen Aufgaben fest**zu**beißen.*

       HS,
INF,   INF.
            sollte man die wahrscheinlichste Antwort ankreuzen,
Anstatt Aufgaben gar nicht zu lösen,   um eine Chance auf Punkte zu haben.

     H,   S,
      INF,   INF.
Tests enthalten Schnelligkeitsaufgaben,   und Niveauaufgaben,
   um Verhalten unter Zeitdruck zu prüfen,   um die Denkleistung zu prüfen.

Erweitert sind Infinitive mit *zu*, wenn sie ein weiteres Satzglied, also ein oder mehrere weitere Wörter bei sich haben.

HS,
    INF.
Bei Schnelligkeitstests ist es unmöglich,
    alle Fragen zu beantworten.

HS,
    INF.
Es ist die Aufgabe der Schnelligkeitstests,
    Verhalten unter Zeitdruck zu überprüfen.

Achtung Ausnahme: Wenn ein vorangestellter Infinitiv grammatisch die Stelle des Subjektes einnimmt, wird er **nicht** durch Komma abgetrennt.
Alle Fragen zu beantworten ist bei Schnelligkeitstests nicht möglich.
WAS ist nicht möglich? *Alle Fragen zu beantworten.*

2. Einfache Infinitive mit *zu* werden nicht durch Komma abgetrennt.
Sie begannen zu schreiben.
    Wenn mehrere einfache Infinitive mit *zu* hintereinander stehen, werden sie durch Komma abgetrennt.
Sie begannen, zu schreiben und zu rechnen.

3. Reine Infinitive ohne *zu* werden nicht durch Komma abgetrennt, auch nicht mehrere.
Vor dem Test gingen sie joggen und früh schlafen.

4. Grenzfälle
Wenn der einfache Infinitiv mit *zu* durch ein Wort wie *es, dies, darum* angekündigt wird, setzt man gewöhnlich ein Komma.
Wegen des Trainings machte es ihnen in der Nacht vorher keine Mühe, zu schlafen.
    Wenn der erweiterte Infinitiv **eng** an den Vorsatz angeschlossen ist, kann das Komma entfallen.
Sie meinten (,) den Test bestanden zu haben.

Man sollte diese Ausnahmeregelung möglichst wenig anwenden, weil sie verwirrt. Wie soll man entscheiden, wann ein Infinitiv ‚eng' angeschlossen ist?

Wenn der Infinitiv durch einen Gliedsatz (Nebensatz) oder einen weiteren Infinitiv ergänzt wird, darf man das Komma setzen oder fortlassen.

Es freute sie(,) zu hören, daß sie den Test bestanden hatten.
Sie verabredeten, zu versuchen, anderen ihre Erfahrungen zu vermitteln.

Das zweite Komma beim Gliedsatz oder beim ergänzenden Infinitiv muß stehen!

9.5.4 Das Komma beim erweiterten Partizip

Das Komma trennt ein erweitertes Partizip ab.

                    HS.
PART,
          rettete sich die Katze auf den Schrank.
Dem Hund das Wollknäuel überlassend,

HS,
                    PART.
Die Katze rettete sich auf den Schrank,
          dem Hund das Wollknäuel überlassend.

     H,   S.
          PART,
Die Katze rettete sich,   auf den Schrank.
          dem Hund das Wollknäuel überlassend,

Hinweis zu den Kommaregeln nach der für 1998 geplanten Rechtschreibreform

Bei den erweiterten Infinitiven und Partizipien wird die Zeichensetzung weitgehend freigegeben.

Ein Komma soll stehen, wenn eine Infinitivgruppe durch einen Hinweis angekündigt wird.

Formaler Hinweis:
*Die Maßnahmen sollten **dazu** dienen, die Kosten zu senken.*

Inhaltlicher Hinweis:
***Mit der Begründung**, auf dem Weltmarkt mit den Preisen wieder konkurrenzfähig werden zu wollen, wurde die Zahl der Beschäftigten reduziert.*

Ansonsten ist es dem Schreiber überlassen, den Text so durch Kommas zu gliedern, daß er gut zu lesen ist.

Empfehlung:
Setzen Sie bei Infinitivgruppen, die nicht nur aus drei oder vier Wörtern bestehen, die Kommas. Das hilft dem Leser sehr! Vergessen Sie dabei nicht das zweite Komma, wenn die Infinitivgruppe eingeschoben ist. Gerade dieses Komma ist für einen Leser eine wertvolle Gliederungshilfe.

Beispiele ohne Komma:
(Da erst ab 1996 erlaubt, stehen die Kommas in Klammern.)
Die Firma bemühte sich(,) die Kosten zu senken.
Die Kosten zu senken(,) bezeichnete die Firma als wichtige Aufgabe.
Beispiele mit Komma:
Die Firma bemühte sich, die Kosten durch eine Reihe von Maßnahmen zu senken, die im einzelnen erläutert wurden.
Bei Partizipialgruppen ist es weniger problematisch, das Komma wegzulassen.
Alles zusammengenommen(,) war hinter den Maßnahmen sogar ein Konzept zu entdecken.
Bei den Partizipialgruppen gibt es eher das Problem, daß man das Partizip ‚hängen läßt‘, weil man nicht bedenkt, daß im übergeordneten Satz ein Subjekt stehen muß, das für die im Partizip ausgedrückte Handlung gilt.
Falsch: *Durch zu lange Entscheidungswege blockiert, erhielt die Konkurrenzfirma den lukrativen Auftrag.*
Wer war hier blockiert?
Richtig: *Durch zu lange Entscheidungswege blockiert, entging der Firma der lukrative Auftrag.*

9.5.5 Das Komma in der indirekten Rede

Das Komma trennt Sätze der indirekten Rede von der Redeeinleitung ab, auch wenn sie nicht durch *daß* eingeleitet werden.

HS,
      IND. REDE.
Sie meinten,
      der Test sei schwierig gewesen.
      daß der Test schwierig gewesen sei.

9.5.6 Das Komma in Aufzählungen

Grundsätzlich trennt das Komma aufgezählte Elemente gleicher Ordnung.

1. Aufzählung von Wörtern und Wortgruppen
In Tests wird vieles überprüft: Allgemeinwissen, berufsbezogene Kenntnisse, logisches Denken, Gedächtnis, Gestaltwahrnehmung, räumliches Vorstellungsvermögen, Sprachverständnis, Rechtschreibung, Arbeitsverhalten.
Kein Komma steht vor *und, sowie, oder.*
In Tests wird vieles überprüft: Allgemeinwissen und berufsbezogene Kenntnisse, logisches Denken und Gedächtnis, Gestaltwahrnehmung und räumliches Vorstellungsvermögen, Ausdruck und Rechtschreibung sowie Arbeitsverhalten.
Weiß man eine Aufgabe nicht, soll man raten oder blind ankreuzen.

2. Aufzählung von Satzgliedern

Wiederum steht kein Komma vor *und, sowie, oder:*

Beim Bearbeiten der Testaufgaben sollte man sich jeweils einen Überblick über die Aufgabentypen verschaffen, seine Stärken am Anfang ausspielen, zügig arbeiten, sich nicht an schwierigen Aufgaben festbeißen und in den letzten fünf Minuten nicht beantwortete Aufgaben im Schnelldurchgang ankreuzen.

3. Zur Aufzählung von Gliedsätzen siehe oben

Kapitel 9.5.2, Punkt 2: Gleichrangige Gliedsätze

4. Aufzählungen in Listen und Tabellen

In Listen und Tabellen trennt man aufgezählte Elemente durch Komma, wenn sie hintereinander stehen. Untergruppen kann man durch ein Semikolon kennzeichnen.

Typische Testbereiche: Allgemeinwissen, berufsbezogene Kenntnisse; logisches Denken, Gedächtnis; Gestaltwahrnehmung, räumliches Vorstellungsvermögen; Sprachverständnis, Ausdruck, Rechtschreibung

Wenn man Spalten schreibt, in deren einzelnen Zeilen nur ein Wort steht, setzt man kein Komma.

Wissen	*Denken*	*Wahrnehmung*
Allgemeinwissen	*Logik*	*Gestalten*
Fachwissen	*Gedächtnis*	*Raum*

Wenn man in Texten kürzere Passagen aufzählt und sie durch **Spiegelstriche**, **Punkte** oder ähnliche Markierungen anzeigt, hat man mehrere Möglichkeiten.

(1) Bei einfachen Aufzählungen setzt man gewöhnlich **kein Satzzeichen** an das Ende, auch nicht an die letzte Gruppe.

Wir behandeln folgende Kommaregeln:
– *Kommas in Satzreihen*
– *Kommas in Satzgefügen*
– *Kommas bei Infinitiven und bei Partizipien*

(2) Wenn man in den einzelnen Spiegelstrichen vollständige Sätze schreibt, setzt man den Punkt.

Wir zählen die wichtigsten Kommaregeln auf:
– *Man trennt vollständige Hauptsätze in Satzreihen.*
– *Man trennt Gliedsätze von Hauptsätzen ab.*
– *Man trennt Gliedsätze von übergeordneten Gliedsätzen ab.*
– *Man trennt erweiterte Infinitive außer dem vorangestellten Subjektinfinitiv ab.*
– *Man trennt erweiterte Partizipien ab. . . .*

(3) Wenn man ausführlichere Passagen schreibt, die aber keine vollständigen Sätze sind, setzt man das Semikolon und hinter die letzte Passage den Punkt.

9.5.7 Anreden, Ausrufe, Herausstellungen, Einschübe, Nachträge

Anreden, Ausrufe, Herausstellungen, Einschübe, Nachträge werden durch Komma vom Satz abgetrennt. Das gilt heute auch für die Anrede in Briefen.
Sehr geehrter Herr Müller,
für Ihren klärenden Brief zunächst einmal meinen besten Dank.
Herr Müller, können Sie morgen ebenfalls vorbeikommen
Können Sie morgen ebenfalls vorbeikommen, Herr Müller?
Können Sie, Herr Müller, morgen ebenfalls vorbeikommen?
Nein, das kann ich leider nicht.
Du liebe Güte, das paßt mir aber schlecht!
Hallo, hier bin ich!
Nachträge werden abgetrennt, auch wenn sie eingeleitet werden, zum Beispiel durch *und zwar, und daß, nämlich, d.i., d.h., z.B., aber, allein, jedoch.*
Das gilt auch, wie die Liste zeigt, für abgekürzte Einleitungen.
Ich kann leider morgen vormittag nicht kommen, d.h. ich könnte frühestens um 13.30 Uhr da sein.

✍ Trainingseinheit
Der folgende Text ist dem Aufsatz von Werner Dostal „Telearbeit im Cyberspace" – leicht abgewandelt – entnommen. Sie finden eine Fülle von Interpunktionszeichen, und zwar gerade auch Klammern, Gedankenstriche, Bindestriche, Schrägstriche. Arbeiten Sie den Text auf die Zeichensetzung hin durch.

Multimedia-Anwendungen sind zunächst spielerisch genutzt worden, indem sich Computerspiele zu Multimedia-Anwendungen erweitert haben. In einer zweiten Runde ergeben sich aber auch ernsthafte professionelle Anwendungen wie beispielsweise die Rekonstruktion antiker Städte anhand der bekannten archäologischen Informationen, die Visualisierung von Gebäuden, bevor sie gebaut sind, oder im Fahr- und Flugsimulator die Qualifizierung ohne besonderes Risiko auch in Grenzfällen. [. . .]
Jobkiller oder Jobknüller?
Mit Multimedia sind große Hoffnungen auf neue Arbeitsplätze verbunden. So hat beispielsweise Roland Berger erklärt, Multimedia würde bis zum Jahr 2000 etwa fünf Millionen neue Arbeitsplätze schaffen. Er geht von Umsatzprognosen aus, die für alles, was Telekom-orientiert ist – Infrastruktur (Leitungen, Vermittlungsstellen, Netze), Endgeräte (PC's [sic!], Telefongeräte, Faxgeräte) und Dienstleistungen (Reparaturen, Datenbanken, Informationsanbieter) – eine Verdreifachung des Umsatzes ausmachen. [. . .]
Eine Untersuchung, die Beschäftigungsentwicklungen auf der Basis von Berufe-/Wirtschaftszweig-Matrizen über einen langen Zeitraum berücksichtigt, zeigt, daß seit 1950 die Zahl der in Informationsberufen Beschäftigten massiv angestiegen ist.

Wenn Sie bei der Endredaktion Ihrer Texte nicht sicher sind, wie ein Wort geschrieben werden muß, ob ein Komma gesetzt werden muß oder nicht, oder wie ein Substantiv richtig dekliniert wird, sollten Sie zuerst Wörterbücher und Grammatiken zu Rate ziehen. Wer danach immer noch nicht weiter weiß, dem versuchen einige telefonische Auskunftdienste Hilfestellung zur deutschen Sprache zu geben:

Grammatisches Telefon des Germanistischen Instituts der RWTH Aachen	☎	(02 41) 80 60 74
Sprachberatung der Gesellschaft für deutsche Sprache, Wiesbaden	☎	(06 11) 52 44 99
Sprachberatung der Dudenredaktion, Bibliografisches Institut, Mannheim	☎	(06 21) 3 90 14 26
Sprachtelefon der Universität Gesamthochschule Essen	☎	(02 01) 1 83 34 05

Literaturverzeichnis

Badziong, Hans Jürgen u.a. (Hg.) 1989: Beruf und Sprache. Deutschbuch für Berufs-schulen und Berufsfachschulen. Ausgabe Baden-Württemberg. Hannover: Schroe-del Schulbuchverlag

Baurmann, Jürgen/Weingarten, Rüdiger (Hg.) 1995: Schreiben: Prozesse, Prozeduren, Produkte. Weinheim: Westdeutscher Verlag

Blum, Wolfgang 1995: Strohköpfe ohne Helm. In: DIE ZEIT. Nr. 31, 28.07.1995. S. 23

Bollnow, Otto Friedrich 1959: Existenzphilosophie und Pädagogik. Stuttgart: Kohlham-mer

Borcherdt, H. H./Merz, Georg (Hg.) 1968: Martin Luther. Ausgewählte Werke. Band 6. 3. Aufl. München: Christian Kaiser

Braune, Wilhelm/Helm, Karl 1956: Gotische Grammatik – Mit Lesestücken und Wörter-verzeichnis. 15. Aufl. Tübingen: Niemeyer

Brockhaus Enzyklopädie 1986 ff. 19. völlig neu bearb. Aufl. Mannheim: F.A. Brock-haus

Brugger, Walter (Hg.) 1951: Philosophisches Wörterbuch. Freiburg: Herder

Bünting, Hans F. 1995: Organisatorische Effektivität von Unternehmungen – Ein ziel-orientierter Ansatz. Wiesbaden: Deutscher Universitäts Verlag (Gabler Edition Wissenschaft). Zugl. Diss. Univ. Bochum

Bünting, Karl-Dieter 1969: Morphologische Strukturen deutscher Wörter. Ein Problem der linguistischen Datenverarbeitung. Phil. Diss. Bonn

Bünting, Karl-Dieter 1970: Morphologische Strukturen deutscher Wörter. Ein Problem der linguistischen Datenverarbeitung. Hamburg: Buske (Forschungsberichte des In-stituts für Kommunikationsforschung und Phonetik der Universität Bonn 19)

Bünting, Karl-Dieter 1986: Auf gut deutsch. Köln: Lingen

Bünting, Karl-Dieter 1993: Einführung in die Linguistik. 14. Aufl. Frankfurt/Main: An-ton Hain

Bünting, Karl-Dieter/Bergenholtz, Henning 1995: Einführung in die Syntax. Grundbe-griffe zum Lesen einer Grammatik. 3. Aufl. Weinheim: Beltz

Bünting, Karl-Dieter/Eichler, Wolfgang 1993: Grammatiklexikon. Kompaktwissen für Schule, Ausbildung, Beruf. 2., unveränderte Aufl. Frankfurt/Main: Cornelsen Ver-lag Scriptor (1. Aufl. 1989)

Burckhardt, Martin 1994: Metamorphosen von Raum und Zeit. Eine Geschichte der Wahrnehmung. Frankfurt/Main, New York: Campus

Cherry, Colin 1963: Kommunikationsforschung – eine neue Wissenschaft. Hamburg: S. Fischer (im Original „On Human Communication" 1956)

Conrady, Otto (Hg.) 1977: Das große deutsche Gedichtbuch. Kronberg/Ts.: Athenäum

Crystal, David 1993: Die Cambridge Enzyklopädie der Sprache. Frankfurt/Main, New York: Campus

de Boor, Helmut/Moser, Hugo/Winkler, Cristian (Hg.) 1969: Deutsche Aussprache. Rei-ne und gemäßigte Hochlautung mit Aussprachewörterbuch. 19. umgearb. Aufl. Berlin: de Gruyter & Co. (1. Aufl. unter dem Titel „Deutsche Bühnenaussprache" 1898)

Dostal, Werner 1995: Telearbeit im Cyberspace. In: Uni Magazin 6/95, S. 21 ff.

DUDEN 4 1995: Grammatik der deutschen Gegenwartssprache. Hg. und bearb. v. Gün-ther Drosdowski. 5. Aufl. Mannheim, Wien, Zürich: Bibliographisches Institut

Dyck, Joachim (Hg.) 1974: Rhetorik in der Schule. Kronberg/Ts.: Scriptor

Eco, Umberto 1993: Wie man eine wissenschaftliche Abschlußarbeit schreibt. Doktor-, Diplom- und Magisterarbeit in den Geistes- und Sozialwissenschaften. Ins Deutsche übersetzt von Walter Schick. 6., durchgesehene Aufl. der deutschen Ausgabe. Heidelberg: C. F. Müller (UTB)

Eichler, Wolfgang 1992: Schreibenlernen. Schreiben – Rechtschreiben – Texte-Verfassen. Bochum: Kamp

Eichler, Wolfgang/Bünting, Karl-Dieter 1994: Deutsche Grammatik. Form, Leistung und Gebrauch der Gegenwartssprache. 5. Aufl. Weinheim: Beltz

Eigler, Gunther (Hg.) 1983: Platon. Werke in acht Bänden. Band 5: Phaidros, Parmenides, Briefe. Darmstadt: Wissenschaftliche Buchgesellschaft

Elias, Norbert 1981: Über den Prozeß der Zivilisation. Soziogenetische und psychogenetische Untersuchungen. Erster Band: Wandlungen des Verhaltens in den westlichen Oberschichten des Abendlandes. Frankfurt/Main: Suhrkamp

Fan, Yanqian 1995: Farbnomenklatur im Deutschen und Chinesischen. Phil. Diss. Essen

Felderer, Bernhard/Homburg, Stefan 1985: Makroökonomik und neue Makroökonomik. 2. korr. Aufl. Berlin, Heidelberg, New York, Tokyo: Springer

Frutiger, Adrian o. J.: Der Mensch und seine Zeichen. 2. Band: Die Zeichen der Sprachfixierung. Textbearbeitung Horst Heiderhoff. Echzell: Heiderhoff (1. franz. Ausgabe Paris 1979)

Fuchs, Walter R. 1966: Knaurs Buch der modernen Mathematik. Mit einem Geleitwort von Hermann Bondi. München, Zürich: Droemer Knaur

Fühmann, Franz 1981: Die dampfenden Hälse der Pferde am Turmbau zu Babel. Ein Sprachbuch voller Spielsachen. Ein Spielbuch voller Sprachsachen. Ein Sachbuch der Sprachspiele. Frauenfeld: Huber

Geißner, Hellmut 1968: Der Fünfsatz. Ein Kapitel Redetheorie und Redepädagogik. In: Wirkendes Wort 18, 1968. S. 258-278

Geißner, Hellmut 1974: Der Fünfsatz. Ein Kapitel Redetheorie und Redepädagogik. In: Dyck 1974, S. 32-48

Glück, Helmut/Sauer, Wolfgang 1990: Gegenwartsdeutsch. Stuttgart: Metzler

Goethe, Johann Wolfgang 1954: Faust. Erster Teil. In: Trunz 1954

Hofstadter, Douglas R. 1985: Gödel, Escher, Bach – ein endlos geflochtenes Band. 7. Aufl. Stuttgart: Klett-Cotta

Jakobs, Eva-Maria/Knorr, Dagmar/Molitor-Lübbert, Sylvie (Hg.) 1995: Wissenschaftliche Textproduktion mit und ohne Computer. Frankfurt/Main u.a: Peter Lang

Kahler, F./Meixner, H./Turnowsky, F./Hartl, H. 1976: Die Natur Kärntens. Bd. 1. 3. Aufl. Klagenfurt: Johannes Heyn

Kayser, Wolfgang 1959: Das sprachliche Kunstwerk. Eine Einführung in die Literaturwissenschaft. 5. Aufl. Bern, München: Francke (1. Aufl. 1948)

Kohl, Norbert (Hg.) 1985: Mark Twain. Gesammelte Werke in zehn Bänden. Band 4: Bummel durch Europa. Frankfurt/Main: Insel

Krämer, Walter 1994: Wie schreibe ich eine Seminar-, Examens- und Diplomarbeit. Eine Anleitung zum wissenschaftlichen Arbeiten für Studierende aller Fächer an Universitäten, Fachhochschulen und Berufsakademien. 3., durchgesehene Aufl. Stuttgart, Jena: Gustav Fischer (UTB)

Kruse, Otto 1995: Keine Angst vor dem leeren Blatt. Frankfurt/Main: Campus

Lindauer, Martin 1990: Botschaft ohne Worte. Wie Tiere sich verständigen. München: Piper

List, Gudula 1981: Sprachpsychologie. Stuttgart: Kohlhammer

Lorenzen, Hermann (Hg.) 1957: Martin Luther. Pädagogische Schriften. Paderborn: Ferdinand Schöningh

Luther, Martin 1530: Eine Predigt, daß man die Kinder zur Schule halten sollte. In: Lorenzen 1957, S. 84-109

Luther, Martin 1530: Sendbrief vom Dolmetschen. In: Borcherdt/Merz 1968, S. 9-20

Mann, Thomas 1959: Lotte in Weimar. Frankfurt/Main, Hamburg: Fischer

Mead, George Herbert 1969: Philosophie der Sozietät. Frankfurt/Main: Suhrkamp

Merten, Klaus/Schmidt, Siegfried J./Weischenberg, Siegfried (Hg.) 1994: Die Wirklichkeit der Medien. Eine Einführung in die Kommunikationswissenschaft. Opladen: Westdeutscher Verlag

Merton, Robert K. 1980: Auf den Schultern von Riesen: Ein Leitfaden durch das Labyrinth der Gelehrsamkeit. Frankfurt/Main: Syndikat

Meyer-Abich, Klaus Michael 1984: Wege zum Frieden mit der Natur. Praktische Naturphilosophie für die Umweltpolitik. München, Wien: Carl Hanser

Meyer-Abich, Klaus Michael 1995: Neue Ziele – Neue Wege: Leitbild für den Aufbruch zu einer naturgemäßen Wirtschaft und Abschied vom Energiewachstum. In: Deutscher Bundestag (Hg.): Schlußbericht der Enquête-Kommission „Schutz der Erdatmosphäre – Mehr Zukunft für die Erde – Nachhaltige Energiepolitik für dauerhaften Klimaschutz" des 12. Deutschen Bundestages. Bonn: Economica. S. 193-201

Meyer-Krendler, Eckhart 1990: Arbeitstechniken Literaturwissenschaft. München: Fink (UTB)

Microsoft Corporation (Hg.) 1989: Handbuch Microsoft Word. Arbeiten mit Word Version 5

Microsoft Corporation (Hg.) 1990–91: Handbuch Microsoft Word. Arbeiten mit Word Version 5.5

Möhn, Dieter/Pelka, Roland 1984: Fachsprachen. Eine Einführung. Tübingen: Niemeyer

Moore, Patrick 1995: Großer Atlas der Sterne. Chur: Isis

Mühlbradt, Frank W. 1989: Wirtschaftslexikon. 3. Aufl. Frankfurt/Main: Cornelsen Verlag Scriptor

Müller, Horst H. 1987: Evolution, Kognition und Sprache. Berlin, Hamburg: Paul Parey

Neues deutsches Wörterbuch 1994. Bergisch Gladbach: Lingen

Pabst-Weinschenk, Marita 1995: Reden im Studium: Ein Trainingsprogramm. Frankfurt/Main: Cornelsen Verlag Scriptor

Palandt, Otto 1992: Bürgerliches Gesetzbuch. 51. neubearbeitete Aufl. München: C.H. Beck'sche Verlagsbuchhandlung (Beck'sche Kurz-Kommentare)

Paul, Hermann 1975: Prinzipien der Sprachgeschichte. Tübingen: Niemeyer (1. Aufl. 1880)

Platon 1983: Phaidros. In: Eigler 1983

Poenicke, Klaus 1989: Die schriftliche Arbeit: Materialsammlung und Manuskriptgestaltung für Fach-, Seminar- und Abschlußarbeiten an Schule und Universität. Mit vielen Beispielen. 2., verbesserte Aufl. Mannheim, Wien, Zürich: Dudenverlag

Poenike, Klaus 1988: Duden. Wie verfaßt man wissenschaftliche Arbeiten? Ein Leitfaden vom ersten Studiensemester bis zur Promotion. 2. neubearbeitete Aufl. Mannheim, Wien, Zürich: Dudenverlag

Renner, Hans 1965: Geschichte der Musik. Stuttgart: Deutsche Verlagsanstalt

Renner, Hans/Schweizer, Klaus 1976: Reclams Konzertführer. 10. neubearbeitete und erweiterte Aufl. Stuttgart: Philipp Reclam jun.

Richter, Horst E. 1972: Die Gruppe. Reinbek bei Hamburg: Rowohlt Taschenbuch

Riemann, R. (Hg.) 1907: Kinder- und Hausmärchen. Jubiläumsausgabe. Gesammelt durch die Brüder Grimm. Leipzig: Turm-Verlag

Ruhmann, Gabriela 1995: Schreibprobleme – Schreibberatung. In: Baurmann/Weingarten 1995, S. 85-106

Schischkopf, Georgi (Hg.) 1957: Kröners Philosophisches Wörterbuch. 14. Aufl. Stuttgart: Kröner

Schmidt, Arno 1975: KAFF auch MARE CRISIUM. Frankfurt/Main: S. Fischer

Schmidt, Siegfried J. 1994: Die Wirklichkeit des Beobachters. In: Merten/Schmidt/Weischenberg 1994, S. 3-19

Schmitz, Ulrich 1995: Geistiges Sammelsurium in technischer Perfektion. Schreibbarock und Schreibaskese am Computer. In: Jakobs/Knorr/Molitor-Lübbert 1995, S. 149-168

Schneider, Dieter 1985: Grundzüge der Unternehmensbesteuerung. 4., neu bearbeitete, erweiterte Aufl. Wiesbaden: Gabler

Schneider, Manfred 1992: Liebe und Betrug. Die Sprachen des Verlangens. München, Wien: Carl Hanser

Schnelle, Helmut 1973: Sprachphilosophie und Linguistik. Prinzipien der Sprachanalyse a priori und a posteriori. Reinbek bei Hamburg: Rowohlt Taschenbuch

Selmy, El-Sayed Madbouly 1993: Die unpersönlichen Ausdrucksweisen im Deutschen und Arabischen: eine funktional-semantische Betrachtungsweise der agensabgewandten Konstruktionen in beiden Sprachen. Heidelberg: Julius Groos. Zugl. Diss. Univ. Siegen

Spoerl, Heinrich 1968: Die Feuerzangenbowle. Düsseldorf: dtv

Stary, Joachim/Kretschmer, Horst 1994: Umgang mit wissenschaftlicher Literatur. Eine Arbeitshilfe für das sozial- und geisteswissenschaftliche Studium. Frankfurt/Main: Cornelsen Verlag Sciptor

Staufenbiel, Joerg E. 1989: Berufsplanung für den Management-Nachwuchs. START 89/90. 10. Aufl. Köln: Staufenbiel

Stegmüller, Wolfgang 1965: Hauptströmungen der Gegenwartsphilosophie. 3. Aufl. Stuttgart: Alfred Kröner

Swift, Jonathan 1974: Gullivers Reisen. Berlin, Weimar: Aufbau

Thomas, Mann 1959: Lotte in Weimar. Frankfurt/Main, Hamburg: Fischer (Fischer Bücherei 300)

Trunz, Erich (Hg.) 1954: Goethes Werke. Band III. 2. Aufl. Hamburg: Christian Wegener

Tucholsky, Kurt 1965: Ausgewählte Werke. Reinbek bei Hamburg: Rowohlt

Twain, Mark 1985: Über die schreckliche deutsche Sprache. In: Kohl 1985, S. 527-545

Ueding, Gert 1985: Rhetorik des Schreibens. Königstein/Ts.: Fischer Athenäum

Wagner, Wolf 1992: Uni-Angst und Uni-Bluff. Berlin: Rotbuchverlag

Wahrig, Gerhard 1986: Deutsches Wörterbuch. Völlig überarbeitete Neuausgabe. Gütersloh, München: Bertelsmann

Watzlawick, Paul/Beavin, Janet/Jackson, Don D. 1974: Menschliche Kommunikation. Formen, Störungen, Paradoxien. Bern, Stuttgart, Wien: Hans Huber

Wygotski, Lew Semjonowitsch o. J.: Denken und Sprechen. Frankfurt/Main: S. Fischer (Russ. Originalausgabe 1934, deutsche Fassung zuerst Akademie-Verlag Berlin 1964)

Zey, René 1995: Neue Medien. Informations- und Unterhaltungselektronik von A – Z. Reinbek bei Hamburg: Rowohlt

Zweig, Stefan 1990: Gesammelte Werke in Einzelbänden. Buchmendel. Erzählungen. Frankfurt/Main: S. Fischer

Personen- und Sachregister